Pädagogische Freiheiten und politische Neutralität

Europäische Hochschulschriften Recht

European University Studies in Law

Publications Universitaires Européennes de Droit

Band/Volume **6808**

Marcel Martin Suchanek

Pädagogische Freiheiten und politische Neutralität

Zu den rechtlichen Rahmenbedingungen der Unterrichtsgestaltung der Lehrkraft nach deutschem und US-amerikanischem Recht

PETER LANG

Berlin - Bruxelles - Chennai - Lausanne - New York - Oxford

Bibliografische Information der Deutschen Nationalbibliothek
Die Deutsche Nationalbibliothek verzeichnet diese Publikation in der Deutschen Nationalbibliografie; detaillierte bibliografische Daten sind im Internet über http://dnb.d-nb.de abrufbar.

Zugl.: Bochum, Univ., Diss., 2024

D 294
ISSN 0531-7312
ISBN 978-3-631-92823-3 (Print)
E-ISBN 978-3-631-92824-0 (E-PDF)
E-ISBN 978-3-631-92825-7 (E-PUB)
DOI 10.3726/b22453

Verlegt durch Peter Lang GmbH, Berlin, Deutschland

info@peterlang.com www.peterlang.com

Diese Publikation wurde begutachtet.

Meinen Eltern
in Liebe und Dankbarkeit

Vorwort

Diese Arbeit wurde im August 2024 von der Juristischen Fakultät der Ruhr-Universität Bochum als Dissertation angenommen. Berücksichtigt werden konnten Rechtsnormen, Literatur und Rechtsprechung bis Anfang Februar 2024.

Mit der Entscheidung, eine Dissertation zu schreiben, habe ich mich bewusst einer Herausforderung gestellt. Der Schreibprozess war geprägt von guten wie schlechten Zeiten. Ich stieß nicht selten auf Schwierigkeiten, die es zu überwinden galt. Andererseits gab es viele motivierende Momente, in denen ich spürte, dass harte Arbeit und Durchhaltevermögen sich auszahlen. Ich bin froh, dass ich dieses Projekt erfolgreich abgeschlossen habe und fachlich wie persönlich gewachsen bin.

Während der Entstehung dieser Arbeit haben mich viele Menschen begleitet und unterstützt. Ihnen gilt mein aufrichtiger Dank. Einige von ihnen möchte ich im Folgenden namentlich nennen.

Zuerst danke ich meinem Doktorvater Herrn Prof. Dr. Wolfram Cremer. Ich danke ihm dafür, dass er mich bei meinem Forschungsvorhaben stets engagiert unterstützt und mir genügend Freiraum und Zeit zur Anfertigung dieser Arbeit gegeben hat. Des Weiteren danke ich Herrn Prof. Dr. Stefan Huster für die zügige Erstattung des Zweitgutachtens.

Vor allem bedanke ich mich bei meinen Eltern Frau Elisabeth Suchanek, geborene Wypysinska, und Herrn Waldemar Suchanek, denen dieses Buch gewidmet ist. Ohne ihre Liebe und Unterstützung wäre ich nicht so weit gekommen wie ich es bin. Meine Mutter Elisabeth kann den erfolgreichen Abschluss dieses Projekts leider nicht miterleben, da sie im Mai 2023 nach langer und schwerer Krankheit verstorben ist. Dies trifft mich sehr. Ich weiß aber, dass sie immer stolz auf mich war und es jetzt auch wäre.

Außerdem danke ich meiner Verlobten Frau Ann-Christin Bartsch für die großartige Unterstützung, ihr offenes Ohr für meine Sorgen, ihre liebevollen und motivierenden Worte, sowie für ihre Anregungen, Ratschläge und Kritik aus ihrem pädagogischen Blickwinkel. Darüber hinaus danke ich allen meinen Freunden, auf die stets Verlass ist. Hervorheben möchte ich Herrn Gregor Fasel und Herrn Maurice Dinkelbach, denen ich für das sprachliche Korrekturlesen sehr danke.

Essen, im September 2024

Marcel Suchanek

Inhaltsübersicht

Inhaltsverzeichnis

Abkürzungen

Es werden die üblichen Abkürzungen gebraucht. Bezüglich der verwendeten deutschsprachigen Abkürzungen wird auf *Kirchner, Hildebert*, Abkürzungsverzeichnis der Rechtssprache, 10. Auflage, Berlin/Boston 2021 verwiesen.

Hinsichtlich der verwendeten englischsprachigen Abkürzungen wird auf *Columbia Law Review, Harvard Law Review, University of Pennsylvania Law Review, and Yale Law Journal (Editors)*, The Bluebook: A Uniform System of Citation, 21. Auflage, Cambridge, Massachusetts 2020 sowie auf *Garner, Bryan A.*, Black's Law Dictionary, 11. Auflage, Saint Paul, Minnesota 2019 verwiesen.

A. Einführung

Im Unterrichtsalltag stehen Lehrkräfte vor diversen Herausforderungen. Sie sollen flexibel auf verschiedene Unterrichtssituationen reagieren, individuell auf ihre Schüler[1] eingehen und sie zu selbstständigen und mündigen Bürgern erziehen.[2] In Anbetracht dieser exemplarischen Anforderungen an die pädagogische Praxis wird deutlich, dass die schulische Bildungs- und Erziehungsarbeit keine rein schematische Tätigkeit, kein bloßer Gesetzesvollzug ist.[3] Vielmehr handelt es sich bei der Ausübung der pädagogischen Profession um ein komplexes Unterfangen, welches abseits der bloßen Vermittlung der Inhalte des jeweiligen Unterrichtsfachs unter Rückgriff auf die einschlägige fachwissenschaftliche Qualifikation den situativ orientierten Einsatz didaktischer und sozialer Kompetenzen verlangt.[4] Da die Lehrkraft im Rahmen dieser in hohem Maße gestaltungsbedürftigen Arbeit eine eigene pädagogische Verantwortung trägt,[5] stellt sich die Frage, ob und inwieweit das Recht ihr einen mit dieser tatsächlichen Verantwortung korrespondierenden Freiraum eigenverantwortlicher Unterrichtsgestaltung gewährt.

Die Problematik der Möglichkeiten und Grenzen der Gestaltung von Schule, in der Bildung und Erziehung ein Junktim bilden, entfaltet sich im Besonderen im Hinblick auf die Vermittlung von Werten, welche der Erziehungstätigkeit immanent ist. Mit anderen Worten kann der erzieherische Prozess aufgrund der Natur der Sache nicht wertungsfrei erfolgen. Vielmehr gehen ihm stets

---

1 Personenbezeichnungen werden in der vorliegenden Arbeit geschlechterunspezifisch verwendet. Die jeweils gewählte Personenbezeichnung, insbesondere in Form des generischen Maskulinums oder Femininums, dient dem Zweck der leichteren Lesbarkeit und bezieht sich auf alle Geschlechter.

2 Siehe beispielsweise § 2 Abs. 6 Nr. 1 SchulG NRW; hierzu auch BVerfGE 47, 46, 72; BVerwG, NJW 1982, 250 m.w.N.; *Hutchens*, Ky. L.J. 97 (2008), S. 37 (72); *Lester*, Ala. L. Rev. 62 (2011), S. 663 (666); *Ossenbühl*, DVBl. 1982, S. 1157 (1158); *Rux*, Die pädagogische Freiheit des Lehrers, S. 103 f.

3 OVG Münster, NVwZ-RR 1991, 72 (73); *Beaucamp*, RdJB 2015, S. 145 (146); *Starck*, DÖV 1979, S. 269 (272).

4 Vgl. hierzu *Jestaedt*, in: Isensee/Kirchhof (Hrsg.), Handbuch des Staatsrechts der Bundesrepublik Deutschland, S. 521 (589).

5 Hierzu insbesondere BVerfGE 47, 46, 83; Hazelwood Sch. Dist. v. Kuhlmeier, 484 U.S. 260, 273 (1988); siehe auch *Daly*, J.L. & Educ. 30 (2001), S. 1 (13 u. 15); *Rux*, Schulrecht, S. 307.

Wertentscheidungen voraus, die nicht nur vonseiten des Elternhauses, sondern auch vonseiten der Gesellschaft hinsichtlich der Formulierung der Aufgaben und Ziele der öffentlichen Schulen getroffen werden müssen. Selbstredend gilt dies in einer von Pluralität geprägten demokratischen Gesellschaft, in der das Schulwesen vor der Aufgabe des Umgangs mit Meinungsvielfalt steht.[6] Denn die soziale, kulturelle, religiöse, weltanschauliche, ökonomische, wie politische Diversität des Makrokosmos der Gesamtgesellschaft spiegelt sich im Mikrokosmos der Schule wider. Dort treffen mit Lehrkräften, Schülern und Eltern verschiedene Schulbeteiligte mit gemeinsamen wie unterschiedlichen Wertvorstellungen aufeinander, die hinsichtlich der praktischen Ausgestaltung schulischer Bildung und Erziehung ebenso gemeinsame wie divergierende Auffassungen teilen.[7] Diese Umstände stellen tatsächliche Rahmenbedingungen nicht zuletzt des politischen Unterrichts dar, dessen Zweck in einer freiheitlichen Demokratie zuvörderst in der Demokratiebildung liegt.[8] In diesem Rahmen gilt es, den Lernenden die erforderlichen Kenntnisse und Fähigkeiten zu vermitteln, damit diese sich im politischen System der demokratischen Gesellschaft zurechtfinden können.[9]

Da die Gestaltung des politischen Willensbildungsprozesses durch die Bürger eine notwendige Bedingung einer freiheitlichen Demokratie darstellt,[10] steht die öffentliche Schule vor der Herausforderung, die politische Bildung und Wertevermittlung einerseits sowie die Wahrung des Erfordernisses der Staatsfreiheit des Willensbildungsprozesses andererseits vor dem Hintergrund der Selbstentfaltungsinteressen der Schüler und der Rechte der Eltern respektive Erziehungsberechtigten in Einklang zu bringen. Die Lösung der damit einhergehenden

---

6 Hierzu VGH Mannheim, NJW 1985, 1661; VG Freiburg, Urt. v. 13.05.2022, DL 11 K 2735/21, Rn. 75, juris; auch *Wieland*, Was man sagen darf: Mythos Neutralität in Schule und Unterricht, S. 1; *Wrase*, APuZ 2020, S. 10 (10 f.).

7 Vgl. etwa *Huster*, in: Schumann (Hrsg.), Das erziehende Gesetz, S. 193 (195–197) m.w.N.

8 Hierzu etwa *Weishart*, Wm. & Mary Bill Rts. J. 29 (2020), S. 1 (38–40) m.w.N.; vgl. auch Bethel Sch. Dist. No. 403 v. Fraser, 478 U.S. 675, 681 (1986) (quoting Ambach v. Norwick, 441 U.S. 68, 76–71).

9 Hierzu grundlegend *Dewey*, Democracy and Education; siehe auch Brown v. Bd. of Educ., 347 U.S. 483, 493 (1954); *Cooley*, Geo. L.J. 107 (2019), S. 365 (370) m.w.N.; *Rux*, Schulrecht, S. 254 f. m.w.N.; *Wrase*, APuZ 2020, S. 10 (12 f.); hierzu auch *Kultusministerkonferenz*, Demokratie als Ziel, Gegenstand und Praxis historisch-politischer Bildung und Erziehung in der Schule.

10 Hierzu BVerfGE 2, 1, 12 f.; 20, 56, 99; 44, 125, 173 f.; 138, 102, 109; siehe auch *Barczak*, NVwZ 2015, S. 1014; *Gusy*, KritV 2018, S. 210 (215).

Probleme obliegt in der pädagogischen Praxis zuvörderst dem einzelnen Lehrer, der für die Erfüllung des schulischen Auftrags sowohl als Staatsbediensteter als auch als individueller Pädagoge[11] in Ausübung einer in hohem Maße von ihm persönlich geprägten Tätigkeit[12] unmittelbar verantwortlich ist. In diesem Zusammenhang stellt sich aus dem Blickwinkel der Lehrkraft die spezifische Frage, ob und inwieweit sie politische Inhalte im Unterricht behandeln darf oder muss und wo die rechtlichen Grenzen verlaufen.

Sowohl in Deutschland als auch in den Vereinigten Staaten von Amerika besteht ein öffentlicher Diskurs über Handlungsgebote und -verbote von Lehrkräften insbesondere im Hinblick auf die Behandlung von politischen Themen und Inhalten, der zum einen durch das Beschwören absoluter Neutralitätspflichten und elterlicher Rechte sowie zum anderen durch das Insistieren auf die Notwendigkeit des politischen Unterrichts und auf die Geltung der Meinungsäußerungsfreiheit der Lehrpersonen flankiert wird. In den letzten Jahren verstärkte sich diese gesellschaftliche Debatte im Zusammenhang mit dem vermehrten Aufkommen populistischer politischer Akteure sowohl hierzulande als auch in den USA.

Exemplarisch für die Diskussion um politische Neutralitätspflichten von Lehrkräften in Deutschland war das Aufkommen so genannter Lehrer-Meldeportale. So erstellten Landesverbände der Partei Alternative für Deutschland im Jahr 2018 in einigen Bundesländern Internetportale, wie das „Informationsportal Neutrale Schulen Hamburg“[13], über deren Kontaktfunktion mutmaßliche Verstöße von Lehrpersonen gegen das politische Neutralitätsgebot berichtet werden konnten. Die Partei bot in diesem Rahmen an, etwaige Verstöße an die Schulbehörden zur Überprüfung weiterzuleiten, damit diese geahndet wurden.[14] Die Fraktion in der Hamburgischen Bürgerschaft sah den Zweck des Unterfangens in der Aufklärung über das Neutralitätsgebot und als Möglichkeit, sich gegen politische Indoktrination an den Schulen zur Wehr zu setzen.[15]

---

11 Siehe *Ossenbühl*, DVBl. 1982, S. 1157, der von der „Doppelrolle“ des Lehrers spricht.

12 Siehe Pickering v. Bd. of Educ., 391 U.S. 563, 568 (1968); Hazelwood Sch. Dist. v. Kuhlmeier, 484 U.S. 260, 271 (1988); *Hennecke*, RdJB 1986, S. 233 (237); *Ossenbühl*, DVBl. 1982, S. 1157; *Wißmann*, Pädagogische Freiheit als Rechtsbegriff, S. 122 u. 128.

13 Siehe *AfD-Fraktion in der Hamburgischen Bürgerschaft*, Informationsportal Neutrale Schulen Hamburg.

14 Hierzu *Klein*, Süddeutsche Zeitung, 13.10.2018; *Zeit Online*, 12.10.2018.

15 Siehe *AfD-Fraktion in der Hamburgischen Bürgerschaft*, Informationsportal Neutrale Schulen Hamburg.

Die Aktion löste heftige Kritik vonseiten der Bildungsressorts und Lehrerschaft aus.[16] Der damalige Präsident der Kultusministerkonferenz *Helmut Holter* fürchtete eine „Vergiftung des Schulklimas“[17]. Die Kultusministerin von Baden-Württemberg *Susanne Eisenmann* sprach ebenso wie der Deutsche Philologenverband von Denunziation.[18] Die Gewerkschaft für Erziehung und Wissenschaft erkannte in der Einrichtung der Meldeplattformen einen Einschüchterungsversuch.[19] Wenngleich entsprechende Portale mittlerweile aus datenschutzrechtlichen Gründen für rechtswidrig erklärt wurden,[20] schwelt der ihnen zugrunde liegende gesellschaftspolitische Konflikt latent weiter, zumal die Partei Alternative für Deutschland wohl dauerhaft in der parteipolitischen Landschaft angekommen ist.

Im selben Jahr wurde mit „*Bill HB 2002*“ ein Gesetzesentwurf im Repräsentantenhaus des US-amerikanischen Bundesstaates Arizona eingebracht, mit dem Ziel, einen Ethikkodex einzuführen, der es Lehrern verbieten sollte, sich im Schulunterricht politisch, weltanschaulich oder religiös zu äußern.[21] Der Abgeordnete, der den Entwurf einbrachte, bezeichnete diesen als Antwort auf die Forderung von Eltern, politische Agitation im Unterricht zu beenden. Es sei das Recht der Eltern, die politischen Ansichten ihrer Kinder zu formen und nicht die Aufgabe des Staates und der Lehrkräfte.[22] Kritiker hielten dagegen, ein derartiger Kodex sei überflüssig, da das Recht die betreffenden Verhaltensweisen bereits verbiete und darüber hinaus unklar sei, wie die Einhaltung eines solchen Kodex überprüft werden könne.[23] Der Gesetzesentwurf werfe die grundlegende Frage auf, ob Schulen vom politischen Diskurs abgeschirmt werden oder ob sie die Schüler in die Lage versetzen sollten, sich in einer partizipatorischen Demokratie einzubringen.[24]

In den Vereinigten Staaten wurde die Kontroversität der Diskussion um die Behandlung politischer Inhalte und Themen nicht zuletzt während der Präsidentschaftswahl im Jahr 2016 deutlich. Vor dem Hintergrund des damaligen

---

16 Hierzu *Klein*, Süddeutsche Zeitung, 13.10.2018.

17 Zitiert nach *Klein*, Süddeutsche Zeitung, 13.10.2018.

18 Siehe *Zeit Online*, 12.10.2018.

19 Siehe *GEW*, Fragen und Antworten zu den Denunziationsplattformen der AfD.

20 Hierzu VG Schwerin, Urt. v. 26.11.2020, 1 A 1598/19 SN, juris.

21 Hierzu *Crenshaw*, ABC15 Arizona, 19.12.2018; *Strauss*, The Washington Post, 17.01.2019.

22 Siehe *Crenshaw*, ABC15 Arizona, 19.12.2018.

23 Siehe *Crenshaw*, ABC15 Arizona, 19.12.2018.

24 *Rich*, The Hechinger Report, 14.01.2019.

Wahlkampfes veröffentlichten zehn Lehrkräfte, die in der Vergangenheit auf Bundes- und Einzelstaatenebene jeweils zu „*Teachers of the Year*" gekürt wurden, einen offenen Brief, in dem sie sich gegen den republikanischen Präsidentschaftskandidaten und späteren US-Präsidenten *Donald Trump* positionierten und erklärten, nicht länger schweigen zu können, da sie den Schülern ein Vorbild sein und für amerikanische Werte einstehen müssten.[25] In Anbetracht der erneuten Kandidatur *Trumps* für das Amt des US-Präsidenten bei den kommenden Präsidentschaftswahlen im November 2024 sowie angesichts aktueller politischer Kontroversen wie dem Verbot der Vermittlung von Inhalten im Zusammenhang mit der so genannten Critical Race Theory in den Schulen im Bundesstaat Florida durch den so genannten „*Stop WOKE Act*"[26] ist zu konstatieren, dass die Problematik des Umgangs mit politischen Themen in der Schule weiterhin im Fokus des Diskurses stehen wird.

Die Diskussion über die rechtlichen Anforderungen insbesondere an den politischen Schulunterricht ist in beiden Ländern aktueller denn je. Die angeführten Beispiele verdeutlichen die gesellschaftspolitische Relevanz der Beantwortung der Fragestellung, welche Aufgabe den Schulen und Lehrkräften bei der Bildung und Erziehung der Schüler zukommt und wie in diesem Zusammenhang mit (partei-)politischen Themen und Meinungen im Unterricht umzugehen ist. Die Notwendigkeit einer rechtswissenschaftlichen Auseinandersetzung mit der Thematik wird nicht zuletzt durch den Umstand begründet, dass die Implikationen des Rechts unmittelbare Auswirkungen auf den Berufsalltag der Lehrkräfte und damit einhergehend für den Lernerfolg der Schüler und letztlich auch auf die Entwicklung der Gesellschaft haben.[27]

Vor diesem Hintergrund sollte das der vorliegenden Arbeit zugrunde liegende Forschungsvorhaben ursprünglich lediglich die Frage nach den politischen Neutralitätspflichten der Lehrperson nach deutschem und US-amerikanischem Recht untersuchen. Es stellte sich freilich heraus, dass die Problematik der politischen Neutralität von Lehrkräften in den Vereinigten Staaten von Amerika sinnvollerweise als Teilaspekt einer übergeordneten Fragestellung nach dem Umfang pädagogischer Freiheiten in Anknüpfung an die Redefreiheit aus dem 1. Zusatzartikel der Verfassung der Vereinigten Staaten zu betrachten ist, da diese den Schwerpunkt der rechtswissenschaftlichen

25 Siehe *Strauss*, The Washington Post, 14.10.2016.

26 Hierzu etwa *Chemerinsky*, U. Cin. L. Rev. 92 (2023), S. 12 (17 mit Fn. 35).

27 Vgl. *Daly*, J.L. & Educ. 30 (2001), S. 1 (29 f.); *Cooley*, Baylor L. Rev. 66 (2014), S. 235 (280).

Diskussion bildet.[28] Um einen gemeinsamen Vergleichspunkt zu fokussieren und die Lösungen der beiden Rechtsordnungen sinnvoll gegenüberzustellen, werden mit der grundsätzlichen Frage nach den pädagogischen Freiräumen im Verhältnis zur Schulverwaltung und der Problematik der politischen Neutralität von Lehrkräften insbesondere im Hinblick auf die schulische Wertevermittlung beide Dimensionen beleuchtet.

Gegenstand der vorliegenden Arbeit sind daher die Antworten der beiden Rechtsordnungen auf die praktischen Fragen nach Bestand, Umfang und Reichweite pädagogischer Freiheiten von Lehrkräften im Allgemeinen sowie nach den Möglichkeiten und Grenzen des politischen Unterrichts und der schulischen Wertevermittlung respektive Demokratiebildung im Besonderen.[29] Es gilt, zu beantworten, welche Gemeinsamkeiten und Unterschiede die dahingehenden Lösungsansätze der beiden Rechtsordnungen bieten, um die rechtlichen Rahmenbedingungen für die Unterrichtstätigkeit der Lehrkraft herauszuarbeiten und zu reflektieren. Die gewonnenen Erkenntnisse sollen einen Beitrag zu einem besseren Verständnis der eigenen Prämissen[30] bezüglich der Rolle der Lehrkraft im öffentlichen Schulwesen und hinsichtlich der Gestaltung schulischer Demokratiebildung führen, nicht zuletzt, um den diesbezüglichen Dialog nicht nur im Verhältnis zu der Rechtswissenschaft in den USA, sondern auch zu den Bildungswissenschaften zu fördern.[31] Nicht zuletzt sollen Anregungen und Anknüpfungspunkte für weitere Forschungen geschaffen werden. Überdies werden in Anbetracht der Ergebnisse der vorliegenden

28 Vgl. hierzu Brown v. Chicago Bd. of Educ., 824 F.3d 713, 715 (7th Cir. 2016) (quoting Garcetti v. Ceballos, 547 U.S. 410, 418 (2006)); *Maxwell/McDonough/Waddington*, Teaching and Teacher Education 70 (2018), S. 196; *Maxwell/McDonough/Waddington*, in: Peters (Hrsg.), Encyclopedia of Teacher Education, S. 1.

29 Die vorliegende Arbeit betrachtet die Rechtsordnungen vor dem Hintergrund außerrechtlicher, tatsächlicher Probleme, welche die jeweiligen rechtlichen Lösungsansätze adressieren, verfolgt mithin einen funktionalen rechtsvergleichenden Ansatz, vgl. hierzu insbesondere *Zweigert/Kötz*, Einführung in die Rechtsvergleichung auf dem Gebiete des Privatrechts, S. 31–46; vgl. auch *Kischel*, Rechtsvergleichung, S. 93–95.

30 Vgl. hierzu *Zweigert/Kötz*, Einführung in die Rechtsvergleichung auf dem Gebiete des Privatrechts, S. 14; vgl. auch *Forster*, Ancilla Iuris 2018, S. 98 (101).

31 Vgl. zur Dialogfunktion der Rechtsvergleichung *Forster*, Ancilla Iuris 2018, S. 98 (109).

Untersuchung Empfehlungen für die Entscheidungsträger in beiden Gesellschaften ausgesprochen.

Zum Zwecke der Beantwortung dieser Fragestellungen ist die vorliegende Arbeit im Gesamten in vier Teile untergliedert. Im Anschluss an diese Einführung (A.) erfolgt eine Darstellung der deutschen Rechtslage (B.). In diesem Teil wird nach pointierten Ausführungen zu rechtlichen Grundlagen des öffentlichen Schulwesens (B I.) die rechtliche Dimension der pädagogischen Freiheit der Lehrkraft fokussiert, indem die diesbezügliche Rechtslage dargelegt und gewürdigt wird (B. II.). Dasselbe erfolgt schließlich bezüglich der Problematik der Anforderungen an den Schulunterricht vor dem Hintergrund politischer Neutralität (B. III.). Sodann wird im dritten Teil der Arbeit die Rechtslage nach US-amerikanischem Recht dargestellt (C.), indem zunächst einschlägige Vorfragen zum US-Recht beantwortet werden (C. I.). Daraufhin erfolgt eine umfassende Darstellung der (verfassungs-)rechtlichen Diskussion über die Redefreiheit von Lehrkräften im Schulunterricht (C. II.) im Allgemeinen sowie im Besonderen hinsichtlich der Behandlung politischer und kontroverser Themen im Unterricht (C. III.). Endlich werden die beiden Rechtslagen zusammenfassend gegenübergestellt (D.), um ihre Gemeinsamkeiten und Unterschiede im Hinblick auf die ihrerseits geschaffenen rechtlichen Rahmenbedingungen der Unterrichtstätigkeit der Lehrkraft in Anbetracht pädagogischer Freiheiten und politischer Neutralität herauszuarbeiten und auf Grundlage der Untersuchungsergebnisse Empfehlungen auszusprechen.

B. Rechtslage Deutschland

Die pädagogische Freiheit der Lehrkraft ist ein in der deutschen Rechtswissenschaft bereits seit Jahrzehnten untersuchter Forschungsgegenstand.[32] Abseits des Schrifttums ist die pädagogische Freiheit oder Verantwortung in den Schulgesetzen der Länder[33] wie in der Rechtsprechung[34] als Rechtsbegriff allgemein anerkannt. Ihre rechtliche Existenz wird nicht zuletzt aufgrund ihrer faktischen Notwendigkeit für die Ausübung der Bildungs- und Erziehungstätigkeit bejaht.[35] Gestritten wird freilich über ihre konkrete rechtliche Begründung und normative Verortung sowie über die Frage nach der Möglichkeit ihrer gerichtlichen Durchsetzung. Die pädagogische Freiheit schützt die einzelne Lehrperson einerseits vor zu weitreichenden Eingriffen der staatlichen Schulaufsicht[36] und wird andererseits durch die Rechtsbindung der Lehrkraft im Allgemeinen sowie durch festgelegte Rahmenvorgaben wie Lehrpläne und schulprogrammatische Regelungen im Besonderen beschränkt.[37]

Während gegenwärtig eine rege Debatte um das Neutralitätsgebot bei Äußerungen von Regierungsmitgliedern und anderen politischen Mandatsträgern besteht,[38] ist die juristische Diskussion über die politische Neutralität von Lehrkräften hingegen bislang wenig ausgebildet und es gibt noch keine gefestigte Rechtsprechung.[39] Eingerahmt wird die Problematik der rechtlichen Anforderungen an die Behandlung politischer Inhalte im Unterricht durch

---

32 Hierzu *Rux*, Die pädagogische Freiheit des Lehrers; *Wißmann*, Pädagogische Freiheit als Rechtsbegriff; ferner insbesondere *Heckel*, ZBR 1957, S. 217; siehe auch *Stock*, RdJB 2003, S. 502 m.w.N.

33 Siehe zum Beispiel § 67 Abs. 2 BbgSchulG oder § 57 Abs. 1 SchulG NRW.

34 Siehe etwa BVerfGE 47, 46, 83; BVerwG, NVwZ 1994, 583.

35 Siehe beispielsweise BVerfGE 47, 46, 83; *Wißmann*, Pädagogische Freiheit als Rechtsbegriff, S. 126–135.

36 Bereits *Starck*, DÖV 1979, S. 269; siehe auch *Hennecke*, RdJB 1986, S. 233; *Wißmann*, Pädagogische Freiheit als Rechtsbegriff, S. 52.

37 Hierzu *Avenarius/Hanschmann*, Schulrecht, S. 666 f.

38 Hierzu *Hufen*, RdJB 2018, S. 216; vgl. ferner zur ebenfalls regen Diskussion um die ethische respektive weltanschaulich-religiöse Neutralität des Staates *Huster*, Die ethische Neutralität des Staates.

39 Siehe auch *H. Cremer*, Das Neutralitätsgebot in der Bildung, S. 19.

das Spannungsverhältnis zwischen der Notwendigkeit schulischer Wertevermittlung[40] einerseits und dem demokratischen Grundsatz der Staatsfreiheit des Willensbildungsprozesses[41] andererseits. Um dieses in angemessener Weise aufzulösen, werden die diversen einzelnen Ausprägungen des Gebotes politischer Neutralität vor dem Hintergrund der grundgesetzlichen Wertentscheidungen beziehungsweise der Bildungs- und Erziehungsziele herangezogen.

Ausgehend von grundlegenden Ausführungen zur staatlichen Hoheit und Aufsicht über das Schulwesen wird im Folgenden die Rechtslage zur pädagogischen Freiheit der Lehrkraft sowie zu den rechtlichen Anforderungen an die Behandlung politischer Themen im Unterricht vor dem Hintergrund politischer Neutralitätspflichten fokussiert. In diesem Zusammenhang erfolgt zunächst eine Bestandsaufnahme betreffend rechtliche Begründung, Umfang und Reichweite der pädagogischen Freiheit, um den Forschungsstand abzubilden. Darauffolgend wird die Problematik der Anforderungen des Gebotes politischer Neutralität im Kontext schulischer Demokratiebildung betrachtet, indem die Rechtslage zunächst im Allgemeinen dargestellt wird, um schließlich den Maßstab für die Beurteilung des Unterrichtshandelns der Lehrkraft hinsichtlich des politischen Neutralitätsgebotes zu konturieren und anhand von praktischen Fallbeispielen und Gerichtsentscheidungen zu veranschaulichen.

I. Staatliche Schulhoheit als Ausgangspunkt

Das Schulwesen in Deutschland unterliegt im Gesamten der staatlichen Schulhoheit.[42] Dem Staat, der für die Erfüllung des verfassungsmäßigen Schulauftrags verantwortlich ist,[43] kommt insbesondere die Befugnis zu, die Bildungs- und Erziehungsziele festzulegen, die durch die Schulen erreicht werden sollen.[44] Außerdem übt er die in Art. 7 Abs. 1 GG verankerte Schulaufsicht aus.[45] Da diese grundlegenden schulrechtlichen Zusammenhänge den Ausgangspunkt

---

40 Hierzu VGH Mannheim, NJW 1985, 1661; VG Freiburg, Urt. v. 13.05.2022, DL 11 K 2735/21, Rn. 75, juris; *Wieland*, Was man sagen darf: Mythos Neutralität in Schule und Unterricht, S. 1; *Wrase*, APuZ 2020, S. 10 (10 f.).

41 Zur Begründung des Gebotes politischer Neutralität durch den Grundsatz der Staatsfreiheit des Willensbildungsprozesses *Dişçi*, Der Grundsatz politischer Neutralität, S. 133–140 m.w.N.

42 Hierzu *Badura*, in: Dürig/Herzog/Scholz (Hrsg.), GG, Art. 7 Rn. 45.

43 Hierzu *Robbers*, in: von Mangoldt/Klein/Starck, GG, Art. 7 Rn. 80–82.

44 Siehe etwa *Pieroth*, DVBl. 1994, S. 949 (950 f.).

45 Hierzu *Rux*, Schulrecht, S. 283.

für die Beantwortung der Fragen nach der pädagogischen Freiheit der Lehrkraft sowie nach den Anforderungen an schulische Demokratiebildung vor dem Hintergrund politischer Neutralitätspflichten darstellen, werden sie nachfolgend überblicksartig dargelegt.

Aus der Schulhoheit des Staates folgt dessen Aufgabe und Pflicht, über die Kenntnisse, Kompetenzen und Werte zu entscheiden, die im Rahmen der schulischen Bildungs- und Erziehungstätigkeit vermittelt werden sollen.[46] In diesem Zusammenhang kommt den Bundesländern die verfassungsmäßige Kompetenz zu, den staatlichen Bildungs- und Erziehungsauftrag entsprechend zu gestalten.[47] Dabei sind die Grundrechte der der Schulpflicht[48] unterliegenden Schüler unter Würdigung des elterlichen Erziehungsrechts nach Art. 6 Abs. 2 S. 1 GG zu wahren und zu verwirklichen.[49] Zu den einschlägigen Grundrechten der Schüler zählen unter anderem ihre Berufswahlfreiheit nach Art. 12 Abs. 1 S. 1 GG[50] und ihr Recht auf Selbstentfaltung nach Art. 2 Abs. 1 GG.[51]

Im Besonderen kommt den Schülern ein ihnen eigenes Grundrecht auf (schulische) Bildung zu, welches das Bundesverfassungsgericht in Art. 2 Abs. 1 GG i.V.m. Art. 7 Abs. 1 GG erkennt.[52] Dieses Grundrecht verpflichtet den Staat gegenüber den Schülern, ihre Entwicklung zu eigenverantwortlichen Persönlichkeiten in der Gesellschaft mittels schulischer Bildung zu fördern.[53] Dem Recht auf Bildung kommen eine leistungs- und teilhaberechtliche[54] sowie eine abwehrrechtliche Funktion zu.[55] Dem Bundesverfassungsgericht zufolge

---

46 *Rux*, Schulrecht, S. 246.

47 Siehe etwa *Thiel*, in: Sachs (Hrsg.), GG, Art. 7 Rn. 1.

48 Hierzu *Boysen*, in: von Münch/Kunig, GG, Art. 7 Rn. 49.

49 *Badura*, in: Dürig/Herzog/Scholz (Hrsg.), GG, Art. 7 Rn. 50; *Brosius-Gersdorf*, in: Brosius-Gersdorf (Hrsg.), Dreier GG, Bd. I, Art. 7 Rn. 35; vgl. zum Verhältnis von staatlichem Erziehungsauftrag und Elternrecht insbesondere *Huster*, DÖV 2014, S. 860 m.w.N.

50 Hierzu BVerfGE 58, 257, 272 f.; 159, 355, 388.

51 Zum Selbstentfaltungsrecht des Kindes bereits BVerfGE 45, 400, 417.

52 Siehe BVerfGE 159, 355, 380 f.; zuvor offengelassen in BVerfGE 45, 400, 417; ein Recht auf Bildung allein aus Art. 2 Abs. 1 GG annehmend bereits BVerwG, NJW 1975, 1182 f.; siehe auch BVerwG, NJW 1979, 229; *Pieroth*, DVBl. 1994, S. 949 (957); hierzu auch *Robbers*, in: von Mangoldt/Klein/Starck, GG, Art. 7 Rn. 31 m.w.N., der feststellt, dass die Verortung des Rechts auf Bildung in Art. 7 Abs. 1 GG strittig ist.

53 BVerfGE 159, 355, 381 f.

54 Diesbezüglich *Degenhart*, NJW 2022, S. 123 (126), der anmerkt, ein Recht auf gleichmäßige Teilhabe an Bildungsangeboten folge bereits aus Art. 3 Abs. 1 GG.

55 BVerfGE 159, 355, 382; vgl. bereits BVerfGE 34, 165, 182.

gewähre das Grundrecht den Schülern im Rahmen des bestehenden Schulsystems einen Anspruch auf einen Mindeststandard an schulischen Bildungsangeboten und einen gleichen Zugang zu diesen.[56] Der Anspruch erstrecke sich jedoch nicht auf eine spezifische Gestaltung von Schule und stehe unter dem Vorbehalt des Möglichen. Zudem stelle das Recht auf Bildung ein Abwehrrecht dar, welches die Schüler vor Einschränkungen des vorhandenen Bildungsangebotes schütze.

Die staatliche Schulaufsicht nach Art. 7 Abs. 1 GG, die das Grundgesetz freilich nicht definiert, wird als eine umfassende Aufsicht über das gesamte Schulwesen verstanden.[57] Diese erstreckt sich jedenfalls auf sämtliche Einrichtungen, die der Bildung wie der Erziehung dienen, und an denen ein allgemeinbildender Schulabschluss erworben werden kann.[58] Sie beinhaltet im weiteren Sinne die vollumfängliche Entscheidungsmacht über Planung, Organisation, Leitung und Beaufsichtigung des Schulwesens.[59] Dieses weite Verständnis entspringt einer verfassungshistorischen Tradition, wurde doch die Schulaufsicht bereits zu Zeiten der Weimarer Republik entsprechend interpretiert.[60]

Neben der Rechtsaufsicht umfasst die Schulaufsicht im engeren Sinne die Dienstaufsicht über das schulische Personal sowie die Fachaufsicht über die Unterrichts- und Erziehungstätigkeit.[61] Zum Schulpersonal zählen insbesondere die Lehrkräfte, die je nach landesrechtlichen Regelungen als Beamte oder Angestellte im öffentlichen Dienst beschäftigt sind.[62] Im Rahmen der Fachaufsicht kontrollieren die Schulaufsichtsbehörden die recht- und zweckmäßige Erfüllung der schulischen Bildungs- und Erziehungsaufgaben. Da sie sich im Gegensatz zur reinen Rechtsaufsicht auch auf die Kontrolle der Zweckmäßigkeit pädagogischer Entscheidungen und Maßnahmen erstreckt, können die

---

56 Hierzu und im Folgenden BVerfGE 159, 355, 381–393.

57 *Brosius-Gersdorf*, in: Brosius-Gersdorf (Hrsg.), Dreier GG, Bd. I, Art. 7 Rn. 36 m.w.N.

58 *Rux*, Schulrecht, S. 243.

59 BVerfGE 34, 165, 182; BVerwGE 6, 101, 104; 47, 201, 204; siehe auch *Badura*, in: Dürig/Herzog/Scholz (Hrsg.), GG, Art. 7 Rn. 4; *Brosius-Gersdorf*, in: Brosius-Gersdorf (Hrsg.), Dreier GG, Bd. I, Art. 7 Rn. 37; *Thiel*, in: Sachs (Hrsg.), GG, Art. 7 Rn. 17.

60 Hierzu *Thiel*, in: Sachs (Hrsg.), GG, Art. 7 Rn. 22 m.w.N.

61 Siehe etwa *Robbers*, in: von Mangoldt/Klein/Starck, GG, Art. 7 Rn 68.

62 Hierzu *Rux*, Schulrecht, S. 306 f.; kritisch *W. Cremer*, in: Institut für Bildungsforschung und Bildungsrecht e.V./Deutsches Institut für Internationale Pädagogische Forschung (Hrsg.), Zur Rechtsstellung der Lehrkräfte – heute, S. 11 (38), der vor dem Hintergrund des Art. 33 Abs. 4 GG ein verfassungsmäßiges Gebot erkennt, wonach Lehrkräfte im Grundsatz zu verbeamten seien.

Aufsichtsbehörden nicht nur bei Rechtsverstößen, sondern auch auf Grundlage eigener Zweckmäßigkeitserwägungen in die schulische Arbeit eingreifen.[63] In diesem Zusammenhang sind sie befugt, diverse Aufsichtsmittel anzuwenden, die bis zur Ersatzvornahme reichen.[64]

Begrenzt wird die Fachaufsicht durch die Grundrechte der Schüler, insbesondere durch ihr Recht auf Bildung, und das Erziehungsrecht der Eltern.[65] Die Grundrechte der Lehrer, die seit der Überwindung der Lehre vom besonderen Gewaltverhältnis auch im dienstlichen Sonderrechtsverhältnis gewährleistet sind,[66] begrenzen die Fachaufsicht insofern nicht, als sie sich grundsätzlich nicht auf Diensthandlungen erstrecken.[67] Die Fachaufsicht stößt hinsichtlich der Unterrichtstätigkeit ferner auf faktische Grenzen, welche in den praktischen Umständen der Unterrichtstätigkeit bestehen, die nicht zuletzt aufgrund ihrer personalen Natur[68] nicht im Detail geregelt werden kann.[69] Jedenfalls üben die Behörden die Aufsicht in der Praxis zurückhaltend aus.[70]

In den letzten Jahrzehnten ist in der Schulgesetzgebung die Entwicklung einer Reduzierung der Befugnisse der Schul- und damit einhergehend der Fachaufsicht zugunsten von mehr Schulautonomie zu konstatieren.[71] In diesem Zusammenhang werden den Schulen hinsichtlich ihrer internen Angelegenheiten eigene Gestaltungsräume gewährt, beispielsweise in Form von Entscheidungskompetenzen bezüglich der Unterrichtsangebote.[72] Von einer originären

---

63 Siehe etwa *Große*, Qualität des öffentlichen Schulwesens als Verfassungsgebot?, S. 110 f.

64 Hierzu *Müller*, DVBl. 2006, S. 878 (879) m.w.N.

65 *Badura*, in: Dürig/Herzog/Scholz (Hrsg.), GG, Art. 7 Rn. 50 m.w.N.

66 Siehe zur Geltung der Grundrechte im Sonderrechtsverhältnis im Allgemeinen *Herdegen*, in: Dürig/Herzog/Scholz (Hrsg.), GG, Art. 1 Abs. 3 Rn. 48.

67 Hierzu *Rux*, Schulrecht, S. 314, der als Ausnahme von diesem Grundsatz auf das in Art. 7 Abs. 3 S. 3 GG verankerte subjektiv-öffentliche Abwehrrecht verweist, keinen Religionsunterricht erteilen zu müssen.

68 *Wißmann*, Pädagogische Freiheit als Rechtsbegriff, S. 148; siehe auch *Pieroth*, DVBl. 1994, S. 949 (949 f.).

69 BVerfGE 47, 46, 83; siehe auch *Wißmann*, Pädagogische Freiheit als Rechtsbegriff, S. 126–135.

70 *Beaucamp*, RdJB 2015, S. 145 (158) m.w.N.

71 *Rux*, Schulrecht, S. 287–290, der konstatiert, dass die Schulen materiell jedenfalls eine Teilrechtsfähigkeit erlangt hätten; diesbezüglich bereits *Stock*, RdJB 1997, S. 372 (381).

72 Hierzu *Rux*, Schulrecht, S. 249 f.; ausführlich auch *Große*, Qualität des öffentlichen Schulwesens als Verfassungsgebot?, S. 75–108.

schulischen Autonomie kann freilich nicht die Rede sein, da die grundgesetzliche umfassende Schulaufsicht unberührt bleibt und in ihrem Rahmen lediglich die betreffenden Kompetenzen von der Schulverwaltung auf die Schulen verlagert werden.[73]

Ein verbreitetes Mittel zur Realisierung schulischer Selbstverwaltung im Bereich der Bildungs- und Erziehungsarbeit stellen die so genannten Schulprogramme dar, die in den meisten Bundesländern schulgesetzlich vorgesehen sind.[74] Durch sie geben sich die einzelnen Schulen im Wesentlichen ein eigenes Profil, um an der Konkretisierung des Bildungs- und Erziehungsauftrags mitzuwirken. Dies geschieht insbesondere im Wege der Verabschiedung so genannter Leitbilder, die neben organisatorischen Entscheidungen etwa solche zu eigenen thematischen und didaktischen Schwerpunkten treffen. Ferner sind die Schulen in einigen Bundesländern dazu verpflichtet, durch die Lehrpläne vorgegebene Rahmen auszufüllen, indem sie Kontingente an Unterrichtsstunden frei verteilen. Außerdem können oder müssen die einzelnen Schulen je nach landesschulrechtlicher Konzeption im Rahmen von Schulprogrammen konkrete Vorgaben für die Unterrichtstätigkeit schaffen. So kommt den Schulen in einigen Bundesländern die Kompetenz zu, schuleigene Curricula zu erstellen und Vorgaben etwa zu Unterrichtsinhalten und -methoden, fächerverbindendem Unterricht oder Lehrerkooperation zu machen.

In Anbetracht dieser in die Unterrichtsgestaltung der Lehrkraft eingreifenden einzelschulischen Kompetenzen ist im Hinblick auf die Unterrichtstätigkeit zu konstatieren, dass die schulische Eigenverantwortung sich zu dieser ebenso verhält wie die Fachaufsicht, sodass ein Spannungsverhältnis nicht nur zwischen der Schulaufsicht und der Freiheit des einzelnen Pädagogen, sondern auch zwischen dieser und den eigenen pädagogischen Gestaltungskompetenzen der Einzelschule festzustellen ist.[75]

II. Pädagogische Freiheit der Lehrkraft

Die pädagogische Freiheit gewährt der einzelnen Lehrkraft einen Gestaltungsraum eigenverantwortlichen Unterrichtens und Erziehens.[76] Dass sie als

---

73 Hierzu *Große*, Qualität des öffentlichen Schulwesens als Verfassungsgebot?, S. 170 f.

74 Hierzu und im Folgenden *Große*, Qualität des öffentlichen Schulwesens als Verfassungsgebot?, S. 79–88 m.w.N., die im Jahr 2019 zwölf von sechzehn Bundesländern zählt.

75 Vgl. *Avenarius/Hanschmann*, Schulrecht, S. 668.

76 *Avenarius/Hanschmann*, Schulrecht, S. 666.

Ausdruck der eigenen Verantwortung des Pädagogen eine notwendige Bedingung von Schulunterricht darstellt, wird in Deutschland in Rechtsprechung wie im Schrifttum generell angenommen.[77] Wenngleich die pädagogische Freiheit als Rechtsbegriff allgemein anerkannt ist,[78] existieren Differenzen bezüglich ihrer konkreten Gestalt. So sind die Fragen nach ihrer rechtlichen Begründung und Qualität sowie ihrem Umfang und ihrer Reichweite, die seit Mitte des letzten Jahrhunderts rechtswissenschaftliche Beachtung finden,[79] bis heute nicht abschließend beantwortet worden.

Allgemein konsentiert ist, dass die pädagogische Freiheit jedenfalls dem Zweck dient, die Bildungsinteressen der Schüler zu realisieren, da die Unterrichtstätigkeit der Lehrkraft auf dem staatlichen Schulauftrag basiert, der auf die Erfüllung des Selbstentfaltungsrechts der Schüler gerichtet ist.[80] Die Notwendigkeit der pädagogischen Freiheit ergibt sich bereits aus dem Umstand, dass von einer eigenen Verantwortung der Lehrperson nicht gesprochen werden könnte, käme ihr kein Freiraum zu, um eine solche tatsächlich zu übernehmen.[81] So definierte das Bundesverfassungsgericht sie in seiner Sexualkunde-Entscheidung als den Spielraum, welcher dem Lehrer im Schulunterricht verbleiben müsse, damit er seiner pädagogischen Verantwortung gerecht werden könne.[82] Dieser Gestaltungsraum ist angesichts der personalen Erziehungssituation[83], die im Besonderen durch die Persönlichkeit der Lehrkraft und ihren kreativen Einsatz geprägt

---

77 Vgl. statt vieler BVerfGE 47, 46, 83; BVerwG, NVwZ 1994, 583; OVG Bremen, Beschl. v. 16.07.2012, 2 A 92/10, Rn. 12, juris; *Avenarius/Hanschmann*, Schulrecht, S. 666 f.; *Rux*, Schulrecht, S. 307 m.w.N.; *Wißmann*, Pädagogische Freiheit als Rechtsbegriff, S. 126–135.

78 Vgl. statt vieler BVerfGE 47, 46, 83; *Avenarius/Hanschmann*, Schulrecht, S. 666; *Rux*, Die pädagogische Freiheit des Lehrers; *Wißmann*, Pädagogische Freiheit als Rechtsbegriff; vgl. auch § 67 Abs. 2 S. 2 BbgSchulG, §§ 86 Abs. 2 S. 2, 93 Abs. 2 S. 1 HSchG, § 38 Abs. 6 S. 1 SchG BW sowie § 57 Abs. 1 SchulG NRW und § 5 Abs. 1 S. 1 ADO NRW.

79 Vgl. grundlegend *Heckel*, ZBR 1957, S. 217.

80 Hierzu bereits *Stein*, Das Recht des Kindes auf Selbstentfaltung in der Schule, 50 f.; siehe auch OVG Münster, NVwZ-RR 1991, 72, 73; OVG Schleswig, Beschl. v. 30.04.1991, 3 M 67/91, Rn. 20, juris; *Hennecke*, RdJB 1986, S. 233 (234 f.); *Ossenbühl*, DVBl. 1982, S. 1157; *Starck*, DÖV 1979, S. 269 (273); *Wißmann*, Pädagogische Freiheit als Rechtsbegriff, S. 163 f.

81 *Rux*, Schulrecht, S. 309.

82 BVerfGE 47, 46, 83.

83 *Wißmann*, Pädagogische Freiheit als Rechtsbegriff, S. 148; siehe auch *Pieroth*, DVBl. 1994, S. 949 (949 f.).

ist,[84] keiner detaillierten externen Regelung zugänglich, sodass er aufgrund der faktischen Gegebenheiten des Schulunterrichts dem eigenen Wirkungsbereich des Pädagogen zuzuordnen ist.[85]

Damit die Lehrkraft ihrer tatsächlichen unmittelbaren Verantwortung für die schulische Bildungs- und Erziehungsarbeit nachkommen kann, gewährt das Recht ihr die pädagogische Freiheit im Sinne eines angemessenen Freiraums zur Gestaltung der situativ geprägten Unterrichtstätigkeit.[86] Im Allgemeinen umfasst die pädagogische Freiheit, die auch als pädagogische Verantwortung[87] oder Autonomie[88] bezeichnet wird,[89] die Detailgestaltung des Unterrichts,[90] den Beziehungsaufbau zu den Schülern[91] sowie die Gestaltung außerunterrichtlicher schulischer Aktivitäten.[92] Sie verlangt zum einen, dass der Staat sie bei der Festlegung von Unterrichtsvorgaben würdigt.[93] Zum anderen schützt die pädagogische Freiheit im Verhältnis zur Schulverwaltung das konkrete Unterrichtshandeln der einzelnen Lehrkraft.[94] Sie beschränkt die Kompetenzen, Weisungs- und Aufsichtsbefugnisse von Schulaufsichtsbehörden, Schulleitungen und schulischen Konferenzen, sofern entsprechende Regelungen dies

---

84 *Eiselt*, DÖV 1981, S. 821 (825); ähnlich *Hennecke*, RdJB 1986, S. 233 (233 f.).

85 BVerfGE 47, 46, 83; siehe auch *Wißmann*, Pädagogische Freiheit als Rechtsbegriff, S. 126–135.

86 BVerfGE 47, 46, 83; siehe auch *Beaucamp*, RdJB 2015, S. 145 (154 f.) m.w.N.; *Boysen*, in: von Münch/Kunig, GG, Art. 7 Rn. 66; siehe aber *Müller*, DVBl. 2006, S. 878 (879), die keine rechtliche Verpflichtung zur Beachtung der pädagogischen Eigenverantwortung erkennt.

87 Siehe beispielsweise § 38 Abs. 6 S. 1 SchG BW; siehe auch *Schmidt*, NVwZ 1997, S. 456 (458) m.w.N.

88 *Höfling*, DÖV 1988, S. 416.

89 Zu weiteren Begriffsvarianten siehe *Ossenbühl*, DVBl. 1982, S. 1157 (1158); teilweise wird der Begriff der pädagogischen Verantwortung gegenüber dem der pädagogischen Freiheit bevorzugt, um dadurch auszudrücken, dass sie kein Grundrecht respektive keine individuelle Freiheit darstellt, siehe *Jestaedt*, in: Isensee/Kirchhof (Hrsg.), Handbuch des Staatsrechts der Bundesrepublik Deutschland, S. 521 (589).

90 BVerfGE 47, 46, 83; *Avenarius/Hanschmann*, Schulrecht, S. 668; *Ossenbühl*, DVBl. 1982, S. 1157 (1162); *Rux*, Schulrecht, S. 314.

91 *Beaucamp*, RdJB 2015, S. 145.

92 Vgl. *Rux*, Die pädagogische Freiheit des Lehrers, S. 147; vgl. auch *Große*, Qualität des öffentlichen Schulwesens als Verfassungsgebot?, S. 135 f.

93 *Eiselt*, DÖV 1981, S. 821 (825); *Starck*, DÖV 1979, S. 269 (273).

94 *Eiselt*, DÖV 1981, S. 821 (825); *Kopp*, DÖV 1979, S. 890 (892); *Ossenbühl*, DVBl. 1982, S. 1157 (1158).

ausdrücklich normieren.[95] Die pädagogische Freiheit wird in den Landesschulgesetzen jedenfalls im Allgemeinen postuliert,[96] sodass sie im Falle von Maßnahmen und Entscheidungen der Aufsichtsbehörden und der Schulverwaltung zumindest berücksichtigt werden muss.[97] Von vornherein begrenzt wird sie freilich durch die allgemein anerkannten Erkenntnisse der Erziehungswissenschaften.[98]

1. Rechtliche Begründung

Uneinigkeit besteht zunächst hinsichtlich der Begründung der pädagogischen Freiheit. In diesem Zusammenhang wird in der Literatur seit jeher über ihre verfassungsrechtliche Verankerung und damit einhergehend über eine ihr teilweise zugesprochene grundrechtliche Natur gestritten. Die einschlägigen Begründungsansätze werden nachfolgend dargelegt und gewürdigt.

a) Grundgesetz

Im Rahmen der Diskussion über die grundgesetzliche Verankerung der pädagogischen Freiheit werden mit der Schulaufsicht nach Art. 7 Abs. 1 GG, der Lehrfreiheit nach Art. 5 Abs. 3 S. 1 GG, der Meinungsfreiheit nach Art. 5 Abs. 1 S. 1, 1. Alt. GG, den hergebrachten Grundsätzen des Berufsbeamtentums nach Art. 33 Abs. 5 GG sowie dem Recht der Schüler auf Selbstentfaltung nach Art. 2 Abs. 1 GG verschiedene verfassungsrechtliche Anknüpfungspunkte behauptet,[99] die im Folgenden dargestellt und gewürdigt werden.

aa) Schulaufsicht

Mit Blick auf den einzigen Schulartikel des Grundgesetzes wird vertreten, die pädagogische Freiheit der Lehrkraft sei in Art. 7 Abs. 1 GG verankert.[100] So

---

95 Siehe etwa *Rux*, Schulrecht, S. 308 f.

96 Beispielhaft § 88 Abs. 2 HmbSG; § 34 Abs. 1 S. 1 SchulG SH; siehe auch *Rux*, Schulrecht, S. 308.

97 Vgl. auch *Beaucamp*, RdJB 2015, S. 145 (154 f.); *Rux*, Schulrecht, S. 308.

98 *Avenarius/Hanschmann*, Schulrecht, S. 668.

99 Vgl. hierzu den zusammenfassenden Aufsatz von *Beaucamp*, RdJB 2015, S. 145 (147–151) m.w.N.

100 So etwa *Avenarius/Hanschmann*, Schulrecht, S. 667; *Eiselt*, DÖV 1981, S. 821 (825); *Hennecke*, RdJB 1986, S. 233 (241); *Kopp*, DÖV 1979, S. 890 (892); *Robbers*, in: von Mangoldt/Klein/Starck, GG, Art. 7 Rn. 30; *Schmidt*, NVwZ 1997, S. 456 (459); *Wißmann*, Pädagogische Freiheit als Rechtsbegriff, S. 163 f.; ablehnend *Beaucamp*,

handele es sich *Wißmann* zufolge bei ihr um einen ungeschriebenen verfassungsrechtlichen Komplementärbegriff zum staatlichen Erziehungsauftrag.[101] Sie entspringe der aus diesem Auftrag abgeleiteten Aufgabe erfolgreich Schule zu halten[102] und mache die der Verwirklichung des Rechts der Schüler auf Selbstentfaltung dienende personale Erziehung objektiv-rechtlich wirksam.[103] Ferner wird ihre Verortung in Art. 7 Abs. 1 GG damit begründet, dass die institutionelle Garantie der öffentlichen Schulen entsprechend der Vorgabe in Art. 7 Abs. 4 S. 3 GG eine wissenschaftliche Ausbildung der Lehrer mitsamt der Befähigung zu eigenverantwortlicher Unterrichtsgestaltung verlange, welche zugleich die Gewährung pädagogischer Freiräume erfordere, damit diese Ausbildung praktisch umgesetzt werden könne.[104]

Der Wortlaut des Art. 7 Abs. 1 GG, der ausdrücklich lediglich die Aufsicht des Staates über das Schulwesen postuliert, kann zur Stützung dieser Auffassung ebenso wenig herangezogen werden wie die Normgenese, die diesbezüglich keinerlei Anhaltspunkte bietet.[105] Wenngleich Art. 7 Abs. 3 S. 3 GG hinsichtlich des Religionsunterrichts ein (subjektiv-öffentliches) Abwehrrecht der Lehrkraft garantiert,[106] ergibt sich daraus bei systematischer Betrachtung nicht, auch Art. 7 Abs. 1 GG könne eine ähnliche, die Rechtsposition der Lehrkraft sichernde Garantie enthalten, da letztere Norm ein derartiges Recht nicht ausdrücklich nennt.[107] Dagegen spricht ferner, dass das individuelle Abwehrrecht in Art. 7 Abs. 3 S. 3 GG nicht auf die Förderung der Bildungsinteressen

---

RdJB 2015, S. 145 (151); *Burmeister*, RdJB 1989, S. 415 (417); *Pieroth*, DVBl. 1994, S. 949 (958); *Stender-Vorwachs*, VR 2006, S. 15 (20).

101 *Wißmann*, Pädagogische Freiheit als Rechtsbegriff, S. 163 u. 238.

102 *Eiselt*, DÖV 1981, S. 821 (825), der eine doppelte Rechtfertigung der pädagogischen Freiheit durch die Aufgabe Schule zu halten sowie durch die Rechte der Schüler auf Selbstentfaltungshilfe konstatiert.

103 *Wißmann*, Pädagogische Freiheit als Rechtsbegriff, S. 96 f., 146–148 u. 163 f.; ähnlich *Hennecke*, RdJB 1986, S. 233 (240 f.).

104 *Schmidt*, NVwZ 1997, S. 456 (458 f.); ähnlich *Höfling*, DÖV 1988, S. 416 (417), der den „Selbststand“ des Lehrerberufs als Rechtfertigung von pädagogischer Autonomie erkennt, ihrer verfassungsrechtlichen Verortung freilich skeptisch gegenübersteht.

105 *Burmeister*, RdJB 1989, S. 415 (417); *Pieroth*, DVBl. 1994, S. 949 (958); *Stender-Vorwachs*, VR 2006, S. 15 (20).

106 Siehe etwa *Jarass*, in: Jarass/Pieroth, GG, Art. 7 Rn. 23.

107 Vgl. *Beaucamp*, RdJB 2015, S. 145 (151).

der Schüler gerichtet ist,[108] deren Realisierung nach konsensualer Auffassung jedenfalls als einer der Zwecke der pädagogischen Freiheit betrachtet wird.[109]

Darüber hinaus ist zu konstatieren, dass die freiheitsbeschränkende Wirkung der in Art. 7 Abs. 1 GG verankerten staatlichen Schulaufsicht und die freiheitsgewährende Funktion des Rechts auf pädagogische Verantwortung sich diametral entgegenstehen.[110] Wenngleich der Schulartikel den Erziehungsauftrag enthält, kann er neben der staatlichen Aufsichtskompetenz im Schulwesen keine Freiheiten gewähren.[111]

bb) Lehrfreiheit

Einige Stimmen im Schrifttum sind der Auffassung, die pädagogische Eigenverantwortung des Schullehrers werde von der Lehrfreiheit nach Art. 5 Abs. 3 S. 1 GG umfasst.[112] Ob dessen Unterrichtstätigkeit dem verfassungsmäßigen Lehrebegriff zuzuordnen ist, vermag eine isolierte Heranziehung des Wortlauts des Art. 5 Abs. 3 S. 1 GG freilich nicht eindeutig zu beantworten. Wenngleich unter dem Begriff der „Lehre“ gemeinhin auch eine berufliche Ausbildung verstanden wird, ist zu konstatieren, dass hinsichtlich des schulischen Kontexts der Terminus „Unterricht“ geläufiger ist.[113] Überdies steht der

108 Vgl. *Rux*, Schulrecht, S. 314.

109 Hierzu vorliegend B. II. mit Nachweisen.

110 Vgl. *Beck*, BayVBl. 2013, S. 321 (326); *Starck*, DÖV 1979, S. 269 (273 f.).

111 *Beaucamp*, RdJB 2015, S. 145 (151).

112 Grundlegend *Staff*, DÖV 1969, S. 627 (630); *Perschel*, DÖV 1970, S. 34 (37 f.); so auch *Kopp*, DÖV 1979, S. 890 (892 f.), der die Grenzen der Lehrfreiheit im Schulkontext freilich in der Schulhoheit nach Art. 7 Abs. 1 GG erkennt; siehe auch *Beck*, BayVBl. 2013, S. 321 (326 f.); *Kaufhold*, Die Lehrfreiheit – ein verlorenes Grundrecht?, S. 199 f. u. 275, die vertreten, dass die Lehrfreiheit sämtlichen wissenschaftlich lehrenden Lehrkräften zukomme; zurückhaltend *Stock*, RdJB 1986, S. 212 (220 f.), der jedenfalls eine analoge Heranziehung der Lehrfreiheit auf Grundlage der Orientierung des Lehrerberufs an die Erziehungswissenschaft als „Berufswissenschaft“ für vertretbar hält; ablehnend OVG Lüneburg, NVwZ 1998, 94; OVG Münster, NVwZ-RR 1991, 72; OVG Schleswig, Beschl. v. 30.04.1991, 3 M 67/91, Rn. 20, juris; *Avenarius/Hanschmann*, Schulrecht, S. 667; *Burmeister*, RdJB 1989, S. 415 (417); *Eiselt*, DÖV 1981, S. 821 (825); *Füssel*, in: Horn/Kemnitz/Marotzki/Sandfuchs/Arnold (Hrsg.), Klinkhardt-Lexikon Erziehungswissenschaft, S. 477; *Heckel*, ZBR 1957, S. 217; *Jestaedt*, in: Isensee/Kirchhof (Hrsg.), Handbuch des Staatsrechts der Bundesrepublik Deutschland, S. 521 (588 f.); *Kollatz*, DÖV 1970, S. 594; *Rux*, Schulrecht, S. 314; *Stender-Vorwachs*, VR 2006, S. 15 (19); *Wißmann*, Pädagogische Freiheit als Rechtsbegriff, S. 90 f.

113 *Kaufhold*, Die Lehrfreiheit – ein verlorenes Grundrecht?, S. 59, 62, 110 u. 200 m.w.N.

Begriff der Lehre in Art. 5 Abs. 3 S. 1 GG neben denen der Wissenschaft und Forschung, sodass eine Einordnung des grundgesetzlichen Lehrebegriffs in den wissenschaftlichen Kontext systematisch naheliegt.[114] Dass Forschung und Lehre traditionell gemeinsam unter den übergeordneten Begriff der Wissenschaft gefasst werden,[115] spricht ebenfalls für dieses Verständnis.[116]

Bereits zu Zeiten der Weimarer Republik fiel nach konsensualer Auffassung ausschließlich die akademische Lehre in den Schutzbereich der Lehrfreiheit.[117] Zur Stützung dieser traditionellen Auslegung habe der Wortlaut des Art. 142 S. 1 WRV dienen können, der postulierte, dass „[...] die Wissenschaft und *ihre* Lehre [...]" frei seien.[118] Dass mit der Umformulierung des Wortlauts im Grundgesetz eine Erweiterung des Verständnisses von Lehre im Wege einer Emanzipation vom Wissenschaftskontext einhergegangen sei,[119] liegt fern, zumal die Änderung auf einem redaktionellen Irrtum beruhte.[120] Indes wird mit Verweis auf eine Formulierung im Zuge der Entstehung des Grundgesetzes, welche die verfassungsrechtliche Treuepflicht auf Lehrkräfte an Schulen ausweitete, begründet, dass die Lehrfreiheit auf den Schulkontext ausgedehnt werden sollte.[121] Diesem Argument mangelt es freilich insofern an Überzeugungskraft, als die betreffende Formulierung nicht übernommen wurde.

Eine Verortung der pädagogischen Freiheit in der vorbehaltlos gewährleisteten Lehrfreiheit des Art. 5 Abs. 3 S. 1 GG scheitert nicht zuletzt daran, dass die Schulaufsicht nach Art. 7 Abs. 1 GG, welche die Rechts-, Fach- und Dienstaufsicht vereint, weit verstanden wird.[122] Dass der Verfassungsgeber angesichts des

---

114 *Beaucamp*, RdJB 2015, S. 145 (148); *Wißmann*, Pädagogische Freiheit als Rechtsbegriff, S. 74 f.; vgl. auch *Kaufhold*, Die Lehrfreiheit – ein verlorenes Grundrecht?, S. 189.

115 Siehe insbesondere BVerfGE 35, 79, 113; hierzu *Wißmann*, Pädagogische Freiheit als Rechtsbegriff, S. 74 f. m.w.N.

116 So etwa *Wißmann*, Pädagogische Freiheit als Rechtsbegriff, S. 74–76.

117 *Perschel*, DÖV 1970, S. 34 (36), der diesbezüglich auf die Staatsrechtslehrertagung 1927 Bezug nimmt und insbesondere auf *Rothenbücher*, VVDStRL 4 (1928), S. 6 (32 ff.) und *Smend*, VVDStRL 4 (1928), S. 44 (57 ff.) verweist.

118 Hierzu *Perschel*, DÖV 1970, S. 34 (36) mit Verweis insbesondere auf *Rothenbücher*, VVDStRL 4 (1928), S. 6 (32 ff.) und *Smend*, VVDStRL 4 (1928), S. 44 (57 ff.).

119 So *Perschel*, DÖV 1970, S. 34 (36 f.), der zur Stützung seiner Argumentation anführt, dass die Formulierung in der Weimarer Reichsverfassung auf einer langen Tradition beruhe; ähnlich bereits *Staff*, DÖV 1969, S. 627 (628).

120 *Kaufhold*, Die Lehrfreiheit – ein verlorenes Grundrecht?, S. 106 m.w.N.

121 *Perschel*, DÖV 1970, S. 34 (37) m.w.N.

122 Siehe etwa *Wißmann*, Pädagogische Freiheit als Rechtsbegriff, S. 142 m.w.N.

Spannungsverhältnisses dieser beiden Normen in Art. 7 Abs. 1 GG keinerlei Bezug auf die Lehrfreiheit nimmt, spricht gegen die Annahme, diese komme auch Schullehrern zu.[123] Zwar mag eingewandt werden, dieses Ergebnis stehe dem Schulauftrag im freiheitlichen Verfassungsstaat insofern entgegen, als „unfreie" Lehrer die Schüler nicht zur Freiheit erziehen könnten.[124] Gleichwohl ergibt sich aus dieser Feststellung nicht, dass die pädagogische Freiheit der Lehrkraft zwingend ein Grundrecht darstelle.

Vielmehr ist in Anbetracht des Zusammenhangs der beiden Normen zu konstatieren, dass der Schulkontext ausschließlich der Schulaufsicht nach Art. 7 Abs. 1 GG zuzuordnen ist,[125] die im Verhältnis zu Art. 5 Abs. 3 GG *lex specialis* darstellt.[126] Daher ist es auch nicht überzeugend, davon auszugehen, die pädagogische Freiheit falle in den Schutzbereich der Lehrfreiheit, werde aber von der staatlichen Schulhoheit beschränkt[127], zumal im Falle einer derartigen Konstruktion die Schutzintensität der pädagogischen Freiheit aufgrund der umfassenden Schulaufsicht ohnehin äußerst begrenzt wäre.[128]

Schließlich gebietet die Betrachtung der divergierenden Aufgaben und Rahmenbedingungen von Schulen und Hochschulen eine für die Auslegung des grundgesetzlichen Lehrebegriffs relevante Unterscheidung der beiden Kontexte.[129] Schulen sind zum einen Orte der Erziehung, an denen die Schüler zu mündigen Bürgern in einer pluralistischen Demokratie erzogen werden sollen.[130] Zum anderen erfüllen sie einen Bildungszweck, indem sie den Schülern den Eintritt in das Berufsleben respektive den Arbeitsmarkt ermöglichen[131] und ihnen hierzu festgelegte grundlegende Kenntnisse und Fähigkeiten vermitteln sollen.[132] Demgegenüber dienen Hochschulen nicht der Erziehung, sondern

---

123 *Rux*, Schulrecht, S. 94 f.

124 So *Perschel*, DÖV 1970, S. 34 (38).

125 *Pieroth*, DVBl. 1994, S. 949 (958); *Jestaedt*, in: Isensee/Kirchhof (Hrsg.), Handbuch des Staatsrechts der Bundesrepublik Deutschland, S. 521 (589).

126 OVG Münster, NVwZ-RR 1991, 72; *Beck*, BayVBl. 2013, S. 321 (326); *Kaufhold*, Die Lehrfreiheit – ein verlorenes Grundrecht?, S. 199 f.; *Pieroth*, DVBl. 1994, S. 949 (958).

127 So *Kopp*, DÖV 1979, S. 890 (892 f.).

128 *Eiselt*, DÖV 1981, S. 821 (825).

129 *Wißmann*, Pädagogische Freiheit als Rechtsbegriff, S. 91; hierzu auch *Beaucamp*, RdJB 2015, S. 145 (149 f.).

130 Vgl. *Rux*, Schulrecht, S. 46 f.

131 *Rux*, Schulrecht, S. 43–45; *Stender-Vorwachs*, VR 2006, S. 15 (15 f.).

132 Siehe etwa *Beaucamp*, RdJB 2015, S. 145 (149).

verfolgen Wissenschaftszwecke.[133] Dazu genießen insbesondere Universitätsprofessoren eine umfassende Freiheit ihrer Forschung und der Vermittlung ihrer Erkenntnisse.[134] Eine derart weitreichende Freiheit von Schullehrern würde das Recht auf Chancengleichheit der Schüler beeinträchtigen, indem sie zu divergierenden Unterrichtsinhalten und -niveaus führen würde.[135]

Das generalistische Bildungskonzept der Schulen unterscheidet sich fundamental von dem der Hochschule, an denen Spezialisten ausgebildet werden[136], die in der Lage sind, selbstständig wissenschaftlich zu arbeiten.[137] Zudem sind Studierende sowohl hinsichtlich der Entscheidung, ob sie überhaupt studieren, als auch bei der Wahl ihrer Fächer anders als die der Schulpflicht unterliegenden Schüler frei.[138] Diese können dem intensiven Grundrechtseingriff des verpflichtenden Schulunterrichts und damit einhergehend der Einwirkung der Lehrkraft auf ihre Rechte und Interessen nicht entgehen.[139] Insbesondere können sie sich ihren Lehrer nicht aussuchen.[140] Angesichts dieser signifikanten Unterschiede die Einschlägigkeit eines Grundrechts von Staatsbediensteten zu bejahen, obwohl ein solches für Schullehrer keine ausdrückliche Erwähnung im Grundgesetz findet, überzeugt nicht.[141]

Eine Parallele zwischen Schul- und Hochschulkontext kann lediglich hinsichtlich eines im Einzelfall wissenschaftlich gestalteten Unterrichts in der gymnasialen Oberstufe festgestellt werden, zumal dieser im Gegensatz zum Schulunterricht in den unteren Klassenstufen auf die Vorbereitung auf ein Hochschulstudium ausgerichtet ist und bei entsprechender Durchführung wissenschaftlichen Ansprüchen genügen kann.[142] Außerdem kommt einer Lehrkraft, die im Einzelfall wissenschaftliche Erkenntnisse gleich einem Hochschullehrer vermittelt, in Anbetracht des Schutzzwecks der grundgesetzlichen Lehrfreiheit die gleiche Schutzbedürftigkeit zu.[143] Da außerdem die

133 Hierzu beispielsweise *Wißmann*, Pädagogische Freiheit als Rechtsbegriff, S. 91.

134 Hierzu BVerfGE 90, 1, 11 f.

135 *Ossenbühl*, DVBl. 1982, S. 1157 (1160).

136 Vgl. *Beaucamp*, RdJB 2015, S. 145 (149).

137 *Wißmann*, Pädagogische Freiheit als Rechtsbegriff, S. 91.

138 Ähnlich *Kollatz*, DÖV 1970, S. 594.

139 Siehe etwa *Rux*, Schulrecht, S. 39–54 m.w.N.

140 *Kollatz*, DÖV 1970, S. 594 (595).

141 Zutreffend *Wißmann*, Pädagogische Freiheit als Rechtsbegriff, S. 91.

142 So auch *Beaucamp*, RdJB 2015, S. 145 (149 f.).

143 *Beck*, BayVBl. 2013, S. 321 (326–328); vgl. bereits *Eiselt*, DÖV 1981, S. 821 (825), der freilich die fehlende Verknüpfung zwischen Amtsfunktion und Vermittlung

wissenschaftliche Lehre nicht nur die Vermittlung eigener, sondern auch die von fremden Erkenntnissen wie an den Fachhochschulen umfassen kann,[144] ist ein im konkreten Einzelfall wissenschaftlich durchgeführter Oberstufenunterricht als Lehre im Sinne des Grundgesetzes zu betrachten.[145]

Eine Kongruenz von Lehrfreiheit und pädagogischer Freiheit[146] geht damit freilich nicht einher. Zwar konturiert auch die erstere den eigenen Gestaltungsraum der Lehrkraft im Einzelfall eines wissenschaftlich durchgeführten Oberstufenunterrichts. Gleichwohl bedeutet dies nicht zwangsläufig, dass dieser Raum dem rechtlichen Zusammenhang der pädagogischen Eigenverantwortung des Schullehrers zuzuordnen ist. Vielmehr ist von einem Nebeneinander von pädagogischer Freiheit und Lehrfreiheit auszugehen.[147]

cc) Meinungsfreiheit

Wenngleich die Geltung der Grundrechte der Lehrkräfte im dienstlichen Sonderrechtsverhältnis nicht endet,[148] würde der Versuch, die pädagogische Freiheit unter die Meinungsfreiheit nach Art. 5 Abs. 1 S. 1, 1. Alt. GG zu subsumieren[149], daran scheitern, dass im Falle des Unterrichtens gerade die Funktion des Lehrers als Amtswalter in den Vordergrund tritt[150] und damit einhergehend

---

(eigener) Forschungserkenntnisse anführt, um eine Lehrfreiheit von Schullehrern abzulehnen.

144 BVerfGE 126, 1, 19–24; siehe auch *Beck*, BayVBl. 2013, S. 321 (325 f.); *Kaufhold*, Die Lehrfreiheit - ein verlorenes Grundrecht?, S. 199; a.A. OVG Münster, NVwZ-RR 1991, 72; *Rux*, Schulrecht, S. 314.

145 Zutreffend *Beaucamp*, RdJB 2015, S. 145 (149 f.); bereits *Pieroth* konstatiert, dass es mit dem Wortlaut des Art. 5 Abs. 3 S. 1 GG vereinbar sei, den Oberstufenunterricht in bestimmten Fächern als Lehre im wissenschaftlichen Sinne zu verstehen, *Pieroth*, DVBl. 1994, S. 949 (958); weitergehend *Beck*, BayVBl. 2013, S. 321 (326 f.); *Kaufhold*, Die Lehrfreiheit - ein verlorenes Grundrecht?, S. 199 f. u. 275, die die Auffassung teilen, allen wissenschaftlich lehrenden Lehrpersonen komme die Lehrfreiheit zu.

146 So etwa *Beaucamp*, RdJB 2015, S. 145 (150), der den wissenschaftlich geprägten (Oberstufen-)Unterricht als Bereich der pädagogischen Freiheit bezeichnet.

147 Ähnlich *Kopp*, DÖV 1979, S. 890 (892), der die Möglichkeit einer parallel zur pädagogischen Freiheit aus der Schulhoheit verlaufenden Lehrfreiheit erkennt.

148 Hierzu vorliegend B. I. mit Nachweisen.

149 Vgl. hierzu OVG Schleswig, Beschl. v. 30.04.1991, 3 M 67/91, Rn. 19, juris; *Hennecke*, RdJB 1986, S. 233 (239); *Wißmann*, Pädagogische Freiheit als Rechtsbegriff, S. 91, jeweils m.w.N.

150 *Wißmann*, Pädagogische Freiheit als Rechtsbegriff, S. 91 f.

seine individuelle Meinungsfreiheit insbesondere auf Grundlage des Beamtenrechts beschränkt werden kann.[151] Gegen eine Einordnung der pädagogischen Eigenverantwortung in den Zusammenhang der Meinungsfreiheit spricht ferner der Umstand, dass der Unterricht nicht lediglich aus Meinungsäußerungen der Lehrkraft besteht.[152] Überdies divergieren die jeweiligen Schutzzwecke beider Freiheiten insofern, als erstere im Gegensatz zur letzteren nach konsensualem Verständnis[153] auch der Verwirklichung der Bildungsinteressen der Schüler dient.[154] Vor diesem Hintergrund ist zu konstatieren, dass die individuelle Meinungsfreiheit keinen dienstlichen Gestaltungsraum eigenverantwortlichen Unterrichtens schaffen kann.

dd) Hergebrachter Grundsatz des Berufsbeamtentums

In Anbetracht des Spannungsverhältnisses zwischen der freiheitsbeschränkenden beamtenrechtlichen Weisungsgebundenheit gegenüber dem Dienstherrn[155] einerseits sowie freiheitsgewährender pädagogischer Autonomie andererseits liegt eine Verortung derselben in den Kreis der hergebrachten Grundsätze des Berufsbeamtentums[156] fern.[157] Dass bereits in der Weimarer Republik vor dem Hintergrund der pädagogischen Reformbewegung eine Erweiterung pädagogischer Gestaltungsräume im Wege der Beschränkung der Schulaufsicht auf eine Rechtsaufsicht angestrebt wurde,[158] vermag daran nichts zu ändern.[159] Ein unmittelbarer historischer Zusammenhang zwischen pädagogischer Freiheit

---

151 *Hennecke*, RdJB 1986, S. 233 (239) ablehnend auch *Stender-Vorwachs*, VR 2006, S. 15 (20).

152 *Perschel*, DÖV 1970, S. 34 (36).

153 Hierzu vorliegend B. II. mit Nachweisen.

154 Vgl. OVG Bremen, Beschl. v. 16.07.2012, 2 A 92/10, Rn. 12, juris; auch *Avenarius/Hanschmann*, Schulrecht, S. 666 f., die auf die Pflichtgebundenheit der pädagogischen Freiheit hinweisen.

155 Hierzu BVerfGE 9, 268, 286; *Hennecke*, RdJB 1986, S. 233 (237 f.).

156 So aber *Richter*, RdJB 1979, S. 250 (259); siehe auch *Kopp*, DÖV 1979, S. 890 (893), der jedenfalls den Kernbereich der pädagogischen Freiheit als hergebrachten Grundsatz des Berufsbeamtentums im Schulrecht erkennt.

157 *Boysen*, in: von Münch/Kunig, GG, Art. 7 Rn. 66; *Burmeister*, RdJB 1989, S. 415 (417); *Pieroth*, DVBl. 1994, S. 949 (958); *Rux*, Die pädagogische Freiheit des Lehrers, S. 95–97; *Stock*, RdJB 1986, S. 212 (229 mit Fn. 49); *Wißmann*, Pädagogische Freiheit als Rechtsbegriff, S. 93 f.

158 *Richter*, RdJB 1979, S. 250 (257–259) m.w.N.

159 *Wißmann*, Pädagogische Freiheit als Rechtsbegriff, S. 92 f.; siehe auch *Rux*, Die pädagogische Freiheit des Lehrers, S. 97.

und der Entstehung eines Lehrerbeamtentums ist nicht auszumachen, zumal letztere eine Verbesserung der sozioökonomischen Situation der Lehrer und nicht die Förderung pädagogischer Autonomie intendierte.[160]

Zudem wäre angesichts der beamtenrechtlichen Sonderstellung der Lehrkraft[161], deren Tätigkeit sich aufgrund der faktischen Eigengesetzlichkeit der Bildungs- und Erziehungsarbeit[162] signifikant von anderen Beamtenberufen unterscheidet, eine Zuordnung des Sonderfalls der pädagogischen Freiheit in den allgemeinen[163] Kanon der hergebrachten Grundsätze des Berufsbeamtentums ebenso wie die Konstruktion eines hergebrachten Grundsatzes des Lehrer-Beamtenrechts[164] unpassend. Indes wird richtigerweise konstatiert, dass die pädagogische Freiheit nicht zuletzt dem Bedürfnis nach selbstständiger Dienstausübung zum Zwecke der Erhöhung der Qualität der staatlichen Aufgabenerfüllung entspringt.[165] Insofern ergänzt und modifiziert sie die Beamtenstellung der Lehrkraft.[166]

ee) Recht der Schüler auf Selbstentfaltung und Recht auf Bildung

Schließlich wird die pädagogische Freiheit als Ausfluss des Rechts der Schüler auf Selbstentfaltung nach Art. 2 Abs. 1 GG betrachtet.[167] So stelle sie eine Analogie zu den Freiheitsrechten der Schüler dar, bezüglich derer der Lehrkraft ein fiduziarisches Mandat zukomme, den noch unmündigen Grundrechtsträgern dazu zu verhelfen, sich zu mündigen Bürgern zu entwickeln.[168] In diesem

160 *Rux*, Schulrecht, S. 97.

161 So bereits *Heckel*, ZBR 1957, S. 217 (218).

162 *Hennecke*, RdJB 1986, S. 233 (234); *Ossenbühl*, DVBl. 1982, S. 1157.

163 Vgl. *Battis*, in: Sachs (Hrsg.), GG, Art. 33 Rn. 73 m.w.N.

164 Hierzu *Richter*, RdJB 1979, S. 250 (259).

165 *Eiselt*, DÖV 1981, S. 821 (824 f.); ähnlich bereits *Kopp*, DÖV 1979, S. 890 (892).

166 *Heckel*, ZBR 1957, S. 217 (218) siehe auch *Avenarius/Hanschmann*, Schulrecht, S. 666 mit Fn. 173, die die Frage der Zuordnung der pädagogischen Freiheit zu den hergebrachten Grundsätzen des Berufsbeamtentums offenlassen.

167 Hierzu grundlegend *Stein*, Das Recht des Kindes auf Selbstentfaltung in der Schule, 50 f.; siehe auch OVG Münster, NVwZ-RR 1991, 72, 73, der in der pädagogischen Verantwortung freilich kein subjektiv-öffentliches Recht der Lehrkraft erkennt; *Avenarius/Hanschmann*, Schulrecht, S. 667; *Eiselt*, DÖV 1981, S. 821 (825); *Hennecke*, RdJB 1986, S. 233 (240 f.); *Starck*, DÖV 1979, S. 269 (273); *Stender-Vorwachs*, VR 2006, S. 15 (20).

168 So insbesondere *Hennecke*, RdJB 1986, S. 233 (240 f.), der zu diesen Freiheitsrechten neben dem Recht auf Selbstentfaltung auch die Meinungs- und Informationsfreiheit der Schüler zählt.

Zusammenhang wird konstatiert, dass sich aus dem Recht der Schüler auf Selbstentfaltung mittelbar die objektive verfassungsmäßige Verpflichtung des Staates ergebe, den Lehrkräften pädagogische Gestaltungsräume zum Zwecke der Demokratiebildung respektive zur Vermittlung freiheitlich-demokratischer Werte zu gewähren.[169]

In Anbetracht des mittlerweile vom Bundesverfassungsgericht ausdrücklich angenommenen Rechts auf Bildung aus Art. 2 Abs. 1 GG i.V.m. Art. 7 Abs. 1 GG[170] könnte die pädagogische Freiheit ebenso als Ausfluss dieses Grundrechts verstanden werden. So könnte davon ausgegangen werden, dass das Recht auf Bildung sich auch auf die Gewährleistung der fiduziarischen pädagogischen Freiheit als einem Bestandteil des Mindeststandards der bestehenden Bildungsleistungen[171] erstreckt. Dem steht allerdings entgegen, dass das Recht auf Bildung dem Bundesverfassungsgericht zufolge jedenfalls in seiner leistungsrechtlichen Ausprägung nicht auf eine spezifische schulische Gestaltung gerichtet ist[172], wohingegen die pädagogische Freiheit sich insbesondere auf die Detailgestaltung des Unterrichts bezieht.

Ferner wird das Recht der Schüler auf Selbstentfaltung in den Kontext des Erziehungsrechts der Eltern aus Art. 6 Abs. 2 GG gerückt, welches vonseiten der Lehrkraft ebenfalls angemessen zu achten ist.[173] Wenngleich mit der Anknüpfung an die Rechte der Schüler und Eltern der Zweck der pädagogischen Freiheit verfassungsrechtlich fundiert ist,[174] geht damit freilich nicht automatisch ein Recht der Lehrkraft einher.[175] Vielmehr ergibt sich aus den Grundrechten anderer Schulbeteiligter eine Pflicht der Lehrperson zur Wahrung dieser Rechte.[176]

b) Funktionales Verständnis

Nach alldem ist zu konstatieren, dass die Ansätze, den Gestaltungsraum eigenverantwortlicher Unterrichtsgestaltung unmittelbar verfassungsrechtlich zu verorten, nicht überzeugen, zumal die betreffenden Begründungsansätze

169 So *Rux*, Die pädagogische Freiheit des Lehrers, S. 103–105.
170 Hierzu vorliegend B. I. mit Nachweisen.
171 Hierzu BVerfGE 159, 355, 386 f.
172 Siehe BVerfGE 159, 355, 384.
173 So etwa *Stender-Vorwachs*, VR 2006, S. 15 (20).
174 Vgl. *Hennecke*, RdJB 1986, S. 233 (240 f.).
175 *Perschel*, DÖV 1970, S. 34 (38), der angesichts dessen erklärt, nur ein eigenes Recht des Lehrers auf Lehrfreiheit verleihe dieser ein prozessuales Gewicht.
176 *Starck*, DÖV 1979, S. 269 (273).

argumentativ überkonstruiert sind. Insbesondere ist festzustellen, dass die pädagogische Freiheit kein Grundrecht darstellt.[177] Hinsichtlich dieses Ergebnisses wird richtigerweise angemerkt, dass keine Notwendigkeit besteht, sie verfassungsrechtlich zu sichern, zumal Schülern wie Eltern eigene Grundrechte zukommen.[178] Da die Annahme einer grundrechtlichen Natur der pädagogischen Freiheit sich nachteilig auf deren Grundrechte auswirken würde,[179] geht die verfassungsmäßige Schulaufsicht der pädagogischen Freiheit im Interesse eines funktionierenden Schulwesens vor.[180]

Unbeschadet dessen ist jedenfalls davon auszugehen, dass die Auswirkungen ihrer verfassungsrechtlichen Verankerung auf die Schulpraxis gering wären.[181] Die pädagogische Freiheit findet ihre Begründung nicht im Grundgesetz. Vielmehr ist ihre rechtliche Existenz, die sich jedenfalls aus ihrer einfachgesetzlichen Normierung in den jeweiligen Schulgesetzen ergibt, funktional zu erklären.[182] Die dem Pädagogen eigene Verantwortung stellt einen der Natur der Lehrtätigkeit immanenten Umstand dar, der sich aus den faktischen Erfordernissen des Unterrichtens ergibt.[183] Die Reichweite der pädagogischen Freiheit

---

177 Zutreffend OVG Lüneburg, NVwZ 1998, 94; *Füssel*, in: Horn/Kemnitz/Marotzki/Sandfuchs/Arnold (Hrsg.), Klinkhardt-Lexikon Erziehungswissenschaft, S. 477; *Jestaedt*, in: Isensee/Kirchhof (Hrsg.), Handbuch des Staatsrechts der Bundesrepublik Deutschland, S. 521 (588 f.); *Pieroth*, DVBl. 1994, S. 949 (958); *Rux*, Die pädagogische Freiheit des Lehrers, S. 98; *Rux*, Schulrecht, S. 314; *Starck*, DÖV 1979, S. 269 (273); *Thiel*, in: Sachs (Hrsg.), GG, Art. 7 Rn. 20.

178 *Beaucamp*, RdJB 2015, S. 145 (151).

179 *Kollatz*, DÖV 1970, S. 594 (594 f.); *Starck*, DÖV 1979, S. 269 (274); *Ossenbühl*, DVBl. 1982, S. 1157 (1160).

180 *Eiselt*, DÖV 1981, S. 821 (825).

181 *Höfling*, DÖV 1988, S. 416 (420 mit Fn. 49).

182 OVG Bremen, Beschl. v. 16.07.2012, 2 A 92/10, Rn. 12, juris; OVG Münster, NVwZ-RR 1991, 72, 73; *Avenarius/Hanschmann*, Schulrecht, 666 f.; *Boysen*, in: von Münch/Kunig, GG, Art. 7 Rn. 66; *Füssel*, in: Horn/Kemnitz/Marotzki/Sandfuchs/Arnold (Hrsg.), Klinkhardt-Lexikon Erziehungswissenschaft, S. 477; *Jestaedt*, in: Isensee/Kirchhof (Hrsg.), Handbuch des Staatsrechts der Bundesrepublik Deutschland, S. 521 (589); vgl. auch *Heckel*, ZBR 1957, S. 217 (218 f.); *Pieroth*, DVBl. 1994, S. 949 (958 f.).

183 *Höfling*, DÖV 1988, S. 416 (416 f.); siehe auch *Füssel*, in: Horn/Kemnitz/Marotzki/Sandfuchs/Arnold (Hrsg.), Klinkhardt-Lexikon Erziehungswissenschaft, S. 477.

gegenüber Maßnahmen von Schulaufsicht und -verwaltung bestimmt sich im Einzelfall nach den jeweils einschlägigen landesschulrechtlichen Normen.[184]

2. Umfang

Im Gegensatz zur Frage nach der rechtlichen Begründung der pädagogischen Freiheit ist die nach ihrem Umfang wenig kontrovers. So besteht kaum Streit darüber, welche pädagogischen Entscheidungen und Maßnahmen dem der Lehrkraft eigenen Gestaltungsraum zuzuordnen sind.[185] Dieser Umstand liegt darin begründet, dass die betreffenden Entscheidungen und Maßnahmen im Wesentlichen unvertretbare[186], durch den Pädagogen selbst sowie durch den konkreten Unterricht geprägte Handlungen darstellen, sodass keine anderweitige Zuordnung in Betracht kommt.[187] Lediglich im Hinblick auf die Einordnung der Leistungsbewertung in den Zusammenhang der pädagogischen Eigenverantwortung bestehen wesentliche Meinungsverschiedenheiten, wie nachfolgend aufgezeigt wird.

a) Unterricht

Die pädagogische Freiheit erstreckt sich selbstredend auf die Planung und Gestaltung des Pflichtunterrichts im Klassen- oder Kursformat als Schulunterricht im engeren Sinne. In dieser Hinsicht umfasst sie jedenfalls dessen inhaltliche und methodische Detailgestaltung[188] sowie den Beziehungsaufbau zu den Schülern.[189] Damit ist gleichsam der Kernbereich des Gestaltungsraums eigenverantwortlichen Unterrichtens und Erziehens umrissen, zu dem mit anderen Worten die konkrete Umsetzung der vorgegebenen abstrakten Regelungen der Lehrpläne und diesbezüglichen Vorgaben durch Auswahl, Gewichtung und methodisch-praktische Ausgestaltung[190] unter Einsatz der

---

184 OVG Bremen, Beschl. v. 16.07.2012, 2 A 92/10, Rn. 12, juris; *Ossenbühl*, DVBl. 1982, S. 1157 (1160); *Pieroth*, DVBl. 1994, S. 949 (958); *Rux*, Die pädagogische Freiheit des Lehrers, S. 104; *Rux*, Schulrecht, S. 308–311.

185 Vgl. hierzu *Beaucamp*, RdJB 2015, S. 145 (145 u. 154 f.) m.w.N.

186 *Wißmann*, Pädagogische Freiheit als Rechtsbegriff, S. 119.

187 Vgl. *Wißmann*, Pädagogische Freiheit als Rechtsbegriff, S. 119.

188 *Rux*, Schulrecht, S. 314; siehe auch BVerfGE 47, 46, 83; *Avenarius/Hanschmann*, Schulrecht, S. 668; *Ossenbühl*, DVBl. 1982, S. 1157 (1162).

189 *Beaucamp*, RdJB 2015, S. 145.

190 BVerfGE, 47, 46, 83; *Avenarius/Hanschmann*, Schulrecht, S. 668; *Hennecke*, RdJB 1986, S. 233 (243); vgl. auch *Wißmann*, Pädagogische Freiheit als Rechtsbegriff, S. 137.

eigenen Lehrerpersönlichkeit sowie die Entwicklung und Gestaltung des Lehrer-Schüler-Verhältnisses zählen.[191]

Davon ausgehend ist zu konstatieren, dass die Lehrkraft frei und eigenverantwortlich beispielsweise darüber entscheiden darf, welche Unterrichtsmethoden sie einsetzt,[192] wie der Unterrichtsablauf feinstrukturiert ist, welche Inhalte sie im Rahmen der lehrplanbezogenen Vorgaben besonders vertieft oder lediglich anreißt,[193] ob und welche ergänzenden Unterrichtsmaterialien sie verwendet,[194] inwiefern sie Medien einsetzt oder Exkursionen durchführt,[195] wie sie auf Störungen seitens der Schüler reagiert und deren Verhalten im Wege rechtlich zulässiger erzieherischer Maßnahmen belohnt oder sanktioniert,[196] welche Sitzordnung herrscht und wie sie sich von den Lernenden ansprechen lässt. Ebenfalls von der pädagogischen Freiheit umfasst ist das Einladen von Unterrichtsgästen.[197] Überdies umfasst die pädagogische Eigenverantwortung die Kooperation mit anderen Lehrern,[198] etwa im Rahmen der Planung ihres Unterrichts und bei der Ausgestaltung von Teamteaching. Des Weiteren entspringt ihr die Befugnis, es grundsätzlich abzulehnen, fachfremde Fächer zu unterrichten.[199] Demgegenüber gehört die Entscheidung, wann

---

191 *Beaucamp*, RdJB 2015, S. 145 (154 f.) m.w.N., der neben der Detailplanung der Unterrichtsinhalte die Wahl der Unterrichtsmethoden, den eigenen Unterrichtsstil und die Benotung als „Mindestbestand" der pädagogischen Freiheit bezeichnet.

192 BVerfGE 47, 46, 83; VGH Kassel, NVwZ-RR 1993, 483, 484, der die Methodenwahl freilich ausdrücklich nicht zum Kernbereich der pädagogischen Freiheit zählt; ähnlich *Avenarius/Hanschmann*, Schulrecht, S. 668, die freilich die Untersagung der Anwendung veralteter Unterrichts- und Erziehungsmethoden als zulässig erachten; siehe ferner *Rux*, Schulrecht, S. 311.

193 *Avenarius/Hanschmann*, Schulrecht, S. 668.

194 *Wißmann*, Pädagogische Freiheit als Rechtsbegriff, S. 140.

195 *Beaucamp*, RdJB 2015, S. 145.

196 *Wißmann*, Pädagogische Freiheit als Rechtsbegriff, S. 141.

197 Siehe etwa VGH Kassel, NVwZ-RR 1993, 483, 484, der das Einladen schulfremder Personen jedoch nicht zum Kernbereich pädagogischer Eigenverantwortung zählt, sodass es weniger Schutz genießt; dem im Ergebnis zustimmend *Avenarius/Hanschmann*, Schulrecht, S. 668; demgegenüber *Beaucamp*, RdJB 2015, S. 145 (159), der die oben genannte Entscheidung des VGH Kassel kritisiert und höchstens ein Wiederholungsverbot bei schweren pädagogischen oder rechtlichen Verstößen als angemessen erachtet.

198 *Beaucamp*, RdJB 2015, S. 145.

199 *Avenarius/Hanschmann*, Schulrecht, S. 669 f.

der Unterricht beginnt und endet, nicht zur pädagogischen Autonomie der Lehrperson.[200]

b) Leistungsbewertung

Ob und inwiefern sich die pädagogische Freiheit auch auf die Bewertung mündlicher wie schriftlicher Schülerleistungen erstreckt beziehungsweise die Notengebung durch Weisungen und Anordnungen modifiziert werden darf, ist umstritten. Es sei jedoch darauf hingewiesen, dass einige Schulgesetze ohnehin nur eine Kontrolle auf Beurteilungs- respektive Rechtsfehler zulassen.[201] Unbeschadet dessen wird hauptsächlich vonseiten der Verwaltungsgerichte vertreten, die Notengebung dürfe fachaufsichtlich überprüft und damit einhergehend modifiziert und letztlich ersetzt werden.[202] Demgegenüber sind Stimmen in der Literatur der Auffassung, dass Schulleitung und Aufsichtsbehörden ausschließlich bei Rechtsfehlern wie sachfremden Erwägungen eingreifen dürften.[203] Andere wiederum erkennen in der Benotung von Schülerleistungen zwar keine Ausprägung der pädagogischen Freiheit, ordnen sie aufgrund ihrer Natur als höchstpersönliches Fachurteil[204] gleichwohl dem Verantwortungsbereich der Lehrkraft im weiteren Sinne zu, sodass sie jedenfalls nicht ersetzt werden dürfe.[205]

Gegen die Auffassung der Verwaltungsgerichte spricht, dass eine umfassende externe Zweckmäßigkeitskontrolle seitens der Schulleitung, Aufsichtsbehörden oder Gerichte ohnehin nicht geleistet werden kann,[206] wenngleich eine

---

200 Vgl. *Große*, Qualität des öffentlichen Schulwesens als Verfassungsgebot?, S. 86 m.w.N.

201 Siehe beispielsweise § 97 Abs. 4 SchulG M-V.

202 So etwa VGH Mannheim, NVwZ-RR 1989, 305, 305 f., der die Rechtmäßigkeit der Ersetzung der Bewertung seitens des Schulleiters bei Verstoß gegen die allgemein geltenden Grundätze der Notengebung im Einzelfall bejaht; OVG Bremen, Beschl. v. 16.07.2012, 2 A 92/10, Rn. 12, juris; OVG Lüneburg, NVwZ 1998, 94; siehe auch *Badura*, in: Dürig/Herzog/Scholz (Hrsg.), GG, Art. 7 Rn. 61; *Burmeister*, RdJB 1989, S. 415 (422).

203 *Beaucamp*, RdJB 2015, S. 145 (155); *Rux*, Die pädagogische Freiheit des Lehrers, S. 214; jedoch zurückhaltender *Rux*, Schulrecht, S. 143; grundsätzlich auch *Wißmann*, Pädagogische Freiheit als Rechtsbegriff, S. 145.

204 *Hennecke*, RdJB 1986, S. 233 (236).

205 *Avenarius/Hanschmann*, Schulrecht, S. 669; ähnlich *Hennecke*, RdJB 1986, S. 233 (236); *Ossenbühl*, DVBl. 1982, S. 1157 (1162 f.).

206 *Ossenbühl*, DVBl. 1982, S. 1157 (1163 f.); siehe auch *Beaucamp*, RdJB 2015, S. 145 (155); *Rux*, Schulrecht, S. 137.

fachliche Überprüfung unter Heranziehung der Arbeiten sämtlicher Prüflinge technisch möglich ist. Denn es liegen ausschließlich der Lehrperson sämtliche in die Beurteilung fließenden Informationen vor,[207] zumal Konzeption und Auswahl der jeweiligen Prüfungsaufgaben auf ihren eigenen Unterricht zugeschnitten sind und nur sie selbst die Entwicklung der jeweiligen Schüler aufgrund ihrer eigenen Erfahrungswerte angemessen beurteilen kann.[208]

In Anbetracht dieser Umstände ist zu konstatieren, dass die Leistungsbewertung mündlicher und schriftlicher Schülerleistungen jedenfalls insofern dem eigenen Verantwortungsbereich der Lehrkraft zuzuordnen ist, als die Auswahl an Mitteln der Fachaufsicht aufgrund der Natur der Sache beschränkt ist.[209] Im Falle formalisierter (zentraler) Abschlussprüfungen, die nicht dem Unterricht der einzelnen Lehrkraft zuzuordnen sind,[210] sind angesichts der mit ihnen einhergehenden intensiven Eingriffe in die Grundrechte der Lernenden insbesondere auf Chancengleichheit und Berufswahlfreiheit ausschließlich die strengen Maßstäbe des Prüfungsrechts einschlägig.[211]

c) Außerunterrichtliche Aktivitäten

Zum Gestaltungsraum eigenverantwortlichen Unterrichtens und Erziehens zählt ebenfalls der schulische Betrieb abseits des Schulunterrichts im engeren Sinne.[212] So erstreckt sich die pädagogische Verantwortung der Lehrkraft auf die Gestaltung außerunterrichtlicher Aktivitäten, bei denen im Besonderen die Erziehungsaufgabe in den Vordergrund tritt.[213] Zu diesen zählen beispielsweise Arbeitsgemeinschaften, Projektwochen, Ganztagsveranstaltungen, Schulfeste, Ausflüge, Klassen- und Kursfahrten.[214] Die pädagogische Freiheit erstreckt sich ferner auf die Ausübung der Aufgabe des Vertrauenslehrers. Überdies umfasst

207 *Ossenbühl*, DVBl. 1982, S. 1157 (1163 f.); siehe auch *Beaucamp*, RdJB 2015, S. 145 (155); *Rux*, Die pädagogische Freiheit des Lehrers, S. 214.

208 *Beaucamp*, RdJB 2015, S. 145 (155).

209 Zutreffend *Rux*, Schulrecht, S. 142 f.

210 *Wißmann*, Pädagogische Freiheit als Rechtsbegriff, S. 145.

211 *Rux*, Schulrecht, S. 137 m.w.N.; ähnlich *Robbers*, in: von Mangoldt/Klein/Starck, GG, Art. 7 Rn. 74.

212 Vgl. *Rux*, Die pädagogische Freiheit des Lehrers, S. 147; vgl. auch *Große*, Qualität des öffentlichen Schulwesens als Verfassungsgebot?, S. 135 f.

213 *Rux*, Die pädagogische Freiheit des Lehrers, S. 147.

214 Hierzu *Große*, Qualität des öffentlichen Schulwesens als Verfassungsgebot?, S. 136; siehe auch *Lehrerbildungszentrum RWTH Aachen*, Außerunterrichtliche Aktivitäten.

sie die Elternarbeit,[215] wozu etwa die Einbeziehung der Erziehungsberechtigten in schulische Aktivitäten sowie die Ausgestaltung von Elternabenden und Terminen an Elternsprechtagen zählen. Wenngleich Lehrkräfte im Rahmen der Pausenaufsicht auch erzieherische Maßnahmen treffen,[216] ist diese nicht der eigenen pädagogischen Verantwortung der Lehrperson zuzuordnen, da die Pausenaufsicht primär der Erfüllung der gesamtschulischen Aufsichtspflicht dient.[217]

3. Reichweite und Rechtsschutz

Von hoher praktischer Relevanz ist schließlich die Frage, inwiefern die generell angenommene pädagogische Eigenverantwortung sich praktisch behaupten kann. Angesichts dessen ist ihre Reichweite gegenüber Aufsichtsmaßnahmen, Weisungen der Schulleitung sowie Beschlüssen schulischer Konferenzen zu untersuchen.[218] So ist zu prüfen, wie Lehrkräfte sich gegen rechtswidrige oder unangemessene Eingriffe in ihren Unterricht rechtlich wehren können, und damit einhergehend, ob sie im Hinblick auf ihren eigenen pädagogischen Gestaltungsraum letztlich verwaltungsgerichtlichen Rechtsschutz genießen.

Da sich die Reichweite der pädagogischen Freiheit anhand ihrer jeweiligen landesschulrechtlichen Konkretisierung bestimmt, kommt es darauf an, inwiefern die einschlägigen Normen, die die Befugnisse der Fachaufsicht, Schulleitungen und schulischen Gremien betreffen, regeln, wie sich ebendiese im Verhältnis zur pädagogischen Verantwortung der einzelnen Lehrkraft verhalten.[219] Sofern eine Norm dieses Verhältnis konkret ausgestaltet, indem sie etwa vorgibt, unter welchen Voraussetzungen die Schulleitung in den Unterricht gestaltend eingreifen darf, wird die pädagogische Freiheit in dieser Hinsicht jedenfalls objektiv-rechtlich geschützt.[220] Stets muss insbesondere hinsichtlich der Detailgestaltung der Bildungs- und Erziehungsarbeit gewährleistet sein, dass die pädagogische Freiheit im Rahmen von Anordnungen, Weisungen oder Beschlüssen berücksichtigt wird, zumal sie in den Landesschulgesetzen zumindest im Allgemeinen gewährt wird.[221] Unbeschadet dessen wird freilich

---

215 *Beaucamp*, RdJB 2015, S. 145.

216 *Große*, Qualität des öffentlichen Schulwesens als Verfassungsgebot?, S. 135 f.

217 Vgl. beispielsweise § 10 Abs. 2 ADO NRW i.V.m. § 68 Abs. 3 Nr. 1 SchulG NRW.

218 Hierzu bereits *Rux*, Die pädagogische Freiheit des Lehrers, S. 141–185 u. 232–238; *Rux*, Schulrecht, S. 311 f.; hierzu auch *Beaucamp*, RdJB 2015, S. 145 (152–157).

219 *Rux*, Die pädagogische Freiheit des Lehrers, 141 f.; *Rux*, Schulrecht, S. 311.

220 *Beaucamp*, RdJB 2015, S. 145 (156 f.); vgl. hierzu auch *Robbers*, in: von Mangoldt/Klein/Starck, GG, Art. 7 Rn. 30.

221 Hierzu vorliegend B. II. mit Nachweisen.

zutreffend konstatiert, dass der pädagogische Freiraum der Lehrperson faktisch stets weiter reicht, da der Unterricht von außen nicht permanent beaufsichtigt werden kann und am Unterricht regelmäßig nur Schüler und Lehrer teilnehmen.[222]

Ob die pädagogische Freiheit sogar ein subjektiv-öffentliches Recht darstellt und damit der einzelnen Lehrkraft die Möglichkeit eröffnet ist, verwaltungsgerichtlich gegen Eingriffe in ihren Raum eigenverantwortlichen Unterrichtens zu klagen, ist indes strittig. Bislang lehnt die herrschende Meinung die Klagebefugnis von Lehrern hinsichtlich ihrer pädagogischen Verantwortung ab, da sie kein subjektiv-öffentliches Recht darstelle.[223] So verneint insbesondere die überwiegende Mehrheit der Verwaltungsgerichte ein solches Recht[224] und begründet dies vor allem mit der traditionell weit verstandenen staatlichen Schulaufsicht.[225]

Indes würde die Annahme einer Klagebefugnis die Möglichkeit eröffnen, dass Lehrer Maßnahmen, die ihren Unterricht tangierten, auf ihre Rechtmäßigkeit hin überprüfen lassen könnten, sodass betroffene Pädagogen nicht dazu gezwungen wären, rechtswidrige Anordnungen, Weisungen und Beschlüsse umzusetzen.[226] Dies wäre nicht zuletzt im Interesse der schulpflichtigen Schüler und ihrer Eltern. Überdies würde die Möglichkeit einer gerichtlichen Überprüfung zu dem wünschenswerten Ergebnis führen, dass Streitigkeiten über

---

222 *Rux*, Schulrecht, S. 312.

223 So etwa OVG Bremen, Beschl. v. 16.07.2012, 2 A 92/10, Rn. 12, juris; OVG Lüneburg, NVwZ 1998, 94; OVG Münster, NVwZ-RR 1991, 72; OVG Schleswig, Beschl. v. 30.04.1991, 3 M 67/91, Rn. 16, juris; VG Bremen, Urt. v. 27.06.2018, 1 K 762/18, S. 18–20; *Avenarius/Hanschmann*, Schulrecht, S. 667; *Füssel*, in: Horn/Kemnitz/Marotzki/Sandfuchs/Arnold (Hrsg.), Klinkhardt-Lexikon Erziehungswissenschaft, S. 477; *Jestaedt*, in: Isensee/Kirchhof (Hrsg.), Handbuch des Staatsrechts der Bundesrepublik Deutschland, S. 521 (589).

224 Hierzu *Rux*, Schulrecht, S. 308 m.w.N., der als Ausnahme eine Entscheidung des OVG Hamburg nennt, in der dieses einen justiziablen Freiraum einer Lehrkraft hinsichtlich pädagogischer Zweckmäßigkeitserwägungen bejaht habe, freilich vor dem Hintergrund beamtenrechtlicher Fürsorgepflichten, siehe OVG Hamburg, NordÖR 2002, 83 f.; das OVG Hamburg setzte diese Rechtsprechung fort, siehe OVG Hamburg, NVwZ-RR 2014, 807, 808; siehe auch *Müller*, DVBl. 2006, S. 878 (880).

225 Siehe beispielsweise OVG Lüneburg, NVwZ 1998, 94; OVG Münster, NVwZ-RR 1991, 72 f.

226 *Beaucamp*, RdJB 2015, S. 145 (156) mit Verweis auf *Perschel*, DÖV 1970, S. 34 (35), der eine pädagogische Freiheit im Sinne eines bloß faktisch bestehenden Gestaltungsraums als „unverbindliche Leerformel" bezeichnet.

pädagogische Kompetenzen im Interesse des Schulklimas endgültig beigelegt werden könnten.[227]

Es ist zu konstatieren, dass die herrschende Meinung von der fehlerhaften Prämisse ausgeht, der Lehrer sei ausschließlich Staatsbediensteter, und dabei ausblendet, dass er zugleich eine Erziehungstätigkeit ausübt, die durch den Einsatz seiner Persönlichkeit geprägt ist.[228] Dass es sich bei der pädagogischen Freiheit um eine funktionale Freiheit handelt,[229] spricht nicht gegen die Annahme einer Klagebefugnis,[230] zumal im Hinblick auf innerschulische Streitigkeiten die Grundsätze des Kommunalverfassungsstreits herangezogen und übertragen werden könnten.[231]

Mithin wird zu Recht die Möglichkeit einer Klagebefugnis der Lehrkraft zur Verteidigung ihrer pädagogischen Freiheit bejaht.[232] Ein subjektiv-öffentliches Recht ist im Einzelfall indes nur dann gegeben, soweit schulrechtliche Normen dieses begründen.[233] Davon ist auszugehen, wenn eine Norm die Befugnisse der Aufsichtsbehörden, Schulleitung und schulischen Konferenzen zugunsten der pädagogischen Freiheit ausdrücklich einschränkt.[234]

Vor diesem Hintergrund wird im Folgenden eine die Untersuchungsergebnisse von *Rux*[235] und *Beaucamp*[236] darlegende, teils angepasste, ergänzte und aktualisierte Darstellung der Reichweite der pädagogischen Freiheit in den Bundesländern gegenüber Eingriffen in den Schulunterricht seitens der Schulaufsichtsbehörden und Schulleitungen sowie durch Konferenzbeschlüsse vorgenommen. Wenngleich den Lehrkräften der Klageweg zur Verteidigung ihrer pädagogischen Freiheit bislang versagt ist, wird nachfolgend zugleich

227 *Rux*, Schulrecht, S. 313.

228 *Wißmann*, Pädagogische Freiheit als Rechtsbegriff, S. 128 f.

229 Hierzu vorliegend B. II. 1. b) mit Nachweisen.

230 *Stender-Vorwachs*, VR 2006, S. 15 (21); *Rux*, Schulrecht, S. 311.

231 *Rux*, Schulrecht, S. 313.

232 So etwa *Burmeister*, RdJB 1989, S. 415 (423); *Rux*, Die pädagogische Freiheit des Lehrers, S. 141; *Rux*, Schulrecht, S. 311; *Stender-Vorwachs*, VR 2006, S. 15 (21); ohne von einem subjektiv-öffentlichen Recht, aber von einem klagbaren Recht des Innenrechtskreises zu sprechen auch *Wißmann*, Pädagogische Freiheit als Rechtsbegriff, S. 239.

233 *Beaucamp*, RdJB 2015, S. 145 (157); *Rux*, Schulrecht, S. 311; *Rux*, Die pädagogische Freiheit des Lehrers, S. 141.

234 *Beaucamp*, RdJB 2015, S. 145 (157).

235 *Rux*, Die pädagogische Freiheit des Lehrers, S. 141–185 u. 232–238; *Rux*, Schulrecht, S. 311 f.

236 *Beaucamp*, RdJB 2015, S. 145 (152–157).

dargelegt, in welchen Ländern Lehrpersonen gegen betreffende Maßnahmen klagen könnten, wenn die Gerichte ihre Klagebefugnis bejahen würden.

a) Schulaufsicht

Indem die Aufsichtsbefugnisse der jeweiligen Schulaufsichtsbehörden in Baden-Württemberg, Bayern, Hamburg, Rheinland-Pfalz, Sachsen, Sachsen-Anhalt und Schleswig-Holstein im Hinblick auf den Schulunterricht nicht eingeschränkt werden, kommt ihnen der größtmögliche Eingriffsspielraum zu.[237] Daher sind die betreffenden Behörden dazu ermächtigt, vollumfänglich in das Unterrichtsgeschehen etwa im Wege von Anordnungen gestaltend einzugreifen.[238] In diesem Zusammenhang müssen sie die pädagogische Freiheit der Lehrkraft jedenfalls berücksichtigen.[239]

Gleichermaßen unbeschränkt sind die Befugnisse der Schulaufsichtsbehörden in Nordrhein-Westfalen.[240] Zwar normiert § 21 Abs. 2 S. 2 ADO NRW eine Begrenzung von Eingriffsbefugnissen hinsichtlich des Schulunterrichts. Gleichwohl betrifft diese ausschließlich die Weisungsbefugnisse der Schulleiter, wenngleich der Adressatenkreis durch den Wortlaut von Satz 2 nicht ausdrücklich begrenzt wird. Denn systematisch steht dieser innerhalb der die Kompetenzen des Schulleiters festlegenden Norm der Dienstordnung für Lehrkräfte und Schulleiter. Diese stellt kein die Schulaufsicht begrenzendes formelles Gesetz dar, sondern wurde vonseiten des Schulministeriums als oberster Schulaufsichtsbehörde[241] erlassen, ist mithin gerade Ausfluss der Ausübung der Schulaufsicht respektive Schulhoheit. Wenngleich die Aufsichtsbehörden die Schulen gemäß § 3 Abs. 1 S. 3 SchulG NRW in ihrer Selbstständigkeit unterstützen müssen, ist auch aus dieser unklaren und zurückhaltenden Formulierung keine Einschränkung der Aufsichtsbefugnisse im Verhältnis zur

---

237 *Rux*, Schulrecht, S. 312 mit Fn. 410 f.; siehe auch *Große*, Qualität des öffentlichen Schulwesens als Verfassungsgebot?, S. 123; mit Ausnahme von Hamburg auch *Müller*, DVBl. 2006, S. 878 (879).

238 Siehe *Große*, Qualität des öffentlichen Schulwesens als Verfassungsgebot?, S. 110 f. u. 123.

239 Hierzu vorliegend B. II. mit Nachweisen.

240 Anders *Rux*, Schulrecht, S. 312, der seine Auffassung wohl weiterhin auf den Wortlaut des aufgehobenen § 14 Abs. 3 S. 2 SchVG NRW stützt, der postulierte, die Schulaufsicht habe die pädagogische Selbstverantwortung zu pflegen, hierzu bereits *Rux*, Die pädagogische Freiheit des Lehrers, S. 176–178.

241 § 88 Abs. 1 S. 1 SchulG NRW.

Lehrkraft abzuleiten,[242] zumal § 57 Abs. 1 SchulG NRW die pädagogische Verantwortung der Lehrkraft ausdrücklich unter den Vorbehalt schulaufsichtsbehördlicher Anordnungen stellt.

Demgegenüber unterliegt die Fachaufsicht in Hessen und Mecklenburg-Vorpommern den umfassendsten Beschränkungen, indem die jeweiligen Landesschulgesetze die Aufsichtsbefugnisse auf den Umfang einer bloßen Rechtsaufsicht reduzieren.[243] Die dortigen Schulaufsichtsbehörden dürfen demnach dann in den Unterricht eingreifen, wenn die Schulen beziehungsweise die Lehrkräfte rechtswidrig handeln. So normiert beispielsweise das hessische Schulgesetz, dass die Schulaufsicht hinsichtlich pädagogischer Maßnahmen nur bei Verletzung wesentlicher Verfahrens- und Rechtsvorschriften, Zugrundelegung unrichtiger Voraussetzungen oder sachfremder Erwägungen sowie bei Verstößen gegen allgemein anerkannte pädagogische Grundsätze oder Bewertungsmaßstäbe oder gegen den Grundsatz der Gleichbehandlung eingreifen darf.[244]

Nahezu ebenso weitgehend begrenzt sind die Befugnisse der Schulaufsichtsbehörden in Bremen[245] und Niedersachsen[246], die jedoch auch dann in den Unterricht eingreifen können, wenn Verwaltungsvorschriften verletzt werden.[247] Im Saarland wird die Fachaufsicht insofern beschränkt, als die Aufsichtsbehörden grundsätzlich lediglich dann in den Unterricht eingreifen sollen, wenn es aufgrund der Chancengleichheit der Schüler sowie zum Ausgleich von Bewertungsunterschieden geboten ist.[248] Die Aufsichtsbehörden in

---

242 Vgl. *Große*, Qualität des öffentlichen Schulwesens als Verfassungsgebot?, S. 125 f.; *Müller*, DVBl. 2006, S. 878 (881); vgl. demgegenüber *Rux*, Die pädagogische Freiheit des Lehrers, S. 176–178, der anhand des aufgehobenen § 14 Abs. 3 S. 2 SchVG NRW argumentiert.

243 *Rux*, Schulrecht, S. 311 f.; auch *Große*, Qualität des öffentlichen Schulwesens als Verfassungsgebot?, S. 141–143; ähnlich *Müller*, DVBl. 2006, S. 878 (881), die freilich lediglich eine wesentliche Einschränkung der Fachaufsicht konstatiert.

244 § 93 Abs. 3 HSchG; ähnlich § 97 Abs. 4 SchulG M-V.

245 § 12 Abs. 2, 3, 4 BremSchVwG.

246 § 121 Abs. 2 NSchG.

247 *Rux*, Schulrecht, S. 312; ähnlich *Große*, Qualität des öffentlichen Schulwesens als Verfassungsgebot?, S. 143, die freilich die Fachaufsicht in Niedersachsen in gleichem Maße wie die in Mecklenburg-Vorpommern beschränkt sieht.

248 § 67 Abs. 2 SchumG SL; hierzu *Rux*, Die pädagogische Freiheit des Lehrers, S. 173 f.; siehe auch *Müller*, DVBl. 2006, S. 878 (879); insofern unzutreffend *Beaucamp*, RdJB 2015, S. 145 (153).

Berlin[249], Brandenburg[250] und Thüringen[251] dürfen weitergehend Aufsichtsmittel anwenden, wenn im Einzelfall ernstliche Zweifel hinsichtlich der Zweckmäßigkeit bestimmter pädagogischer Maßnahmen existieren.[252]

Da die Befugnisse der Schulaufsichtsbehörden in den Ländern Berlin, Brandenburg, Bremen, Hessen, Mecklenburg-Vorpommern, Niedersachsen, Saarland und Thüringen durch die betreffenden schulgesetzlichen Regelungen ausdrücklich begrenzt sind, kommt den Lehrkräften in diesen Bundesländern das Recht zu, gegen Aufsichtsmaßnahmen, die ihre pädagogische Freiheit je nach Landesrecht in unrechtmäßiger respektive unangemessener Weise einschränken, vor den Verwaltungsgerichten zu klagen. Demgegenüber verbleibt den Lehrkräften in Baden-Württemberg, Bayern, Hamburg, Nordrhein-Westfalen, Rheinland-Pfalz, Sachsen, Sachsen-Anhalt und Schleswig-Holstein hinsichtlich Maßnahmen der Schulaufsichtsbehörden nur die Remonstration.

b) Schulleitung

Im Hinblick auf die Weisungsbefugnisse der Schulleiter gegenüber den Lehrkräften ergibt sich ein ähnliches Bild. In Baden-Württemberg, Bayern, Hamburg, Sachsen und Schleswig-Holstein sind ihre Kompetenzen zum Eingriff in die Unterrichtstätigkeit ebenso uneingeschränkt wie die entsprechenden Befugnisse der Schulaufsichtsbehörden.[253] Die Schulleiter dürfen mithin auf Grundlage ihrer Weisungsbefugnis[254] vollumfänglich in den Unterricht der Lehrpersonen ihrer Schule eingreifen, müssen freilich deren pädagogische Eigenverantwortung berücksichtigen[255].

Im Saarland wird dem Schulleiter ein begrenztes Ermessen eingeräumt, sodass er im Regelfall lediglich dann in den Unterricht eingreifen soll, wenn es aufgrund der Chancengleichheit der Schüler sowie zum Ausgleich von Bewertungsunterschieden geboten ist.[256] In den Landesschulgesetzen der Länder Baden-Württemberg und Sachsen wird das Ermessen der Schulleitung zwar

249 § 106 Abs. 3 SchulG BE.
250 § 67 Abs. 2 S. S. 2 BbgSchulG.
251 § 3 Abs. 2 ThürSchAG.
252 *Rux*, Schulrecht, S. 312, der außerdem Nordrhein-Westfalen und das Saarland dazuzählt.
253 *Rux*, Schulrecht, S. 312 mit Fn. 410.
254 Siehe *Große*, Qualität des öffentlichen Schulwesens als Verfassungsgebot?, S. 105.
255 Hierzu vorliegend B. II. mit Nachweisen.
256 § 16 Abs. 4 SchumG SL; hierzu *Rux*, Die pädagogische Freiheit des Lehrers, 173 f.

nicht durch eine derartige Sollvorschrift begrenzt.[257] Gleichwohl wird dort die Verantwortung des Schulleiters für die Einhaltung der Lehrpläne und der allgemeinen Grundsätze für die Notengebung durch ausdrückliche Nennung hervorgehoben.[258]

Die Begrenzung der Fachaufsicht in Hessen und Mecklenburg-Vorpommern auf die Mittel einer bloßen Rechtsaufsicht gilt entsprechend für die Weisungsbefugnisse der Schulleiter.[259] Weitergehend dürfen die Schulleiter in Bremen und Niedersachsen wie die dortigen Aufsichtsbehörden auch im Falle von Verstößen gegen Verwaltungsvorschriften tätig werden.[260] Ebendies gilt auch für die Befugnisse der Schulleiter in den Bundesländern Rheinland-Pfalz[261] und Sachsen-Anhalt[262], in denen die Kompetenzen der Schulaufsichtsbehörden freilich unbeschränkt sind.[263] In Berlin[264], Brandenburg[265], Nordrhein-Westfalen[266] und Thüringen[267] dürfen die Schulleiter nur bei ernstlichen Zweifeln betreffend die Zweckmäßigkeit einzelner pädagogischer Maßnahmen eingreifend tätig werden.[268]

Vor diesem Hintergrund ist zu konstatieren, dass Lehrkräfte in den Bundesländern Berlin, Brandenburg, Bremen, Hessen, Mecklenburg-Vorpommern, Niedersachsen, Nordrhein-Westfalen, Rheinland-Pfalz, Saarland, Sachsen-Anhalt und Thüringen gegen unrechtmäßige beziehungsweise unangemessene Eingriffe der Schulleiter in ihren eigenen pädagogischen Gestaltungsraum vor den Verwaltungsgerichten klagen können. Im Gegensatz dazu können die Lehrkräfte in Baden-Württemberg, Bayern, Hamburg, Sachsen und Schleswig-Holstein hinsichtlich entsprechender Maßnahmen der Schulleitung lediglich Remonstration einlegen.

---

257 Anders *Beaucamp*, RdJB 2015, S. 145 (153 mit Fn. 90).
258 § 41 Abs. 2 S. 2 SchG BW; § 42 Abs. 2 S. 2 SächsSchulG.
259 *Rux*, Schulrecht, S. 311 f.
260 *Rux*, Schulrecht, S. 312.
261 Hierzu *Beaucamp*, RdJB 2015, S. 145 (153), mit Verweis auf § 26 Abs. 3 SchulG RP.
262 §§ 26 Abs. 5, 30 Abs. 1 S. 1 SchulG LSA.
263 *Rux*, Schulrecht, S. 312 mit Fn. 411.
264 § 106 Abs. 3 SchulG BE.
265 § 67 Abs. 2 S. S. 2 BbgSchulG.
266 § 21 Abs. 2 S. 2 ADO NRW.
267 § 3 Abs. 2 ThürSchAG.
268 *Rux*, Schulrecht, S. 312, der überdies das Saarland dazuzählt.

c) *Konferenzbeschlüsse und Schulprogramme*

In zwölf von sechzehn Bundesländern wird die pädagogische Freiheit der Lehrer aufgrund ausdrücklicher Regelungen vor Einschränkungen durch Beschlüsse schulischer Konferenzen geschützt. Dies trifft auf die Länder Baden-Württemberg[269], Bayern[270], Berlin[271], Brandenburg[272], Hessen[273], Mecklenburg-Vorpommern[274], Niedersachsen[275], Nordrhein-Westfalen[276], Saarland[277], Sachsen[278], Sachsen-Anhalt[279] und Thüringen[280] zu.[281] So findet sich unter anderem die Formulierung, dass die pädagogische Verantwortung durch Konferenzbeschlüsse unberührt bleibt.[282] Aber auch in Bremen, Hamburg, Rheinland-Pfalz und Schleswig-Holstein ist die pädagogische Freiheit insofern vor Eingriffen durch Konferenzbeschlüsse geschützt, als diese lediglich einen Rahmen für die schulische Arbeit setzen und keine Detailregelungen für den Unterricht festlegen können.[283] Allerdings sind in diesen vier Bundesländern mangels einschlägiger subjektiv-öffentlicher Normen verwaltungsgerichtliche Klagen von Lehrkräften gegen Konferenzbeschlüsse im Gegensatz zu den anderen zwölf Ländern ausgeschlossen.

---

269 § 44 Abs. 2 SchG BW.

270 Art. 58 Abs. 3 S. 2 BayEUG.

271 § 67 Abs. 2 S. 4 SchulG BE.

272 § 67 Abs. 2 S. 2 BbgSchulG.

273 § 86 Abs. 2 S. 2 HSchG.

274 § 100 Abs. 2 S. 3 SchulG M-V.

275 § 33 NSchG.

276 § 5 Abs. 2 S. 2 ADO NRW.

277 § 5 Abs. 2 SchumG SL.

278 § 44 Abs. 1 S. 3 SächsSchulG.

279 § 27 Abs. 2 SchulG LSA.

280 § 37 Abs. 1 S. 11 ThürSchulG.

281 Hierzu *Beaucamp*, RdJB 2015, S. 145 (152) mit Nachweisen, der die einschlägigen Regelungen der Landesschulgesetze heranzieht und dementsprechend das Schulgesetz Nordrhein-Westfalen mangels einer entsprechenden Regelung richtigerweise nicht dazuzählt, sodass er auf elf Schulgesetze kommt. In Nordrhein-Westfalen schützt freilich die Allgemeine Dienstordnung die pädagogische Freiheit vor unzumutbaren Einschränkungen durch Konferenzbeschlüsse, siehe § 5 Abs. 2 S. 2 ADO NRW.

282 § 37 Abs. 1 S. 11 ThürSchulG; hierzu und zu weiteren Formulierungsvarianten *Beaucamp*, RdJB 2015, S. 145 (152) mit Nachweisen.

283 Hierzu *Beaucamp*, RdJB 2015, S. 145 (152 mit Fn. 87), der unter anderem auf §§ 63 Abs. 1, 64 Abs. 3 SchulG SH verweist.

Deutlich tritt ein Spannungsverhältnis zwischen pädagogischer Autonomie der Einzelschule und der der Lehrkraft jedoch im Hinblick auf Schulprogramme hervor.[284] So wird bereits durch die Formulierung von Leitbildern[285] zwecks Schaffung eines schuleigenen Profils jedenfalls eine inhaltliche und didaktische Lenkungswirkung für das Unterrichtshandeln des Lehrers erzeugt. Soweit diese Leitbilder die schulgesetzlich normierten abstrakten Bildungs- und Erziehungsziele konkretisieren, indem sie diese hinsichtlich des jeweiligen praktischen Schulalltags präzisieren, ist darin grundsätzlich keine unzumutbare Einschränkung der Eigenverantwortung des einzelnen Pädagogen zu erkennen, der zur Umsetzung ebendieser Ziele verpflichtet ist.

Ferner ist eine signifikante Einschränkung der Eigenverantwortung des Pädagogen durch schulprogrammatische Vorgaben betreffend die konkrete Unterrichtsgestaltung möglich, soweit Schulen eigene Festlegungen insbesondere zu Inhalten und Methoden des Unterrichts oder zur Lehrerkooperation treffen[286]. Angesichts dieser Problematik wird zu Recht empfohlen, dass im Rahmen der Zuteilung des Lehrpersonals möglichst die Personalwünsche der jeweiligen Schule beachten werden sollten, um Konflikten vorzubeugen.[287] Selbstredend müssen die Schulen bei der Ausübung ihrer pädagogischen Autonomie jedoch in jedem Fall die betreffenden schulgesetzlichen Vorgaben und Grenzen beachten. Insbesondere muss stets die pädagogische Eigenverantwortung der Lehrkraft hinsichtlich der Detailgestaltung des Bildungs- und Erziehungsprozesses berücksichtigt werden.[288]

III. Wertgebundener Unterricht und das politische Neutralitätsgebot

Die Geltung des Gebotes politischer Neutralität im Rahmen der schulischen Bildungs- und Erziehungsarbeit ist nicht nur ein im gesellschaftspolitischen Diskurs regelmäßig beschworener Zusammenhang. Das Bestehen politischer Neutralitätspflichten im Schulkontext, insbesondere im Unterricht, wird im Allgemeinen vonseiten der Landesgesetzgeber[289], der

284 Hierzu *Avenarius/Hanschmann*, Schulrecht, S. 668.
285 Hierzu vorliegend B. I. mit Nachweisen.
286 Hierzu vorliegend B. I. mit Nachweisen.
287 So *Avenarius/Hanschmann*, Schulrecht, S. 668.
288 Hierzu vorliegend B. II. mit Nachweisen.
289 Siehe beispielsweise § 38 Abs. 2 S. 1 SchG BW; § 1 Abs. 2a S. 2 SchoG SL; Art. 84 Abs. 2 BayEUG.

Rechtsprechung[290] und der rechtswissenschaftlichen Literatur[291] vorausgesetzt. Zugleich besteht Konsens darüber, dass das Schulehalten in einer freiheitlichen und demokratischen Gesellschaft, trotz oder gerade aufgrund der ihr immanenten Pluralität, nicht absolut wertungsfrei erfolgen kann.[292] Vielmehr steht der staatliche Bildungs- und Erziehungsauftrag auf dem Fundament der grundgesetzlichen Ordnung und erfährt insofern seine Prägung durch in der Verfassung fundierte Wertentscheidungen.[293] In Anbetracht dessen ist der Schulunterricht als „wertgebunden"[294] zu beschreiben.

Die Bestimmung der rechtlichen Grenzen politischer Neutralität in der Schule steht mithin unter den Vorzeichen des freiheitlich-demokratischen Schulauftrags und kann nur unter Berücksichtigung der damit einhergehenden spezifischen Anforderungen an die Bildungs- und Erziehungsarbeit erfolgen. In diesem Zusammenhang stehen dem Erfordernis schulischer Wertevermittlung insbesondere der das Neutralitätsgebot begründende demokratische Grundsatz der Staatsfreiheit des Willensbildungsprozesses[295] sowie das elterliche Erziehungsrecht aus Art. 6 Abs. 2 S. 1 GG[296] gegenüber. Um die Frage nach

---

290 Siehe bereits VGH Mannheim, NJW 1985, 1661; siehe auch BVerwG, NJW 1990, 2265, 2266; VG Berlin, Beschl. v. 24.03.2023, 3 L 24/23, Rn. 44 f., juris.

291 Siehe etwa *Lindner*, ZBR 2020, S. 1 (6); *Rux*, Schulrecht, S. 254 f.; *Wieland*, Was man sagen darf: Mythos Neutralität in Schule und Unterricht; *Wrase*, APuZ 2020, S. 10.

292 Hierzu VGH Mannheim, NJW 1985, 1661; VG Freiburg, Urt. v. 13.05.2022, DL 11 K 2735/21, Rn. 75, juris; *Wieland*, Was man sagen darf: Mythos Neutralität in Schule und Unterricht, S. 1; *Wrase*, APuZ 2020, S. 10 (10 f.).

293 Hierzu etwa *Wrase*, APuZ 2020, S. 10 (10 u. 12).

294 *W. Cremer*, Rechtsextremismus/Rechtspopulismus als Herausforderung für die schulische Demokratiebildung: Lehrer-Meldeportale und die Grenzen von Neutralität in der Schule, 3. „Bildung im Fokus" an der Ruhr-Universität Bochum, Bochum, 18.02.2020 (Veranstalter: Professional School of Education, Institut für Bildungsrecht und Bildungsforschung e.V. (IfBB), Arbeitgeberverbände Ruhr/Westfalen und BlueSquare der Ruhr-Universität Bochum) [mündlicher Vortrag, im Folgenden zitiert als: *W. Cremer*, Rechtsextremismus/Rechtspopulismus als Herausforderung für die schulische Demokratiebildung: Lehrer-Meldeportale und die Grenzen von Neutralität in der Schule], der den Schulunterricht vor dem Hintergrund der Demokratiebildung als „wertgebunden" beschreibt; siehe auch *Wrase*, APuZ 2020, S. 10 (12).

295 Zur Begründung des Gebotes politischer Neutralität durch den Grundsatz der Staatsfreiheit des Willensbildungsprozesses *Dişçi*, Der Grundsatz politischer Neutralität, S. 133–140 m.w.N.

296 Zur Konturierung des Neutralitätsgebotes in der Schule durch das Elternrecht BVerwG, NJW 1990, 2265, 2266.

der Reichweite des Gebotes politischer Neutralität im Unterricht zu beantworten, ist ebendieses Spannungsverhältnis in angemessener Weise aufzulösen. In diesem Zusammenhang ist im Wesentlichen auf zwei rechtliche Zusammenhänge zu rekurrieren. Zum einen ist auf den staatlichen Bildungs- und Erziehungsauftrag zurückzugreifen, der einen von den Wertentscheidungen des Grundgesetzes geleiteten Schulunterricht impliziert. Zum anderen ist das verfassungsmäßige Gebot politischer Neutralität mitsamt seinen einfachgesetzlichen Konkretisierungen heranzuziehen.[297]

Daher wird im Folgenden zunächst der wertgebundene Schulunterricht als Bildung und Erziehung im Lichte der freiheitlichen demokratischen Grundordnung beschrieben. Sodann werden die Einzelausprägungen des politischen Neutralitätsgebots pointiert dargelegt, um dieses daraufhin vor dem Hintergrund des wertgebundenen Bildungs- und Erziehungsauftrags auf den Unterrichtskontext zu übertragen. Schließlich wird die Rechtlage anhand einschlägiger Rechtsprechung sowie fiktiver Fallbeispiele illustriert, um die praktischen Implikationen der Rechtlage für die Unterrichtstätigkeit aufzuzeigen.

1. Schulunterricht im Lichte der freiheitlich-demokratischen Verfassungsordnung

Das Staatswesen der Bundesrepublik Deutschland basiert auf der freiheitlichen demokratischen Grundordnung, die maßgeblich durch die Garantie der Menschenwürde in Art. 1 Abs. 1 GG sowie die Staatsstrukturbestimmungen des Demokratie- und des Rechtsstaatsprinzips gekennzeichnet ist.[298] Den verfassungsmäßigen Normen liegen im Gesamten menschenrechtliche, freiheitliche, demokratische und soziale Wertentscheidungen zugrunde, die dem Grundgesetz seinen prägenden Charakter verleihen. Auf dieser Verfassungsordnung fußt selbstredend auch die Schulhoheit des Staates respektive dessen Bildungs- und Erziehungsauftrag. In diesem Zusammenhang stellen die grundgesetzlichen Wertentscheidungen das Leitbild für die Ausfüllung des Schulauftrags in der Praxis und damit einhergehend für die pädagogische Tätigkeit der Lehrkraft dar.[299]

---

297 Vgl. zum Gebot politischer Neutralität im Allgemeinen *Dişçi*, Der Grundsatz politischer Neutralität.

298 BVerfGE 144, 20, 202–210; siehe auch *Eder*, „Rote Karte" gegen „Spinner"?, S. 165 f.; *Werres*, in: Brinktrine/Schollendorf (Hrsg.), Beamtenrecht Bund, BBG, § 60 Rn. 12, die Auflistungen von Elementen der freiheitlichen demokratischen Grundordnung bieten.

299 Siehe auch *Wrase*, APuZ 2020, S. 10 (10 u. 12).

a) *Wertentscheidungen des Grundgesetzes*

Mit der Konstituierung der freiheitlichen demokratischen Grundordnung der Bundesrepublik Deutschland schuf der Parlamentarische Rat einen Gegenentwurf zur Gewalt- und Willkürherrschaft des Nationalsozialismus.[300] Indem der Verfassungsgeber in diametraler Abgrenzung zu dem menschenverachtenden Totalitarismus des nationalsozialistischen Führerstaates eine Grundordnung der Achtung der Würde des individuellen Menschen, der Freiheit und der Demokratie schuf, legte er die grundlegenden gesellschaftlichen und politischen Wertentscheidungen fest. Das Grundgesetz ist mithin keinesfalls unpolitisch und wertneutral.[301] Vielmehr geht mit ihm ein politisches Bekenntnis zu Menschenrechten und freiheitlicher Demokratie einher.

Bereits im Jahr 1952 konstatierte das Bundesverfassungsgericht im Rahmen des Verbotes der nationalsozialistischen Sozialistischen Reichspartei (SRP), das Grundgesetz schaffe eine „wertgebundene Ordnung“[302].[303] Diese freiheitliche demokratische Grundordnung umfasse als grundlegende Prinzipien „[...] die Achtung vor den im Grundgesetz konkretisierten Menschenrechten, vor allem vor dem Recht der Persönlichkeit auf Leben und freie Entfaltung, die Volkssouveränität, die Gewaltenteilung, die Verantwortlichkeit der Regierung, die Gesetzmäßigkeit der Verwaltung, die Unabhängigkeit der Gerichte, das Mehrparteienprinzip und die Chancengleichheit für alle politischen Parteien mit dem Recht auf verfassungsmäßige Bildung und Ausübung einer Opposition.“[304]

Im Zentrum der freiheitlich-demokratischen Grundordnung steht die Menschenwürde als „oberster Verfassungswert“[305], deren herausgehobene Stellung im ersten Artikel des Grundgesetzes die Abkehr vom Nationalsozialismus eindringlich zum Ausdruck bringt.[306] Die Menschenwürdegarantie, die nach Art. 1 Abs. 1 S. 2 GG alle Staatsgewalt dazu verpflichtet, die Würde des individuellen Menschen zu achten und zu schützen, verlangt, dass dieser nicht zum

300 So BVerfGE 124, 300, 327 f.

301 BVerfGE 39, 334, 349; auch *Eder*, „Rote Karte“ gegen „Spinner“?, S. 163 f.

302 BVerfGE 2, 1, 12.

303 Zur „Werterechtsprechung“ sowohl bezüglich des vorliegenden Judikats als auch hinsichtlich der Rechtsprechung des Bundesverfassungsgerichts im Allgemeinen *W. Cremer*, Freiheitsgrundrechte, S. 195–218 m.w.N.

304 BVerfGE 2, 1, 13.

305 BVerfGE 109, 279, 311; ähnlich bereits BVerfGE 27, 1, 104.

306 *Wapler*, in: Brosius-Gersdorf (Hrsg.), Dreier GG, Bd. I, Art. 1 Abs. 1 Rn. 40 f.

bloßen Objekt staatlichen Handelns gemacht wird.[307] Eine Verletzung der Menschenwürde ist mit den Worten des Bundesverfassungsgerichts gegeben, wenn der Mensch „[…] einer Behandlung ausgesetzt wird, die seine Subjektqualität prinzipiell in Frage stellt […].“[308]

Mit der Festlegung des Regierungssystems der parlamentarischen Demokratie postuliert das Grundgesetz, dass die Staatsgewalt von den Bürgern ausgeht und durch Willensbildung „von unten nach oben“[309] ausgeübt wird, die Staatsorgane demokratisch legitimiert sind,[310] Wahlen gemäß Art. 38 Abs. 1 S. 1 GG demokratisch durchgeführt werden, mehrere Parteien chancengleich um die politische Mehrheit streiten[311] und eine Opposition existiert[312]. In diesem Zusammenhang gewährleistet die Verfassung politische Freiheitsrechte, insbesondere die Meinungsfreiheit nach Art. 5 Abs. 1 S. 1, 1. Alt. GG[313] und die Versammlungsfreiheit nach Art. 8 Abs. 1 GG. Nicht zuletzt garantiert das Grundgesetz in Art. 3 GG die Gleichheit vor dem Gesetz. Mit der freiheitlich-demokratischen Grundordnung geht außerdem das Rechtsstaatsprinzip einher, das insbesondere durch die Gewaltenteilung[314], den Vorrang[315] und den Vorbehalt des Gesetzes[316], die Rechtsschutzgarantie[317] und den Grundsatz der Verhältnismäßigkeit[318] gekennzeichnet ist.

Über die freiheitliche demokratische Grundordnung als absolutem Mindestbestand einer freiheitlichen Demokratie[319] hinausgehend legt die Verfassung weitere unabdingbare Grundsätze fest, die neben Menschenwürdegarantie, Demokratie- und Rechtsstaatsprinzip von der Ewigkeitsklausel des

---

307 *Dürig*, in: Maunz/Dürig (Hrsg.), GG, Art. 1 Abs. 1 Rn. 28; siehe auch BVerfGE 27, 1, 6; 45, 187, 228.

308 BVerfGE 30, 1, 26.

309 BVerfGE 2, 1, 12 f.; 20, 56, 99; 44, 125, 173 f.; 138, 102, 109; siehe auch *Barczak*, NVwZ 2015, S. 1014; *Gusy*, KritV 2018, S. 210 (215).

310 Hierzu BVerfGE 9, 268, 281 f.; 83, 60, 73; 93, 37, 67 f.

311 BVerfGE 2, 1, 13; 44, 125, 145; 138, 102, 109 f.

312 BVerfGE 2, 1, 13; 44, 308, 321; 70, 324, 363; 142, 25, 55 f.

313 Siehe insbesondere BVerfGE 7, 198, 208.

314 BVerfGE 34, 52, 59 f.; 95, 1, 15 f.

315 Hierzu etwa BVerfGE 8, 155, 169–171.

316 Hierzu beispielsweise BVerfGE 8, 274, 325.

317 BVerfGE 8, 274, 326; 10, 264, 268; 88, 118, 123 f.

318 BVerfGE 6, 389, 439; 45, 187, 261; 90, 145, 173.

319 Hierzu BVerfGE 144, 20, 202–210.

Art. 79 Abs. 3 GG umfasst sind.[320] Zu dem nicht abänderbaren Kernbestand der Verfassung zählen insbesondere auch die Bindung des Staates an die Grundrechte und die Geltung der Menschenrechte, der föderale Aufbau der Bundesrepublik mitsamt der Beteiligung der Bundesländer an der Gesetzgebung, sowie der Sozialstaat.

Abseits dessen liegen dem Grundgesetz beispielsweise mit den Staatszielbestimmungen des Umweltschutzes in Art. 20a GG und der Förderung der europäischen Integration in Art. 23 GG weitere Wertentscheidungen zugrunde. Ferner prägt das Bekenntnis zu den Menschenrechten bestimmte Verfassungsnormen, etwa, indem das Grundgesetz in Art. 16a GG das Asylrecht garantiert.[321]

b) Verfassungstreuepflicht

Selbstredend leiten und durchdringen die verfassungsmäßigen Grund- und Wertentscheidungen die gesamte öffentliche Verwaltung. Dieser Umstand wirkt sich nicht zuletzt auf die Rechtsposition der Beamten aus, die zur Verfassungstreue verpflichtet sind.[322] Diese Pflicht ergibt sich als hergebrachter Grundsatz des Berufsbeamtentums aus Art. 33 Abs. 5 GG[323] und wird durch § 60 Abs. 1 S. 3 BBG wie § 33 Abs. 1 S. 3 BeamtStG konturiert, wonach Beamte mit ihrem gesamten Verhalten für die freiheitlich-demokratische Grundordnung eintreten müssen.[324] Dem Bundesarbeitsgericht zufolge haben auch die sonstigen Beschäftigten im öffentlichen Dienst eine Pflicht zur Verfassungstreue im Mindestmaß, die sich im Besonderen aus tarifvertraglichen Regelungen betreffend ihre politischen Loyalitätspflichten ergibt.[325]

Die Verfassungstreuepflicht postuliert, dass der Beamte durch sein gesamtes Verhalten innerhalb wie außerhalb des Dienstes zum Ausdruck bringen muss, dass er sich für die Erhaltung der Verfassungsordnung des Grundgesetzes einsetzt.[326] Daher verlangen § 7 Abs. 1 Nr. 2 BBG wie § 7 Abs. 1 Nr. 2 BeamtStG

---

320 Siehe etwa *Herdegen*, in: Dürig/Herzog/Scholz (Hrsg.), GG, Art. 79 Rn. 87, der konstatiert, dass die freiheitliche demokratische Grundordnung eine „Teilmenge" des durch Art. 79 Abs. 3 GG geschützten Verfassungsgehaltes sei.

321 Hierzu *Gärditz*, in: Dürig/Herzog/Scholz (Hrsg.), GG, Art. 16a Rn. 9–12.

322 Siehe *Grigoleit*, in: Battis (Hrsg.), BBG, § 60 Rn. 13 f.

323 Hierzu BVerfGE 39, 334, 346 f.

324 Hierzu BVerfGE 39, 334, 346–355; auch *Werres*, in: Brinktrine/Schollendorf (Hrsg.), Beamtenrecht Bund, BBG, § 60 Rn. 11.

325 Siehe BAG, NZA-RR, 441, 443 m.w.N.

326 *Grigoleit*, in: Battis (Hrsg.), BBG, § 60 Rn. 13; *Werres*, in: Brinktrine/Schollendorf (Hrsg.), Beamtenrecht Bund, BBG, § 60 Rn. 13.

bereits im Rahmen der Ernennung von Beamten, es müsse gewährleistet sein, dass Anwärter jederzeit für die freiheitliche demokratische Grundordnung eintreten. Praktische Bedeutung kommt der Einstandspflicht beispielsweise dann zu, wenn der Beamte mit einem (verbalen) Angriff auf die freiheitlich-demokratische Grundordnung konfrontiert wird. Einen solchen darf er nicht unkommentiert stehen lassen darf, sondern muss ihm durch sein Bekenntnis zur Verfassung aktiv entgegentreten.[327]

Die Pflicht zur Verfassungstreue gilt sowohl für verbeamtete als auch für angestellte Lehrkräfte.[328] Diese sind dazu verpflichtet, ihren Schülern die freiheitlichen und demokratischen Verfassungswerte zu vermitteln und sich im Unterricht für ihre Wahrung einzusetzen.[329] Insofern ist eine politische Neutralität im Sinne einer absoluten Wertneutralität des Unterrichts gerade nicht gewollt.[330] Vielmehr verpflichtet das Recht die Lehrkräfte dazu, die Verfassungsordnung des Grundgesetzes im Rahmen ihrer Bildungs- und Erziehungstätigkeit zu fördern und zu verteidigen.

c) *Bildungs- und Erziehungsziele*

Der im Grundgesetz nicht definierte Bildungs- und Erziehungsauftrag erfährt seine nähere Ausgestaltung durch die Landesgesetzgeber, die in den jeweiligen Landesverfassungen und Schulgesetzen allgemeine, abstrakt formulierte Bildungs- und Erziehungsziele als verbindliches Recht festlegen.[331] Diese Ziele müssen vonseiten der Kultusministerien bei der Gestaltung der Lehr- und Bildungspläne und damit einhergehend bei der Schaffung von Vorgaben zu Unterrichtsinhalten, -methoden und -materialien zugrunde gelegt werden,[332] damit sie schließlich in die schulische Arbeit und die Unterrichtstätigkeit der Lehrkraft einmünden.[333]

Zu den vonseiten der Landesgesetzgeber vorformulierten Zielen zählen beispielsweise Achtung vor der Würde des Menschen und Erziehung im Geist der Menschlichkeit[334], Ehrfurcht vor Gott und Achtung vor

327 *Grigoleit,* in: Battis (Hrsg.), BBG, § 60 Rn. 14.
328 Hinsichtlich angestellter Lehrkräfte beispielsweise § 3 Abs. 4 ADO NRW.
329 Siehe auch *Wrase*, APuZ 2020, S. 10 (12).
330 So bereits VGH Mannheim, NJW 1985, 1661.
331 Hierzu *Rux*, Schulrecht, S. 247 f.
332 *Rux*, Schulrecht, S. 248.
333 *Pieroth*, DVBl. 1994, S. 949 (954).
334 § 2 Abs. 2 S. 1 u. 2 SchulG NRW.

religiöser Überzeugung[335], Vermittlung der Werte des Friedens und der Erhaltung der Umwelt[336], Anerkennung der Wert- und Ordnungsvorstellungen der freiheitlich-demokratischen Grundordnung[337], die Fähigkeit und Bereitschaft, sich für die Gleichberechtigung von Mann und Frau einzusetzen[338], die Fähigkeit, eine eigenständige Meinung zu vertreten und sich mit den Meinungen anderer vorurteilsfrei auseinanderzusetzen[339], sowie die Befähigung zur aktiven und verantwortungsvollen Teilnahme am sozialen, wirtschaftlichen, kulturellen und politischen Leben[340].

Bei Betrachtung dieser Zielsetzungen tritt offenkundig zutage, dass es sich bei ihnen um Ausprägungen der grundgesetzlichen Wertentscheidungen handelt. So beziehen sich die Bildungsziele ausdrücklich auf die Achtung der Menschenwürde und die Wahrung der Menschenrechte. Außerdem wird beispielsweise der in Art. 20a GG verankerte Umweltschutz in die schulische Bildungs- und Erziehungsarbeit einbezogen, ebenso wie die Gleichberechtigung der Geschlechter, die etwa in Art. 3 Abs. 2 GG verfassungsrechtlich verankert ist. Auch die Religionsfreiheit sowie das Prinzip der Toleranz gegenüber allen Menschen werden hervorgehoben. Ferner intendieren einige Ziele ausdrücklich, die Schüler zu mündigen Demokraten zu erziehen, die sich mit der grundgesetzlichen Ordnung identifizieren und sich im politischen System der Bundesrepublik Deutschland zurechtfinden.

Mithin postulieren auch die Bildungs- und Erziehungsziele, dass das Schulehalten im freiheitlich-demokratischen Staat keinesfalls frei von jeglicher politischen Wertung erfolgt. Dieser Umstand ist Ausfluss des staatlichen Schulauftrags, der vor dem Hintergrund des Gesamtgefüges des Grundgesetzes verlangt, dass den heranwachsenden Bürgern die verfassungsmäßigen Wertentscheidungen vermittelt werden.[341] Das Grundgesetz als Verfassung

335 Art. 1 Abs. 1 S. 3 BayEUG.

336 § 1 Abs. 3 S. 2 SächsSchulG.

337 § 1 Abs. 2 S. 2 SchG BW.

338 § 4 Abs. 5 Nr. 6 BbgSchulG.

339 § 3 Abs. 2 Nr. 2 SchulG BE.

340 § 2 Abs. 2 SchulG M-V.

341 *Jestaedt*, JZ 1989, S. 137 (142), der von einer „werbend-offensive[n] Erziehungstätigkeit des Staates" spricht; ähnlich auch *Thiel*, in: Sachs (Hrsg.), GG, Art. 7 Rn. 28, der in Bezug auf die „Verfassungsessenz" eine Verpflichtung des Staates zu „wertehaltiger" Erziehung konstatiert; auch *Wrase*, APuZ 2020, S. 10 (12); vgl. zur Zulässigkeit der „wertbezogenen Kommunikation" im Allgemeinen auch *Gärditz*, NWVBl. 2015, S. 165 (170).

einer „wehrhaften Demokratie“[342] fordert gerade, dass die Lernenden in dessen Geiste beeinflusst werden. Damit einhergehend ist keine Verletzung der Grundrechte der Schüler oder Eltern durch die Formulierung entsprechender Bildungs- und Erziehungsziele denkbar.[343]

Wenngleich diese Ziele die gesamte schulische Arbeit leiten,[344] tritt ihr Einfluss am deutlichsten in gesellschaftswissenschaftlichen Unterrichtsfächern wie Politik, Sozialkunde, Gesellschaftslehre und Geschichte zutage. Denn die (politischen) Wertentscheidungen des Grundgesetzes fließen insbesondere in die Gestaltung dieser gesellschaftsbezogenen Unterrichtsfächer ein, die nicht zuletzt den Zweck verfolgen, im Wege der Demokratiebildung die Voraussetzungen für eine auch in Zukunft funktionsfähige Demokratie zu schaffen, indem die Schüler dazu befähigt werden, am politischen Leben teilzunehmen.[345]

2. Politische Neutralitätspflichten

Das Prinzip der politischen Neutralität der öffentlichen Gewalt ist eine essenzielle Bedingung für eine funktionierende Demokratie. Denn es garantiert, dass der Meinungs- und Willensbildungsprozess und damit einhergehend der demokratische Wettstreit um die zeitweise Ausübung der von den Bürgern ausgehenden Staatsgewalt frei von Beeinflussung und Lenkung durch staatliches Handeln bleibt.[346] Zu diesem zählt insbesondere das Kommunikationshandeln des Staates,[347] dem jedenfalls im weiteren Sinne auch der auf die Bildung und Erziehung der Lernenden gerichtete Schulunterricht zuzuordnen ist, weshalb es vorliegend im Fokus der Untersuchung steht. Im Hinblick auf die Ausprägungen des Gebotes politischer Neutralität, welches einen rechtlichen Sammelbegriff für eine Reihe von Pflichten darstellt,[348] ist im Allgemeinen zwischen parteipolitischen und sonstigen politischen Neutralitätsgeboten zu unterscheiden.[349] Daneben besteht das Sachlichkeitsgebot als eigener rechtlicher

342 Hierzu *Eder*, „Rote Karte“ gegen „Spinner“?, S. 163 f.

343 *Rux*, Schulrecht, S. 247.

344 Hierzu etwa *Wrase*, APuZ 2020, S. 10 (12 f.).

345 BVerfGE 47, 46, 72; *Rux*, Schulrecht, S. 254 f.; *Wrase*, APuZ 2020, S. 10 (12 f.).

346 *Barczak*, NVwZ 2015, S. 1014 (1014 f.); *Gusy*, KritV 2018, S. 210 (215 f.).

347 Hierzu *Mandelartz*, DÖV 2009, S. 509 (512–516).

348 *Dişçi*, Der Grundsatz politischer Neutralität, S. 189 f.; vgl. zum Begriff des Neutralitätsgebots im Allgemeinen sowie hinsichtlich der ethischen Neutralität des Staates im Besonderen *Huster*, Die ethische Neutralität des Staates, S. 29–42 m.w.N.

349 *Dişçi*, Der Grundsatz politischer Neutralität, S. 16 m.w.N.; hinsichtlich (partei-) politischer Neutralitätspflichten von Beamten auch *Lindner*, ZBR 2020, S. 1.

Zusammenhang, das im Falle von staatlichem Kommunikationshandeln ebenfalls einschlägig ist.[350] Im Folgenden werden die einschlägigen rechtlichen Ausprägungen pointiert dargelegt.

a) Parteipolitische Neutralität

In der deutschen Parteiendemokratie wird der politische Willensbildungsprozess vordergründig durch die Parteien gestaltet, denen in Art. 21 Abs. 1 GG eine herausgehobene verfassungsrechtliche Stellung zugewiesen ist.[351] Diese befinden sich in einem permanenten Wettstreit um die demokratische Mehrheit, der in diversen Wahlen von Parlamenten und anderen Volksvertretungen gipfelt, die darin münden, dass die Parteien, die die Mehrheit erlangen, respektive ihre Vertreter für eine begrenzte Zeit die vom Staatsvolk ausgehende Staatsgewalt ausüben.[352] Damit dieser Wettbewerb in der gesamten Zeit vor, während und nach den Wahlen ein freier bleibt, muss sichergestellt sein, dass der Willensbildungsprozess stets von den Bürgern ausgeht.[353] Mit anderen Worten gilt es zu verhindern, dass er vonseiten des Staates respektive der Regierenden verfälscht wird.[354]

Zu diesem Zweck ist die gesamte öffentliche Verwaltung, der auch das Schulwesen zuzuordnen ist, dazu verpflichtet, ihre Aufgaben unparteiisch zu erfüllen.[355] Das Prinzip der politischen Neutralität weist in dieser Hinsicht eine parteipolitische Dimension auf, die ihren verfassungsrechtlichen Niederschlag in erster Linie in dem Recht der Parteien auf Chancengleichheit im politischen Wettbewerb nach Art. 21 Abs. 1 GG i.V.m. Art. 3 Abs. 1 GG sowie als hergebrachter Grundsatz des Berufsbeamtentums in Art. 33 Abs. 5 GG findet.[356]

---

350 Hierzu insbesondere *Dişçi*, Der Grundsatz politischer Neutralität, S. 78–112.

351 BVerfGE 44, 125, 139; 138, 102, 110; 148, 11, 23 f.

352 Hierzu beispielsweise BVerfGE 14, 121, 132; BVerfGE 20, 56, 98 f.

353 BVerfGE 2, 1, 12 f.; 20, 56, 99; 44, 125, 173 f.; 138, 102, 109; siehe auch *Barczak*, NVwZ 2015, S. 1014; *Growe*, Das Regierungsmitglied im parteipolitischen Diskurs, S. 90; *Morlok/Voss*, BayVBl. 1995, S. 513 (514 f.); *Oebbecke*, BayVBl. 1998, S. 641 (643 f.).

354 Hierzu statt vieler BVerfGE 73, 40, 89; 78, 350, 358; 85, 264, 297, st. Rspr.; *Barczak*, NVwZ 2015, S. 1014; *Kißlinger*, Das Recht auf politische Chancengleichheit, S. 14; *Studenroth*, AöR 125 (2000), S. 257 (257 f.).

355 Hierzu *Barczak*, NVwZ 2015, S. 1014 (1015); *Lindner*, ZBR 2010, S. 325 (327).

356 Siehe etwa *Lindner*, ZBR 2010, S. 325 (329); hinsichtlich der Chancengleichheit der Parteien auch *Growe*, Das Regierungsmitglied im parteipolitischen Diskurs, S. 94 f.

Darüber hinaus ist der Grundsatz der unparteiischen Amtsführung in diversen beamten- und schulrechtlichen Normen verankert. Diese werden im Folgenden ebenso wie die verfassungsmäßigen Anknüpfungspunkte parteipolitischer Neutralität dargelegt.

aa) Chancengleichheit der Parteien im politischen Wettbewerb

Das Recht auf Chancengleichheit der Parteien im politischen Wettbewerb nach Art. 21 Abs. 1 GG i.V.m. Art. 3 Abs. 1 GG ist darauf gerichtet, den freien demokratischen Willensbildungsprozess insofern zu schützen, als es einen chancengleichen Wettbewerb der widerstreitenden parteipolitischen Akteure im Mehrparteienstaat gewährleistet,[357] indem es postuliert, dass allen Parteien die gleichen Ausgangsbedingungen zukommen.[358] Mit anderen Worten intendiert es die chancengleiche Teilhabe der Parteien an der demokratischen Willensbildung, damit die notwendige demokratische Grundbedingung gegeben ist, dass die politische Minderheit einmal zur Mehrheit werden kann.[359] Verbotene Parteien können sich nicht auf dieses Recht berufen.[360]

Keinesfalls zielt das Recht der Parteien auf Chancengleichheit auf die Schaffung einer faktischen Gleichheit im Sinne einer „Ergebnisgleichheit" ab,[361] etwa, im Wege des Ausgleichs der unterschiedlichen politischen Gewichte der Parteien durch staatliches Eingreifen.[362] Das Grundgesetz verlangt beispielsweise nicht, dass Unterschiede hinsichtlich der Parteivermögen durch Zahlungen aus dem Staatshaushalt ausgeglichen werden.[363] Derartige staatliche Manipulationen des Willensbildungsprozesses sind gerade nicht gewollt.

Das Recht auf Chancengleichheit fordert lediglich, aber unbedingt, einen gleichen Zugang zur Teilnahme am politischen Wettbewerb im Sinne einer

---

357 BVerfGE 44, 125, 145 f.; 138, 102, 110; hierzu auch *Growe*, Das Regierungsmitglied im parteipolitischen Diskurs, S. 92.

358 Hierzu BVerfGE 34, 160, 163 f.; 148, 11, 24; *Dişçi*, Der Grundsatz politischer Neutralität, S. 180 f.; *Kißlinger*, Das Recht auf politische Chancengleichheit, S. 14 f.; *Schoch*, DVBl. 1988, S. 863 (880).

359 BVerfGE 2, 1, 13; 44, 125, 145; 138, 102, 109 f.; hierzu auch *Growe*, Das Regierungsmitglied im parteipolitischen Diskurs, S. 94 f.

360 BVerfGE 138, 102, 111; siehe auch *Wahnschaffe*, NVwZ 2016, S. 1767.

361 *Schoch*, DVBl. 1988, S. 863 (880); *Kißlinger*, Das Recht auf politische Chancengleichheit, S. 14.

362 Hierzu BVerfGE 14, 121, 134; 20, 56, 100; siehe auch *Barczak*, NVwZ 2015, S. 1014; *Growe*, Das Regierungsmitglied im parteipolitischen Diskurs, S. 95.

363 Hierzu BVerfGE 20, 56, 100.

„Startgleichheit"[364].[365] Dies wird zum einen dadurch gewährleistet, dass die Parteien rechtlich gleichgestellt sind. Zum anderen wird das Erfordernis gleicher Ausgangsbedingungen dadurch gewahrt, dass sich Verzerrungen des parteipolitischen Wettbewerbs durch eingreifendes beziehungsweise diskriminierendes Verhalten seitens der öffentlichen Gewalt verbieten.[366]

Daher liegt keine ungerechtfertigte Ungleichbehandlung vor, wenn Parteien mit kleinerem politischen Gewicht weniger Sendezeiten für die Schaltung von Wahlwerbung im öffentlich-rechtlichen Rundfunk erhalten als die im Parlament vertretenen Parteien.[367] Denn diese Entscheidung beruht auf dem Sachgrund der politischen Relevanz dieser Parteien, die Ausfluss des Wählerwillens ist.[368] Indes muss auch den weniger relevanten Parteien ermöglicht werden, im öffentlich-rechtlichen Rundfunk präsent zu sein, insbesondere durch den gleichen Zugang zur Schaltung von Wahlwerbung.[369]

Das Recht der Parteien auf Chancengleichheit ist bereits dann beeinträchtigt, wenn sich das betreffende, dem Staat zuzuordnende (Kommunikations-) Handeln *ex ante* potenziell nachteilig auf die politischen Wettbewerbschancen einer Partei auswirkt[370].[371] Nicht erforderlich ist in diesem Zusammenhang das Eintreten einer konkreten Wettbewerbsverzerrung.[372] Da der Grundsatz der Chancengleichheit von grundlegender Bedeutung für die Verwirklichung des demokratischen Prinzips ist, sind die Rechtfertigungsanforderungen an staatliche Eingriffe respektive Ungleichbehandlungen entsprechend hoch, sodass sie

---

364 *Schoch*, DVBl. 1988, S. 863 (880).

365 Hierzu etwa auch *Kißlinger*, Das Recht auf politische Chancengleichheit, S. 14.

366 Hierzu statt vieler BVerfGE 73, 40, 89; 78, 350, 358; 85, 264, 297, st. Rspr.; *Barczak*, NVwZ 2015, S. 1014; *Kißlinger*, Das Recht auf politische Chancengleichheit, S. 14 f.; *Lindner*, ZBR 2010, S. 325 (329).

367 Hierzu BVerfGE 14, 121, 134–138; 34, 160, 163.

368 BVerfGE 14, 121, 134–138; 34, 160, 163.

369 BVerfGE 7, 99, 108; 14, 121, 138.

370 *Kißlinger*, Das Recht auf politische Chancengleichheit, S. 15 f.; *Dişçi*, Der Grundsatz politischer Neutralität, S. 181, die unter diesen Umständen bereits eine Verletzung des Rechts auf Chancengleichheit erkennen, was abzulehnen ist; vgl. hierzu auch BVerfGE 44, 125, 146; 138, 102, 109.

371 So auch *Growe*, Das Regierungsmitglied im parteipolitischen Diskurs, S. 95 f., der ebenfalls davon ausgeht, dass unter diesen Umständen nicht automatisch eine Rechtsverletzung vorliegt.

372 *Kißlinger*, Das Recht auf politische Chancengleichheit, S. 15 f.

von vornherein nur in Ausnahmefällen durch das Vorliegen besonderer zwingender Gründe gerechtfertigt sein können.[373]

Eine Beeinträchtigung der Chancengleichheit der Parteien durch staatliches Kommunikationshandeln liegt vor, wenn Hoheits- oder Amtsträger[374] durch wertendes kommunikatives Verhalten in ihrer amtlichen Rolle einen Wettbewerbsvor- oder -nachteil zugunsten oder zulasten eines parteipolitischen Wettbewerbers schaffen.[375] Nutzen Amtsträger ihr Amt respektive dessen Ressourcen im Rahmen von Meinungsäußerungen in ihrer Rolle als Privatpersonen, um Parteipolitik zu betreiben, verstoßen sie gegen das Verbot des Amtsmissbrauchs im politischen Wettbewerb.[376]

In Abgrenzung zur Gleichheit der Wahl nach Art. 38 Abs. 1 GG, die ebenfalls einen Ausfluss des allgemeinen Prinzips demokratischer Chancengleichheit darstellt, erstreckt sich das Recht der Parteien auf Chancengleichheit nicht lediglich auf den Zeitraum der jeweiligen Wahl, sondern auf den gesamten demokratischen Willensbildungsprozess und damit auf die Zeit vor, während und nach den jeweiligen Abstimmungen.[377] Zu (Vor-)Wahlzeiten wird das Recht auf Chancengleichheit durch die die Gleichheit der Wahl nach Art. 38 Abs. 1 GG ergänzt,[378] sodass die Maßstäbe zur Beurteilung des Vorliegens einer Beeinträchtigung der Chancengleichheit sowie die Rechtfertigungsanforderungen entsprechend strenger zu fassen sind.[379]

bb) Unparteilichkeit im Beamten- und Schulrecht

Abseits des Rechts der Parteien auf Chancengleichheit spiegelt sich der Grundsatz der Unparteilichkeit beziehungsweise der unparteiischen Amtsführung auch in anderen rechtlichen Zusammenhängen wider. So ist die Pflicht des

---

373 Hierzu BVerfGE 8, 51, 64 f.; 14, 121, 133; 34, 160, 163; 44, 125, 146; *Kißlinger*, Das Recht auf politische Chancengleichheit, S. 133–143; *Growe*, Das Regierungsmitglied im parteipolitischen Diskurs, S. 96.

374 Vorliegend sind mit Amtsträgern solche im haftungsrechtlichen Sinn gemeint.

375 *Barczak*, NVwZ 2015, S. 1014 (1018).

376 *Lindner*, ZBR 2020, S. 1 (4).

377 Hierzu *Kißlinger*, Das Recht auf politische Chancengleichheit, S. 84; siehe auch BVerfGE 148, 11, 25 f.; *Dişçi*, Der Grundsatz politischer Neutralität, S. 175 f.; *Hufen*, RdJB 2018, S. 216 (218).

378 BVerfGE 136, 323, 333; *Barczak*, NVwZ 2015, S. 1014 (1015); *Growe*, Das Regierungsmitglied im parteipolitischen Diskurs, S. 95.

379 RhPfVerfGH, NVwZ-RR 2014, 665, 666; ThürVerfGH, Urt. v. 03.12.2014, 2/14, Rn. 65, juris; *Barczak*, NVwZ 2015, S. 1014 (1019); *Gusy*, NVwZ 2015, S. 700 (703 f.).

Beamten zur (partei-)politischen Neutralität ein hergebrachter Grundsatz des Berufsbeamtentums nach Art. 33 Abs. 5 GG.[380] Diesbezüglich postulieren § 60 Abs. 1 S. 1 u. 2 BBG sowie § 33 Abs. 1 S. 1 u. 2 BeamtStG als einfachgesetzliche Konkretisierungen, dass die dienstliche Tätigkeit des Beamten unparteiisch respektive parteipolitisch neutral erfolgen muss.[381]

Ferner schlägt sich der Grundsatz unparteiischer Amtsausübung in den Landesverfassungen sowie in diversen schulrechtlichen Normen nieder. In einigen Landesverfassungen findet er Eingang in die Eidesformel der Ministerpräsidenten und Landesminister.[382] Darüber hinaus weisen die meisten Verfassungen der Bundesländer Regelungen wie Art. 80 S. 1 u. 2 Verf NRW auf, welche die Unparteilichkeit der Aufgabenerfüllung im Rahmen des gesamten öffentlichen Dienstes postulieren,[383] sodass dieses Gebot sowohl für verbeamtete als auch für angestellte Lehrkräfte gilt.

Daneben existieren vergleichbare landesschulrechtliche Regelungen, die ein parteipolitisch neutrales Schulehalten postulieren. So verlangt § 2 Abs. 8 S. 2 SchulG NRW, dass Schulleiter, Lehrer und andere schulische Mitarbeiter ihre Aufgaben unparteiisch wahrnehmen.[384] In Thüringen gebietet § 5 Abs. 1 S. 1 DO Thüringen[385] eine unparteiische Aufgabenwahrnehmung seitens des Lehrpersonals. Auf die Pflicht der Schule zur parteipolitischen Neutralität weisen § 13 Abs. 4 S. 2 ASchO SL sowie § 4 Abs. 13 S. 2 SchulG SH ausdrücklich hin. Während § 56 Abs. 3 S. 1, Abs. 4 S. 1 ThürSchulG und § 16 S. 1 LDO Bayern bestimmten, dass parteipolitische Werbung in der Schule nicht zulässig ist, erklärt § 29 Abs. 5 SchulG SH jegliche Tätigkeit politischer Parteien in den Schulen während der Unterrichtszeit für grundsätzlich unzulässig.

---

380 BVerfGE 7, 155, 162; *Barczak*, NVwZ 2015, S. 1014 (1015); *Lindner*, ZBR 2010, S. 325 (327 f.).

381 Hierzu *Lindner*, ZBR 2020, S. 1 (2 mit Fn. 6).

382 Siehe Art. 88 BbgVerf, Art. 111 HV, Art. 53 Verf NRW und Art. 100 Abs. 1 RhPfVerf.

383 Nahezu gleichlautende Formulierungen finden sich in Art. 58 HmbVerf, Art. 71 Abs. 2 Verf M-V, Art. 60 S. 2 NV, Art. 115 Abs. 1 S. 1, 116 Abs. 1 SVerf, Art. 92 Abs. 1 SächsVerf, Art. 91 Abs. 1 LSAVerf und Art. 96 Abs. 1 ThürVerf; ähnlich auch Art. 96 S. 1 BV, Art. 96 Abs. 3 S. 1 BbgVerf sowie Art. 127 Abs. 1 S. 1 RhPfVerf.

384 Auch § 7 Abs. 1 ADO NRW weist auf diese Pflicht der Lehrer hin, während § 3 Abs. 2 S. 1 ADO NRW den beamtenrechtlichen Grundsatz der unparteiischen Amtsführung deklaratorisch in den Schulkontext einbezieht.

385 Dienstordnung für Lehrer, Erzieher und Sonderpädagogischen Fachkräfte an den staatlichen Schulen in Thüringen vom 28.05.1993 in der Fassung vom 13.11.2023.

b) *Weitere politische Neutralitätspflichten*

Abseits der parteipolitischen Ausprägungen des Gebotes politischer Neutralität fallen weitere Pflichten unter den Sammelbegriff[386]. Diese ergeben sich zum einen aus den Grundrechten und kollidierendem Verfassungsrecht. Zum anderen stellt das Beamtenrecht spezifische neutralitätsbezogene Anforderungen an das Verhalten von Beamten. Ferner beziehen einige Schulgesetze Ausprägungen des politischen Neutralitätsgebotes in den schulischen Kontext ein. Die einschlägigen Rechte und Pflichten werden im Folgenden dargelegt.

aa) *Chancengleichheit als demokratisches Prinzip*

Der demokratische Grundsatz der Chancengleichheit, der verfassungsrechtlich in Art. 3 Abs. 1 GG i.V.m. dem Demokratieprinzip aus Art. 20 Abs. 1 und 2 GG fundiert ist, erstreckt sich nicht nur auf den Wettstreit der Parteien, sondern auf den gesamten Meinungs- und Willensbildungsprozess.[387] Denn obgleich den Parteien im Rahmen der grundgesetzlichen Ordnung eine Schlüsselposition zukommt, wird der demokratische Willensbildungsprozess nicht allein durch sie gestaltet.[388] Vielmehr partizipieren alle gesellschaftlichen Kräfte am politischen Diskurs der Gesamtgesellschaft und sind insofern schützenswerte Teilnehmer des politischen Wettbewerbs.[389]

Daher zielt der Grundsatz der Chancengleichheit auch abseits des Vorliegens eines parteipolitischen Kontexts darauf ab, die Meinungspluralität in der Gesellschaft zu wahren, indem er die Ausübung der politischen Freiheitsrechte durch die chancengleiche Teilhabe am demokratischen Prozess, mithin die demokratische Gleichheit gewährleistet.[390] Mit anderen Worten stellt er in

386 Hierzu vorliegend B. III. 2. mit Nachweisen.

387 *Kißlinger*, Das Recht auf politische Chancengleichheit, S. 84 u. 90; siehe auch *Dişçi*, Der Grundsatz politischer Neutralität, S. 176; a.A. *Putzer*, DÖV 2015, S. 417 (425).

388 Siehe BVerfGE 20, 56, 114; *Kißlinger*, Das Recht auf politische Chancengleichheit, S. 90; *Dişçi*, Der Grundsatz politischer Neutralität, S. 177; *Wahnschaffe*, NVwZ 2016, S. 1767 (1770).

389 *Kißlinger*, Das Recht auf politische Chancengleichheit, S. 90; *Dişçi*, Der Grundsatz politischer Neutralität, S. 177.

390 *Kißlinger*, Das Recht auf politische Chancengleichheit, S. 89; vgl. zur demokratisch-funktionalen Grundrechtstheorie im Allgemeinen *W. Cremer*, Freiheitsgrundrechte, S. 190 f. m.w.N.

dieser Hinsicht die gleichheitsrechtliche Absicherung der korrespondierenden Freiheitsrechte dar.[391]

Der Grundsatz demokratischer Chancengleichheit schützt über Art. 3 Abs. 1 GG i.V.m. Art. 20 Abs. 1 u. 2 GG die politische Betätigung sämtlicher Teilnehmer am politischen Wettbewerb, insbesondere die sonstiger politischer Organisationen,[392] sofern er in Verbindung mit einem im jeweiligen Einzelfall einschlägigen Freiheitsgrundrecht steht.[393] Die Rechtfertigung staatlicher Maßnahmen richtet sich im Falle sonstiger Teilnehmer am Meinungs- und Willensbildungsprozess nicht nach dem Maßstab des Rechts auf Chancengleichheit der Parteien, sondern nach den Maßstäben der jeweils einschlägigen kollidierenden Grundrechte.[394] Denn, wenngleich sich alle politischen Subjekte in einem politischen Wettbewerb befinden, mündet der parteipolitische Wettstreit unmittelbar in die Ausübung von Staatsgewalt, sodass die spezifischen Rechtfertigungsanforderungen an Ungleichbehandlungen der Parteien entsprechend begründet sind.[395]

bb) Politische Freiheitsrechte als kollidierendes Verfassungsrecht

Das Gebot politischer Neutralität wird im Besonderen durch die verfassungsmäßige Grenze staatlichen (Kommunikations-)Handelns in Gestalt der Grundrechte als kollidierendes Verfassungsrecht konturiert.[396] So können öffentliche politische Äußerungen von Amtsträgern eine mittelbar-faktische beeinträchtigende Wirkung[397] auf die Ausübung etwa der Meinungsfreiheit nach Art. 5 Abs. 1 S. 1, 1. Alt. GG oder Versammlungsfreiheit nach Art. 8 Abs. 1 GG haben, insbesondere indem sie die Grundrechtsträger von

---

391 So etwa *Kißlinger*, Das Recht auf politische Chancengleichheit, S. 89; *Dişçi*, Der Grundsatz politischer Neutralität, S. 176.

392 *Kißlinger*, Das Recht auf politische Chancengleichheit, S. 90; *Morlok/Voss*, BayVBl. 1995, S. 513 (517); anders OVG Münster, NVwZ 2017, 1316, 1319.

393 *Dişçi*, Der Grundsatz politischer Neutralität, S. 174; vgl. auch *Barczak*, NVwZ 2015, S. 1014 (1019).

394 Vgl. *Barczak*, NVwZ 2015, S. 1014 (1019); *Dişçi*, Der Grundsatz politischer Neutralität, S. 174.

395 Siehe auch *Dişçi*, Der Grundsatz politischer Neutralität, S. 179.

396 Hierzu *Gärditz*, NWVBl. 2015, S. 165 (167); *Gramm*, Der Staat 30 (1991), S. 51 (75 f.); *Gusy*, KritV 2018, S. 210 (214 f.); *Putzer*, DÖV 2015, S. 417 (425); *Wahnschaffe*, NVwZ 2016, S. 1767 (1769–1771).

397 Hierzu BVerfGE 105, 279, 300 f; 113, 63, 75 f.

der Grundrechtswahrnehmung abschrecken.[398] Ein rechtfertigungsbedürftiger Eingriff liegt beispielsweise vor, wenn Amtsträger öffentlich davor warnen, an einer politischen Versammlung teilzunehmen,[399] oder einzelne Meinungsbekundungen als verboten darstellen.[400]

In diesem Zusammenhang stellt sich im Besonderen die Frage, ob dieselben verfassungsmäßigen Anforderungen an staatliches Handeln auch im Hinblick auf Meinungsäußerungen zu stellen sind, die der grundgesetzlichen Werteordnung in diametraler Weise entgegenstehen und diese verneinen. Im Grundsatz gelten die Anforderungen an die Einschränkbarkeit von Meinungsäußerungen in Bezug auf Meinungen des gesamten (politischen) Meinungsspektrums.[401] Dies gilt zuvörderst für die Schrankenregelung der Meinungsfreiheit, die nach Art. 5 Abs. 2 GG insbesondere verlangt, dass Einschränkungen auf einem allgemeinen Gesetz basieren müssen. Ein solches Gesetz ist dem Bundesverfassungsgericht zufolge gegeben, wenn es kein Verbot einer spezifischen Meinung darstellt und unabhängig von einer solchen den Schutz eines im Verhältnis zur Meinungsfreiheit vorrangigen Gemeinschaftswertes bezweckt.[402] Ein Verbot von spezifischen (politischen) Standpunkten in Anknüpfung an ihren Inhalt ist demnach verfassungswidrig.[403] Diese Maßstäbe sind entsprechend auf mittelbar-faktische Eingriffe durch staatliches Kommunikationshandeln zu übertragen,[404] die ein „Verbotsäquivalent“ darstellen können.[405]

---

398 Hierzu ThürVerfGH, Urt. v. 08.07.2016, 38/15, Rn. 43 f., juris; siehe auch *Barczak*, NVwZ 2015, S. 1014 (1019); *Growe*, Das Regierungsmitglied im parteipolitischen Diskurs, S. 103–107; *Lindner/Bast*, NVwZ 2018, S. 708 (709–711); *Wahnschaffe*, NVwZ 2016, S. 1767 (1769 f.); im Hinblick auf das Sachlichkeitsgebot auch OVG Münster, NVwZ 2017, 1316, 1320.

399 ThürVerfGH, Urt. v. 08.07.2016, 38/15, Rn. 43 f., juris; im Hinblick auf die Versammlungsfreiheit unter Berücksichtigung verschiedener Fallkonstellationen auch *Lindner/Bast*, NVwZ 2018, S. 708 (709–711); vgl. hierzu auch *Barczak*, NVwZ 2015, S. 1014 (1019).

400 Hierzu auch *Wahnschaffe*, NVwZ 2016, S. 1767 (1769 f.).

401 Vgl. *Kaiser*, in: Brosius-Gersdorf (Hrsg.), Dreier GG, Bd. I, Art. 5 Abs. 1 Rn. 126–132.

402 BVerfGE 7, 198, 209–211; siehe auch BVerfGE 26, 186, 205; 42, 133, 140 f.; 85, 248, 263; 120, 180, 200.

403 BVerfGE 124, 300, 324; im Hinblick auf Eingriffe in die Versammlungsfreiheit aufgrund der mit ihr zum Ausdruck gebrachten (beispielsweise rechtsextremistischen) Standpunkte sind die Maßstäbe der Meinungsfreiheit anzuwenden, siehe BVerfGE 90, 241, 246; hierzu *Kaiser*, in: Brosius-Gersdorf (Hrsg.), Dreier GG, Bd. I, Art. 8 Rn. 77 m.w.N.

404 *Wahnschaffe*, NVwZ 2016, S. 1767 (1769 f.).

405 So *Barczak*, NVwZ 2015, S. 1014 (1019).

Von diesem Grundsatz weicht das Bundesverfassungsgericht indes ausnahmsweise ab, sofern die betreffende Meinung eine propagandistische Gutheißung der nationalsozialistischen Gewalt- und Willkürherrschaft darstellt.[406] In diesem Zusammenhang ist die im Rahmen des Wunsiedel-Beschlusses[407] entwickelte Judikatur des Bundesverfassungsgerichts zu beachten.[408] Dieses verlangt im Falle derartiger Äußerungen ausnahmsweise nicht, dass das die Meinungsäußerung beschränkende Gesetz allgemein sein muss, indem es nicht an die Äußerung spezifischer Meinungen anknüpft.[409] Das Bundesverfassungsgericht begründet diese Auffassung mit dem Umstand, dass das Grundgesetz im Gesamten ein Gegenentwurf zum Nationalsozialismus ist und damit einhergehend intendiert, eine Wiederholung desselben zu verhindern.[410] Meinungsbekundungen, die den Nationalsozialismus propagandistisch gutheißen, dürfen daher auch im Rahmen staatlichen Kommunikationshandelns als verboten dargestellt werden.

cc) Verbot der Diskriminierung wegen politischer Anschauungen

Ferner kommt das Gebot politischer Neutralität in Art. 3 Abs. 3 S. 1 GG zum Ausdruck, indem sich aus diesem unter anderem das Verbot der Diskriminierung wegen der politischen Anschauung und ein diesbezügliches subjektives Abwehrrecht ergibt.[411] Dieser spezielle Gleichheitssatz verbietet es der öffentlichen Gewalt, Menschen in Anknüpfung an ihre politischen Ansichten beziehungsweise Bekenntnisse zu bevorzugen oder zu benachteiligen.[412] Damit einhergehend ist es der öffentlichen Verwaltung untersagt, im Rahmen des Gesetzesvollzuges, etwa bei der Ermessensausübung, die Grundrechtsträger aufgrund ihrerseits geäußerter politischer Ansichten ungleich zu behandeln. Angesichts des Verhältnisses zu den politischen Freiheitsrechten wie der Meinungsfreiheit kommt dem speziellen Gleichheitssatz aus Art. 3 Abs. 3 S. 1 GG kaum praktische Bedeutung zu.[413] Nichtsdestotrotz ist er ein objektiv-rechtlicher

406 *Bethge*, in: Sachs (Hrsg.), GG, Art. 5 Rn. 143 m.w.N.
407 BVerfGE 124, 300.
408 Hierzu *Bethge*, in: Sachs (Hrsg.), GG, Art. 5 Rn. 143; *Kaiser*, in: Brosius-Gersdorf (Hrsg.), Dreier GG, Bd. I, Art. 5 Abs. 1 Rn. 130–132, jeweils m.w.N.
409 So BVerfGE 124, 300, 321–331.
410 Hierzu BVerfGE, 124, 300, 327–331.
411 *Nußberger*, in: Sachs (Hrsg.), GG, Art. 3 Rn. 233.
412 *Jarass*, in: Jarass/Pieroth, GG, Art. 3 Rn. 146 u. 148 f.
413 *Boysen*, in: von Münch/Kunig, GG, Art. 3 Rn.189 f.

verfassungsmäßiger Anknüpfungspunkt des Gebotes politischer Neutralität in seiner gleichheitsrechtlichen Prägung.[414]

dd) Beamtenrechtliches politisches Mäßigungsgebot

Eine weitere Einzelausprägung des politischen Neutralitätsgebotes besteht in dem beamtenrechtlichen Gebot der Mäßigung und Zurückhaltung.[415] Das Mäßigungsgebot wird durch § 60 Abs. 2 BBG und § 33 Abs. 2 BeamtStG inhaltlich konkretisiert und verlangt, dass Beamte sich im Rahmen von politischer Betätigung wie Meinungsäußerungen in Anbetracht ihrer Stellung im Gemeinwesen sowie ihrer Amtspflichten gemäßigt und zurückhaltend verhalten. Seine Begründung findet es in dem Umstand, dass Beamte von außen stets auch als solche wahrgenommen werden, ihr gesamtes Verhalten mithin Rückschlüsse auf ihre Amtstätigkeit zulässt.[416] In diesem Zusammenhang wird die Meinungsfreiheit des Beamten durch Art. 33 Abs. 5 GG respektive §§ 33BeamtStG und 60 BBG eingeschränkt, um ein funktionierendes Berufsbeamtentum zu sichern.[417]

Wenngleich der Beamte seine Meinungsfreiheit mit der Verbeamtung keinesfalls aufgibt,[418] ist es ihm im Grundsatz untersagt, sich während der Dienstausübung (partei-)politisch zu betätigen.[419] Während sich das Gebot der unparteiischen Amtsführung gemäß den ersten Absätzen der §§ 33 BeamtStG und 60 BBG nur auf das Verhalten des Beamten im Dienst beziehen, erfasst das Mäßigungs- und Zurückhaltungsgebot auch sein Verhalten in seiner Rolle als Bürger abseits der dienstlichen Tätigkeit.[420]

Das Gebot der Mäßigung und Zurückhaltung verlangt im Allgemeinen, dass das Verhalten des Beamten keinesfalls darauf schließen lassen darf, er

---

414 *Achenbach*, in: Brosius-Gersdorf (Hrsg.), Dreier GG, Bd. I, Art. 3 Abs. 2 Rn. 87.

415 Hierzu *Lindner*, ZBR 2010, S. 325; *Lindner*, ZBR 2013, S. 145 (151); *Lindner*, ZBR 2020, S. 1; *Masuch*, NVwZ 2021, S. 520.

416 *Lindner*, ZBR 2020, S. 1 (3 f.).

417 Hierzu BVerfGE 39, 334, 366 f.; BVerwG, NJW 1990, 2265; BVerwG, Beschl. v. 16.07.2012, 2 B 16.12, Rn. 10, juris; *Lindner*, ZBR 2020, S. 1 (3); *Masuch*, NVwZ 2021, S. 520 (521).

418 Hierzu BVerfGE 39, 334, 366 f.; *Lindner*, ZBR 2020, S. 1 (2).

419 Siehe BVerwG, Beschl. v. 16.07.2012, 2 B 16.12, Rn. 11, juris; *Grigoleit*, in: Battis (Hrsg.), BBG, § 60 Rn. 18; *Werres*, in: Brinktrine/Schollendorf (Hrsg.), Beamtenrecht Bund, BBG, § 60 Rn. 18.

420 *Lindner*, ZBR 2020, S. 1 (3 f.); zur Geltung des Mäßigungsgebotes im Rahmen der Dienstausübung auch BVerwG, NJW 1990, 2265.

handele nicht verfassungstreu, sei seinem Dienstherrn gegenüber illoyal oder agiere in seiner Rolle als Beamter nicht zugunsten des Gemeinwesens, sondern um die Durchsetzung von (politischen) Partikularinteressen willen.[421] Die Anforderungen des Mäßigungsgebotes beziehen sich im Falle von Äußerungen des Beamten sowohl auf deren Inhalt als auch auf deren Ton, der insbesondere einen möglichst sachlichen Charakter aufweisen muss.[422] Im Zusammenhang mit der Verfassungstreuepflicht konstatiert das Bundesverfassungsgericht, der Beamte dürfe den Staat kritisieren und sich für Änderungen einsetzen, soweit er die freiheitlich-demokratische Ordnung als verfassungsmäßige Grundlage nicht in Frage stelle.[423] Im Hinblick auf das Verhältnis zum Dienstherrn verbietet das Mäßigungsgebot insbesondere eine auf diesen gerichtete Pauschalkritik, um Zweifel an der Loyalität ihm gegenüber zu vermeiden.[424]

ee) Schulgesetzliche Konkretisierung

Das Gebot politischer Neutralität erfährt seine Konkretisierung außerdem durch einige landesschulgesetzliche Normen, indem diese es (deklaratorisch) in den Schulkontext einbeziehen. So ist es Lehrkräften in Baden-Württemberg nach § 38 Abs. 2 S. 1 SchG BW untersagt, in der Schule politische Äußerungen zu tätigen, die die Neutralität des Landes oder den Schulfrieden gefährden oder stören. Besonders hervorgehoben wird in diesem Zusammenhang die Unzulässigkeit von Verhaltensweisen, die den Eindruck entstehen lassen, die Lehrperson trete gegen die Menschenwürde, die Grundrechte oder die freiheitlich-demokratische Grundordnung insgesamt auf.[425] Ähnliche Formulierungen finden sich in § 2 Abs. 8 S. 3 u. 4 SchulG NRW sowie in § 86 Abs. 3 HSchG, der darüber hinaus die Wahrung des Vertrauens in die Neutralität der Amtsführung postuliert. Vergleichbar ist auch

---

421 *Lindner*, ZBR 2020, S. 1 (2–4); *Masuch*, NVwZ 2021, S. 520 (523 f.); im Hinblick auf die Unabhängigkeit des Beamten bereits *Lindner*, ZBR 2013, S. 145 (151).

422 BVerwG, Beschl. v. 16.07.2012, 2 B 16.12, Rn. 11 u. 14, juris; siehe auch *Growe*, Das Regierungsmitglied im parteipolitischen Diskurs, S. 126; *Lindner*, ZBR 2020, S. 1 (4 f.).

423 BverfG, NZA 2008, 962, 963 f.

424 So *Lindner*, ZBR 2020, S. 1 (4 f.) siehe auch *Grigoleit*, in: Battis (Hrsg.), BBG, § 60 Rn. 20; *Werres*, in: Brinktrine/Schollendorf (Hrsg.), Beamtenrecht Bund, BBG, § 60 Rn. 18.

425 Siehe § 38 Abs. 2 S. 2 SchG BW.

§ 1 Abs. 2a S. 2 SchoG SL, der sich seinem Wortlaut nach nicht lediglich auf die Unterrichtstätigkeit der Lehrkraft, sondern auf die Erfüllung des Erziehungsauftrags insgesamt bezieht.

Die oben genannten schulgesetzlichen Normen belassen es bei Verweisen auf die Neutralität des Staates und der Amtsführung seiner Bediensteten, ohne dem politischen Neutralitätsgebot im Schulkontext Konturen zu verleihen. Demgegenüber ist der schleswig-holsteinische § 4 Abs. 13 SchulG SH würdigend hervorzuheben, der namentlich eine politisch einseitige Behandlung von Sachverhalten seitens der Schule verbietet und diese ausdrücklich zur parteipolitischen Neutralität verpflichtet. Denn dadurch formuliert er eine konkrete Anforderung an die schulische Praxis und substanziiert das Neutralitätsgebot im Hinblick auf den schulischen Kontext. In diesem Zusammenhang überträgt die Norm das Gebot politischer Neutralität in seinem auf die Erhaltung des freien (partei-)politischen Wettbewerbs gerichteten Verständnis auf die schulische Bildungs- und Erziehungstätigkeit, indem sie die Widerspiegelung der Kontroversität und Meinungspluralität der demokratischen Gesellschaft in der Schule postuliert. Zugleich impliziert die Norm, dass die schulische Bildungs- und Erziehungsarbeit keinesfalls vom politischen Diskurs abgeschirmt ist. Die Grenzen schulischer politischer Bildungsarbeit zieht § 4 Abs. 13 SchulG SH dort, wo die Schwelle zur politischen Indoktrination oder parteipolitischen Agitation überschritten wird. Unterhalb dieser Schwelle ist die Behandlung politischer Sachverhalte freilich zulässig und gewollt. Ebenso hervorzuheben ist § 48 Abs. 5 SchulG BE, der in vergleichbarer Weise eine einseitige politische Beeinflussung sowie insbesondere politische Werbung untersagt. Letztere wird auch durch Art. 84 Abs. 2 BayEUG und § 47 Abs. 2 BbgSchulG für unzulässig erklärt.

Im nordrhein-westfälischen Schulgesetz erklärt § 2 Abs. 7 S. 2 SchulG NRW, dass die Schule Offenheit und Toleranz gegenüber unterschiedlichen politischen Überzeugungen und Wertvorstellungen wahre. Damit geht selbstredend einher, dass sie ihre Aufgaben politisch neutral erfüllt. In diesem Zusammenhang ist das unklar und pauschal formulierte Gebot in § 2 Abs. 7 S. 4 SchulG NRW, alles zu vermeiden, was die Empfindungen Andersdenkender verletzen könnte, keinesfalls derart zu interpretieren, dass es der Vermittlung der verfassungsmäßigen Werte Grenzen setzt. Demgegenüber ist der vergleichbare § 1 Abs. 2a S. 1 SchoG SL offener formuliert, indem er eine „gebührende Rücksichtnahme“ vor den Empfindungen andersdenkender Schüler fordert.

ff) Beutelsbacher Konsens?

Teilweise wird auch der so genannte „Beutelsbacher Konsens“ als rechtlicher Maßstab für die Beurteilung der Grenzen der Behandlung politischer Inhalte im Schulunterricht herangezogen.[426] Der Beutelsbacher Konsens gilt als das Ergebnis einer im Jahr 1976 im Weinstädter Stadtteil Beutelsbach in Baden-Württemberg stattgefundenen Tagung, an der Politikdidaktiker mit divergierenden politischen Hintergründen teilnahmen.[427]

Im Tagungsprotokoll wurden drei Grundsätze für die schulische politische Bildung festgehalten, bei denen es sich namentlich um das Überwältigungs- beziehungsweise Indoktrinationsverbot, das Kontroversitätsgebot sowie das Gebot der Schülerorientierung handelt:[428] Dem Überwältigungsgebot zufolge sei es untersagt, Schüler im Wege der Überwältigung oder Überrumplung respektive (politischen) Indoktrination an der selbstständigen Urteilsgewinnung zu hindern.[429] Das Kontroversitätsgebot verlange, dass Diskussionen in Wissenschaft und Gesellschaft auch im Unterricht als Kontroversen dargestellt werden müssen.[430] Dem Gebot der Schülerorientierung zufolge seien die Lernenden dazu zu befähigen, ihre eigene Interessenlage zu erkennen und Mittel zu finden, die politische Lage entsprechend zu beeinflussen.[431]

Da es sich bei dem Beutelsbacher Konsens um ein rein pädagogisches Konzept ohne Rechtsqualität handelt, gehen von ihm keine rechtlichen Wirkungen aus.[432] Dessen Handlungsgebote definieren keinesfalls die rechtlichen Grenzen hinsichtlich der Behandlung politischer Inhalte im Unterricht, sodass er der

---

426 So insbesondere VG Berlin, Beschl. v. 24.03.2023, 3 L 24/23, Rn. 59, juris, welches die Auffassung vertritt, der Beutelsbacher Konsens sei eine Konkretisierung des Mäßigungsgebots.

427 Hierzu *Niendorf/Reitz*, Schweigen ist nicht neutral, 1 f.; *Wrase*, APuZ 2020, S. 10 (14).

428 *Wehling*, in: Schiele/Schneider (Hrsg.), Das Konsensproblem in der politischen Bildung, S. 173 (178–180); hierzu auch *Niendorf/Reitz*, Schweigen ist nicht neutral, 3 f.

429 *Wehling*, in: Schiele/Schneider (Hrsg.), Das Konsensproblem in der politischen Bildung, S. 173 (178–180); siehe auch VG Berlin, Beschl. v. 24.03.2023, 3 L 24/23, Rn. 59, juris.

430 *Wehling*, in: Schiele/Schneider (Hrsg.), Das Konsensproblem in der politischen Bildung, S. 173 (178–180); siehe auch *H. Cremer*, Das Neutralitätsgebot in der Bildung, S. 19; *Wrase*, APuZ 2020, S. 10 (14 f.).

431 *Wehling*, in: Schiele/Schneider (Hrsg.), Das Konsensproblem in der politischen Bildung, S. 173 (178–180); hierzu auch *Niendorf/Reitz*, Schweigen ist nicht neutral, S. 4.

432 Siehe etwa auch *Bijok*, Schulrecht heute 2019; *H. Cremer*, Das Neutralitätsgebot in der Bildung, S. 19.

Beantwortung der diesbezüglichen Fragestellung nicht dient.[433] Nichtsdestotrotz ist eine gewisse inhaltliche Kongruenz zwischen dem Beutelsbacher Konsens und dem geltenden Recht zu konstatieren, sodass die pädagogische Umsetzung der Handlungsgebote auch aus einer rechtlichen Perspektive sinnvoll und geboten ist.[434] Denn der Inhalt des Beutelsbacher Konsenses ist Ausdruck des grundgesetzlichen staatlichen Bildungs- und Erziehungsauftrags, der auf die Erfüllung der Bildungsinteressen der Schüler respektive auf deren Persönlichkeitsentfaltung ausgerichtet ist.[435]

Im Besonderen ist zu konstatieren, dass das Kontroversitätsgebot mit dem demokratischen Prinzip der (Chancen-)Gleichheit korrespondiert,[436] indem auch ersteres darauf abzielt, eine Verzerrung des politischen Wettbewerbs durch eine einseitige Beeinflussung der Lernenden zu verhindern.[437] In diesem Zusammenhang steht auch das Überwältigungs- oder Indoktrinationsverbot, das sich auf rechtlicher Ebene insbesondere in einigen schulgesetzlichen Regelungen wie § 4 Abs. 13 SchulG SH widerspiegelt. Auch das Gebot der Schülerorientierung gelangt auf der rechtlichen Ebene zum Ausdruck, namentlich in dem (Grund-)Recht der Schüler auf Bildung und in ihrem Recht auf Selbstentfaltung. Konkretisiert wird es durch die landesrechtlichen Bildungs- und Erziehungsziele, die die Erziehung der Schüler zu mündigen Bürgern in der demokratischen Gesellschaft postulieren.

c) Sachlichkeitsgebot

Neben dem Gebot politischer Neutralität besteht das von diesem unabhängige Sachlichkeitsgebot, demzufolge staatliches Handeln keinesfalls die sachliche und rationale Ebene verlassen darf.[438] Verletzt ist das ungeschriebene Gebot der

---

433 So auch *W. Cremer*, Rechtsextremismus/Rechtspopulismus als Herausforderung für die schulische Demokratiebildung: Lehrer-Meldeportale und die Grenzen von Neutralität in der Schule; siehe demgegenüber VG Berlin, Beschl. v. 24.03.2023, 3 L 24/23, Rn. 59, juris.

434 Ähnlich *Wrase*, APuZ 2020, S. 10 (14).

435 Vgl. *H. Cremer*, Das Neutralitätsgebot in der Bildung, S. 19 f.

436 Ähnlich *W. Cremer*, Rechtsextremismus/Rechtspopulismus als Herausforderung für die schulische Demokratiebildung: Lehrer-Meldeportale und die Grenzen von Neutralität in der Schule, der konstatiert, dass das Kontroversitätsgebot eine Ausprägung des Neutralitätsgebotes darstelle.

437 Vgl. hierzu *Wieland*, Was man sagen darf: Mythos Neutralität in Schule und Unterricht, S. 2.

438 Hierzu BVerfGE 105, 252, 272 f.; im Zusammenhang mit dem Recht der Parteien auf Chancengleichheit auch BVerfGE 148, 11, 30; siehe auch StGH Bremen, NVwZ

Sachlichkeit im Falle von Herabsetzungen, unwahren Tatsachenbehauptungen sowie sachfremden Erwägungen und Wertungen.[439] Demgegenüber dürfen dem Bundesverfassungsgericht zufolge fehlerhafte Sachdarstellungen oder diskriminierende Werturteile Dritter vonseiten des Staates durchaus entschieden zurückgewiesen werden.[440] Gleichwohl dürfe dessen Reaktion auf unsachliche Verhaltensweisen nicht in gleicher Weise erfolgen.[441] Dies erkennt auch das Oberverwaltungsgericht für das Land Nordrhein-Westfalen, dem zufolge ein Oberbürgermeister als politischer Amtsträger offensiv politisch Stellung beziehen und Verfassungswerte verteidigen dürfe, insbesondere gegenüber verfassungsfeindlichen Strömungen.[442] Dabei dürfe freilich die Ebene der geistig-diskursiven Auseinandersetzung nicht verlassen werden.[443] Dass angesichts einer regelmäßig hitzigen politischen Debatte im Hinblick auf den Ton einer Äußerung keine allzu hohen Anforderungen zu stellen seien,[444] ist mit Blick auf politische Amtsträger richtig, kann mangels Einschlägigkeit der Prämisse freilich nicht in Bezug auf Handlungen von Staatsbediensteten gelten, die in ihrer amtlichen Rolle nicht im politischen Wettbewerb stehen.[445]

Indem das Sachlichkeitsgebot spezifische Anforderungen vor allem an die Art und Weise staatlichen Handelns stellt, flankiert es das Neutralitätsgebot, das teilweise inhaltliche Parallelen zu ersterem aufweist. So ist die Anforderung eines sachlichen und rationalen Verhaltens auch ein Bestandteil des beamtenrechtlichen Mäßigungsgebots.[446] Das Neutralitätsgebot geht freilich inhaltlich über das Sachlichkeitsgebot hinaus,[447] zumal es im Gegensatz zu letzterem das

---

1997, 264, 266; OVG Münster, NVwZ 2017, 1316, 1318; *Dişçi*, Der Grundsatz politischer Neutralität, S. 78 f.; *Lindner/Bast*, NVwZ 2018, S. 708 (710).

439 Hierzu BVerfGE 105, 252, 272 f.; 133, 100, 108; 148, 11, 30; BVerwG, NVwZ 2018, 433, 436; OVG Münster, NVwZ 2017, 1316, 1319; *Dişçi*, Der Grundsatz politischer Neutralität, S. 78–87; *Lindner/Bast*, NVwZ 2018, S. 708 (709); *Payandeh*, Der Staat 55 (2016), S. 519 (546 f.); *Wahnschaffe*, NVwZ 2016, S. 1767 (1768 f.).

440 BVerfGE 148, 11, 30.

441 BVerfGE 148, 11, 30 f., das feststellt, dass insofern kein „Recht auf Gegenschlag“ bestehe.

442 So OVG Münster, NVwZ 2017, 1316, 1319 f.

443 OVG Münster, NVwZ 2017, 1316, 1319 f.; diesbezüglich bestätigend BVerwG, NVwZ 2018, 433, 436.

444 So *Payandeh*, Der Staat 55 (2016), S. 519 (547).

445 Vgl. hinsichtlich des Neutralitätsgebots *Dişçi*, Der Grundsatz politischer Neutralität, S. 234–236; *Payandeh*, Der Staat 55 (2016), S. 519 (532 f.).

446 Hierzu vorliegend B. III. 2. b) dd) mit Nachweisen.

447 Vgl. *Dişçi*, Der Grundsatz politischer Neutralität, S. 110 f.; *Morlok/Voss*, BayVBl. 1995, S. 513 (519).

parteiergreifende respektive politisch Stellung beziehende staatliche (Kommunikations-)Handeln regelt.[448] Demgegenüber trifft das Sachlichkeitsgebot keine Aussage zur Zulässigkeit staatlicher Identifikation mit politischen Standpunkten, sondern geht bereits von einer Positionierung aus und setzt den Modalitäten ihrer Artikulation Grenzen.[449] Nichtsdestotrotz ist im Hinblick auf politisches Kommunikationshandeln stets auch das Sachlichkeitsgebot zu berücksichtigen, dessen spezifische Anforderungen neben denen des Gebots politischer Neutralität zu erfüllen sind.[450]

3. Beurteilungsmaßstab für den Schulunterricht

Das Gebot politischer Neutralität ist vonseiten des Staates selbstredend auch bei der schulischen Bildungs- und Erziehungsarbeit zu wahren, indem er im Rahmen seiner Aufsicht über das gesamte Schulwesen dafür Sorge tragen muss, dass die betreffenden Rechte und Pflichten nicht verletzt werden. Damit einher gehen neutralitätsbezogene Anforderungen an die dienstliche Tätigkeit des Pädagogen, der die Schüler zugleich im Lichte der freiheitlichen und demokratischen Normen und Wertentscheidungen der Verfassung zu bilden und zu erziehen hat.[451]

Für die Prüfung der Einschlägigkeit und des Vorliegens einer Verletzung des Gebots politischer Neutralität sind zum einen die Prüfungsmaßstäbe seiner geschriebenen Einzelausprägungen[452] sowie zum anderen die spezifischen Kriterien für die Beurteilung staatlichen Kommunikationshandelns im konkreten Einzelfall heranzuziehen.[453] Letztere wurden vonseiten der Rechtsprechung und des Schrifttums entwickelt.[454] Dies war erforderlich, da der Sammelbegriff[455] des Neutralitätsgebots abseits der für jegliche Formen staatlichen Handelns

---

448 *Dişçi*, Der Grundsatz politischer Neutralität, S. 94 u. 111.

449 Hierzu StGH Bremen, NVwZ 1997, 264, 266.

450 So auch *Dişçi*, Der Grundsatz politischer Neutralität, S. 112, die ausführt, dass zwischen den beiden Geboten kein Alternativverhältnis bestehe.

451 Hierzu etwa *Wieland*, Was man sagen darf: Mythos Neutralität in Schule und Unterricht, S. 2.

452 Hierzu vorliegend B. III. 2. a) aa) u. bb) sowie B. III. 2. b) aa) bis ff), jeweils mit Nachweisen. Gegebenenfalls ist auch das Sachlichkeitsgebot heranzuziehen, hierzu vorliegend B. III. 2. c) mit Nachweisen.

453 Siehe auch *Dişçi*, Der Grundsatz politischer Neutralität, S. 196.

454 Hierzu BVerfGE 138, 102, 117–120; *Barczak*, NVwZ 2015, S. 1014 (1016); *Dişçi*, Der Grundsatz politischer Neutralität, S. 196–240; *Gusy*, NVwZ 2015, S. 700 (702 f.).

455 Hierzu vorliegend B. III. 2. mit Nachweisen.

geltenden Maßstäbe seiner Einzelausprägungen keine geschriebenen Kriterien für die rechtliche Einordnung und Untersuchung der vielfältigen Formen staatlicher Kommunikation normiert.[456] Die betreffenden Kriterien können unter die beiden Oberbegriffe der „Kommunikationsrolle" und des „Kommunikationsinhalts" zusammengefasst werden.[457] Wenngleich sie zuvörderst im Hinblick auf die staatliche Öffentlichkeitsarbeit entwickelt wurden,[458] sind ihnen allgemeine demokratie- wie verfassungstheoretische Grundsätze zu entnehmen, die auf jegliche Formen staatlichen Kommunikationshandelns übertragen werden können, erforderlichenfalls nach entsprechender Modifikation.[459]

Berufsbeamten wie Lehrern oder Polizisten ist es grundsätzlich untersagt, sich im Dienst politisch zu betätigen.[460] Unbeschadet dessen gebietet es sich auch im Falle eines dienstlichen Kontexts eine Prüfung der Kommunikationsrolle vorzunehmen,[461] da sich Abgrenzungsschwierigkeiten nicht nur im Falle von Äußerungen politischer Amtsträger auftun. Denn auch im Falle von Berufsbeamteten und sonstigen öffentlich Beschäftigten sind faktische Überschneidungen von dienstlichem und persönlichem Handeln zu konstatieren.[462] Dies ist vor allem hinsichtlich des Berufs des Pädagogen festzustellen, dessen Bildungs- und Erziehungsarbeit im besonderen Maße durch seine Persönlichkeit geprägt ist.

Daher werden im Folgenden zunächst die Kriterien zur Beurteilung der Kommunikationsrolle im Allgemeinen pointiert dargelegt. Entsprechendes erfolgt sodann hinsichtlich der Kriterien zur Beurteilung von Inhalt und Modalitäten des Kommunikationshandelns. Daraufhin werden die Beurteilungskriterien auf den Unterrichtskontext übertragen und angewandt, um die Möglichkeiten und Grenzen politischer Äußerungsbefugnisse der Lehrperson vor dem Hintergrund der Wertgebundenheit des Unterrichts aufzuzeigen. In diesem Zusammenhang erfolgt sowohl eine Untersuchung der Kommunikationsrolle der Lehrkraft als auch eine Darstellung der inhaltlichen Anforderungen an die Unterrichtsgestaltung.

---

456 *Dişçi*, Der Grundsatz politischer Neutralität, S. 196 f.

457 Siehe *Dişçi*, Der Grundsatz politischer Neutralität, S. 200 u. 232 f.; siehe auch *Barczak*, NVwZ 2015, S. 1014 (1015 f.), der den Begriff der „Sprecherrolle" verwendet.

458 Hierzu *Krüper*, JZ 2015, S. 408 (415); *Payandeh*, Der Staat 55 (2016), S. 519 (526).

459 Hierzu auch *Dişçi*, Der Grundsatz politischer Neutralität, S. 196 f.

460 Hierzu vorliegend B. III. 2. b) dd) mit Nachweisen.

461 Siehe demgegenüber *Gusy*, NVwZ 2015, S. 700 (702), der eine Untersuchung der Rollen bei Berufsbeamten nur für den außerdienstlichen Bereich annimmt.

462 Hierzu *Lindner*, ZBR 2020, S. 1 (2 f.).

a) Kriterien zur Beurteilung von Kommunikationsrolle und -inhalt

Im Hinblick auf das Beurteilungskriterium der Kommunikations- oder Sprecherrolle[463] ist zu untersuchen, ob der Amtsträger sich in seiner amtlichen Funktion in Ausübung von Staatsgewalt oder als Bürger in Ausübung seiner Freiheitsrechte äußert.[464] Soweit er für den Staat agiert, ist die Einschlägigkeit des Neutralitätsgebotes zu bejahen.[465] Denn der Möglichkeit des Rückgriffs auf das jeweilige Amt wohnt ein Potenzial der staatlichen Verzerrung des politischen Wettbewerbs inne, deren Verhinderung das Gebot politischer Neutralität intendiert.[466] In dieser Rolle kommen dem Amtsträger nämlich die Autorität und die Ressourcen des jeweiligen Amtes[467] sowie damit einhergehend ein „Vertrauensvorschuss" seitens der Öffentlichkeit zu.[468] Ferner profitieren Amtsträger gegenüber privaten politischen Akteuren von der ihnen seitens der Öffentlichkeit zukommenden größeren Aufmerksamkeit.[469] Wenn diese Mittel im politischen Wettbewerb und damit zweckwidrig eingesetzt werden, stellen sie verfassungswidrige Wettbewerbsvorteile dar.[470] Sofern die Bestimmung der Kommunikationsrolle ergibt, dass der Amtsträger in seiner dienstlichen Rolle im Rahmen seiner Kompetenzen handelt, ist sodann zwecks Beurteilung des Vorliegens einer Verletzung des Gebotes politischer Neutralität der Kommunikationsinhalt zu untersuchen.[471]

---

463 *Barczak*, NVwZ 2015, S. 1014 (1015 f.); *Dişçi*, Der Grundsatz politischer Neutralität, S. 200.

464 Hierzu *Dişçi*, Der Grundsatz politischer Neutralität, S. 200 f.; *Growe*, Das Regierungsmitglied im parteipolitischen Diskurs, S. 125; *Gusy*, NVwZ 2015, S. 700 (702); *Mandelartz*, DÖV 2015, S. 326 (327 f.); *Studenroth*, AöR 125 (2000), S. 257 (264 f.) ablehnend *Payandeh*, Der Staat 55 (2016), S. 519 (534–537), der zudem der Annahme eines allgemeinem Gebotes politischer Neutralität ablehnend gegenübersteht; kritisch hinsichtlich der Annahme eines allgemeinen Neutralitätsgebotes auch *Gusy*, KritV 2018, S. 210 (234).

465 Siehe etwa *Dişçi*, Der Grundsatz politischer Neutralität, S. 201.

466 Hierzu BVerfGE 138, 102, 117 f.; *Gärditz*, NWVBl. 2015, S. 165 (167).

467 Hierzu BVerfGE 138, 102, 117 f.; auch OVG Münster, NVwZ 2017, 1316, 1318.

468 *Gramm*, Der Staat 30 (1991), S. 51 (52); hierzu auch *Growe*, Das Regierungsmitglied im parteipolitischen Diskurs, S. 99.

469 *Gramm*, Der Staat 30 (1991), S. 51 (52); *Dişçi*, Der Grundsatz politischer Neutralität, S. 204 f.

470 *Dişçi*, Der Grundsatz politischer Neutralität, S. 203 f.

471 Hierzu auch *Dişçi*, Der Grundsatz politischer Neutralität, S. 232 f.

aa) Kommunikationsrolle

Zum Zwecke der Bestimmung der Kommunikationsrolle sind sämtliche Umstände des Einzelfalls zu würdigen, insbesondere der Kontext der zu untersuchenden Äußerung beziehungsweise Handlung.[472] Dabei sind Abgrenzungsprobleme zu lösen, die vor allem bestehen, weil es sich in der Praxis regelmäßig schwierig gestaltet, eine klare Unterscheidung zwischen der Rolle des Amtsträgers und der des Bürgers vorzunehmen.[473] Im Zweifel ist dem Ansatz des Bayerischen Verwaltungsgerichtshofs folgend davon auszugehen, dass der Amtsträger sich als Bürger äußert.[474] Dieses Ergebnis begründet der Verwaltungsgerichtshof richtigerweise mit dem verfassungsmäßigen Interesse, den Raum der Ausübung der Meinungsfreiheit nicht unangemessen zu beschränken, indem dieser kleiner werde, desto mehr Raum dem amtlichen Handeln zugeordnet werde.[475]

(1) Amtsressourcen und Empfängerhorizont

Zur Bestimmung der Sprecherrolle im konkreten Einzelfall ist zu untersuchen, ob der Äußernde sich der immateriellen Amtsressource der Autorität seines Amtes bedient.[476] Dies ist insbesondere der Fall, wenn er einen Bezug zu diesem herstellt, beispielsweise durch Verwendung der jeweiligen Amtsbezeichnung oder des Dienstwappens,[477] wobei erstere für sich allein genommen noch nicht die Annahme der Nutzung der Amtsautorität begründet.[478] Zudem ist zu prüfen, ob sie ihre Amtsressourcen in Gestalt amtlicher Mittel nutzt.[479] Zu

---

472 Hierzu RhPfVerfGH, NVwZ-RR 2014, 665, 667; siehe auch BVerfGE 138, 102, 118; *Barczak*, NVwZ 2015, S. 1014 (1016); *Gusy*, NVwZ 2015, S. 700 (703).

473 Hierzu BVerfGE 138, 102, 118; siehe auch *Barczak*, NVwZ 2015, S. 1014 (1015); *Oebbecke*, BayVBl. 1998, S. 641 (643); *Studenroth*, AöR 125 (2000), S. 257 (272 f.).

474 BayVerfGH, BayVBl. 1994, 203, 208; ebenfalls RhPfVerfGH, NVwZ-RR 2014, 665, 668; *Barczak*, NVwZ 2015, S. 1014 (1016); *Putzer*, DÖV 2015, S. 417 (423); ablehnend *Dişçi*, Der Grundsatz politischer Neutralität, S. 209 f.; *Morlok/Voss*, BayVBl. 1995, S. 513 (516); *Oebbecke*, BayVBl. 1998, S. 641 (643).

475 BayVerfGH, BayVBl. 1994, 203, 208.

476 Hierzu BVerfGE 138, 102, 118 f.; 148, 11, 28; *Barczak*, NVwZ 2015, S. 1014 (1016); *Oebbecke*, NVwZ 2007, S. 30 (31).

477 Siehe BVerfGE 138, 102, 118 f.; 148, 11, 34; auch *Growe*, Das Regierungsmitglied im parteipolitischen Diskurs, S. 149 f.; *Studenroth*, AöR 125 (2000), S. 257 (273 f.).

478 Hierzu RhPfVerfGH, NVwZ-RR 2014, 665, 667; *Growe*, Das Regierungsmitglied im parteipolitischen Diskurs, S. 147 f.; *Barczak*, NVwZ 2015, S. 1014 (1016).

479 Hierzu BVerfGE 138, 102, 117–120; 148, 11, 33; *Gusy*, NVwZ 2015, S. 700 (702); *Studenroth*, AöR 125 (2000), S. 257 (273).

diesen zählen neben Haushaltsmitteln[480] und Internetseiten[481] beispielsweise auch Ressourcen, auf die der Amtsträger aufgrund seiner dienstlichen Tätigkeit zugreifen kann, insbesondere, wenn diese nicht allgemein zugänglich sind.[482] Jedoch reiche dem Bundesverfassungsgericht zufolge allein ein zeitlicher oder örtlicher Zusammenhang des betreffenden Kommunikationshandelns mit dem Auftreten als Amtsträger nicht aus, um die Annahme eines amtlichen Handelns zu begründen.[483]

Darüber hinaus ist zu würdigen, ob die Vornahme der zu untersuchenden Handlung auch abseits des dienstlichen Rahmens möglich wäre und sie gegebenenfalls ebenso wirken könnte wie im Falle ihrer Vornahme im Amtskontext.[484] Insbesondere ist die Sicht der Adressaten des jeweiligen Kommunikationshandelns im Sinne des Empfängerhorizonts[485] zu berücksichtigen und zu eruieren, ob aus der Sicht eines objektiven Dritten davon auszugehen ist, dass die betreffende Person in ihrer dienstlichen Funktion handelt.[486]

(2) Politisches oder nicht-politisches Amt?

Äußerungen von Regierungsmitgliedern weisen im Rahmen der öffentlichen politischen Debatte angesichts der jeweiligen fachlichen Expertise des Ressorts sowie des Zugriffs auf finanzielle und sachliche Amtsressourcen ein besonderes Gewicht auf, welches den Äußerungen anderer politischer Wettbewerber ohne

---

480 BVerfGE 44, 125 ff; *Gusy*, NVwZ 2015, S. 700 (702); *Studenroth*, AöR 125 (2000), S. 257 (273).

481 BVerfGE 138, 102, 118 f.; 148, 11, 34; *Barczak*, NVwZ 2015, S. 1014 (1016); *Growe*, Das Regierungsmitglied im parteipolitischen Diskurs, S. 148; *Oebbecke*, NVwZ 2007, S. 30 (31).

482 BVerfGE 138, 102, 118 f.; 148, 11, 33; siehe auch *Barczak*, NVwZ 2015, S. 1014 (1016); *Studenroth*, AöR 125 (2000), S. 257 (274 f.).

483 Hierzu BVerfGE 138, 102, 123, das ausführt, die betreffende damalige Bundesfamilienministerin Schwesig habe nicht auf ihre Amtsautorität oder ihre Amtsressourcen, sondern allein auf ihre tagespolitischen Erfahrungen als Parteipolitikerin verwiesen.

484 RhPfVerfGH, NVwZ-RR 2014, 665, 667 f.; *Dişçi*, Der Grundsatz politischer Neutralität, S. 211.

485 *Gusy*, NVwZ 2015, S. 700 (703).

486 RhPfVerfGH, NVwZ-RR 2014, 665, 667 f.; auch *Eder*, „Rote Karte“ gegen „Spinner“?, S. 144 f.; *Studenroth*, AöR 125 (2000), S. 257 (273); *Growe*, Das Regierungsmitglied im parteipolitischen Diskurs, S. 149 f.; kritisch *Payandeh*, Der Staat 55 (2016), S. 519 (536).

Regierungsamt jedenfalls nicht von vornherein zukommt.[487] Vergleichbare Feststellungen sind im Hinblick auf Berufsbeamte und andere öffentlich Beschäftigte als Träger nicht-politscher Ämter zu treffen, die hinsichtlich öffentlicher politischer Äußerungen insbesondere im Zusammenhang mit Sachverhalten des jeweiligen dienstlichen Tätigkeitsbereichs einen entsprechenden Aufmerksamkeits- und Vertrauensvorschuss genießen.[488] Dieser kommt neben leitenden politischen Beamten[489] beispielsweise auch Polizisten zu, insbesondere, wenn diese sich öffentlich zu kriminalpolitischen Zusammenhängen äußern. Die Autorität des jeweiligen Amtes und das Ausmaß des dem Amtsträger zukommenden Vertrauensvorschusses sind freilich von der konkreten Diensttätigkeit, insbesondere von der Stellung innerhalb der dienstlichen Hierarchie abhängig.[490]

Im Hinblick auf das Verhalten von Trägern nicht-politischer Ämter entfaltet das Neutralitätsgebot indes strengere Anforderungen, zumal ihre Diensttätigkeit nicht mit deren Teilnahme am politischen Wettbewerb verknüpft ist.[491] Sie sind nicht im Wege der Durchsetzung im politischen Wettbewerb, sondern aufgrund ihrer beruflichen Qualifikationen in ihr Amt gekommen, welches sie als ihren Beruf ausüben.[492] Insofern besteht in der Regel weder eine Befugnis noch eine Notwendigkeit zur Artikulation (eigener) politischer Standpunkte in ihrer dienstlichen Rolle.

Handelt der Amtsträger in seiner Rolle als Bürger in Ausübung seiner politischen Freiheitsrechte, etwa als (Partei-)Politiker, ist das Gebot politischer Neutralität grundsätzlich nicht einschlägig.[493] Allerdings gilt in diesem Fall das Verbot der Nutzung von Amtsressourcen.[494] Verstößt der Amtsträger gegen dieses, bedient er sich seines Amtes und damit einhergehend staatlicher Mittel in zweckwidriger Weise.[495] Insofern ist die Einschlägigkeit des Neutralitätsgebotes wiederum begründet.[496]

---

487 Hierzu etwa BVerfGE 138, 102, 117–120; 148, 11, 33.

488 *Dişçi*, Der Grundsatz politischer Neutralität, S. 78.

489 Hierzu *Lindner*, ZBR 2020, S. 1 (5 f.).

490 *Lindner*, ZBR 2020, S. 1 (5).

491 *Dişçi*, Der Grundsatz politischer Neutralität, S. 234–236; vgl. auch *Payandeh*, Der Staat 55 (2016), S. 519 (532 f.).

492 *Dişçi*, Der Grundsatz politischer Neutralität, S. 234 f.

493 BVerfGE 138, 102, 119; 148, 11, 31 f.; *Barczak*, NVwZ 2015, S. 1014 (1016); *Dişçi*, Der Grundsatz politischer Neutralität, S. 201.

494 Hierzu BVerfGE 148, 11, 34; *Grigoleit*, in: Battis (Hrsg.), BBG, § 60 Rn. 20; *Lindner*, ZBR 2020, S. 1 (4).

495 *Dişçi*, Der Grundsatz politischer Neutralität, S. 201.

496 Siehe BVerfGE 138, 102, 118 u. 120.

(3) Handeln im Rahmen des Zuständigkeitsbereichs

Gelangt man zu dem Ergebnis, dass der Amtsträger in seiner amtlichen Rolle agiert, ist vor der inhaltlichen Prüfung des betreffenden Verhaltens festzustellen, ob ein Handeln im Rahmen der einschlägigen Zuständigkeiten respektive dienstlichen Befugnisse vorliegt.[497] Sofern dies nicht der Fall ist, ist das betreffende Handeln in Ermangelung einer Kompetenz bereits deshalb unzulässig und nicht mehr anhand der Maßstäbe des Gebotes politischer Neutralität zu untersuchen.[498] Beispielhaft sei hinsichtlich öffentlicher politischer Äußerungen von Regierungsmitgliedern die Kompetenz zur Staatsleitung[499] genannt.

bb) Kommunikationsinhalt

Für die Beurteilung des Kommunikationsinhalts ist das betreffende dienstliche Handeln anhand der Prüfungsmaßstäbe der Ausprägungen des Neutralitätsgebotes wie des Rechts auf Chancengleichheit der Parteien oder der jeweils einschlägigen kollidierenden Grundrechte zu untersuchen.[500] Im Rahmen der Interpretation des konkreten Äußerungsverhaltens sind überdies auch die spezifischen Maßstäbe des politischen Neutralitätsgebots hinsichtlich staatlichen Kommunikationshandelns heranzuziehen, die nachfolgend zusammengefasst dargelegt werden. In jedem Fall gilt zu Vorwahlzeiten das Gebot äußerster Zurückhaltung, sodass in dieser Zeit strengere Anforderungen an das Ob und Wie staatlicher Kommunikation zu stellen sind, zumindest im Hinblick auf parteipolitische Zusammenhänge.[501]

---

497 Hierzu BVerfGE 44, 125, 149; 63, 230, 243 f., 105, 252, 270; OVG Münster, NVwZ 2017, 1316, 1317; *Barczak*, NVwZ 2015, S. 1014 (1016); *Gramm*, Der Staat 30 (1991), S. 51 (74); *Gusy*, NVwZ 2015, S. 700 (702); *Gusy*, KritV 2018, S. 210 (232); *Mandelartz/Grotelüschen*, NVwZ 2004, S. 647 (650).

498 *Dişçi*, Der Grundsatz politischer Neutralität, S. 199 f.

499 Hierzu etwa BVerfGE 105, 252, 270; 138, 102, 114.

500 Hierzu vorliegend B. III. 3. mit Nachweisen.

501 Hierzu BVerfGE 44, 125, 152 f. mit dem Hinweis, dass der Zeitpunkt der Bestimmung des Wahltages durch den Bundespräsidenten als Orientierungspunkt für den Beginn der Vorwahlzeit gelten könne; siehe auch BVerfGE 63, 230, 243 f.; RhPfVerfGH, NVwZ-RR 2014, 665, 666; *Barczak*, NVwZ 2015, S. 1014 (1019); *Dişçi*, Der Grundsatz politischer Neutralität, S. 214; *Gusy*, NVwZ 2015, S. 700 (703 f.); kritisch betreffend die Anwendung der Anforderungen in der Vorwahlzeit auf mündliche Äußerungen *Mandelartz*, DÖV 2015, S. 326 (328).

(1) Sachlicher Ton und weitere Modalitäten

Im Rahmen der Untersuchung der Modalitäten des Kommunikationsverhaltens ist der Ton der Äußerung zu untersuchen, insbesondere hinsichtlich ihrer Sachlichkeit.[502] Dabei ist gegebenenfalls auf die Anforderungen des beamtenrechtlichen Mäßigungsgebots sowie auf die spezifische Rechtsprechung zum Sachlichkeitsgebot zurückzugreifen, das neben dem Gebot politischer Neutralität besteht. In diesem Zusammenhang ist insbesondere zu prüfen, ob die betreffende Äußerung eine unzulässige Herabsetzung, Beleidigung oder Polemisierung darstellt.[503] Darüber hinaus ist zu differenzieren, ob es sich um eine überlegte und gezielte[504] oder um eine spontane (mündliche) Äußerung handelt.[505] Außerdem ist zu prüfen, ob das betreffende Verhalten durch den Adressaten angefragt wurde oder es einen aufdrängenden Charakter hat.[506] Hinsichtlich der Handlungsintensität des Äußerungsverhaltens ist insbesondere zu untersuchen, ob eine abschreckende Wirkung bezüglich der Ausübung von Freiheitsrechten gegeben ist.[507]

(2) Identifikation, Wertung oder Information

Im Falle staatlicher Kommunikation ist im Besonderen zu eruieren, ob der Sprecher sich durch seine Äußerung oder sein Verhalten mit (partei-)politischen Standpunkten identifiziert, indem er sich politisch wertend oder parteiergreifend äußert respektive verhält.[508] Sofern ein Amtsträger sich zugunsten oder zulasten eines Teilnehmers am (partei-)politischen Wettbewerb äußert, liegt darin in der Regel ein unzulässiges staatliches Kommunikationshandeln.[509] Indes kann es insbesondere dadurch gerechtfertigt sein, dass das betreffende

---

502 *Gärditz*, NWVBl. 2015, S. 165 (170 f.); Siehe auch *Dişçi*, Der Grundsatz politischer Neutralität, S. 233 f.; *Payandeh*, Der Staat 55 (2016), S. 519 (547).

503 Zum Mäßigungsgebot vorliegend B. III. 2. b) dd) und zum Sachlichkeitsgebot vorliegend B. III. 2. c).

504 Hierzu *Growe*, Das Regierungsmitglied im parteipolitischen Diskurs, S. 115–117.

505 Ähnlich *Mandelartz*, DÖV 2009, S. 509 (511 f.); *Mandelartz*, DÖV 2015, S. 326 (327 f.).

506 *Mandelartz/Grotelüschen*, NVwZ 2004, S. 647 (650); *Mandelartz*, DÖV 2009, S. 509 (515 f.).

507 Hierzu *Growe*, Das Regierungsmitglied im parteipolitischen Diskurs, S. 123 f.

508 Hierzu BVerfGE 44, 125, 147; *Gramm*, Der Staat 30 (1991), S. 51 (76); *Hufen*, RdJB 2018, S. 216 (218).

509 Hiezu BVerfGE 44, 125, 149 f.; 148, 11, 29 f.; *Growe*, Das Regierungsmitglied im parteipolitischen Diskurs, S. 123.

Verhalten der Erfüllung der Einstandspflicht für die freiheitlich-demokratische Grundordnung dient, beispielsweise, indem extremistische Bestrebungen, die freiheitlich-demokratische Grundordnung zu beseitigen, als solche bezeichnet und kritisiert werden.

Demgegenüber ist ein sachliches staatliches Informationshandeln grundsätzlich zulässig, sofern sich dieses im Rahmen entsprechender Kompetenzen bewegt.[510] Allerdings kann auch ein (scheinbares) Informationshandeln durch gezielte Auswahl und Gewichtung der zu kommunizierenden Informationen einen wertenden oder abschreckenden Charakter aufweisen respektive eine Lenkungswirkung zugunsten oder zulasten von Teilnehmern am Meinungs- und Willensbildungsprozess erzeugen.[511] Daher bedarf es auch im Falle reinen Informationshandelns einer entsprechenden eingehenden rechtlichen Würdigung.[512]

b) Übertragung auf den Unterrichtskontext

Nachdem die Kriterien zur Beurteilung der Sprecherrolle sowie des Inhalts und der Art und Weise staatlichen Kommunikationshandelns im Allgemeinen dargestellt wurden, werden diese im Folgenden auf die Unterrichtstätigkeit der Lehrkraft übertragen und angewandt, indem zunächst die Kommunikationsrolle der Lehrkraft beschrieben wird, um daraufhin den Maßstab zur inhaltlichen Beurteilung der Unterrichtsgestaltung vor dem Hintergrund des politischen Neutralitätsgebots darzulegen.

aa) Rolle der Lehrkraft

Im Hinblick auf den Lehrerberuf gestaltet sich der Versuch einer Trennung der beiden Rollen des Pädagogen als Bediensteter und Privatperson[513] auf den ersten Blick schwieriger als im Falle anderer dienstlicher Tätigkeiten. Denn da die pädagogische Profession durch die Personalität des Erziehungsprozesses

---

510 Hierzu BVerfGE 63, 230, 243 f.; RhPfVerfGH, NVwZ-RR 2014, 665, 666; *Gramm*, Der Staat 30 (1991), S. 51 (74 u. 76).

511 Hiezu etwa BVerfGE 148, 11, 28 f.; 63, 230, 243 f.; vgl. auch *Gramm*, Der Staat 30 (1991), S. 51 (76–78); *Studenroth*, AöR 125 (2000), S. 257 (264).

512 Vgl. BVerfGE 63, 230, 244.

513 Zur „Doppelrolle" des Lehrers *Ossenbühl*, DVBl. 1982, S. 1157; im Hinblick auf politische Amtsträger auch BVerfGE 138, 102, 118; siehe auch *Lindner*, ZBR 2020, S. 1 (2 f.), der ebenfalls von der „Doppelrolle" des Beamten als Amtsträger und Bürger spricht.

geprägt ist,[514] kann die der einzelnen Lehrkraft eigene Persönlichkeit nicht von ihrem (Lehr-)Amt separiert werden. Vielmehr füllt die jeweilige Lehrerpersönlichkeit das Lehramt aus. Damit einhergehend ist ein permanenter gleichzeitiger Rückgriff der Lehrkraft auf ihre Autorität als Erziehungsperson und ihre Ressourcen in Gestalt pädagogischer Befugnisse und Kompetenzen einerseits sowie der eigenen Persönlichkeit andererseits unumgänglich, um der Unterrichts- und Erziehungstätigkeit nachzugehen.

Überdies ist in Anknüpfung an den Empfängerhorizont der Lernenden festzustellen, dass diese die Lehrperson in erster Linie in ihrer pädagogischen Rolle respektive als Erziehungsperson wahrnehmen. Daraus resultiert ein dem Lehrer zukommender Vertrauensvorschuss.[515] Angesichts dessen ist zugleich zu konstatieren, dass politische Äußerungen von Nicht-Pädagogen, die ohne Inanspruchnahme pädagogischer Autorität erfolgen, in der Regel nicht ebenso beeinflussend wirken wie Lehreräußerungen gegenüber ihren Schülern.[516]

Weil die staatliche Bildungs- und Erziehungsarbeit einen schweren Eingriff in die Freiheitsrechte der schulpflichtigen, größtenteils minderjährigen Schüler darstellt, die abhängig von ihrem Alter und Reifegrad einem gewissen Grad an (politischer) Beeinflussbarkeit unterliegen, ist die Schule als ein Ort zu qualifizieren, an dem die Chancengleichheit im politischen Willensbildungsprozess signifikant tangiert wird. Denn aus der erzieherischen Einflussnahme auf die Schüler ergeben sich zwangsläufig Implikationen für die Startgleichheit der (partei-)politischen Akteure, zumal der Prozess der politischen Willensbildung einer jeden Generation mit der Sozialisation in Kindheit und Jugend und damit einhergehend die Verteilung (partei-)politischer Chancen bereits in der Schule wie im Elternhaus beginnt.

Da im Rahmen der schulischen Bildungs- und Erziehungstätigkeit mithin das latente Risiko der bewussten oder unbewussten zweckwidrigen Instrumentalisierung des pädagogischen Amtes besteht, ist zu konstatieren, dass mit dem Schulunterricht ein erhebliches Gefahrenpotenzial für Verzerrungen des politischen Meinungs- und Willensbildungsprozesses einhergeht.[517] Angesichts

514 *Wißmann*, Pädagogische Freiheit als Rechtsbegriff, S. 148; siehe auch *Pieroth*, DVBl. 1994, S. 949 (949 f.).

515 Hierzu BVerwG, NJW 1990, 2265, 2266.

516 BVerwG, NJW 1990, 2265, 2266.

517 Vgl. BVerwG, NJW 1990, 2265 f.

dessen ist davon auszugehen, dass die Lehrkraft im Dienst stets in ihrer Rolle als Bedienstete agiert.[518]

Gleichzeitig kann hinsichtlich des Unterrichts grundsätzlich kein Handeln des Lehrers in seiner Rolle als Privatperson beziehungsweise Bürger angenommen werden. Dies gilt auch im Falle der Beziehungsarbeit, die unter Rückgriff auf die Lehrerpersönlichkeit erfolgt, welche eine pädagogische Ressource darstellt. Ebenso wenig ist ein ausnahmsweises Handeln des Lehrers als Privatperson im Verhältnis zu Oberstufenschülern zu konstatieren. Wenngleich davon auszugehen ist, dass der erzieherische Aspekt von Schule in der gymnasialen Oberstufe abnimmt, erfolgt auch im Oberstufenunterricht ein permanenter Rückgriff auf pädagogische Ressourcen.

Jedenfalls ist in Anbetracht dessen, dass die dienstliche Unterrichtstätigkeit der Erfüllung des staatlichen Bildungs- und Erziehungsauftrags und damit einhergehend der Verwirklichung der Rechte und Interessen der Lernenden dient, sowie angesichts des elterlichen Erziehungsrechts grundsätzlich davon auszugehen, dass das Interesse der Lehrperson an der Ausübung ihrer eigenen politischen Freiheitsrechte im Unterricht nicht überwiegt.[519] Daher ist die Prämisse der Zweifelsregel des Bayerischen Verwaltungsgerichtshofs, der angesichts der hohen Wertigkeit der Meinungsfreiheit in Zweifelsfällen ein Handeln als Bürger annimmt,[520] im Unterrichtskontext nicht gegeben, sodass sie nicht anzuwenden ist.

Das pädagogische Handeln der Lehrkraft muss ebenso wie Maßnahmen der Einzelschule und der Schulverwaltung auf dem schulischen Aufgaben- und Zuständigkeitsbereich basieren. Im Hinblick auf Handlungen von Lehrern, die auf einen Verstoß gegen das Neutralitätsgebot zu untersuchen sind, stellt sich somit zunächst die Frage, ob sie sich im Rahmen ihrer Bildungs- und Erziehungskompetenzen bewegen. Dies wird indes regelmäßig der Fall sein, zumal die personale Unterrichts- und Erziehungstätigkeit aufgrund des Umstands, dass das Schulehalten nicht im Detail normativ geregelt werden kann, einer gewissen Gestaltungsoffenheit unterliegt. Unbeschadet dessen ist primär auf die schulgesetzlichen Vorgaben und den konkreten Lehrplan abzustellen, die die Kompetenz der Lehrkraft, politische Sachverhalte zu behandeln, konturieren.[521]

---

518 So auch *Werres*, in: Brinktrine/Schollendorf (Hrsg.), Beamtenrecht Bund, BBG, § 60 Rn. 18.3.

519 Vgl. *Lindner*, ZBR 2020, S. 1 (6).

520 Hierzu vorliegend B. III. 3. a) aa) mit Nachweisen.

521 So etwa auch *Lindner*, ZBR 2020, S. 1 (6).

bb) Anforderungen an die Unterrichtsgestaltung

Der Schulunterricht ist eine Form zweckgerichteten staatlichen kommunikativen Handelns,[522] dem nicht nur die verbalen Äußerungen der Lehrkraft gegenüber ihren Schülern zuzuordnen sind. Vielmehr liegt in der gesamten Unterrichtsgestaltung ein zielgerichtetes staatliches Handeln, das den Anforderungen des Gebotes politischer Neutralität genügen muss. Wenngleich der Unterricht auf die Erfüllung der Bildungsinteressen der Schüler gerichtet ist, ist er angesichts der Schulpflicht im Grundsatz als aufgedrängte staatliches Kommunikation zu qualifizieren, zumal die größtenteils minderjährigen Lernenden sich der geistigen Einwirkung ihres Lehrers auf sie nicht entziehen können[523]. Bereits aus diesem Grund sind an das Verhalten des Pädagogen hinsichtlich der Wahrung politischer Neutralität strenge Anforderungen zu stellen. Dies gilt vor allem, wenn es sich dabei nicht um spontane Äußerungen, sondern um geplantes Unterrichtsgeschehen handelt.

Auch im schulischen Kontext ist zwischen informativem und wertendem Kommunikationshandeln zu differenzieren. Während die rein informative Wissensvermittlung im Hinblick auf das Neutralitätsgebot unproblematisch ist, werden dessen Inhalt und Grenzen zuvörderst durch politisch (be-)wertendes Verhalten tangiert. Da die Erziehungstätigkeit aufgrund der Natur der Sache nicht wertungsfrei erfolgen kann, ergibt sich im Schul- beziehungsweise Unterrichtskontext ein Spannungsverhältnis zwischen Wertevermittlung einerseits und Einhaltung politischer Neutralität andererseits.[524]

Dieser Konflikt ist unter Berücksichtigung des Umstands zu lösen, dass das Recht keinesfalls eine politische Neutralität staatlichen Schulehaltens im Sinne eines absoluten politischen Wertungsverbotes verlangt.[525] Vielmehr postuliert der staatliche Bildungs- und Erziehungsauftrag vor dem Hintergrund der freiheitlichen und demokratischen Grundordnung, dass der Schulunterricht „wertgebunden"

---

522 Vgl. zum weiten Verständnis staatlicher Kommunikation *Growe*, Das Regierungsmitglied im parteipolitischen Diskurs, S. 59–62, der richtigerweise eine weite Auslegung des Begriffs der Öffentlichkeitsarbeit annimmt, da die Grenzen zwischen Erscheinungsformen staatlichen Kommunikationshandelns fließend seien; zu den Formen staatlichen Kommunikationshandelns in Gestalt von Öffentlichkeitsarbeit auch *Mandelartz*, DÖV 2009, S. 509 (512–516).

523 So bereits VGH Mannheim, NJW 1985, 1661; vgl. auch BVerwG, NJW 1990, 2265 f.

524 Vgl. VGH Mannheim, NJW 1985, 1661.

525 Hierzu VGH Mannheim, NJW 1985, 1661; VG Freiburg, Urt. v. 13.05.2022, DL 11 K 2735/21, Rn. 75, juris; *Wieland*, Was man sagen darf: Mythos Neutralität in Schule und Unterricht, S. 1; *Wrase*, APuZ 2020, S. 10 (10 f.).

ist.[526] In diesem Zusammenhang ist die Lehrkraft nicht nur berechtigt, sondern sogar verpflichtet, insofern politisch wertend zu kommunizieren, als sie die Schüler im Lichte der grundgesetzlichen Wertentscheidungen sowie der gesetzlichen Bildungs- und Erziehungsziele bildet und erzieht.[527] Das Recht verlangt von der Lehrperson insbesondere, dass sie sich im Rahmen ihrer pädagogischen Tätigkeit mit der freiheitlich-demokratischen Grundordnung identifiziert und aktiv für diese eintritt.[528] Ein damit einhergehendes wertendes äußerndes Verhalten ist nicht nur zulässig, sondern (verfassungs-)rechtlich geboten.[529]

(1) Dienstliche Äußerungsbefugnis und eigene Meinungsäußerungen

Bei der politischen Äußerungskompetenz der Lehrkraft im Unterricht handelt es sich indes, ebenso wenig wie bei ihrer pädagogischen Freiheit,[530] um einen Ausfluss ihrer Meinungsfreiheit.[531] Vielmehr stellt sie eine dienstliche Befugnis dar. In Anbetracht dessen haben die Vermittlung der verfassungsmäßigen Wertentscheidungen sowie die Verfolgung der Bildungs- und Erziehungsziele möglichst losgelöst und unabhängig von der politischen Persönlichkeit des einzelnen Pädagogen als Bürger zu erfolgen.

Zugleich ist hinsichtlich der pädagogischen Praxis festzustellen, dass für die Erfüllung des Auftrags zur wertgebundenen Bildung und Erziehung ein Rückgriff auf die jeweiligen spezifischen (tages-)politischen Standpunkte der Lehrkraft in der Regel nicht notwendig ist, sodass insofern grundsätzlich kein Interesse an der Artikulation persönlicher politischer Ansichten der Lehrkraft im Rahmen des Unterrichts besteht.[532] Ihr kommt vielmehr eine

---

526 Hierzu vorliegend B. III. mit Nachweisen.

527 So etwa auch *Wieland*, Was man sagen darf: Mythos Neutralität in Schule und Unterricht, S. 2; vgl. zur Zulässigkeit der „wertbezogenen Kommunikation" im Allgemeinen auch *Gärditz*, NWVBl. 2015, S. 165 (170); auch *Growe*, Das Regierungsmitglied im parteipolitischen Diskurs, S. 87, der richtigerweise konstatiert, das Gebot politischer Neutralität laufe nicht auf eine Passivität hinsichtlich Auffassungen hinaus, die die Werteordnung der Verfassung infrage stellten.

528 *Wieland*, Was man sagen darf: Mythos Neutralität in Schule und Unterricht, S. 1.

529 *Wrase*, APuZ 2020, S. 10 (12); hinsichtlich Hoheitsträgern im Allgemeinen auch *Gärditz*, NWVBl. 2015, S. 165 (169).

530 Hierzu vorliegend B. II. 1. a) cc) mit Nachweisen.

531 Anders wohl VG Freiburg, Urt. v. 13.05.2022, DL 11 K 2735/21, Rn. 75, juris; *Bijok*, Schulrecht heute 2019.

532 Ähnlich *W. Cremer*, Rechtsextremismus/Rechtspopulismus als Herausforderung für die schulische Demokratiebildung: Lehrer-Meldeportale und die Grenzen von Neutralität in der Schule, der konstatiert, dass die Lehrerpositionierung angesichts

Moderatorenfunktion zu, indem sie den eigenständigen Meinungsbildungsprozess der Lernenden pädagogisch begleitet und fördert.

Nichtsdestotrotz ist angesichts der Überwindung des besonderen Gewaltverhältnisses sowie der Personalität der pädagogischen Tätigkeit zu konstatieren, dass der Meinungsäußerungsfreiheit der Lehrperson in politischer Hinsicht ein gewisser Raum verbleibt, der freilich durch eine „gesteigerte Mäßigungspflicht“[533] konturiert wird.[534] Diese findet ihre Begründung in dem schulischen Bildungs- und Erziehungsauftrag,[535] dem Elternrecht[536] sowie in kollidierenden Grundrechten.[537] Im Besonderen die Bildungsinteressen der Schüler rechtfertigen die Annahme einer strengeren Mäßigungspflicht im Vergleich zu anderen Beamtenberufen.[538]

Im Falle von angestellten Lehrkräften ergeben sich die Grenzen zulässiger Meinungsäußerungen im Unterricht nicht aus § 33 Abs. 2 BeamtStG, sondern aus einschlägigen tarifvertraglichen oder schulrechtlichen Normen.[539] Deren Meinungsäußerungsfreiheit im Unterricht geht weiter als die der verbeamteten Lehrkräfte,[540] wenngleich die dienstliche Äußerungsbefugnis konsequenterweise gleich weit reichen muss. Jedenfalls sind auch angestellte Lehrpersonen zur

---

des Gebotes zur Darstellung verschiedener Standpunkte verhältnismäßig uninteressant sei; demgegenüber aber VG Freiburg, Urt. v. 13.05.2022, DL 11 K 2735/21, Rn. 75, juris, welches konstatiert, die Lehrkraft müsse sich in einem gewissen Maße mit ihrer Persönlichkeit einbringen, sodass sie sich zu ihrer eigenen politischen Meinung bekennen dürfe.

533 *Lindner*, ZBR 2020, S. 1 (6).

534 Hierzu BVerwG, NJW 1990, 2265, 2266, welches ein Verbot des Tragens einer Anti-Atomkraft-Plakette während des Schuldienstes als rechtmäßig erachtete; auch bereits VGH Mannheim, NJW 1985, 1661; siehe auch VG Berlin, Beschl. v. 24.03.2023, 3 L 24/23, Rn. 44, juris; VG Freiburg, Urt. v. 13.05.2022, DL 11 K 2735/21, Rn. 74 f., juris; VG Wiesbaden, Beschl. v. 20.01.2023, 28 L 42/22.WI.D, Rn. 96, juris; eine Pflicht zur „größte[n] Zurückhaltung“ erkennt auch *Rux*, Schulrecht, S. 255; anders *Wrase*, APuZ 2020, S. 10 (11), der die Auffassung vertritt, die hohen Anforderungen des Gebotes politischer Neutralität an sonsitge Amtsträger seien nicht auf Lehrkräfte zu übertragen; siehe auch *Werres*, in: Brinktrine/Schollendorf (Hrsg.), Beamtenrecht Bund, BBG, § 60 Rn. 18.3, der konstatiert, dass der Lehrer im Unterricht als Amtswalter und nicht als Privatperson auftrete.

535 Siehe etwa *Wrase*, APuZ 2020, S. 10 (10 f.).

536 Siehe etwa *Rux*, Schulrecht, S. 255.

537 Hierzu BVerwG, NJW 1990, 2265, 2266; auch VG Berlin, Beschl. v. 24.03.2023, 3 L 24/23, Rn. 44, juris.

538 Hierzu bereits VGH Mannheim, NJW 1985, 1661.

539 Anders wohl *Wrase*, APuZ 2020, S. 10.

540 Vgl. hierzu *Lindner*, ZBR 2020, S. 1 (3).

Verfassungstreue[541] und zur ordnungsgemäßen und gewissenhaften Aufgabenerfüllung verpflichtet, sodass sich für die pädagogische Praxis kaum Unterschiede ergeben.[542]

Der durch die besondere Mäßigungspflicht bedingte Raum zulässiger Meinungsäußerungen der Lehrperson umfasst jedenfalls solche, die der Einstandspflicht für die freiheitlich-demokratische Grundordnung oder der Vermittlung der verfassungsmäßigen Wertentscheidungen respektive der Bildungs- und Erziehungsziele dienen. Insoweit besteht eine Parallelität zwischen dienstlicher Äußerungsbefugnis und dem Raum zulässiger persönlicher Meinungsäußerungen. Abseits des durch die dienstliche Äußerungsbefugnis konturierten Raums sind persönliche politische Meinungsäußerungen der Lehrkraft grundsätzlich als unzulässig zu betrachten.[543] Jedenfalls handelte sie in diesem Fall in der Regel ohne dienstliche Befugnis. Sofern die Lehrperson persönliche politische Standpunkte ausnahmsweise zu erkennen gibt, sollte sie ausdrücklich darauf hinweisen, dass es sich dabei um ihre private Meinung handelt.[544] In jedem Fall darf die Lehrkraft die ihrerseits befürwortete spezifische einzelne Meinung nicht zulasten der sonstigen Ansichten überbetonen.[545]

In Anbetracht der gesteigerten Mäßigungspflicht hat die Behandlung politischer Themen im Unterricht stets sachlich zu erfolgen.[546] Dies ergibt sich ebenfalls aus dem verfassungsmäßigen Sachlichkeitsgebot. Weder die Aufmachung des Unterrichts noch der Ton politisch wertender Lehreräußerungen dürfen einen polemischen Charakter oder eine übertriebene emotionale Aufladung aufweisen.[547] In diesem Zusammenhang hat die Lehrperson die intellektuelle und emotionale Reife der Schüler[548] ebenso zu berücksichtigen wie das Interesse an der Wahrung des Schulfriedens.[549]

---

541 *Wieland*, Was man sagen darf: Mythos Neutralität in Schule und Unterricht, S. 1.

542 Ähnlich *Bijok*, Schulrecht heute 2019; vgl. auch *Wrase*, APuZ 2020, S. 10.

543 Anders wohl *Bijok*, Schulrecht heute 2019.

544 Vgl. *Growe*, Das Regierungsmitglied im parteipolitischen Diskurs, S. 149 f.; *Lindner*, ZBR 2010, S. 325; *Masuch*, NVwZ 2021, S. 520 (524); *Bijok*, Schulrecht heute 2019.

545 BVerwG, NJW 1990, 2265 f.; VGH Mannheim, NJW 1985, 1661; *Bijok*, Schulrecht heute 2019; *Lindner*, ZBR 2020, S. 1 (6).

546 *Bijok*, Schulrecht heute 2019; *Lindner*, ZBR 2020, S. 1 (6); ähnlich *W. Cremer*, Rechtsextremismus/Rechtspopulismus als Herausforderung für die schulische Demokratiebildung: Lehrer-Meldeportale und die Grenzen von Neutralität in der Schule, der feststellt, der Unterricht müsse tatsachenpräzise und sachlich sein.

547 Vgl. hierzu VGH Mannheim, NJW 1985, 1661, 1662.

548 *Lindner*, ZBR 2020, S. 1 (6); *Rux*, Schulrecht, S. 255.

549 Vgl. VG Freiburg, Urt. v. 13.05.2022, DL 11 K 2735/21, Rn. 73, juris; *Bijok*, Schulrecht heute 2019.

Stets muss die Lehrkraft die Vorgaben der Lehr- und Bildungspläne einhalten[550] und im Übrigen möglichst auf eine Variation hinsichtlich der Auswahl der zu behandelnden Inhalte achten, wobei aktuelle und relevante Themen durchaus vorgezogen werden dürfen.[551] Sie hat politische Sachverhalte unter Berücksichtigung der jeweiligen Reife der Lernenden aus verschiedenen Blickwinkeln unter sachlicher Behandlung der widerstreitenden Standpunkte und Argumente möglichst unter Zurückstellung ihrer persönlichen politischen Präferenzen darzulegen.[552] Wenngleich dem Beutelsbacher Konsens keine unmittelbare rechtliche Relevanz zukommt, stellt er in diesem Zusammenhang einen geeigneten politikdidaktischen Leitfaden dar, um den rechtlichen Anforderungen an politische Bildung in der Schule möglichst zu genügen.[553]

(2) Umgang mit Schüleräußerungen

Im Besonderen hat die Lehrkraft die politischen Freiheitsrechte der Schüler zu wahren. Ihr ist es untersagt, den Meinungsbildungsprozess der Lernenden in eine politische Richtung zu lenken.[554] Sie hat den Schülern einen Raum für Meinungsäußerungen und Diskussionen zu gewähren,[555] soweit die Durchführung des lehrplanmäßigen Unterrichts nicht beeinträchtigt wird.[556] Selbstredend muss sie in diesem Zusammenhang den Grundsatz der Verhältnismäßigkeit wahren. Sie darf weder Schüler noch andere Grundrechtsträger in Anknüpfung an politische Standpunkte diskriminieren, etwa im Rahmen pädagogischer Entscheidungen und Maßnahmen wie der Leistungsbewertung.[557] Ferner verbietet es sich der Lehrperson, die Lernenden von der Ausübung ihrer politischen Freiheitsrechte abzuschrecken.

---

550 So auch *Lindner*, ZBR 2020, S. 1 (6).

551 Vgl. *Bijok*, Schulrecht heute 2019.

552 Ähnlich *Rux*, Schulrecht, S. 255; auch *W. Cremer*, Rechtsextremismus/Rechtspopulismus als Herausforderung für die schulische Demokratiebildung: Lehrer-Meldeportale und die Grenzen von Neutralität in der Schule, der konstatiert, dass Wertungen möglichst nicht subjektiv ausgerichtet sein sollten. Vielmehr sollten sie einen Bezug zum Grundgesetz aufweisen.

553 Ähnlich *H. Cremer*, Das Neutralitätsgebot in der Bildung, S. 19; *Wrase*, APuZ 2020, S. 10 (14).

554 *Rux*, Schulrecht, S. 255; *Wrase*, APuZ 2020, S. 10 (11).

555 Vgl. *H. Cremer*, Das Neutralitätsgebot in der Bildung, S. 19.

556 Vgl. VG Wiesbaden, Beschl. v. 20.01.2023, 28 L 42/22.WI.D, Rn. 80, juris.

557 *Wrase*, APuZ 2020, S. 10 (15).

Demgegenüber ist es zulässig und geboten, pädagogisch zu intervenieren, sofern Äußerungen von Schülern im Konflikt zu den Bildungs- und Erziehungszielen oder den verfassungsmäßigen Wertentscheidungen stehen.[558] Die Lehrkraft muss beispielsweise im Falle antidemokratischer, homophober[559] oder rassistischer[560] Äußerungen die betreffenden Schüler auf die Verwerflichkeit ihres Verhaltens begründend hinweisen und sie mit pädagogischen Mitteln jedenfalls zur Reflexion ihres Verhaltens anregen.[561]

(3) Anforderungen der (partei-)politischen Chancengleichheit

Soweit die Lehrperson eine tatsachengebundene Wissensvermittlung unternimmt, liegt darin keine Beeinträchtigung der Chancengleichheit der Parteien.[562] Darüber hinausgehend darf sie parteipolitische Inhalte wie Standpunkte der Parteien oder Aussagen von Parteienvertretern im Rahmen der lehrplanmäßigen Vorgaben im Unterricht kritisch analysieren und (geistes-) geschichtlich oder soziokulturell kontextualisieren,[563] sowie politikwissenschaftlich einordnen.[564] Dies muss freilich in sachlicher und ausgewogener Weise geschehen, indem den Schülern unter Berücksichtigung ihrer intellektuellen Kapazitäten und Fähigkeiten möglichst die gesamte Bandbreite der jeweils einschlägigen parteipolitischen Standpunkte und Argumente offenbart werden.[565]

Demgegenüber verbietet sich um die Wahrung des freien parteipolitischen Wettbewerbs willen im Rahmen der gesamten schulischen Tätigkeit eine parteipolitisch lenkende Einflussnahme auf die Lernenden.[566] Überdies muss die demokratische Chancengleichheit im schulischen Zusammenhang nicht nur im Verhältnis zu den Parteien, sondern auch gegenüber sonstigen politischen Organisationen gewahrt werden. Im Falle parteipolitischer Zusammenhänge

558 So auch *Bijok*, Schulrecht heute 2019; *Wrase*, APuZ 2020, S. 10 (12 u. 14).
559 Vgl. hierzu VG Münster, Urt. v. 13.05.2014, 13 K 3135/13.O, juris.
560 Hierzu *H. Cremer*, Das Neutralitätsgebot in der Bildung, S. 22.
561 So auch *Bijok*, Schulrecht heute 2019; *Wrase*, APuZ 2020, S. 10 (12 u. 14).
562 Ähnlich *H. Cremer*, Das Neutralitätsgebot in der Bildung, S. 20 f.; *Hufen*, RdJB 2018, S. 216 (218 f.).
563 *W. Cremer*, Rechtsextremismus/Rechtspopulismus als Herausforderung für die schulische Demokratiebildung: Lehrer-Meldeportale und die Grenzen von Neutralität in der Schule.
564 Vgl. hierzu auch *H. Cremer*, Das Neutralitätsgebot in der Bildung, S. 20 f.
565 Hierzu auch *Wrase*, APuZ 2020, S. 10 (13).
566 Siehe etwa auch *Wrase*, APuZ 2020, S. 10 (11).

entfaltet das Neutralitätsgebot freilich strengere Anforderungen an das Verhalten der Lehrperson.

Der Lehrkraft ist es untersagt, durch ihre Äußerungen für Parteien oder sonstige politische Organisationen zu werben, gleich, ob befürwortend oder ablehnend.[567] Sie darf sich in der Schule weder innerhalb noch außerhalb des Unterrichts parteipolitisch betätigen.[568] Keinesfalls darf sie Wahlempfehlungen abgeben.[569] Da die Chancengleichheit der Parteien in (Vor-)Wahlzeiten strengere Anforderungen entfaltet, sind während dieser Zeit persönliche politische Meinungsäußerungen im Zusammenhang mit wahlrelevanten Themen gänzlich zu unterlassen. Ebenso muss sie eine Verletzung der Chancengleichheit der Parteien durch die (Detail-)Gestaltung des Unterrichts vermeiden, die etwa dann vorliegen würde, wenn die Lehrperson im Rahmen der Behandlung parteipolitischer Debatten wesentliche Standpunkte und Argumente einer relevanten Partei gänzlich unberücksichtigt ließe.

Ist das Kommunikationshandeln der Lehrkraft indes zur Erfüllung ihrer Einstandspflicht für die freiheitliche und demokratische Grundordnung erforderlich, liegt darin ein der Verfassung immanenter zwingender Grund, der einen Eingriff in das Recht der Chancengleichheit der Parteien rechtfertigt. Sofern die zu behandelnden parteipolitischen Inhalte im Widerspruch zu den Menschenrechten, dem Demokratie- oder dem Rechtsstaatsprinzip stehen, ist es geboten, sie mit argumentativem Verweis auf die einschlägigen Normen als unzulässig darzustellen,[570] allerdings ohne sich wertend hinsichtlich Wählbarkeit der betreffenden Partei zu äußern.[571] Die Lehrperson darf und muss

567 So auch *Wrase*, APuZ 2020, S. 10 (11).

568 *Wieland*, Was man sagen darf: Mythos Neutralität in Schule und Unterricht, S. 1.

569 *H. Cremer*, Das Neutralitätsgebot in der Bildung, S. 20; zur Unzulässigkeit von Wahlempfehlungen durch Amtsträger siehe RhPfVerfGH, NVwZ-RR 2014, 665, 667; grundsätzlich auch *Bijok*, Schulrecht heute 2019.

570 So auch *Wrase*, APuZ 2020, S. 10 (14); ähnlich *W. Cremer*, Rechtsextremismus/Rechtspopulismus als Herausforderung für die schulische Demokratiebildung: Lehrer-Meldeportale und die Grenzen von Neutralität in der Schule; in Bezug auf die Menschenrechte auch *H. Cremer*, Das Neutralitätsgebot in der Bildung, S. 12 f.

571 Anders *Wrase*, APuZ 2020, S. 10 (14), der die Auffassung vertritt, es sei mit der Chancengleichheit der Parteien vereinbar, dass eine Lehrkraft sich gegen rassistische Standpunkte einer Partei ausspreche und gleichzeitig äußere, die betreffende Partei sei aus ihrer persönlichen Sicht nicht wählbar. Diese Rechtsauffassung ist abzulehnen, da einer Positionierung einer Lehrkraft zur Wählbarkeit einer Partei, wenn auch als persönliche Meinung gekennzeichnet, der Charakter einer Wahlwerbung zukommt.

beispielsweise extremistische, verfassungsfeindliche Äußerungen von Parteienvertretern als solche bewerten. Sofern die Lehrperson sich jedoch abseits ihrer Einstandspflicht für die freiheitlich-demokratische Grundordnung, der Vermittlung von Faktenwissen oder der sachlichen Analyse und Kontextualisierung parteipolitischer Inhalte wertend zugunsten oder zulasten eines parteipolitischen Wettbewerbers äußert, liegt darin ein Handeln ohne dienstliche Befugnis sowie ein Verstoß gegen das Verbot des Amtsmissbrauchs im politischen Wettbewerb.

4. Rechtsprechung und Fallbeispiele

Im Folgenden wird der rechtliche Rahmen der Problematik der politischen Neutralität der Lehrkraft im Unterricht durch Anwendung auf diverse fiktive Fallbeispiele betreffend den pädagogischen Berufsalltag sowie im Wege der Auswertung einschlägiger verwaltungsgerichtlicher Entscheidungen illustriert. In diesem Zusammenhang werden die Möglichkeiten und Grenzen politischer Bildung im Schulunterricht einzelfallbezogen dargelegt, indem anhand der exemplarischen Szenarien die jeweiligen rechtlichen Implikationen für die praktische Unterrichtstätigkeit und zulässige wie unzulässige Handlungsweisen aufgezeigt werden.

a) (Partei-)Politisches Bekenntnis der Lehrkraft

Fiktives Fallbeispiel: Eine Lehrerin für das Unterrichtsfach Politik stellt ihrer neuen Klasse der Jahrgangsstufe 7 ihre Person sowie das Fach vor. In diesem Zusammenhang erläutert sie, das Unterrichtsfach diene dem Zweck, zu lernen, sich in unserer Demokratie einbringen zu können. Politisches Engagement sei insbesondere in Zeiten verbreiteter Politikverdrossenheit wichtig, um die Demokratie zu erhalten und diese gegen den wachsenden Rechtsextremismus zu verteidigen. Außerdem könne man hinsichtlich bedeutsamer Themen wie der Verbesserung des Klimaschutzes mehr bewegen, wenn man selbst aktiv werde. Daher engagiere auch sie sich in ihrer Freizeit wie Millionen andere Bürger politisch. Auf Nachfrage mehrerer interessierter Schüler hin erklärt sie schließlich, dass sie Mitglied der X-Partei sei und für diese im Stadtrat sitze.

Im vorliegenden Fall äußert die Politiklehrerin sich politisch wertend, indem sie die Verteidigung der Demokratie gegen den Rechtsextremismus sowie die Förderung des Klimaschutzes als wichtige und bedeutsame gesellschaftliche Ziele formuliert. Außerdem wirbt sie für politisches Engagement im Allgemeinen. Zugleich stellt sie einen Bezug zu ihrer Person her, indem sie auf ihr eigenes politisches Engagement verweist. Daraufhin legt sie auf Nachfrage der Schüler ihre Partei- wie ihre Ratsmitgliedschaft offen.

Zunächst ist zu konstatieren, dass ihre Positionierungen gegen den Rechtsextremismus und für einen besseren Klimaschutz jedenfalls bei isolierter Betrachtung rechtlich zulässig sind. Denn die Vermittlung der Wertigkeit des Umweltschutzes sowie der Ablehnung verfassungsfeindlicher politischer Ideologien ergeben sich im Allgemeinen aus den in den Landesgesetzen formulierten Bildungs- und Erziehungszielen. Zugleich sind die diesen Zielen zugrunde liegenden Wertentscheidungen im Grundgesetz verankert. So ist der Umweltschutz als Staatszielbestimmung in Art. 20a GG verfassungsrechtlich garantiert. Die Ablehnung des die verfassungsmäßige Ordnung bekämpfenden Rechtsextremismus ist der Verfassung immanent, nicht zuletzt, weil das Grundgesetz als Gegenentwurf zum Nationalsozialismus[572] zu betrachten ist.

Überdies ist die Lehrerin verpflichtet, für die freiheitliche demokratische Grundordnung einzustehen, sodass eine Stellungnahme gegen den demokratiefeindlichen Extremismus auch aus beamtenrechtlicher Perspektive zulässig und geboten ist. Dass die Äußerung der Lehrerin zum Klimaschutz nicht nur dessen Wichtigkeit hervorhebt, sondern darüberhinausgehend impliziert, dass die bestehende Klimapolitik nicht ausreichend sei, ist angesichts des Faktums, dass allgemein anerkannte Klimaziele bislang nicht vollumfänglich erreicht werden, unschädlich. Indem die Lehrerin vor ihren Schülern überdies für politisches Engagement im Allgemeinen wirbt, erfüllt sie ebenfalls ein Bildungs- und Erziehungsziel, namentlich die Befähigung der Schüler, sich in der demokratischen Gesellschaft einzubringen.

Gleichzeitig tangieren die Aussagen der Lehrerin jedoch die parteipolitische Dimension des Neutralitätsgebotes, indem sie sich entsprechend bekennt. In diesem Zusammenhang kommt durch die Offenlegung ihrer Partei- und Ratsmitgliedschaft vor den Schülern eine Verletzung des Rechts auf Chancengleichheit der Parteien im politischen Wettbewerb in Betracht. Diesbezüglich ist zunächst zu untersuchen, ob die Äußerung in den Bereich ihrer dienstlichen Zuständigkeiten und Befugnisse fällt.

Hinsichtlich der Offenlegung der ohnehin öffentlich bekannten Ratsmitgliedschaft ist ausnahmsweise festzustellen, dass dieser Umstand aus der Rollensphäre der Lehrerin als Bürgerin der Erfüllung der Bildungsinteressen der Schüler dient. Das Inkenntnissetzen der Schüler über die Besetzung von politischen Mandaten ist zunächst ein sachlich-informatives Handeln, welches

572 Hierzu BVerfGE 124, 300, 328 f.

das Wissen der Lernenden über die politischen Verantwortungsträger mehrt. Auch die Mitteilung der konkreten Partei- oder Fraktionszugehörigkeit fällt unter dieses Informationsinteresse, da diese Umstände eng mit dem politischen Mandat verbunden sind.

Eine andere Bewertung wäre vorzunehmen, bekleidete die Lehrerin kein politisches Mandat, da an der Offenlegung der privaten Parteimitgliedschaft in der Regel kein entsprechendes Bildungsinteresse besteht. Dass die Lehrerin ihre Ratsmitgliedschaft im Zusammenhang mit der Vorstellung ihrer Person sowie des Fachs, und nicht im Rahmen einer vom Curriculum vorgesehenen Unterrichtseinheit über Kommunalpolitik erwähnt, ist insofern unschädlich, als ihre Ausführungen thematisch jedenfalls nicht erheblich von den Inhalten des Unterrichtsfachs abweichen, welches sie im vorliegenden Fall im Gesamten vorstellt. Insofern fällt die Wahl des Kontexts ihrer Äußerungen in ihren Gestaltungsraum eigenverantwortlichen Unterrichtens.

Im vorliegenden Unterrichtsszenario steht das parteipolitische Bekenntnis indes in einem engen zeitlichen und inhaltlichen Zusammenhang mit der Werbung für politisches Engagement im Allgemeinen sowie mit der Hervorhebung der Ziele der Förderung des Klimaschutzes und dem Einsatz gegen den Rechtsextremismus. Diese Verknüpfung stellt die Lehrerin selbst her, indem sie nicht nur die politische Betätigung im Allgemeinen, sondern ihr konkretes eigenes politisches Engagement mit der Verfolgung dieser Ziele begründet. Wenngleich sie ihre konkrete Parteizugehörigkeit erst auf Nachfrage der Schüler offenlegt, ist zu konstatieren, dass sie durch den Selbstbezug den Anlass für die Fragen der Lernenden im konkreten Kontext schafft.

Aufgrund dieses engen Zusammenhangs kommt den Aussagen der Lehrerin unabhängig von ihrer Intention ein parteipolitisch werbender Charakter zu, der durch den Wettbewerbsvorteil in Gestalt der Amtsressourcen insbesondere ihrer Autorität als Erziehungsperson verstärkt wird. Denn es ist jedenfalls nicht auszuschließen, dass bei einigen Schülern der Eindruck erzeugt wird, ein Engagement in der Partei der Lehrerin sei zur Erreichung der genannten Ziele besonders geeignet. Hieraus ergibt sich jedenfalls ein potenzieller Wettbewerbsvorteil für die Partei der Lehrerin, sodass das Recht auf Chancengleichheit der Parteien beeinträchtigt ist. Eine Rechtfertigung aufgrund zwingender Gründe ist nicht ersichtlich.

b) Schüleräußerung im Rahmen einer Unterrichtsdiskussion zum Thema Zuwanderung

Fiktives Fallbeispiel: Ein Lehrer führt mit seinem Leistungskurs Sozialwissenschaften am Ende einer entsprechenden Unterrichtsreihe eine Unterrichtsdiskussion zum Thema der Chancen und Herausforderungen von Zuwanderung für Deutschland durch. Im Rahmen der vonseiten des Lehrers moderierten Diskussion äußert eine Schülerin, dass die Zuwanderung nach Deutschland restriktiv geregelt und umgesetzt werden müsse, weil einer unkontrollierten Einwanderung die Gefahr einer finanziellen Überforderung des Gemeinwesens innewohne. Darüber hinaus müsse die Zuwanderung aus muslimisch geprägten Staaten aufgrund zu hoher kultureller Differenzen grundsätzlich unterbunden werden. Schließlich erklärt die Schülerin, dass nur eine regierende Y-Partei die Umsetzung einer kontrollierten Einwanderungspolitik gewährleisten würde. Daher unterstütze sie diese Partei bei zukünftigen Wahlen, indem sie sie wählen werde.

Bei der Y-Partei handelt es sich um eine rechtskonservative und rechtspopulistische Partei. Zumindest Teile der Partei werden vonseiten der Politikwissenschaften als rechtsextremistisch eingestuft. Sie ist nicht verboten, wird aber von diversen Verfassungsschutzbehörden als rechtsextremistischer Verdachtsfall eingestuft. Der Lehrer fragt sich, welche Reaktion seinerseits auf die Äußerungen der Schülerin rechtlich zulässig und geboten ist.

Der Diskussionsbeitrag der Schülerin ist in drei Aussagen zu unterteilen. Diese stellen wertende Stellungnahmen und damit einhergehend Meinungsäußerungen im Sinne des Art. 5 Abs. 1 S. 1, 1. Alt. GG dar, die vonseiten des Staates jeweils nur auf Grundlage allgemeiner Gesetze eingeschränkt werden können. Zunächst spricht die Schülerin sich mit Verweis auf die Grenzen der finanziellen Leistungsfähigkeit des Gemeinwesens für eine streng regulierte Zuwanderungspolitik aus. Sodann fordert sie, dass die Einwanderung aus muslimisch geprägten Staaten aufgrund kultureller Unterschiede grundsätzlich zu unterbinden sei. Schließlich erklärt sie, dass lediglich eine regierende Y-Partei eine restriktive Einwanderungspolitik umsetzen würde, und sie diese daher wählen werde.

Bei der ersten Aussage der Schülerin handelt es sich um einen von der Meinungsfreiheit geschützten Standpunkt, der inhaltlich sowohl vor dem Hintergrund der grundgesetzlichen Normen und Wertentscheidungen als auch hinsichtlich der normierten Bildungs- und Erziehungsziele rechtlich unproblematisch ist. Im Besonderen steht die Forderung der Schülerin nach einer streng regulierten Einwanderungspolitik bei isolierter Betrachtung weder im Widerspruch zu den Menschenrechten noch zu dem Bildungsziel der Toleranz und Vorurteilsfreiheit. Die Schülerin begründet ihre erste Forderung sachlich und rational, indem sie zwecks Begründung auf das Faktum verweist, dass Zuwanderung stets Implikationen für die Staatsfinanzen hat. Dass die Folgen von Einwanderung für das Gemeinwesen und diesbezügliche politische Maßnahmen unterschiedlich bewertet werden können, ist der betreffenden Diskussion immanent. Dies soll durch den vorliegenden Unterricht gerade vermittelt werden.

Im Hinblick auf die zweite Meinungsäußerung der Schülerin, die Zuwanderung aus muslimisch geprägten Gesellschaften müsse wegen kultureller Differenzen grundsätzlich unterbunden werden, könnte angenommen werden, dass eine gerechtfertigte Einschränkung ebendieser Meinungsäußerung auf Grundlage der Erfüllung des Straftatbestands der Volksverhetzung nach § 130 StGB in Betracht komme.[573] Allerdings erfüllt die Schülerin diesen Tatbestand nicht, da ihrer Äußerung jedenfalls nicht die Qualität eines feindseligen Aufrufs zu Hass, Gewalt- oder Willkürmaßnahmen[574] zukommt.

Wenngleich es sich auch bei dieser Aussage der Schülerin um eine grundrechtlich geschützte Meinungsäußerung handelt, ist zu konstatieren, dass sie in einem inhaltlichen Konfliktverhältnis zu dem als Bildungs- und Erziehungsziel zahlreich postulierten Gebot der Toleranz und der Vorurteilsfreiheit hinsichtlich Menschen verschiedener Herkünfte, Kulturen und Religionen steht. Es ist jedenfalls nicht auszuschließen, dass der Forderung der Schülerin in Anknüpfung an kulturelle Unterschiede fremdenfeindliche beziehungsweise rassistische Beweggründe zugrunde liegen. Insofern ist eine pädagogische Intervention seitens des Lehrers zulässig und geboten, wenngleich er ihren Standpunkt nicht als eine verbotene Meinung darstellen darf.

In diesem Zusammenhang hat er der Schülerin aufzuzeigen, inwiefern ihre Äußerung vor dem Hintergrund des Toleranzgebotes problematisch ist. Dabei ist der Wert des Toleranzgebotes begründend und würdigend hervorzuheben. Der Lehrer kann zusammen mit der äußernden Schülerin eruieren, welche Beweggründe der Meinungsäußerung zugrunde liegen. Die pädagogische Reaktion muss im Gesamten in sachlicher Art und Weise erfolgen, insbesondere, um die Schülerin von der Ausübung ihrer Meinungsäußerungsfreiheit nicht abzuschrecken.

Sofern die Äußerung der Schülerin den Unterrichtsbetrieb oder den Schulfrieden stören würde, könnte ihr im Falle des Vorliegens einer die

573 Vgl. hierzu *H. Cremer*, Das Neutralitätsgebot in der Bildung, S. 22.

574 Hierzu etwa *Schäfer/Anstötz*, in: MüKo-StGB, Bd. 3, § 130 Rn. 21 m.w.N.

Meinungsfreiheit insofern einschränkenden Norm im einschlägigen Schulgesetz[575] jedenfalls die weitere Äußerung der betreffenden Aussage untersagt werden. Von einer Störung des Schulfriedens ist vorliegend mangels entsprechender Anhaltspunkte nicht auszugehen. Andere Gesetze, die vorliegend als Schranke der Meinungsfreiheit in Betracht kommen könnten, sind vorliegend nicht ersichtlich.

Im Hinblick auf die dritte Aussage der Schülerin ist festzustellen, dass ihr parteipolitisches Bekenntnis zu der Y-Partei von ihrer Meinungsfreiheit vor dem Hintergrund des Demokratieprinzips und insbesondere der Wahlrechtsgrundsätze nach Art. 30 GG geschützt ist. Der Lehrer darf auch dieses Bekenntnis der Schülerin nicht als unzulässig darstellen, zumal es sich bei der Y-Partei nicht um eine vom Bundesverfassungsgericht verbotene Partei handelt. Erst recht darf er keine (negative) Wahlempfehlung abgeben. Nichtsdestotrotz ist es zulässig und geboten, dass der Lehrer zunächst, um Missverständnissen seitens der Lernenden vorzubeugen, abweichend von der pauschalen Darstellung der Schülerin klarstellend darauf hinweist, dass gegebenenfalls nicht nur die Y-Partei eine restriktive Einwanderungspolitik fordert und es auch in anderen Parteien Befürworter mehr oder minder strenger Einwanderungsregelungen gibt, die diesbezüglich unterschiedliche Gestaltungsansätze vorschlagen. Selbstredend ist es zulässig und geboten, sämtliche relevante (partei-)politische Auffassungen im Rahmen der Kontroverse der Einwanderungspolitik und die jeweils einschlägigen Argumente darzustellen und sie etwa politologisch zu analysieren und zu kontextualisieren.

Außerdem darf der Lehrer den Diskussionsbeitrag der Schülerin vor dem Hintergrund der Unterrichtsthematik aufgreifen, um Äußerungen und Forderungen aus den Reihen der Y-Partei im Wege der thematischen Kontextualisierung heranzuziehen und zu analysieren. In diesem Zusammenhang ist es zulässig, diese politikwissenschaftlich einzuordnen. Auch darf der Lehrer über den faktischen Umstand informieren, dass die Y-Partei von Verfassungsschutzbehörden als rechtsextremistischer Verdachtsfall eingestuft ist.

Sofern thematisch einschlägige Äußerungen oder Standpunkte aus den Reihen der Y-Partei als verfassungsfeindlich respektive unvereinbar mit der freiheitlich-demokratischen Grundordnung einzuordnen sind, etwa, weil sie den Nationalsozialismus verherrlichen oder die Abschaffung demokratischer oder rechtsstaatlicher Grundsätze fordern, dürfen sie als solche begründend

575 Siehe beispielsweise § 45 Abs. 2 SchulG NRW; vgl. hierzu auch *Bijok*, Schulrecht heute 2019.

bewertet und als unzulässig dargestellt werden. Dasselbe gilt für etwaige Aussagen oder Forderungen, die im Widerspruch zu den Menschenrechten stehen, beispielsweise, wenn sie die Rechtsgleichheit aller Menschen in rassistischer oder sonstiger menschenverachtender Weise verneinen. Auch dürfen gegebenenfalls falsche Tatsachenbehauptungen als solche begründend dargestellt werden.

c) Zeigen eines Videos mit rechtsextremistischem Inhalt in der kleinen Pause

Fiktives Fallbeispiel: Eine Lehrerin für Mathematik und Physik vernimmt in der kleinen Pause zwischen zwei Mathematikstunden, dass ein Schüler seinen Mitschülern mittels seines Smartphones ein Video auf einer Social-Media-Plattform zeigt, in dem eine Person erklärt, dass die Bundesrepublik Deutschland kein souveräner Staat sei und das Deutsche Reich noch existiere. Daher müsse man die vom Bundestag verabschiedeten Gesetze ignorieren und mit allen Mitteln Widerstand leisten. Währenddessen kichern alle beteiligten Schüler. Die Lehrerin fragt sich, ob sie aus rechtlicher Sicht einschreiten muss und welche inhaltliche Reaktion gegebenenfalls geboten ist.

Bei der vorliegenden Aussage der Person in dem Video handelt es sich um eine unwahre Tatsachenbehauptung. Diesbezüglich kann sich weder diese Person noch der betreffende Schüler, sofern er die geäußerte Auffassung als seine eigene teilen wollte, auf die Meinungsfreiheit berufen, da bewusst unwahre Tatsachenbehauptungen nicht in den Schutzbereich von Art. 5 Abs. 1 S. 1 1. Alt GG fallen[576]. Die Aussagen der Person in dem Video sind verfassungsfeindlich, indem sowohl die Existenz als auch die Legitimität der freiheitlich-demokratischen Ordnung der Bundesrepublik Deutschland verneint werden. Hinzu kommt, dass die Äußerung als aggressiv-kämpferisch einzuordnen ist, weil die betreffende Person zu einem Widerstand unter Einsatz aller erdenklichen Mittel und somit auch unter Einsatz von Gewalt aufruft.

In Anbetracht der Pflicht der Lehrerin zur Verfassungstreue, die nicht nur im Unterrichtskontext, sondern im Rahmen der gesamten Diensttätigkeit wie auch abseits des Dienstes gilt, ist sie dazu verpflichtet, einzuschreiten, um die freiheitliche demokratische Grundordnung zu verteidigen. Dass man darauf schließen könnte, die Schüler nähmen die Aussagen im Video nicht ernst, da

---

576 Siehe BVerfGE 54, 208, 219; 61, 1, 8; hinsichtlich historischer Unwahrheiten auch BVerfGE 90, 241, 249; hierzu auch *Kaiser*, in: Brosius-Gersdorf (Hrsg.), Dreier GG, Bd. I, Art. 5 Abs. 1 Rn. 61 m.w.N.

sie kicherten, ändert nichts an der Pflicht der Lehrerin, zu intervenieren. Sie hat den Lernenden den Ernst der Thematik aufzuzeigen, nicht zuletzt, um das Erziehungsziel der Vermittlung der Werte der freiheitlich-demokratischen Grundordnung zu verfolgen. Die Anforderungen an die Lehrerin bestehen unabhängig davon, dass sie nur mathematisch-naturwissenschaftliche Fächer unterrichtet.

Die Lehrerin muss die Schüler darauf hinweisen, dass es sich um Falschaussagen handelt, die nicht von der Meinungsfreiheit gedeckt sind und die sich gegen die grundgesetzliche Ordnung richten. Sie sollte dies möglichst durch Verweis auf die Entstehungsgeschichte der Bundesrepublik Deutschland erklären und gegenüber den Lernenden verdeutlichen, dass die betreffenden Aussagen grundlegende Werte wie Demokratie und Rechtsstaat verneinen. Überdies hat sie die Befugnis, den Schüler dazu aufzufordern, das Abspielen des Videos und das Äußern entsprechender Aussagen zu unterlassen. Kommt er dem nicht nach, kommen weitergehende Erziehungsmaßnahmen in Betracht.

d) Kritik einer Lehrerin betreffend die Politik zur Eindämmung der COVID-19-Pandemie: VG Freiburg, Urt. v. 13.05.2022, DL 11 K 2735/21

Das Verwaltungsgericht Freiburg befasste sich mit der Kürzung der Bezüge einer verbeamteten Geschichtslehrerin aufgrund einer Disziplinarverfügung, die unter anderem wegen Aussagen und Verhaltensweisen im Unterricht erging, mit denen die Studienrätin ihre persönliche Kritik an der Politik zur Eindämmung der Corona-Pandemie, namentlich an der Maskentragepflicht, in einer aufdrängenden Weise gegenüber ihrer Klasse zum Ausdruck brachte.[577] Im Rahmen einer Geschichtsstunde zum Thema der Machtergreifung der Nationalsozialisten verglich die Lehrerin die zum Zeitpunkt ihrer Äußerungen im Oktober 2020 bestandenen, mit Maskentragepflichten einhergehenden Schutzmaßnahmen mit der nationalsozialistischen Gewalt- und Willkürherrschaft und stellte die beiden Zusammenhänge wertend auf eine Stufe.[578] Außerdem sprach sie dem Präsidenten des Robert-Koch-Institutes aufgrund seines Tierarztberufs die Befähigung zu Entscheidungen in Bezug auf die Pandemie ab. In

---

577 Siehe VG Freiburg, Urt. v. 13.05.2022, DL 11 K 2735/21, juris; vgl. auch betreffend einen teilweise ähnlichen Sachverhalt VG Wiesbaden, Beschl. v. 20.01.2023, 28 L 42/22.WI.D, juris.

578 Hierzu und im Folgenden VG Freiburg, Urt. v. 13.05.2022, DL 11 K 2735/21, Rn. 26–47, juris.

einer anderen Geschichtsstunde nannte sie den Ministerpräsidenten des Freistaates Bayern einen „Kackarsch".

Ferner äußerte die Lehrerin gegenüber ihrer Klasse, das Maskentragen sei gefährlich.[579] Diese Auffassung begründete sie damit, dass sich unter Masken Viren ansammeln könnten, die Hirnhautentzündungen hervorriefen. Aus diesem Grund versetzte sie Schüler, die freiwillig Schutzmasken im Unterricht trugen, auf hintere Plätze. Außerdem verwies sie einen Teil dieser Schüler des Klassenraumes und knüpfte deren Rückkehr an die Bedingung, sich mit einem ihrerseits ausgeteilten Flugblatt zur Maskentragepflicht auseinanderzusetzen. Überdies wies sie von ihrem Standpunkt abweichende Meinungsäußerungen von Schülern zurück und zog sie ins Lächerliche. Nach der Überzeugung des Gerichts versuchte die Lehrerin, den Schülern ihre Auffassungen zur Corona-Politik aufzudrängen.

Im Rahmen der Prüfung der Rechtmäßigkeit der Disziplinarverfügung untersucht das Verwaltungsgericht die betreffenden Äußerungen und Handlungen der Lehrerin anhand der Prüfungsmaßstäbe der Pflicht zu achtungs- und vertrauenswürdigem Verhalten nach § 34 Abs. 1 S. 3 BeamtStG, der Mäßigungs- und Zurückhaltungspflicht nach § 33 Abs. 2 BeamtStG sowie der Pflicht zur Einhaltung von Recht und Gesetz nach § 36 Abs. 1 BeamtStG.[580]

Das Verwaltungsgericht konstatiert zunächst, dass die Lehrerin mit der Gleichstellung der Maskentragepflicht mit der nationalsozialistischen Gewalt- und Willkürherrschaft die Sphäre der Sachauseinandersetzung verlassen und die zum Gesundheitsschutz getroffenen Maßnahmen des Dienstherrn böswillig verächtlich gemacht habe.[581] Die Äußerung sei dazu geeignet, einen erheblichen Achtungs- und Vertrauensverlust der Öffentlichkeit herbeizuführen. Dieses Ergebnis bekräftigt das Gericht unter Verweis auf den Umstand, dass der unsachliche historische Vergleich gerade von einer Geschichtslehrerin gezogen wurde. Des Weiteren erkennt das Gericht in der Bezeichnung des bayerischen Ministerpräsidenten als „Kackarsch" eine Beleidigung, die auch Falle einer Abwägung mit der Meinungsfreiheit zulasten der Lehrerin ginge, da kein Fall unmittelbarer Machtkritik vorliege und sie ihre Aussage in Anwesenheit

579 Hierzu und im Folgenden VG Freiburg, Urt. v. 13.05.2022, DL 11 K 2735/21, Rn. 48–67, juris.

580 VG Freiburg, Urt. v. 13.05.2022, DL 11 K 2735/21, Rn. 68, juris.

581 Hierzu und im Folgenden VG Freiburg, Urt. v. 13.05.2022, DL 11 K 2735/21, Rn. 68–71, juris; jedoch sei eine Verharmlosung nationalsozialistischer Verbrechen und Gewalttaten im Falle der Klägerin eher fernliegend, VG Freiburg, Urt. v. 13.05.2022, DL 11 K 2735/21, Rn. 70, juris.

von Schülern und in Abwesenheit des Betroffenen tätigte. Vor diesem Hintergrund stellt das Gericht Verstöße gegen § 34 Abs. 1 S. 3 BeamtStG wie § 36 Abs. 1 BeamtStG fest.

Das Gericht bewertet die Aussagen und Handlungen der Lehrerin als politisches Äußerungsverhalten, indem es auf die gesamtgesellschaftliche Bedeutung der Frage nach der Erforderlichkeit der Schutzmaßnahmen zur Eindämmung verweist.[582] Es erkennt die Konturierung des einschlägigen Gebotes politischer Neutralität durch die allgemeinen Beamtenpflichten, das Elternrecht, den schulischen Erziehungsauftrag sowie durch gegebenenfalls kollidierende Grundrechte der Schüler und Eltern.[583]

Zugleich verneint es die Annahme einer absoluten „politischen Enthaltsamkeit" der Lehrkraft vor dem Hintergrund des Spannungsverhältnisses zwischen pädagogischer Freiheit und Dienstpflichten aufgrund der Personalität der Erziehungssituation.[584] Angesichts dessen könnten sich Lehrkräfte im Rahmen der Auseinandersetzung mit politisch kontroversen Themen im Unterricht nicht darauf beschränken, Standpunkte und Argumente darzulegen. Der Spielraum zulässiger Meinungsäußerungen der Lehrkraft werde jedoch überschritten, wenn diese versuche, ihre Schüler zugunsten eines einzelnen Standpunktes aus dem pluralistischen Meinungsspektrum einzunehmen.

Das Verwaltungsgericht konstatiert, die Lehrerin habe nicht lediglich ihre Meinung geäußert, das Tragen von Masken sei gefährlich.[585] Indem sie gegensätzliche Schülermeinungen abgetan und lächerlich gemacht und Sanktionsmaßnahmen gegenüber Masken tragenden Schülern ergriffen habe, habe sie gegen das Mäßigungsgebot verstoßen. Das Gericht erklärt, die Lehrerin hätte die Thematik sachlich und ausgewogen behandeln müssen.

Im Besonderen sieht das Gericht in dem Verteilen des Flugblattes eine Überschreitung der Grenze zur politisch werbenden Betätigung.[586] An dieser Stelle arbeitet das Gericht heraus, dass das Flugblatt kein Unterrichtsmaterial dargestellt habe, weil die Lehrerin es nur an die Schüler verteilt habe, die ihre

---

582 VG Freiburg, Urt. v. 13.05.2022, DL 11 K 2735/21, Rn. 79, juris.

583 Hierzu und im Folgenden VG Freiburg, Urt. v. 13.05.2022, DL 11 K 2735/21, Rn. 74, juris.

584 Hierzu und im Folgenden VG Freiburg, Urt. v. 13.05.2022, DL 11 K 2735/21, Rn. 75 f., juris.

585 Hierzu und im Folgenden VG Freiburg, Urt. v. 13.05.2022, DL 11 K 2735/21, Rn. 77–82, juris.

586 Hierzu und im Folgenden VG Freiburg, Urt. v. 13.05.2022, DL 11 K 2735/21, Rn. 82–85, juris.

Ansichten ablehnten, und sie nach ihrer eigenen Aussage keine Diskussion zum Thema habe führen wollen. Ferner ordnet das Gericht die Äußerungen gegenüber dem Präsidenten des Robert-Koch-Institutes als grob unsachlich sowie als böswillige Verächtlichmachung ein, sodass es auch diesbezüglich ein Verstoß gegen das Mäßigungsgebot feststellt.

Im Hinblick auf das vorliegende Urteil des Verwaltungsgerichts Freiburg ist festzustellen, dass das Gericht das Vorliegen eines Verstoßes gegen das politische Neutralitätsgebot seitens der Lehrerin überzeugend begründet. Würdigend hervorzuheben ist, dass es zunächst herausarbeitet, warum es sich bei diesem Verhalten überhaupt um Meinungsbekundungen von politischer Natur handelt, um die Einschlägigkeit des Neutralitätsgebotes zu begründen. In diesem Zusammenhang stellt es auf die gesellschaftspolitische Kontroversität der Diskussion um die Politik zur Pandemieeindämmung ab. Das Gericht verleiht der Meinungsäußerungsfreiheit der Lehrkraft einen Spielraum und begründet diesen mit der Personalität des Erziehungsprozesses.

Indes verleiht es diesem Raum kaum Konturen. Es unterlässt eine vertiefte Begründung, warum und in welchem Rahmen die Lehrkraft bei Behandlung kontroverser politischer Themen ihre eigene Meinung äußern dürfe.[587] Vielmehr beschreibt es lediglich die klaren Grenzen des Mäßigungsgebotes der Lehrkraft. Indes war eine vertiefte Auseinandersetzung mit dem Spielraum der Meinungsfreiheit der Lehrkraft im Unterricht angesichts der eindeutigen Umstände des vorliegenden Einzelfalles nicht notwendig. Eine klare Grenze zieht das Gericht jedenfalls bei dem Aufdrängen des eigenen Standpunktes sowie grob unsachlichen Äußerungen und Rechtsverstößen wie im Falle einer Beleidigung. Insofern bietet das vorliegende Judikat im Hinblick auf die pädagogische Praxis ein Beispiel für eine eindeutige Verletzung des Gebotes politischer Neutralität.

Ergänzend ist anzumerken, dass auch Meinungsäußerungen der Lehrerin zur Corona-Politik, hätten sie sich innerhalb dieser Grenzen bewegt, nur insoweit zulässig gewesen wären, als sie der Einstandspflicht für die freiheitlich-demokratische Grundordnung, der Vermittlung der verfassungsmäßigen Werte oder der Erfüllung der Bildungs- und Erziehungsziele gedient hätten. Vorliegend war jedenfalls die Einstellung der Lehrerin zur

---

587 Vgl. demgegenüber BVerwG, NJW 1990, 2265, welches jedenfalls ein demonstratives und permanentes Herausstellen eines Standpunktes zu einer kontroversen politischen Frage durch Tragen einer Plakette seitens eines Lehrers im Dienst als unzulässig bewertete (Anti-Atomkraft-Plakette).

Maskentragepflicht für den konkreten Geschichtsunterricht irrelevant. Allenfalls hätte eine sachliche Diskussion des Für und Wider stattfinden können, ohne dass die Lehrerin ihre Position hätte überbetonen dürfen.

Die Äußerung der Lehrerin, mit der sie die Maskentragepflicht mit den Zuständen der nationalsozialistischen Diktatur vergleicht, prüft das Gericht nicht anhand des Maßstabs des § 33 Abs. 2 BeamtStG. In diesem Zusammenhang hätte das Gericht zusätzlich darauf eingehen können, dass mit diesem unsachlichen Vergleich eine polemisierende Aufmachung des Unterrichts gegeben ist, die einen Verstoß gegen das Mäßigungsgebot begründet. Entsprechend hätte das Gericht ergänzend auf das Sachlichkeitsgebot rekurrieren können, um die Unzulässigkeit der unsachlichen Äußerungen der Lehrerin vertiefter zu begründen, insbesondere im Hinblick auf ihren unsachlichen historischen Vergleich.

e) Verwendung genderneutraler Sprache im Unterricht: VG Berlin, Beschl. v. 24.03.2023, 3 L 24/23

Das Verwaltungsgericht Berlin befasste sich mit einem Antrag eines Vaters auf vorläufigen Rechtsschutz, der sich gegen die Verwendung genderneutraler Sprache seitens der Schule seiner Kinder sowie gegen eine behauptete einseitige Darstellung des Umgangs mit der Gendersprache, der Identitätspolitik und der Critical Race Theory im Unterricht richtete.[588] Der Antragssteller behauptete in diesem Zusammenhang eine Verletzung seines Elternrechts sowie einen Verstoß gegen schulgesetzliche Vorgaben. Er führte aus, dass die amtlichen Regelungen der deutschen Rechtschreibung zu beachten seien, die eine Verwendung der Gendersprache ausschließen würden. Die Eilbedürftigkeit seines Antrags begründete er damit, dass seine Kinder aufgrund eines Anpassungsdrucks indoktriniert würden. Der Vater beantragte unter anderem, die betreffenden Schulen dazu zu verpflichten, dem schulischen Personal die Verwendung genderneutraler Sprache gegenüber Schülern und Eltern im Wege einer Weisung zu untersagen. Außerdem seien die Schulen dazu zu verpflichten, das Schulpersonal dazu anzuweisen, die Kritik an der genderneutralen Sprache und der Identitätspolitik im Unterricht gemäß dem Beutelsbacher Konsens und dem Gebot politischer Neutralität als gleichwertig darzustellen.

Der Antragsgegner begründete seinen Antrag auf Zurückweisung unter anderem damit, dass die Schulen das amtliche Regelwerk der deutschen Rechtschreibung nutzten und die Bildungsstandards bezüglich der Sprachvermittlung

588 Hierzu und im Folgenden VG Berlin, Beschl. v. 24.03.2023, 3 L 24/23, Rn. 1–11, juris.

einhielten.[589] Die genderneutrale Sprache werde nicht systematisch, sondern nur von einer Minderheit der Lehrkräfte verwendet. Unbeschadet dessen sei deren Verwendung rechtmäßig, da sie dem pädagogischen Gestaltungsspielraum der Lehrkräfte zuzuordnen sei.

Das Verwaltungsgericht Berlin weist den Eilantrag im Ergebnis seiner summarischen Prüfung vollumfänglich zurück.[590] Zunächst befasst es sich mit der Verwendung genderneutraler Sprache in der Schule und konstatiert, dass das elterliche Erziehungsrecht nach Art. 6 Abs. 2 S. 1 GG die Vermittlung von Sprach- und Rechtschreibkompetenzen umfasse.[591] Dem stehe freilich die Befugnis der Schulaufsicht gegenüber, die Unterrichtsinhalte, -methoden und -materialien festzulegen.[592] Das Gericht führt aus, dass die betreffenden Schulen es dem Lehrpersonal freigestellt hätten, im Unterricht zu gendern.[593] Weder sei die Verwendung genderneutraler Sprache verpflichtend eingeführt worden noch gebe es ein Verbot der Verwendung von einschlägigen Sonderzeichen wie in Sachsen.[594] Auch hätten die Schulen klargestellt, dass die Regeln der deutschen Rechtschreibung im Lehrprozess ohne Einschränkung anzuwenden seien.[595] Außerdem sei die Gendersprache verständlich und verstoße daher nicht gegen die verwaltungsverfahrensrechtlichen Vorgaben zur Verwendung der Amtssprache.[596]

Im Besonderen setzt sich das Verwaltungsgericht mit der Frage auseinander, ob das Gendern in der Schule, insbesondere im Unterricht, einen Verstoß gegen das politische Neutralitätsgebot darstellt, dessen rechtliche Begründung es im Elternrecht erkennt.[597] Das Gericht führt aus, dass eine einseitige Indoktrinierung in gesellschaftspolitisch grundlegenden Kontroversen sich mit dem Neutralitätsgebot nicht vertrage. Der Staat müsse für eine angemessene Rücksichtnahme auf die unterschiedlichen Elternauffassungen Sorge tragen, indem zu verhindern sei, dass Lehrkräfte einseitig politisch werben.

---

589 Hierzu und im Folgenden VG Berlin, Beschl. v. 24.03.2023, 3 L 24/23, Rn. 12–15, juris.

590 VG Berlin, Beschl. v. 24.03.2023, 3 L 24/23, Tenor, juris.

591 VG Berlin, Beschl. v. 24.03.2023, 3 L 24/23, Rn. 23, juris.

592 VG Berlin, Beschl. v. 24.03.2023, 3 L 24/23, Rn. 23, juris.

593 VG Berlin, Beschl. v. 24.03.2023, 3 L 24/23, Rn. 26, juris.

594 VG Berlin, Beschl. v. 24.03.2023, 3 L 24/23, Rn. 33, juris, mit Verweis auf ein Rundschreiben des Sächsischen Staatsministeriums für Kultus vom 25.08.2021.

595 VG Berlin, Beschl. v. 24.03.2023, 3 L 24/23, Rn. 26, juris.

596 VG Berlin, Beschl. v. 24.03.2023, 3 L 24/23, Rn. 38 f., juris.

597 Hierzu und im Folgenden VG Berlin, Beschl. v. 24.03.2023, 3 L 24/23, Rn. 44 f., juris.

Das Gericht sieht in der Verwendung der Gendersprache nicht zwingend eine politische Meinungsäußerung.[598] Diese Auffassung begründet es damit, dass das Element der Stellungnahme und des Dafürhaltens nicht ohne Weiteres abstrakt generell und ohne Ausnahme hinsichtlich einer bestimmten Ausdrucksweise, sondern nur unter Berücksichtigung der Umstände des konkreten Einzelfalls angenommen werden könne.[599] Vorliegend könne mangels diesbezüglicher substantiierter Darlegung nicht differenziert werden, ob das Gendern durch Lehrkräfte im Unterricht aufgrund einer politischen Motivation oder aus Rücksicht vor Schülern erfolge, die entsprechend angesprochen werden wollen.[600]

In Anbetracht des Umstands, dass der Gebrauch der genderneutralen Sprache in der Gesellschaft sowohl zunimmt als auch auf Ablehnung trifft, führt das Gericht aus, dass auch dem Unterlassen der Verwendung der Gendersprache ein politischer Charakter zugeschrieben werden könne.[601] Angesichts dessen sei es den Lehrkräften nicht möglich, eine dahingehende Zuschreibung ihrer Ausdrucksweise zu verhindern. Jedenfalls werde eine vollständige politische Enthaltsamkeit im Unterricht von der Lehrperson nicht gefordert.[602] Überdies konstatiert das Gericht, dass der Unterricht nicht von dem Einfluss bildungspolitischer Strömungen abgeschirmt werden könne, sodass ein Verstoß gegen das Gebot politischer Neutralität nicht allein aufgrund dieses Umstands begründet werden könne.[603]

Des Weiteren befasst sich das Verwaltungsgericht mit der vonseiten des Antragsstellers behaupteten einseitigen Darstellung der Verwendung der Gendersprache, der Identitätspolitik und der Bewertung rassistischen Verhaltens im Unterricht. In diesem Zusammenhang erkennt es in dem so genannten Beutelsbacher Konsens eine Konkretisierung des politischen Mäßigungsgebotes.[604]

---

598 VG Berlin, Beschl. v. 24.03.2023, 3 L 24/23, Rn. 46, juris, mit Verweis auf a.A. *Ullrich*, DVBl. 2022, S. 69 (73 ff.). Dieser differenziert indes zwischen sprachlichem und politischem Gendern, wobei er „Extremformen des Genderns“ erkennt, zu denen Binnen-I und Asterisk zählten, deren Verwendung mit dem politischen Neutralitätsgebot nicht vereinbar sei, siehe *Ullrich*, DVBl. 2022, S. 69 (73 f.).

599 VG Berlin, Beschl. v. 24.03.2023, 3 L 24/23, Rn. 46, juris.

600 VG Berlin, Beschl. v. 24.03.2023, 3 L 24/23, Rn. 46, juris.

601 VG Berlin, Beschl. v. 24.03.2023, 3 L 24/23, Rn. 47, juris.

602 VG Berlin, Beschl. v. 24.03.2023, 3 L 24/23, Rn. 47, juris, mit Verweis auf unter anderem VG Freiburg, Urt. v. 13.05.2022, DL 11 K 2735/21, juris.

603 VG Berlin, Beschl. v. 24.03.2023, 3 L 24/23, Rn. 50, juris.

604 Hierzu und im Folgenden VG Berlin, Beschl. v. 24.03.2023, 3 L 24/23, Rn. 58–62, juris.

Im Hinblick auf das damit einhergende Überwältigungsgebot stellt das Gericht fest, der Antragssteller habe nicht glaubhaft gemacht, durch eine einseitige Darstellung oder Überrumplung der Schüler sei gegen dieses verstoßen worden. Es erkennt keine Anhaltspunkte für die behauptete Indoktrination durch die Verwendung der Gendersprache und führt diesbezüglich aus, dass es den Schülern zuzumuten sei, sie mit verschiedenen Meinungen im Rahmen der demokratischen Gesellschaft zu konfrontieren.

Außerdem stellt das Gericht fest, dass vorliegend im Unterricht über die Verwendung der Gendersprache offen kommuniziert werde.[605] Die Schüler hätten die Freiheit, genderneutral zu sprechen und, soweit nicht die Regeln der deutschen Rechtschreibung zu beachten seien, auch schriftlich zu kommunizieren. Einen Anpassungsdruck kann das Gericht nicht feststellen, insbesondere, zumal lediglich eine Minderheit des Lehrpersonals die Gendersprache verwende.

In Bezug auf den konkreten Fall der Frage einer Lehrkraft, mit welchen Namen und Pronomen sie die Schüler ansprechen solle, führt das Gericht aus, dass darin ein Handeln in Anerkennung der Schüler gegeben sei, um ihnen zu ermöglichen, ihr Bildungspotenzial angstfrei zu entfalten.[606] Des Weiteren bewertet es die Behandlung eines Textes im Zusammenhang mit der Critical Race Theory im Rahmen des Ethik-Unterrichts als unproblematisch, da nicht ersichtlich sei, dass die Schüler dazu aufgefordert worden seien, die darin dargelegte Auffassung einseitig zu teilen. Außerdem sei die Behandlung der Rassismusdebatte im einschlägigen Lehrplan vorgesehen.

Im Hinblick auf den vorliegenden Beschluss des Verwaltungsgerichts Berlin ist zunächst zu konstatieren, dass es richtigerweise die Konkretisierung des Gebotes politischer Neutralität hinsichtlich nicht-parteipolitischer Zusammenhänge durch das Elternrecht sowie das beamtenrechtliche Mäßigungsgebot erkennt. Angesichts der Behauptung einer Verletzung des Elternrechts seitens des betreffenden Vaters knüpft das Gericht zur rechtlichen Begründung des Neutralitätsgebotes wie bereits das Bundesverwaltungsgericht an die Diversität der Meinungen der Eltern respektive Erziehungsberechtigten in der pluralistischen demokratischen Gesellschaft an.[607]

---

605 Hierzu und im Folgenden VG Berlin, Beschl. v. 24.03.2023, 3 L 24/23, Rn. 63, juris.
606 Hierzu und im Folgenden VG Berlin, Beschl. v. 24.03.2023, 3 L 24/23, Rn. 66–71, juris.
607 Vgl. hierzu BVerwG, NJW 1990, 2265, 2266.

Zugleich konturiert es das politische Neutralitätsgebot hinsichtlich der Rechte und Interessen der Schüler, indem es den Beutelsbacher Konsens im Zusammenhang mit dem Mäßigungsgebot heranzieht. Dies ist im Ergebnis nicht zu beanstanden. Indes ergibt sich das Indoktrinationsverbot in seiner rechtlichen Gestalt nicht aus dem Beutelsbacher Konsens, sondern aus den Rechten der Schüler und der Eltern vor dem Hintergrund des staatlichen Erziehungsauftrags. Dahingehend hätte das Gericht das Indoktrinationsverbot vertiefter begründen können.

In überzeugender Weise erklärt das Verwaltungsgericht, dass die Intention des Verwenders genderneutraler Sprache nicht in der Artikulation einer politischen Auffassung liegen muss, sondern in der Rücksichtnahme gegenüber Lernenden bestehen kann. Insoweit ist der Auffassung zuzustimmen, dass die Verwendung der Gendersprache nicht in pauschaler Weise stets als politische Meinungsäußerung zu werten ist. Sie kann ebenso der Würdigung der Selbstentfaltung der Schüler dienen, deren Förderung eines der wesentlichen allgemeinen Bildungs- und Erziehungsziele darstellt. Ebenfalls überzeugend arbeitet das Gericht heraus, dass den Schülern die Konfrontation mit der Gendersprache zuzumuten ist. Dieses Ergebnis ist nämlich Ausdruck des Gebotes, gesellschaftliche Kontroversen auch im Unterricht als solche darzustellen. Keinesfalls ist eine Abschirmung der Lernenden von umstrittenen politischen Zusammenhängen verlangt. Denn eine solche liefe den Bildungsinteressen der Schüler hinsichtlich politischer Bildung zuwider.

Hervorzuheben ist, dass das Gericht die Verwendung der Gendersprache, wohl in Anknüpfung an die Argumentation des Antragsgegners, sie sei Ausdruck des pädagogischen Gestaltungsspielraums, in den Rahmen bildungspolitischer Entwicklungen betreffend den Umgang mit Sprache im Unterricht stellt. Einer Zuordnung der Verwendung genderneutraler Sprache in den Raum der pädagogischen Freiheit oder Verantwortung der Lehrkraft kann jedenfalls angenommen werden, soweit schul- oder verwaltungsrechtliche Normen dem nicht entgegenstehen.

Bezüglich der Behandlung politischer Zusammenhänge wie der Identitätspolitik und den verschiedenen Ausprägungen der Rassismusdebatte verweist das Gericht korrekterweise auf die Regelungen der einschlägigen Lehrpläne. Einen Verstoß gegen das Neutralitätsgebot nimmt es bei der Behandlung politischer Themen jedenfalls bei einer einseitig werbenden Einflussnahme seitens der Lehrkraft an.

Vor diesem Hintergrund ist hinsichtlich der pädagogischen Praxis festzustellen, dass Lehrkräfte bei Behandlung und Verwendung genderneutraler Sprache im Unterricht zunächst gegebenenfalls entgegenstehende (landes-)rechtliche

Normen und Vorgaben der Schulaufsicht wie der Schulleitungen beachten müssen. Im Rahmen dieser Regelungen dürfen sie im Unterricht genderneutrale Sprache verwenden. Indes muss stets gewährleistet sein, dass die lehrplanmäßigen Vorgaben betreffend die Vermittlung sprachlicher Kompetenzen beziehungsweise die Vermittlung der amtlichen Regeln der Rechtschreibung eingehalten werden. Sofern die Gendersprache und damit einhergehende politische Diskussionen als Unterrichtsgegenstand behandelt werden, ist die diesbezügliche gesellschaftliche Debatte stets möglichst unter Einbeziehung sämtlicher wesentlicher Standpunkte und damit einhergehend als Kontroverse darzustellen.

IV. Zusammenfassung

Die rechtliche Existenz der pädagogischen Freiheit der Lehrkraft im Sinne eines Gestaltungsraums eigenverantwortlicher Unterrichtsgestaltung wird in Deutschland als selbstverständlich vorausgesetzt. Differenzen bestehen zuvörderst hinsichtlich ihrer rechtlichen Begründung. Einerseits wird der Versuch unternommen, die pädagogische Freiheit der Schullehrer im Grundgesetz zu verorten, indem neben Art. 7 Abs. 1 GG und Art. 33 Abs. 5 GG die Grundrechte der Lehrfreiheit nach Art. 5 Abs. 3 S. 1 GG, der Meinungsfreiheit nach Art. 5 Abs. 1 S. 1, 1. Alt. GG und des Selbstentfaltungsrechts der Schüler nach Art. 2 Abs. 1 GG als Anknüpfungspunkte angeboten werden. Die diesbezüglichen Begründungsansätze vermögen freilich nicht zu überzeugen, zumal sie argumentativ überkonstruiert sind. Andererseits wird der Freiraum eigenverantwortlichen Unterrichtens richtigerweise funktional verstanden, indem auf dessen faktische Notwendigkeit für die Bildungs- und Erziehungstätigkeit rekurriert wird.

Wenig umstritten ist der Umfang des eigenen Gestaltungsraums der Lehrkraft. So besteht Einigkeit darüber, dass die pädagogische Freiheit insbesondere die Detailgestaltung des Unterrichts in inhaltlicher und methodischer Hinsicht umfasst, wozu unter anderem Auswahl und Einsatz ergänzender Unterrichtsmaterialien sowie die inhaltliche Feinstrukturierung des Unterrichts zählen. Ferner erstreckt sich die pädagogische Freiheit unzweifelhaft auf den Beziehungsaufbau zu den Schülern und die Gestaltung außerunterrichtlicher Aktivitäten wie Arbeitsgemeinschaften. Grundsätzlich fällt auch die Leistungsbewertung in den eigenen Verantwortungsbereich des Pädagogen, wobei die Benotung im Rahmen von Abschlussprüfungen wegen der mit ihr einhergehenden intensiven Eingriffe in die Grundrechte der Schüler auf Chancengleichheit und Berufswahlfreiheit nur an den Maßstäben des Prüfungsrechts gemessen wird.

Die Reichweite der pädagogischen Freiheit im Verhältnis zur Schulaufsicht sowie zur Einzelschule richtet sich nach dem jeweiligen Landesschulrecht, wobei sie in allen Bundesländern im Rahmen von Anordnungen, Weisungen und Beschlüssen angemessen gewürdigt werden muss. Der eigene Gestaltungsraum der Lehrkraft gegenüber Maßnahmen der Schulaufsichtsbehörden und der Schulleitungen sowie gegenüber Konferenzbeschlüssen wird in den Ländern unterschiedlich weit geschützt. Die landesrechtlichen Konzeptionen reichen von einer unberührt gelassenen Fachaufsicht bis hin zu einer Modifizierung derselben nahezu auf das Niveau einer reinen Rechtsaufsicht. Nichtsdestotrotz verbleibt den Lehrkräften zum Zwecke des Rechtsschutzes gegen Eingriffe in ihren eigenen Gestaltungsraum nur die Remonstration, da die Verwaltungsgerichte die Klagebefugnis von Lehrpersonen im Falle der pädagogischen Freiheit bislang jedenfalls im Grundsatz verneinen. Diese Rechtsprechung ist jedoch aufzugeben, da nur ein gerichtlicher Rechtsschutz nicht zuletzt im Interesse der Lernenden verhindert, dass Lehrkräfte dazu gezwungen werden, rechtswidrige Anordnungen, Weisungen und Beschlüsse umzusetzen.

Im Rahmen der schulgesetzlichen und curricularen Vorgaben fällt nicht zuletzt die Detailgestaltung des politischen Unterrichts zum Zwecke der Demokratiebildung in den Bereich eigenverantwortlichen Unterrichtens. An die Behandlung politischer Inhalte werden besondere rechtliche Anforderungen gestellt, die durch die einzelnen Ausprägungen des Gebotes politischer Neutralität vor dem Hintergrund des Erfordernisses der Bildung und Erziehung im Lichte der verfassungsmäßigen Wertentscheidungen konturiert werden. Diese Anforderungen finden ihre Rechtfertigung in dem bestehenden Spannungsverhältnis zwischen faktisch unumgänglicher und verfassungsmäßig gebotener schulischer Wertevermittlung einerseits sowie der Staatsfreiheit des Willensbildungsprozesses und des Elternrechts andererseits.

Die dem Grundgesetz zugrunde liegenden freiheitlichen, demokratischen und sozialen Wertentscheidungen bilden die Leitlinien für die schulischen Bildungs- und Erziehungsarbeit. Zu diesen Werten, die sich insbesondere in den auf Landesebene normierten Bildungs- und Erziehungszielen widerspiegeln, zählt vor allem die freiheitliche demokratische Grundordnung als Kernbestand der Verfassung, unter welcher die Menschenwürdegarantie sowie die Einzelausprägungen des Demokratie- und des Rechtsstaatsprinzips zu fassen sind. Diese werden durch weitere grundgesetzliche Wertentscheidungen ergänzt, etwa die Bekenntnisse zu den Menschenrechten, zur europäischen Integration und zum Umweltschutz. Vor diesem Hintergrund verlangt das Recht keine vollkommende politische Wertfreiheit des Unterrichts. Vielmehr ist die schulische Demokratiebildung und Erziehung Ausdruck der wehrhaften Demokratie des Grundgesetzes, indem die Schüler zu mündigen Demokraten erzogen werden sollen.

Seine Grenzen findet der wertgebundene Unterricht in den Rechten und Pflichten, die unter den Oberbegriff des Gebotes politischer Neutralität fallen. In diesem Zusammenhang stellen insbesondere das Recht der Parteien auf Chancengleichheit im politischen Wettbewerb sowie der beamtenrechtliche Grundsatz der unparteiischen Amtsausübung Ausprägungen des Neutralitätsgebotes in parteipolitischer Hinsicht dar. Darüberhinausgehend konturieren die politischen Freiheitsrechte als kollidierendes Verfassungsrecht, das beamtenrechtliche Mäßigungsgebot sowie diverse schulgesetzliche Normen das Neutralitätsgebot im Allgemeinen.

Vor diesem Hintergrund ist für die Beantwortung der Frage nach den politischen Neutralitätspflichten der Lehrkraft im Unterricht ein spezifischer Beurteilungsmaßstab heranzuziehen, der auf den gängigen Kriterien zur Beurteilung staatlichen Kommunikationshandelns von Amtsträgern basiert. In diesem Zusammenhang ist der Pädagoge bei Vornahme von dienstlichen Handlungen stets in seiner Rolle als Amtsträger zu betrachten, zumal er von seinen pädagogischen Ressourcen Gebrauch macht, sodass das Neutralitätsgebot im Unterricht immer einschlägig ist.

Zum Zwecke des wertgebundenen Unterrichts kommt der Lehrkraft die dienstliche Befugnis zu, politische Inhalte im Rahmen der Vorgaben des Lehrplans zu behandeln. Hierbei handelt es sich nicht um einen Ausfluss ihrer Meinungsfreiheit, die im Unterricht hinsichtlich politischer Äußerungen durch eine strengere Mäßigungspflicht eingeschränkt wird. Sie ist zumindest insoweit geschützt, als ihre Ausübung der Einstandspflicht für die freiheitlich-demokratische Grundordnung oder der Vermittlung der verfassungsmäßigen Wertentscheidungen dient. Da die Artikulation der persönlichen politischen Einzelmeinung der Lehrkraft für die Gestaltung des Unterrichts regelmäßig kaum von Relevanz ist, hat dieser möglichst losgelöst von der politischen Persönlichkeit des Pädagogen als Bürger zu erfolgen.

Die Gestaltung politischen Unterrichts muss stets sachlich, ausgewogen unter Betrachtung sämtlicher wesentlicher Blickwinkel, Standpunkte und Argumente, sowie unter Wahrung des Schulfriedens und unter Berücksichtigung der intellektuellen Reife der Lernenden erfolgen. Im Besonderen muss die Lehrkraft die Freiheitsrechte der Schüler wahren und darf diese etwa nicht von der Äußerung politischer Standpunkte abschrecken. Nichtsdestotrotz darf und muss die Lehrkraft pädagogisch intervenieren, wenn Schüleräußerungen im Widerspruch zu den verfassungsmäßigen Wertentscheidungen oder den Bildungs- und Erziehungszielen stehen.

In parteipolitischer Hinsicht sind die Anforderungen des Neutralitätsgebotes strenger. Es muss hierbei allerdings nicht bei der Vermittlung reinen Faktenwissens bleiben. Parteipolitische Inhalte dürfen kontextualisiert und kritisch analysiert werden. Sofern Äußerungen von Parteipolitikern oder Forderungen der Parteien im Widerspruch zur freiheitlich-demokratischen Grundordnung stehen, dürfen sie als solche bewertet und bezeichnet werden. Keinesfalls jedoch darf die Lehrkraft positive oder negative Wahlempfehlungen abgeben oder sich in einer Weise mit parteipolitischen Inhalten identifizieren, die einem werbenden Verhalten gleichkommt. Wenngleich der Beutelsbacher Konsens rechtlich unverbindlich ist, bietet er der Lehrkraft einen geeigneten Leitfaden, um den rechtlichen Anforderungen möglichst gerecht zu werden.

C. Rechtslage Vereinigte Staaten von Amerika

In den Vereinigten Staaten von Amerika wird die juristische Frage des Bestehens und Umfangs pädagogischer Freiheiten im Schulkontext als verfassungsrechtliche Problematik der Redefreiheit von Lehrkräften behandelt.[608] Den rechtlichen Rahmen für die Bestimmung pädagogischer Gestaltungsräume bilden die Redefreiheit nach dem 1. Zusatzartikel der Verfassung der Vereinigten Staaten von Amerika und die diesbezügliche Judikatur, die Schulgesetzgebung der einzelnen Bundesstaaten sowie die Regelungen der Schulräte der örtlichen Schulbezirke,[609] wobei die einzelstaatliche Gesetzgebung angesichts der traditionell umfangreichen schulischen Selbstverwaltungskompetenzen zurückhaltend und damit von nebensächlicher Bedeutung ist.[610] Welche Anforderungen das Recht darüber hinaus an Äußerungen von Lehrpersonen zu politischen und insbesondere kontroversen Themen beziehungsweise an deren Behandlung im Unterricht stellt, wird in Rechtsprechung wie im Schrifttum als ein Teilaspekt der übergeordneten Fragestellung nach der Redefreiheit von Lehrkräften betrachtet.[611]

Vor diesem Hintergrund ist zwischen den Interessen kommunaler schulischer Selbstverwaltung einerseits und den pädagogischen Belangen von Lehrpersonen anderseits ein Spannungsverhältnis zu konstatieren, dessen Beschreibung und Diskussion Gegenstand und Zweck der rechtlichen Auseinandersetzung mit der gesamten Thematik ist.[612] Im Hinblick auf dieses Spannungsverhältnis konstatierte *Welner* Anfang dieses Jahrhunderts zusammenfassend, dass

---

608 Vgl. Brown v. Chicago Bd. of Educ., 824 F.3d 713 (7th Cir. 2016); Evans-Marshall v. Bd. of Educ. of Tipp City, 624 F.3d 332 (6th Cir. 2010); Lacks v. Ferguson Reorganized Sch. Dist. R-2, 147 F.3d 718 (8th Cir. 1998); vgl. hierzu auch *Hutchens*, Ky. L.J. 97 (2008), S. 37 (72); *Lester*, Ala. L. Rev. 62 (2011), S. 663 (665); *Welner*, UCLA L. Rev. 50 (2003), S. 959 (965).

609 Vgl. Milliken v. Bradley, 418 U.S. 717, 741–742 (1974); *Forster*, Gonz. L. Rev. 46 (2010), S. 687 (700–704).

610 Vgl. Milliken v. Bradley, 418 U.S. 717, 741–742 (1974); *Hassenpflug*, West's Educ. L. Rep. 132 (1999), S. 21.

611 Vgl. Brown v. Chicago Bd. of Educ., 824 F.3d 713, 715 (7th Cir. 2016) (quoting Garcetti v. Ceballos, 547 U.S. 410, 418 (2006)); *Maxwell/McDonough/Waddington*, Teaching and Teacher Education 70 (2018), S. 196; *Maxwell/McDonough/Waddington*, in: Peters (Hrsg.), Encyclopedia of Teacher Education, S. 1.

612 *Welner*, UCLA L. Rev. 50 (2003), S. 959 (965–975) m.w.N.

die Problematik der Redefreiheit der Lehrkraft im Lichte zweier grundlegender ideologischer Sichtweisen betrachtet werden könne, die darum stritten, welche Rolle dem Lehrerberuf im staatlichen Bildungssystem zukomme.[613] Nach der traditionellen Anschauung bestehe die Aufgabe der öffentlichen Schulen darin, allgemein anerkannte Werte und Normen zu vermitteln. Zu diesem Zweck sei durch die Festlegung der Lehrpläne seitens der gewählten Schulräte ein Prozess demokratischer Kontrolle hinsichtlich der Lehrinhalte garantiert. In diesem Zusammenhang werde der einzelnen Lehrkraft bei der Gestaltung des Unterrichts ein begrenzter Gestaltungsraum beigemessen. Demgegenüber bestehe der Unterricht der anderen Sichtweise zufolge nicht lediglich in der Vermittlung festgelegter Normen, sondern darin, ein Marktplatz der Ideen („*marketplace of ideas*") zu sein. Hierzu komme der Lehrperson die eigenständige Rolle zu, die Schüler dabei zu unterstützen, sich zu kritischen Denkern zu entwickeln, damit diese sich in der demokratischen Gesellschaft einbringen könnten.

Im Folgenden wird die Rechtslage zur Redefreiheit von Lehrkräften deskriptiv dargelegt. Nach einer Einführung mit Ausführungen zu rechtlichen Vorfragen erfolgt eine Darstellung der einschlägigen dogmatischen Beurteilungsmaßstäbe. Sodann folgt eine Abbildung der betreffenden Rechtsprechung sowie ihre Auswertung unter Einbeziehung ihrer Rezeption im Schrifttum. Schließlich wird die Frage nach dem verfassungsmäßigen Schutz von Äußerungen von Lehrkräften zu gesellschaftlich kontroversen Themen vor dem Hintergrund politischer Neutralität fokussiert, indem die Rechtslage wiederum anhand ausgewählter Entscheidungen von Bundesgerichten unter Einbeziehung aktueller rechtswissenschaftlicher Forschungsergebnisse illustriert wird.

I. Grundsätzliches

Es folgen zunächst erläuternde Ausführungen zu Vorfragen zum US-Recht, zu den Gerichtssystemen sowie zur schulischen Selbstverwaltung in den Vereinigten Staaten von Amerika, die für das Verständnis der Rechtlage zu pädagogischen Freiheiten und politischen Neutralitätspflichten von Lehrkräften grundlegend sind. Zunächst werden die US-amerikanischen Gerichtssysteme und Rechtsquellen dargelegt, um sodann die Grundrechtsdogmatik der Redefreiheit zu fokussieren. In diesem Zusammenhang wird im Besonderen auf die vorliegend einschlägigen Fallgruppen der höchstrichterlichen Judikatur zum Recht auf freie Rede eingegangen, namentlich auf die „*forum analysis*" und die

613 Hierzu und im Folgenden *Welner*, UCLA L. Rev. 50 (2003), S. 959 (965–975) m.w.N.

„government speech doctrine“. Schließlich erfolgt eine überblicksartige Darstellung betreffend die Selbstverwaltung der Schulbezirke mitsamt grundlegenden Erläuterungen zum primären und sekundären Bildungsbereich sowie zur Rechtsstellung von Lehrpersonen im Allgemeinen.

1. Gerichtssysteme

In den USA besteht zum einen auf der Ebene des Gesamtstaates das föderale Bundesgerichtssystem (*„federal judiciary“*).[614] Zum anderen verfügt jeder einzelne Bundesstaat über sein eigenes staatliches Gerichtssystem (*„state judiciary“*). An der hierarchischen Spitze des Bundesgerichtsaufbaus steht als Staatsorgan und oberstes Bundesgericht der mit neun Richtern besetzte Oberste Gerichtshof der Vereinigten Staaten von Amerika (*„Supreme Court of the United States“*)[615], der als Superrevisionsinstanz fungiert. Darunter befinden sich die Appellationsgerichte (*„United States courts of appeals“*)[616] als Berufungsgerichte für jeweils einen der dreizehn Bundesgerichtskreise (*„circuits“*), die mit einer Ausnahme die (allgemeine) Bundesgerichtsbarkeit über einen festgelegten geografischen Teil des Staatsgebiets der USA ausüben.[617] Auf der untersten Ebene der Hierarchie stellen die Bezirksgerichte (*„United States district courts“*)[618] in den Bundesgerichtsbezirken innerhalb der Bundesgerichtskreise die erste (Tatsachen-)Instanz dar.[619]

Wenngleich in den Einzelstaaten unterschiedliche Gerichtsaufbauten existieren, bestehen in den Gerichtssystemen der Bundesstaaten im Allgemeinen ähnliche Hierarchien, an deren Spitzen die jeweiligen obersten Gerichte der Staaten stehen.[620] In beiden Systemen können die Gerichte sowohl Bundes- als

---

614 Hierzu und im Folgenden *Kischel*, Rechtsvergleichung, S. 294–296; *Steenken/Brooks*, Sources of American Law, S. 15–17.

615 Im Folgenden als US-Supreme Court bezeichnet.

616 Im Folgenden als Appellationsgerichte bezeichnet.

617 Diesbezüglich stellt das Appellationsgericht für den *„Federal Circuit“* die Ausnahme dar, da dieses über Streitigkeiten aus dem gesamten Staatsgebiet der USA entscheidet. Seine Zuständigkeit beschränkt sich freilich auf bestimmte Rechtsgebiete wie das Patentrecht, hierzu *Hay*, US-Amerikanisches Recht, S. 51; *Kischel*, Rechtsvergleichung, S. 294.

618 Im Folgenden als Bezirksgerichte bezeichnet.

619 *Kischel*, Rechtsvergleichung, 294 f.; *Steenken/Brooks*, Sources of American Law, S. 15.

620 *Hay*, US-Amerikanisches Recht, S. 29; *Steenken/Brooks*, Sources of American Law, S. 11 f.

auch einzelstaatliches Recht anwenden.[621] Die Frage der Zuständigkeit von Bundes- oder einzelstaatlichen Gerichten im konkreten Einzelfall ist freilich komplex[622] und vorliegend nicht von Relevanz, sodass sie hier keine inhaltliche Vertiefung finden soll. Jedenfalls sei im Hinblick auf die Fragestellung der Redefreiheit von Lehrkräften darauf hingewiesen, dass Gerichte in beiden Systemen sich mit ihr auseinandersetzen und die gleichen im Rahmen der Rechtsprechung des US-Supreme Court entwickelten Beurteilungsmaßstäbe heranziehen.[623]

Die Judikate der Appellationsgerichte, die über Rechtsbehelfe gegen Entscheidungen der erstinstanzlichen Bezirksgerichte in der Regel unter Besetzung von drei Richtern entscheiden,[624] entfalten bindende Wirkung nur für die Rechtsprechung in ihrem jeweiligen Bundesgerichtskreis, sodass lediglich die unteren Bundesgerichte im selbigen an diese gebunden sind.[625] Angesichts dessen kommt es regelmäßig zu einer uneinheitlichen Rechtsprechung der Appellationsgerichte. In diesem Fall kann der US-Supreme Court im Wege des so genannten „*certiorari process*“, wonach er frei entscheiden kann, ob er einen Fall annimmt,[626] angerufen werden, um Rechtsfragen allgemeinverbindlich zu klären und eine einheitliche Judikatur zu schaffen. Denn dessen Rechtsprechung zu Bundesrecht ist für sämtliche Gerichte des Bundes sowie der Einzelstaaten bindend ebenso wie die Judikatur der obersten Gerichte der staatlichen Gerichtsbarkeiten über einzelstaatliches Recht für die Bundesgerichte.[627]

2. Rechtsquellen

Die US-amerikanischen Rechtsquellen sind im Wesentlichen in das kodifizierte Recht und das Fallrecht („*case law*“) zu unterteilen.[628] Letzteres Richterrecht findet seinen Ursprung in der Tradition des englischen „*common law*“.[629] Zum gesetzten Recht gehören etwa die US-Verfassung und die einzelstaatlichen

621 *Kischel*, Rechtsvergleichung, S. 297; *Steenken/Brooks*, Sources of American Law, S. 8.

622 Vgl. *Kischel*, Rechtsvergleichung, S. 296 f.

623 *Daly*, J.L. & Educ. 30 (2001), S. 1.

624 *Kischel*, Rechtsvergleichung, S. 294.

625 *Steenken/Brooks*, Sources of American Law, S. 15–17.

626 *Kischel*, Rechtsvergleichung, S. 296.

627 *Hay*, US-Amerikanisches Recht, S. 8; *Steenken/Brooks*, Sources of American Law, S. 16 f.

628 Vgl. *Hay*, US-Amerikanisches Recht, S. 5–10.

629 *Kischel*, Rechtsvergleichung, S. 243 f.

Verfassungen, Statuten („*statutes*"), welche vonseiten der Legislative verabschiedete Gesetze darstellen, sowie von Behörden erlassene Verwaltungsverordnungen („*administrative regulations*").[630]

Die Auslegung des kodifizierten Rechts obliegt zuvörderst der Rechtsprechung.[631] Diese setzt zudem das Fallrecht, indem die (oberen) Gerichte sowohl bei der Interpretation von kodifiziertem Recht als auch unabhängig davon gemäß dem Prinzip der „*stare decisis*" bindende Präjudizien schaffen.[632] Diesem Prinzip zufolge hat ein Richter die Pflicht, einen Fall ebenso wie einen früheren zu entscheiden, wenn die beiden sich nicht maßgeblich unterscheiden, die betreffende Rechtsregel zur *ratio decidendi* der früheren Entscheidung zählt und diese aufgrund der Gerichtshierarchie bindend ist.[633]

Das Fallrecht entsteht auf Grundlage gerichtlicher Entscheidungen, in deren Rahmen Richter Meinungen („*opinions*") verfassen, auf die sich Gerichte und andere Rechtsanwender im Wege des Zitierens berufen.[634] Sie müssen freilich nicht ihr eigenes Votum verfassen, sondern können sich der Meinung anderer Richter ganz oder teilweise anschließen. Bindende Mehrheitsvoten („*majority opinion*") sind solche, denen sich die Mehrheit der Richter eines Gerichts hinsichtlich Begründung und Ergebnis vollumfänglich anschließen. Daneben können abweichende Meinungen verfasst werden, die das Mehrheitsvotum ablehnen („*dissenting opinion*") oder es zwar im Ergebnis befürworten, hinsichtlich der Begründung gleichwohl abweichen („*concurring opinion*"). Daher kann es dazu kommen, dass ein Votum zwar von einer zahlenmäßigen Mehrheit getragen wird, jedoch nicht bindend ist („*plurality opinion*").[635]

3. Redefreiheit

Die Redefreiheit („*freedom of speech*") ist ein durch den 1. Zusatzartikel der Verfassung der Vereinigten Staaten von Amerika garantiertes Grundrecht, welches als Abwehrrecht[636] (Meinungs-)Äußerungen vor staatlichen Beschränkungen

630 *Steenken/Brooks*, Sources of American Law, S. 9–13.
631 *Steenken/Brooks*, Sources of American Law, S. 75.
632 *Hay*, US-Amerikanisches Recht, S. 7 f.; *Steenken/Brooks*, Sources of American Law, S. 11–13 u. 75 f.
633 *Kischel*, Rechtsvergleichung, S. 255 f.
634 Hierzu und im Folgenden *Steenken/Brooks*, Sources of American Law, S. 75 f.
635 *Hay*, US-Amerikanisches Recht, S. 9.
636 *Möller*, Der grundrechtliche Schutzbereich der Meinungsfreiheit in Deutschland, England und den USA, S. 306 m.w.N., der ebenda ausführt, dass den Grundrechten in den Vereinigten Staaten von Amerika lediglich eine Abwehrfunktion zukommt,

schützt.[637] Dieses kommt nicht nur US-Staatsbürgern, sondern allen Menschen zu,[638] und bindet alle Staatsgewalten sowohl auf Bundes- als auch auf einzelstaatlicher Ebene.[639] Der Schutzzweck dieses Grundrechts zielt sowohl auf die persönliche Entfaltung des Einzelnen als auch auf den Prozess demokratischer Willensbildung ab,[640] indem es den Marktplatz der Ideen („*marketplace of ideas*") ermöglicht, auf dem sich in einem freien Wettbewerb der Ideen und Meinungen die beste durchsetzen solle.[641] Neben der Redefreiheit garantiert der 1. Zusatzartikel der US-Verfassung die Pressefreiheit, die Versammlungsfreiheit sowie die Religionsfreiheit.[642] Zudem enthält er die „*Establishment Clause*", die die Errichtung einer Staatskirche respektive Staatsreligion verbietet und damit einhergehend die Neutralität des Staates in Glaubensfragen postuliert.[643]

Ob eine Grundrechtsverletzung vorliegt, untersucht der US-Supreme Court in zwei Schritten.[644] Zunächst eruiert er, ob ein Grundrecht wie die Redefreiheit im jeweiligen Fall einschlägig beziehungsweise das betreffende Verhalten von dessen Schutzbereich umfasst ist. Falls dies zutrifft, prüft er schließlich, ob die Beschränkung desselben am Maßstab der Verfassung zweckmäßig sowie verhältnismäßig und damit ausnahmsweise gerechtfertigt ist. Das Recht auf freie Rede wird in den USA hinsichtlich seines Umfangs weit verstanden und umfasst grundsätzlich jede Äußerung sowie die Wahl ihrer Umstände unabhängig von

---

und diesbezüglich etwa auf DeShaney v. Winnebago Cnty. Dep. of Social Services, 489 U.S. 189 (1989) verweist.

637 Hierzu *Möller*, Der grundrechtliche Schutzbereich der Meinungsfreiheit in Deutschland, England und den USA, S. 86 f.

638 *Möller*, Der grundrechtliche Schutzbereich der Meinungsfreiheit in Deutschland, England und den USA, S. 201; auch juristische Personen können sich unstreitig auf die Redefreiheit berufen, hierzu *Möller*, Der grundrechtliche Schutzbereich der Meinungsfreiheit in Deutschland, England und den USA, S. 213.

639 *Möller*, Der grundrechtliche Schutzbereich der Meinungsfreiheit in Deutschland, England und den USA, S. 86–89 m.w.N.

640 *Möller*, Der grundrechtliche Schutzbereich der Meinungsfreiheit in Deutschland, England und den USA, S. 226 f.

641 Hierzu insbesondere Abrams v. United States, 250 U.S. 616, 630 (1919) (Holmes, J., dissenting).

642 Hierzu etwa *Hay*, US-Amerikanisches Recht, S. 34.

643 *Hay*, US-Amerikanisches Recht, S. 34; *Still*, Fordham L. Rev. 88 (2020), S. 1543 (1561 f.).

644 Hierzu und im Folgenden *Möller*, Der grundrechtliche Schutzbereich der Meinungsfreiheit in Deutschland, England und den USA, S. 196–198 m.w.N.

ihrem Inhalt und ihrer Gestalt.[645] So fallen neben Meinungsäußerungen auch Tatsachenbehauptungen in den Schutzbereich der Redefreiheit, mit wenigen Ausnahmen selbst dann, wenn diese unwahr sind.[646] Außerdem schützt sie die negative Freiheit, sich nicht oder anonym zu äußern.[647]

Neben verbalen mündlichen oder geschriebenen Äußerungen umfasst der Rede-Begriff auch nonverbale wie symbolische Äußerungen („*conduct*")[648] sowie sonstige menschliche Verhaltensweisen mit Aussagegehalt wie das Unterrichtshandeln der Lehrkraft.[649] In inhaltlicher Hinsicht definiert der US-Supreme Court den Umfang der Redefreiheit im Wege der negativen Schutzbereichsabgrenzung, indem er bestimmte restriktiv gefasste Kategorien von Äußerungen wie Obszönitäten („*obscenity*"), Anstiftungen zu Straftaten („*incitement*") oder Gewaltaufrufe („*fighting words*") sowie Schmähung („*defamation*") *a priori* von diesem ausschließt („*unprotected speech*").[650] Die Redefreiheit umfasst grundsätzlich auch „*hate speech*" gegenüber bestimmten Menschengruppen wie etwa rassistische Äußerungen.[651]

Die Rechtfertigung der Einschränkung einer Rede wird anhand der durch die Verfassung gesetzten Maßstäbe beurteilt, die insbesondere durch die höchstrichterliche Rechtsprechung hergeleitet respektive konturiert wurden.[652] In diesem Zusammenhang entwickelte der US-Supreme Court kontextbezogene dogmatische Beurteilungsmaßstäbe mit jeweils eigenen Prüfungskriterien

---

645 *Möller*, Der grundrechtliche Schutzbereich der Meinungsfreiheit in Deutschland, England und den USA, S. 235–237, 241 u. 246 f. m.w.N.

646 *Möller*, Der grundrechtliche Schutzbereich der Meinungsfreiheit in Deutschland, England und den USA, S. 257–259 m.w.N., der ebenda unwahre Werbeaussagen sowie falsche, ehrverletzende Tatsachenbehauptungen als Ausnahmen nennt.

647 *Möller*, Der grundrechtliche Schutzbereich der Meinungsfreiheit in Deutschland, England und den USA, S. 290 f.

648 *Möller*, Der grundrechtliche Schutzbereich der Meinungsfreiheit in Deutschland, England und den USA, S. 244 f.; vgl. hierzu auch Tinker v. Des Moines Independent Community Sch. Dist., 393 U.S. 503, 505–506 (1969).

649 Hierzu *Welner*, UCLA L. Rev. 50 (2003), S. 959 (964 mit Fn. 13) m.w.N.

650 *Möller*, Der grundrechtliche Schutzbereich der Meinungsfreiheit in Deutschland, England und den USA, S. 237–241 m.w.N., der ebenda darauf hinweist, dass derartigen Äußerungen nichtsdestotrotz ein gewisser Schutz zukommt, etwa gegen Vorzensur.

651 *Möller*, Der grundrechtliche Schutzbereich der Meinungsfreiheit in Deutschland, England und den USA, S. 263–265 m.w.N.

652 Siehe *Möller*, Der grundrechtliche Schutzbereich der Meinungsfreiheit in Deutschland, England und den USA, S. 197 f.

wie die Doktrin zur Redefreiheit öffentlich Beschäftigter oder seine Judikatur zur Redefreiheit von Schülern.[653]

Im Besonderen differenziert der US-Supreme Court zwischen meinungsneutralen („*viewpoint-neutral*") Beschränkungen einerseits und meinungsdiskriminierenden („*viewpoint-discriminatory*" oder „*viewpoint-based*") Beschränkungen andererseits, wobei letztere grundsätzlich verfassungswidrig sind.[654] Die Verhinderung derselben wird gar als zentraler Belang des 1. Zusatzartikels der US-Verfassung bezeichnet.[655] Unter meinungsdiskriminierenden Beschränkungen sind solche zu verstehen, die das Recht auf Redefreiheit in Anknüpfung an einen oder mehrere spezifische Standpunkte einschränken, indem sie beispielsweise die Äußerung einer bestimmten Auffassung verbieten.[656]

Überdies stellt die „*vagueness doctrine*" als Bestimmtheitsgebot die Anforderung, dass Regelungen, die die freie Rede einschränken, derart bestimmt sein müssen, dass ein durchschnittlicher Bürger ihren Inhalt mit hinreichender Sicherheit bestimmen kann.[657] Wenngleich die Redefreiheit die Vorzensur („*prior restraints*") grundsätzlich verbietet, erkennt der US-Supreme Court Ausnahmen unter engen Voraussetzungen an.[658]

a) Forum Analysis

Die Doktrin der „*forum analysis*" regelt, ob und inwiefern der Staat die freie Rede der Bürger in seinen eigenen Einrichtungen einschränken darf.[659] In diesem Zusammenhang existieren diverse Kategorien von Foren, die verschiedene Anforderungen an die Einschränkung von Äußerungen stellen.[660] Im Allgemeinen ist zwischen „öffentlichen" („*public forum*") und „nicht-öffentlichen"

---

653 Hierzu etwa *Daly*, J.L. & Educ. 30 (2001), S. 1 (1 f.).

654 Hierzu *Norton*, The Government's Speech and the Constitution, S. 5.

655 Hierzu *Blocher*, B.C. L. Rev. 52 (2011), S. 695 (696).

656 Grundlegend Police Dept. of City of Chicago v. Mosley, 408 U.S. 92, 95–96 (1972); siehe auch *Norton*, The Government's Speech and the Constitution, S. 5.

657 *Möller*, Der grundrechtliche Schutzbereich der Meinungsfreiheit in Deutschland, England und den USA, S. 317.

658 Hierzu *Möller*, Der grundrechtliche Schutzbereich der Meinungsfreiheit in Deutschland, England und den USA, S. 293 f.

659 Hierzu *Bauries*, Educ. L. & Pol'y Rev. 2 (2015), S. 88 (102–104); *Bezanson*, Denv. U. L. Rev. 87 (2010), S. 809 (809 f.); *Lidsky*, B.U. L. Rev. 91 (2011), S. 1975 (1979 f.).

660 Hierzu etwa *Lidsky*, B.U. L. Rev. 91 (2011), S. 1975 (1979 f.).

Foren („*non-public forum*") zu unterscheiden.[661] In ersterem darf der Staat (Meinungs-)Äußerungen weder in Anknüpfung an den durch sie zum Ausdruck gebrachten Standpunkt („*viewpoint*") noch aufgrund ihrer Thematik („*content*") einschränken oder untersagen.[662] Nur wenn es zur Wahrung eines konkreten staatlichen Interesses erforderlich ist, ist es ihm in engen Grenzen ausnahmsweise möglich, themenbezogene Einschränkungen vorzunehmen.[663] Dagegen kann der Staat hinsichtlich der öffentlichen Foren Einschränkungen hinsichtlich „*time, place and manner*" vornehmen.[664]

In die Kategorie der öffentlichen Foren fallen das „*traditional forum*" sowie das „*designated public forum*".[665] Während letzteres öffentlich ist, weil der Staat die betreffende Einrichtung als ein solches Forum deklariert,[666] ist das „*traditional forum*" ein historisch gewachsenes permanentes öffentliches Forum, mithin ein Ort, der klassischerweise dem freien Austausch von Ideen und Meinungen dient,[667] beispielsweise öffentliche Straßen oder Parks.[668] Eine Sonderform stellt das „*limited public forum*" dar,[669] welches ebenfalls vonseiten des Staates errichtet wird und in dessen Rahmen er bestimmen kann, dass lediglich über bestimmte Themen gesprochen werden darf oder nur bestimmte Personen sich frei äußern dürfen.[670] Voraussetzung hierfür ist freilich, dass

---

661 Siehe *Möller*, Der grundrechtliche Schutzbereich der Meinungsfreiheit in Deutschland, England und den USA, S. 307.

662 Hierzu Perry Education Association v. Perry Local Educators' Association, 460 U.S. 37, 45 (1983); *Bauries*, Educ. L. & Pol'y Rev. 2 (2015), S. 88 (102–104); *Lidsky*, B.U. L. Rev. 91 (2011), S. 1975 (1981–1984).

663 Siehe Carey v. Brown, 447 U.S. 455, 461 (1980); Perry Local Educators' Association, 460 U.S. 37, 45 (1983) (citing Carey v. Brown, 447 U.S. 455, 461 (1980)).

664 Grundlegend Cox v. State of New Hampshire, 312 U.S. 569, 576 (1941); auch Perry Local Educators' Association, 460 U.S. 37, 46 (1983) (citing Widmar v. Vincent, 454 U. S. 263, 269–270 (1981)).

665 Vgl. *Bauries*, Educ. L. & Pol'y Rev. 2 (2015), S. 88 (103 f.).

666 Perry Education Association v. Perry Local Educators' Association, 460 U.S. 37, 45 (1983).

667 Vgl. Perry Education Association v. Perry Local Educators' Association, 460 U.S. 37, 44–45 (1983) (quoting Hague v. Committee for Industrial Organization, 307 U.S. 496, 515 (1939)); vgl. auch *Möller*, Der grundrechtliche Schutzbereich der Meinungsfreiheit in Deutschland, England und den USA, S. 307.

668 Hague v. Committee for Industrial Organization, 307 U.S. 496, 515 (1939).

669 Vgl. hierzu *Lidsky*, B.U. L. Rev. 91 (2011), S. 1975 (1984–1989).

670 Perry Education Association v. Perry Local Educators' Association, 460 U.S. 37, 46 n.7 (1983).

die Einschränkung meinungsunspezifisch, zweckmäßig und angemessen ist.[671]

Beispielsweise kann eine Veranstaltung zur Vorstellung von Kandidaten für eine bevorstehende Wahl in einer städtischen Aula ein beschränkt öffentliches Forum sein.[672] Demgegenüber handelt es sich bei dem *„non-public forum“* oder *„closed forum“* um eines, welches der Staat nicht für den öffentlichen Meinungsaustausch freigibt,[673] da er damit einen Zweck verfolgt.[674] Zu dieser Kategorie zählen beispielsweise Gefängnisse.[675] In einem nicht-öffentlichen Forum darf der Staat (Meinungs-)Äußerungen mit Ausnahme meinungsdiskriminierender Beschränkungen umfassend einschränken,[676] sofern dies im Einklang mit der jeweiligen Zweckbestimmung der betreffenden Einrichtung steht.[677]

b) Government Speech Doctrine

Wenngleich der Staat Meinungen von Bürgern nicht aus dem öffentlichen Diskurs ausschließen respektive deren Äußerungen nicht in Anknüpfung an konkrete Standpunkte einschränken darf, kann er durch seine Repräsentanten eigene Positionen einnehmen und ausdrücken.[678] Die Frage, inwiefern der Staat ihm eigene Äußerungen artikulieren darf, ist Gegenstand der *„government speech doctrine“*. Während der Staat hinsichtlich (Meinungs-)Äußerungen von Bürgern durch die Redefreiheit beschränkt ist, ist er bezüglich der Gestaltung seiner eigenen Rede grundsätzlich frei. Sofern eine Rede *„government speech“* darstellt, ist diese nicht den Schranken des 1. Zusatzartikels der US-Verfassung unterworfen.[679] Vielmehr unterliegt sie dem Prozess demokratischer Kontrolle

---

671 Hierzu *Lidsky*, B.U. L. Rev. 91 (2011), S. 1975 (1985 u. 1988 f.).

672 *Bauries*, Miss. L.J. 83 (2014), S. 677 (737).

673 Hierzu *Lidsky*, B.U. L. Rev. 91 (2011), S. 1975 (1989 f.).

674 Siehe *Bauries*, Educ. L. & Pol’y Rev. 2 (2015), S. 88 (104).

675 Adderly v. Florida, 385 U.S. 39 (1966).

676 Perry Education Association v. Perry Local Educators’ Association, 460 U.S. 37, 46 (1983); siehe auch *Bezanson*, Denv. U. L. Rev. 87 (2010), S. 809 (810).

677 Hierzu *Bauries*, Educ. L. & Pol’y Rev. 2 (2015), S. 88 (104).

678 Hierzu und im Folgenden *Strasser*, Hastings Const. L.Q. 44 (2016), S. 37 (37 f.).

679 Johanns v. Livestock Marketing Association, 544 U.S. 550, 553 (2005); siehe auch Walker v. Texas Division, Sons of Confederate Veterans, 135 S. Ct. 2239, 2245 (2015) (citations omitted); Downs v. Los Angeles Unified Sch. Dist., 228 F.2d 1003, 1016–1017 (9th Cir. 2000); *Bezanson*, Denv. U. L. Rev. 87 (2010), S. 809; *Blocher*, B.C. L. Rev. 52 (2011), S. 695 (702); *Lidsky*, B.U. L. Rev. 91 (2011), S. 1975 (1992 f.); *Norton*, The Government’s Speech and the Constitution, S. 28; *Norton*, Case W. Res. L. Rev. 61 (2011), S. 1265.

durch die Wählerschaft.[680] Nichtsdestotrotz merken kritische Stimmen im Schrifttum an, der freie Meinungsaustausch der Bürger könne gleichsam unter dem Deckmantel von „*government speech*" von staatlicher Seite schrankenlos beeinflusst werden, sodass das Prinzip der „*viewpoint neutrality*" bedroht sei.[681]

Die „*government speech doctrine*" ist noch nicht ausgereift, zumal relativ wenig höchstrichterliche Rechtsprechung zu ihr existiert.[682] Ihren Ursprung markiert die Entscheidung des US-Supreme Court in *Rust v. Sullivan*[683],[684] in der er entschied, dass es keine Verletzung der Redefreiheit darstelle, wenn ein Gesetz verhindere, dass privaten Beratungsstellen bestimmte Zuschüsse verwehrt blieben, wenn diese Schwangerschaftsabbrüche empfählen oder diesbezügliche Überweisungen ausstellten, da der Staat bestimmte Aktivitäten zugunsten der Förderung anderer von Zuschüssen ausschließen dürfe.[685] Wenngleich er in dieser Entscheidung nicht ausdrücklich von „*government speech*" spricht, rückte er sie in *Rosenberger v. Rector & Visitors of University of Virginia*[686] in ihren Kontext.[687] In diesem Zusammenhang erklärte er, dass es dem Staat erlaubt sei, den Inhalt seiner eigenen Rede sowie Äußerungen von Privaten zu kontrollieren, denen er sich bediene, um eine bestimmte Botschaft zu artikulieren.[688]

4. Schulische Selbstverwaltung

Der primäre und sekundäre Bildungsbereich („*primary and secondary education*") in den Vereinigten Staaten reicht vom so genannten „*kindergarten*"[689] bis zur zwölften Klasse und wird dementsprechend abgekürzt als „*K-12*" bezeichnet. Die Schüler unterliegen je nach einzelstaatlicher Regelung vom fünften oder sechsten bis zum sechzehnten oder achtzehnten Lebensjahr der Schulpflicht.[690] Im öffentlichen Schulsystem wird die Schulverwaltung durch

680 Hierzu *Norton*, The Government's Speech and the Constitution, S. 5.
681 So etwa *Blocher*, B.C. L. Rev. 52 (2011), S. 695–698.
682 *Strasser*, Hastings Const. L.Q. 44 (2016), S. 37 (38).
683 Rust v. Sullivan, 500 U.S. 173 (1991).
684 Hierzu *Bezanson*, Denv. U. L. Rev. 87 (2010), S. 809.
685 Rust v. Sullivan, 500 U.S. 173, 193 (1991).
686 Rosenberger v. Rector & Visitors of Univ. of Va., 515 U.S. 819 (1995).
687 Hierzu *Strasser*, Hastings Const. L.Q. 44 (2016), S. 37 (40) m.w.N.
688 Rosenberger v. Rector & Visitors of Univ. of Va., 515 U.S. 819, 833 (1995).
689 Der US-amerikanische „*kindergarten*" stellt eine Vorschule dar, die nicht mit dem Kindergarten nach deutschem Verständnis gleichzusetzen ist. Das Pendant zu letzterem ist vielmehr die „*nursery school*".
690 Wobei auch der Hausunterricht („*Homeschooling*") möglich ist.

die lokalen Schulräte („*School board*", auch Bildungsrat „*Board of Education*") im Wege der schulischen Selbstverwaltung der regionalen oder kommunalen Schulgemeinschaften ausgeübt.[691] Wenngleich die Bundesstaaten die Kompetenz haben, schulrechtliche Regelungen zu erlassen, halten sie sich angesichts der Tradition der schulischen Selbstverwaltung im Allgemeinen damit zurück.[692] Daher kommt den Schulräten in der Regel eine umfassende Gestaltungsmacht insbesondere hinsichtlich der Festlegung der Lehrinhalte zu.[693] Allgemein anerkannt ist jedenfalls, dass die Demokratiebildung ein essenzielles Ziel schulischer Bildung ist,[694] wobei ihre konkrete Ausgestaltung von den curricularen Vorgaben der Schulräte abhängt.

Im Rahmen der schulischen Selbstverwaltung beschäftigt der Schulrat selbstredend auch die Lehrkräfte. Diesen kommt nicht zuletzt mangels besonderer berufsrechtlicher Institutionen für den öffentlichen Dienst wie etwa einem Berufsbeamtentum nach deutschem Verständnis grundsätzlich dieselbe Rechtsposition wie allen anderen Arbeitnehmern zu. Konkrete Rechte und Pflichten des Lehrpersonals werden individualvertraglich mit dem jeweiligen Schulbezirk festgelegt.[695] Unbeschadet dessen existieren in den Einzelstaaten so genannte „*teacher tenure*"-Regelungen, die einen gewissen Kündigungsschutz statuieren.[696] Dabei handelt es sich um solche, die der Lehrkraft einen Schutz vor grundlosen Kündigungen verleihen, indem es Verfahrensregeln für Maßnahmen wie Kündigungen aufstellt, sofern die Lehrperson „*tenure*" (etwa: Anstellung auf Lebenszeit) verliehen wurde. Dann kann die Lehrperson nur aufgrund festgelegter Kündigungsgründe gemäß den Regeln von „*Just cause*" gekündigt werden, zum Beispiel aufgrund von schwerwiegendem Fehlverhalten.

---

691 Hierzu Bd. of Educ. v. Pico, 457 U.S. 853, 863 (1982).

692 Siehe etwa *Gee*, J.L. & Educ. 38 (2009), S. 409 (423); *La Coa*, Fla. A&M U. L. Rev. 17 (2023), S. 227 (229–232); vgl. auch Milliken v. Bradley, 418 U.S. 717, 741–742 (1974); *Hassenpflug*, West's Educ. L. Rep. 132 (1999), S. 21.

693 Bd. of Educ. v. Pico, 457 U.S. 853, 863 (1982); siehe auch Evans-Marshall v. Bd. of Educ. of Tipp City, 624 F.3d 332, 340 (6th Cir. 2010).

694 Hierzu *Cooley*, Geo. L.J. 107 (2019), S. 365 (372 f.) mit Verweis auf Grutter v. Bollinger, 539 U.S. 306, 331 (2003).

695 Vgl. hierzu *Forster*, Gonz. L. Rev. 46 (2010), S. 687 (701).

696 Hierzu und im Folgenden *DeMitchell/Onosko*, S. Cal. Interdisc. L.J. 25 (2016), S. 589 (593–597) m.w.N.

II. Redefreiheit von Lehrkräften im Schulunterricht

Die (verfassungs-)rechtliche Problematik des Bestehens und Umfangs pädagogischer Freiheiten von Lehrkräften an staatlichen Schulen wird in den Vereinigten Staaten in Rechtsprechung und Literatur seit Jahrzehnten behandelt.[697] Ihr Anknüpfungspunkt besteht in der Frage, ob und inwieweit die Rede der Lehrkraft im Schulunterricht von der Redefreiheit nach dem 1. Zusatzartikel der US-Verfassung geschützt ist.[698] Wenngleich vonseiten des US-Supreme Court eine umfangreiche Judikatur zur Redefreiheit von öffentlich Beschäftigten sowie von Schülern existiert, befasste sich dieser bisweilen nicht im Kern mit dem verfassungsmäßigen Schutz der so genannten „*in-class speech*“ oder „*curricular speech*“.[699] Infolgedessen konstruierten die Appellationsgerichte in den Bundesgerichtskreisen verschiedene dogmatische Ansätze zur Lösung des Problems.[700]

1. US-Supreme Court: Präzedenzfälle

Die Appellationsgerichte in den USA sind im Hinblick auf die Frage nach der freien Rede der Lehrkraft insoweit gespalten, als sie darüber streiten, welcher rechtliche Beurteilungsmaßstab zur Prüfung des Schutzes von „*in-class speech*“ anzuwenden ist.[701] Sie verfolgen im Wesentlichen zwei dogmatische

---

697 Vgl. Zykan v. Warsaw Cmty. Sch. Corp., 631 F.2d 1300 (7th Cir. 1980); Bradley v. Pittsburgh Bd. of Educ., 910 F.2d 1172 (3rd Cir. 1990); Lacks v. Ferguson Reorganized Sch. Dist. R-2, 147 F.3d 718 (8th Cir. 1998); Evans-Marshall v. Bd. of Educ. of Tipp City, 624 F.3d 332 (6th Cir. 2010); Brown v. Chicago Bd. of Educ., 824 F.3d 713 (7th Cir. 2016); *Uerling*, Neb. L. Rev. 79 (2000), S. 956; *Wenkart*, West's Educ. L. Rep. 214 (2006), S. 1; *Forster*, Gonz. L. Rev. 46 (2010), S. 687; *Bauries*, Educ. L. & Pol'y Rev. 2 (2015), S. 88.

698 *Hutchens*, Ky. L.J. 97 (2008), S. 37 (72); *Lester*, Ala. L. Rev. 62 (2011), S. 663 (665); *Welner*, UCLA L. Rev. 50 (2003), S. 959 (965).

699 *Cooley*, Baylor L. Rev. 66 (2014), S. 235 (264); *Daly*, J.L. & Educ. 30 (2001), S. 1 (4); *Hutchens*, Ky. L.J. 97 (2008), S. 37 (62 f. u. 70 f.); *Lester*, Ala. L. Rev. 62 (2011), S. 663 (663 f.); *Papandrea*, N.C. L. Rev. 90 (2012), S. 1597 (1603 u. 1610); *Wohl*, Am. U. L. Rev. 58 (2009), S. 1285 (1288).

700 *Bowman*, Wake Forest L. Rev. 48 (2013), S. 211 (255–259); *Cooley*, Baylor L. Rev. 66 (2014), S. 235 (264); *Daly*, J.L. & Educ. 30 (2001), S. 1 (6); *Waldman*, Fla. L. Rev. 60 (2008), S. 63 (79 f.).

701 Hierzu insbesondere Chiras v. Miller, 432 F.3d 606, 617 n. 29 (5th Cir. 2005); auch *Hutchens*, Ky. L.J. 97 (2008), S. 37 (63 f.); *Krebs*, Vand. L. Rev. 75 (2022), S. 1925

Ansätze.[702] Zum einen legen die Gerichte ihrer Entscheidungsfindung die Doktrin zur Redefreiheit öffentlich Beschäftigter zugrunde.[703] In diesem Rahmen ziehen sie den Pickering-Connick-Standard sowie seit jüngerer Zeit das Präjudiz *Garcetti v. Ceballos*[704] heran.[705] Zum anderen wenden sie mit *Hazelwood School District v. Kuhlmeier*[706] einen Präzedenzfall zur freien Rede von Schülern an, dessen Dogmatik sie auf Sachverhalte mit Lehreräußerungen übertragen.[707] Sowohl im Kontext der Doktrin zur Redefreiheit öffentlich Beschäftigter als auch der Hazelwood-Judikatur rekurrieren einige Gerichte zudem auf die akademische Freiheit als Recht aus dem 1. Zusatzartikel der US-Verfassung,[708] wenngleich die Rechtsprechung diesem Konzept noch keine klaren Konturen verliehen hat.[709] In Anbetracht dessen wird diskutiert, ob die Verfassung den Lehrpersonen im primären und sekundären Bildungsbereich eine solche Freiheit überhaupt gewährt.[710]

a) Redefreiheit von Beschäftigten im öffentlichen Dienst

Im Jahr 1892 konstatierte *Oliver Wendell Holmes, Jr.* als Richter am Obersten Gerichtshof des Bundesstaates Massachusetts: „Der Antragsteller mag ein verfassungsmäßiges Recht haben, über Politik zu sprechen, aber er hat kein

---

(1937); *Lester*, Ala. L. Rev. 62 (2011), S. 663 (664); *Waldman*, Fla. L. Rev. 60 (2008), S. 63 (79 f.); die Gerichte der Einzelstaaten sind gleichermaßen gespalten, hierzu *Daly*, J.L. & Educ. 30 (2001), S. 1 (16 f.) m.w.N.

702 *Daly*, J.L. & Educ. 30 (2001), S. 1 (16 f.); *Hutchens*, Ky. L.J. 97 (2008), S. 37 (63); *Lester*, Ala. L. Rev. 62 (2011), S. 663 (664); *Papandrea*, N.C. L. Rev. 90 (2012), S. 1597 (1610 f.).

703 Siehe etwa *Cooley*, Baylor L. Rev. 66 (2014), S. 235 (269 f.).

704 Garcetti v. Ceballos, 547 U.S. 410 (2006).

705 Hierzu *Lester*, Ala. L. Rev. 62 (2011), S. 663 (664); *Waldman*, Fla. L. Rev. 60 (2008), S. 63 (79 f.).

706 Hazelwood Sch. Dist. v. Kuhlmeier, 484 U.S. 260 (1988).

707 *Lester*, Ala. L. Rev. 62 (2011), S. 663 (669); *Papandrea*, N.C. L. Rev. 90 (2012), S. 1597 (1623 f.); *Waldman*, Fla. L. Rev. 60 (2008), S. 63 (64); *Wohl*, Am. U. L. Rev. 58 (2009), S. 1285 (1288).

708 Vgl. hierzu Evans-Marshall v. Bd. of Educ. of Tipp City, 624 F.3d 332, 343–344 (6th Cir. 2010) (quoting Garcetti v. Ceballos, 547 U.S. 410, 438 (2006) (Souter, J., dissenting)); Bradley v. Pittsburgh Bd. of Educ., 910 F.2d 1172, 1176 (3rd Cir. 1990).

709 *Daly*, J.L. & Educ. 30 (2001), S. 1 (5); *DeMitchell/Connelly*, BYU Educ. & L.J. 2007, S. 83 (83 f.); *Hutchens*, Ky. L.J. 97 (2008), S. 37 (61).

710 Hierzu *DeMitchell/Connelly*, BYU Educ. & L.J. 2007, S. 83.

verfassungsmäßiges Recht, ein Polizist zu sein."[711] Seiner Feststellung liegt die Lehre der „*right-privilege distinction*" zugrunde,[712] welcher der US-Supreme Court bis Mitte des letzten Jahrhunderts folgte.[713] Dieser Rechtsauffassung nach ist zu unterscheiden zwischen verfassungsmäßig geschützten Rechten einerseits sowie nicht garantierten Privilegien andererseits, die der Staat unbeschränkt unter Vorbehalte zu stellen vermag.[714] Da die Beschäftigung durch den Staat kein Recht, sondern ein Privileg darstellt, war die freie Rede öffentlich Bediensteter vor Beschränkungen überhaupt nicht geschützt.[715]

In der zweiten Hälfte des 20. Jahrhunderts brach der US-Supreme Court freilich mit der Holmes'schen Lehre.[716] In seiner Entscheidung in *Keyishian v. Board of Regents*[717] erklärte er, der Staat könne die öffentliche Beschäftigung nicht unangemessenen Bedingungen unterwerfen.[718] Es erfolgte ein

---

711 McAuliffe v. Mayor of New Bedford, 29 N.E. 517, 517 (Mass. 1892) ("*The petitioner may have a constitutional right to talk politics, but he has no constitutional right to be a policeman.*").

712 *Papandrea*, N.C. L. Rev. 90 (2012), S. 1597 (1611); *Roberts*, Rev. Public Pers. Adm. 35 (2015), S. 386 (388); *Secunda*, Emp. Rts. & Emp. Pol'y J. 20 (2016), S. 393 (397 f.); *Van Alstyne*, Harv. L. Rev. 81 (1968), S. 1439 (1442).

713 Siehe beispielsweise United Public Workers v. Mitchell, 330 U.S. 75, 96–104 (1947); Adler v. Bd. of Educ., 342 U.S. 485, 491–493 (1952); hierzu auch *Kleinbrodt*, Mich. L. Rev. 112 (2013), S. 111 (116); *McCarthy/Eckes*, B.U. Pub. Int. L.J. 17 (2008), S. 209 (210); *Papandrea*, N.C. L. Rev. 90 (2012), S. 1597 (1611); *Roberts*, Rev. Public Pers. Adm. 35 (2015), S. 386 (388); *Wiese*, ABA J. Lab. & Emp. L. 25 (2010), S. 509 (510).

714 Hierzu *Van Alstyne*, Harv. L. Rev. 81 (1968), S. 1439 (1140 u. 1142).

715 *Kleinbrodt*, Mich. L. Rev. 112 (2013), S. 111 (116); *Norcross*, U. Balt. L. Rev. 40 (2011), S. 543 (546 f.); *Papandrea*, N.C. L. Rev. 90 (2012), S. 1597 (1611); *Rhodes*, Wm. & Mary Bill Rts. J. 15 (2007), S. 1173 (1176); *Roberts*, Rev. Public Pers. Adm. 35 (2015), S. 386 (388); *Wiese*, ABA J. Lab. & Emp. L. 25 (2010), S. 509 (510).

716 Siehe Adler v. Bd. of Educ., 342 U.S. 485, 508 (1952) (Douglas, J., dissenting); Wieman v. Updegraff, 344 U.S. 183, 192 (1952); Shelton v. Tucker, 364 U.S. 479, 487–490 (1960); Keyishian v. Bd. of Regents, 385 U.S. 589, 605–606 (1967) (quoting Keyishian v. Bd. of Regents, 345 F.2d 236, 239 (2nd Cir. 1965)); Pickering v. Bd. of Educ., 391 U.S. 563, 568 (1968) (quoting Keyishian v. Bd. of Regents, 385 U.S. 589, 605–606 (1967)); hierzu auch *Bauries*, Miss. L.J. 83 (2014), S. 677 (708); *Kleinbrodt*, Mich. L. Rev. 112 (2013), S. 111 (116 f.); *Norcross*, U. Balt. L. Rev. 40 (2011), S. 543 (546 f.); *Papandrea*, N.C. L. Rev. 90 (2012), S. 1597 (1611); *Roberts*, Rev. Public Pers. Adm. 35 (2015), S. 386 (388); *Secunda*, San Diego L. Rev. 48 (2011), S. 907 (935 f.); *Secunda*, Emp. Rts. & Emp. Pol'y J. 20 (2016), S. 393 (397 f. u. 400).

717 Keyishian v. Bd. of Regents, 385 U.S. 589 (1967).

718 Keyishian v. Bd. of Regents, 385 U.S. 589, 605–606 (1967) (quoting Keyishian v. Bd. of Regents, 345 F.2d 236, 239 (2nd Cir. 1965)).

Paradigmenwechsel hin zur *„doctrine of unconstitutional conditions"*, der zufolge der Staat Vorteile wie öffentliche Dienstverhältnisse nicht an die Voraussetzung knüpfen dürfe, dass der Einzelne die Ausübung seiner verfassungsmäßigen Rechte aufgebe.[719] Im Zuge dessen erkannte der US-Supreme Court an, dass die freie Rede öffentlich Beschäftigter von der Verfassung grundsätzlich geschützt ist.[720] Vor diesem Hintergrund konstituierte er in den nachfolgenden Jahrzehnten die Doktrin zur Redefreiheit öffentlich Beschäftigter.[721] Mit dem Pickering-Connick-Standard schuf er sukzessive einen Beurteilungsmaßstab zur Beantwortung der Frage nach dem verfassungsmäßigen Schutz von Äußerungen öffentlich Bediensteter,[722] der schließlich durch seine äußerst umstrittene[723] Entscheidung in *Garcetti v. Ceballos*[724] im Jahr 2006 revidiert wurde.[725]

aa) Pickering-Connick-Standard

Beginnend mit seiner Entscheidung in *Pickering v. Board of Education*[726] entwickelte der US-Supreme Court den *„Pickering-Connick standard"*[727] zur Prüfung des Schutzes einer Rede eines öffentlich Beschäftigten durch den 1. Zusatzartikel der US-Verfassung.[728] Diesem Beurteilungsmaßstab zufolge ist im Wesentlichen zu prüfen, ob sich die Rede des Bediensteten auf „Angelegenheiten von öffentlichem Interesse" bezieht,[729] um sodann nach dem *„Pickering balancing*

719 Siehe etwa *Secunda*, San Diego L. Rev. 48 (2011), S. 907 (908 u. 935 f.).

720 Hierzu *Keenan*, Notre Dame L. Rev. 87 (2011), S. 841 (843); *Kleinbrodt*, Mich. L. Rev. 112 (2013), S. 111 (116 f.); *Zenor*, Rich. J. L. & Pub. Int. 19 (2016), S. 101 (109).

721 Hierzu *Kitrosser*, Sup. Ct. Rev. 2015 (2015), S. 301 (304).

722 *Papandrea*, N.C. L. Rev. 90 (2012), S. 1597 (1611–1614); *Rhodes*, Wm. & Mary Bill Rts. J. 15 (2007), S. 1173 (1176–1180).

723 *Bauries*, Educ. L. & Pol'y Rev. 2 (2015), S. 88 (98 f.); *Roosevelt, III*, U. Pa. J. Const. L. 14 (2012), S. 631 (631 f. u. 636); *Rosenthal*, Fordham L. Rev. 77 (2008), S. 33 (36 f.).

724 Garcetti v. Ceballos, 547 U.S. 410 (2006).

725 Hierzu *Norcross*, U. Balt. L. Rev. 40 (2011), S. 543 (551); *Zenor*, Rich. J. L. & Pub. Int. 19 (2016), S. 101 (111).

726 Pickering v. Bd. of Educ., 391 U.S. 563 (1968).

727 Hinsichtlich der Verwendung dieses Begriffs insbesondere Lee v. York County Sch. Div., 484 F.3d 687, 694 n.10, 695 n.11 (4th Cir. 2007).

728 *Papandrea*, N.C. L. Rev. 90 (2012), S. 1597 (1611–1614); *Rhodes*, Wm. & Mary Bill Rts. J. 15 (2007), S. 1173 (1176–1180).

729 Garcetti v. Ceballos, 547 U.S. 410, 418 (2006) (citing Pickering v. Bd. of Educ., 391 U.S. 563, 568 (1968); Connick v. Myers, 461 U.S. 138, 147 (1983)); *Allred*, Ind. L.J. 64 (1988), S. 43 (48); *Bauries*, Educ. L. & Pol'y Rev. 2 (2015), S. 88 (96); *Dale*, Berkeley J. Emp. & Lab. L. 29 (2008), S. 175 (182 f.); *Graham*, S.M.U. L. Rev. 65 (2012), S. 685 (689); *Hutchens*, Ky. L.J. 97 (2008), S. 37 (67); *Keenan*, Notre Dame L. Rev.

test“[730] abzuwägen, ob dessen Interesse an der Ausübung seiner bürgerlichen Freiheiten die Belange des Staates als Arbeitgeber überwiegen.[731] In den auf die Entscheidung in *Pickering* folgenden Jahrzehnten ergänzte der US-Supreme Court die Doktrin, indem er unter anderem Fragen zur Beweislast und zum Schutz der nicht-öffentlichen Rede beantwortete.[732] In *Connick v. Myers*[733] widmete er sich insbesondere der Auslegung und Konturierung des Tatbestandsmerkmals der „Angelegenheiten von öffentlichem Interesse“.[734]

(1) Pickering balancing test: Pickering v. Board of Education (1968)

In dem der Entscheidung in *Pickering v. Board of Education*[735] zugrunde liegenden Fall entließ der Schulrat eines Schulbezirks im Bundesstaat Illinois einen Lehrer, da dieser einen Leserbrief, in dem er Maßnahmen der Schulverwaltung kritisierte, verfasste und an eine Lokalzeitung sandte, die diesen veröffentlichte.[736] Anlass für das Verfassen des Briefs war ein zuvor in einer Abstimmung im Schulbezirk abgelehnter Antrag des Schulrates, die Schulsteuer zu erhöhen. Der Lehrer rügte, wie dieser im Rahmen vergangener Mittelerhöhungen in Form von Anleiheemissionen verfuhr und beanstandete die Verteilung des

---

87 (2011), S. 841 (843 f.); *McCarthy*, West's Educ. L. Rep. 210 (2006), S. 867 (869); *Papandrea*, N.C. L. Rev. 90 (2012), S. 1597 (1613); *Rhodes*, Wm. & Mary Bill Rts. J. 15 (2007), S. 1173 (1178 f.); *Wiese*, ABA J. Lab. & Emp. L. 25 (2010), S. 509 (513); *Zenor*, Rich. J. L. & Pub. Int. 19 (2016), S. 101 (111).

730 Pickering v. Bd. of Educ., 391 U.S. 563, 568 (1968); die Bezeichnung „*Pickering balancing test*“ wird etwa verwendet in Connick v. Myers, 461 U.S. 138, 158 (1983) (Brennan, J., dissenting).

731 Garcetti v. Ceballos, 547 U.S. 410, 418 (2006) (citing Pickering v. Bd. of Educ., 391 U.S. 563, 568 (1968)); hierzu *Allred*, Ind. L.J. 64 (1988), S. 43 (48); *Bauries*, Educ. L. & Pol'y Rev. 2 (2015), S. 88 (96); *Donehower*, Mich. L. Rev. 102 (2003), S. 517 (519); *Graham*, S.M.U. L. Rev. 65 (2012), S. 685 (689); *Hutchens*, Ky. L.J. 97 (2008), S. 37 (67); *Keenan*, Notre Dame L. Rev. 87 (2011), S. 841 (843 f.); *Norton*, Duke L.J. 59 (2009), S. 1 (9 f.); *Rhodes*, Wm. & Mary Bill Rts. J. 15 (2007), S. 1173 (1179); *Roosevelt, III*, U. Pa. J. Const. L. 14 (2012), S. 631.

732 Vgl. *McCarthy/Eckes*, B.U. Pub. Int. L.J. 17 (2008), S. 209 (212 f.); *Norcross*, U. Balt. L. Rev. 40 (2011), S. 543 (548–551); *Papandrea*, N.C. L. Rev. 90 (2012), S. 1597 (1611–1614).

733 Connick v. Myers, 461 U.S. 138 (1983).

734 *Krotoszynski, Jr.*, Ind. L.J. 93 (2018), S. 267 (280); *LoMonte*, U. Kan. L. Rev. 68 (2019), S. 1 (9); *Still*, Fordham L. Rev. 88 (2020), S. 1543 (1547).

735 Pickering v. Bd. of Educ., 391 U.S. 563 (1968).

736 Hierzu und im Folgenden Pickering v. Bd. of Educ., 391 U.S. 563, 564–566 (1968).

eingesammelten Kapitals. Zudem behauptete er, die Schulverwaltung habe versucht, Lehrkräfte davon abzuhalten, jene vergangenen Vorhaben zu kritisieren. Darüber hinaus missbilligte er im Hinblick auf die angestrebten Steuererhöhungen, die Schulverwaltung hätte verhindern wollen, dass die Öffentlichkeit über die wahren Beweggründe informiert werde.[737]

Im Rahmen der Anhörung des Lehrers durch den Schulrat stellte dieser fest, die Veröffentlichung habe nachteilige Folgen für den Betrieb der Schulen.[738] Sie enthalte falsche Behauptungen, die zu Konflikten innerhalb des Schulbezirks führten, rufschädigend für die Mitglieder des Schulrates seien und unter anderem die Integrität und Kompetenz der Schulverwaltung in Frage stellten. Es wurden indes keine Belege für die Auswirkungen der Veröffentlichung des Briefs angeführt. Der Schulrat begründete die Entlassung mit der Wahrung der schulischen Interessen und erkannte in diesem Handeln keine Verletzung der verfassungsmäßigen Rechte des Lehrers. Dieser klagte gegen die Maßnahme und behauptete eine Verletzung seiner Redefreiheit.

Die unteren Instanzen untersuchten, ob Beweise für die Feststellungen des Schulrates vorlagen und die Interessen der Schule beeinträchtigt waren.[739] Sie sahen dessen Behauptungen als erwiesen an und erhielten die Entlassung aufrecht. Die Gerichte teilten die Ansicht, dass der Lehrer sich aufgrund seiner Diensttätigkeit als Lehrer nicht zum Betrieb der Schulen habe äußern dürfen, wenngleich seine Aussagen geschützt gewesen wären, hätte er diese dienstliche Position nicht innegehabt. Sie entschieden im Ergebnis, die Veröffentlichung sei nicht durch den 1. Zusatzartikel der Verfassung der Vereinigten Staaten von Amerika geschützt, da die Interessen der Schule Vorrang hätten.

Der US-Supreme Court untersucht in seiner Entscheidung zunächst die Auffassung der unteren Instanzen, der Lehrer habe aufgrund seiner Tätigkeit als Lehrperson kein Recht, sich zum Betrieb der Schulen zu äußern.[740] Er konstatiert, dass aus der Entscheidung der Vorinstanz nicht eindeutig hervorgehe, ob sie die Einschlägigkeit des 1. Zusatzartikels der US-Verfassung hinsichtlich der Entlassung des Lehrers von vornherein ablehne.[741] Jedenfalls laufe es seiner Judikatur zuwider, davon auszugehen, Lehrkräfte müssten als Beschäftige im öffentlichen Dienst auf ihre Rechte aus dem 1. Zusatzartikel der US-Verfassung

737 Pickering v. Bd. of Educ., 391 U.S. 563, 569 (1968).
738 Hierzu und im Folgenden Pickering v. Bd. of Educ., 391 U.S. 563, 564–568 (1968).
739 Hierzu und im Folgenden Pickering v. Bd. of Educ., 391 U.S. 563, 567–568 (1968).
740 Pickering v. Bd. of Educ., 391 U.S. 563, 567–568 (1968).
741 Pickering v. Bd. of Educ., 391 U.S. 563, 567 (1968).

verzichten.[742] In Rekurs auf seine Rechtsprechung bestätigt der US-Supreme Court, dass die Auffassung, öffentliche Beschäftigungsverhältnisse könnten unangemessenen Bedingungen unterworfen werden, abzulehnen sei.[743] Indes erkennt er einen wesentlichen Unterschied zwischen dem Interesse des Staates, die Rede seiner Bediensteten einzuschränken und dem, in die Redefreiheit von Bürgern im Allgemeinen einzugreifen.[744] In Anbetracht dessen sei abzuwägen „[...] zwischen den Interessen der Lehrkraft als Bürger, sich zu Angelegenheiten von öffentlichem Interesse zu äußern und dem Interesse des Staates als Arbeitgeber, die Wirksamkeit der öffentlichen Dienste zu fördern, die er durch seine Beschäftigten erfüllt."[745]

Sodann führt er die Abwägung im vorliegenden Fall durch und weist eingangs darauf hin, dass er angesichts der Vielzahl der denkbaren Sachverhalte lediglich generelle Erwägungen anstelle, die eine Interessenabwägung im Einzelfall leiten sollten.[746] Der US-Supreme Court geht davon aus, der Leserbrief enthalte wahre wie falsche Behauptungen, die sich gleichermaßen auf Angelegenheiten von öffentlichem Interesse bezögen. Der Umstand, die Aussagen beträfen mit dem Schulrat beziehungsweise der Schulverwaltung keine Personen, zu denen der Lehrer im Arbeitsalltag enge Arbeitsbeziehungen habe, spreche dafür, dass weder das Weisungsverhältnis gegenüber unmittelbaren Vorgesetzten noch die Eintracht unter den Mitarbeitern tangiert seien. Insofern stellten jedenfalls die wahren Behauptungen keine Grundlage für die Entlassung dar.

Darauffolgend widmet der US-Supreme Court sich den Aussagen zur Verteilung des in der Vergangenheit eingesammelten Kapitals, die falsch seien, und erklärt, dass hinsichtlich der Frage nach den Auswirkungen der Veröffentlichung zwischen den spezifischen Interessen des Schulrates und den Belangen der Schulen zu differenzieren sei.[747] Die Kritik an der Mittelverteilung beziehe

742 Pickering v. Bd. of Educ., 391 U.S. 563, 568 (1968) (citing Wieman v. Updegraff, 344 U.S. 183 (1952); Shelton v. Tucker, 364 U.S. 479 (1960); Keyishian v. Bd. of Regents, 385 U.S. 589 (1967)).

743 Pickering v. Bd. of Educ., 391 U.S. 563, 568 (1968) (quoting Keyishian v. Bd. of Regents, 385 U.S. 589, 605–606 (1967)).

744 Pickering v. Bd. of Educ., 391 U.S. 563, 568 (1968).

745 Pickering v. Bd. of Educ., 391 U.S. 563, 568 (1968) ("*[...] between the interests of the teacher, as a citizen, in commenting upon matters of public concern and the interest of the State, as an employer, in promoting the efficiency of the public services it performs through its employees.*").

746 Hierzu und im Folgenden Pickering v. Bd. of Educ., 391 U.S. 563, 569–571 (1968).

747 Hierzu und im Folgenden Pickering v. Bd. of Educ., 391 U.S. 563, 570–573 (1968).

sich auf ein Thema von generellem öffentlichem Interesse und wirke sich nicht unmittelbar auf den Betrieb der Schulen aus, sodass sie allein die spezifischen Belange des Schulrates tangiere. Weiter führt er aus, dass die Öffentlichkeit dem Leserbrief mit Gleichgültigkeit und Zweifeln begegnet sei. Überdies hätten die Aussagen keine Auswirkungen auf potenzielle Mittelerhöhungen gehabt, da der Brief erst nach der Ablehnung des Vorhabens der Steuererhöhung veröffentlicht worden war.

Ferner erläutert er, Lehrkräfte hätten aufgrund ihrer Sachnähe fundierte Meinungen zum Einsatz der finanziellen Mittel des Schulbezirks beizutragen, die der öffentlichen Diskussion zugänglich sein sollten.[748] Nicht zuletzt sei zu berücksichtigen, dass der Lehrer keinen besseren Zugang zu den die Mittelverteilung betreffenden Zahlen als andere Steuerzahler gehabt habe und dessen fehlerhafte Aussagen auf einfache Weise hätten berichtigt werden können, indem der Schulrat die korrekten Daten veröffentlichen hätte können. Der US-Supreme Court gelangt zu dem Zwischenergebnis, dass die Veröffentlichung der fehlerhaften Aussagen keine Auswirkungen auf den konkreten Betrieb der Schulen gehabt habe und darüber hinaus keine Zweifel an der Diensttauglichkeit des Lehrers zulasse. Das Interesse der Schulverwaltung, dessen Meinungsäußerung zu beschränken, sei mithin nicht wesentlich größer als das Interesse, eine gleichartige Äußerung eines beliebigen anderen Bürgers einzuschränken.

Der US-Supreme Court betont schließlich, die freie und ungehinderte Diskussion öffentlicher Angelegenheiten sei für den 1. Zusatzartikel der US-Verfassung von zentraler Bedeutung, und konstatiert, dass eine Entlassung aus einem öffentlichen Dienstverhältnis ein gewichtiges Mittel zur Einschränkung der Redefreiheit darstelle.[749] Da das Dienstverhältnis des Lehrers hinsichtlich seiner Äußerungen von unwesentlicher Bedeutung sei, sei er vorliegend als Bürger anzusehen. Der US-Supreme Court stellt fest, dass nicht dargelegt werden könne, der Lehrer äußerte die Behauptungen bewusst falsch oder unter rücksichtsloser Missachtung ihres Wahrheitsgehaltes. Mithin würden die falschen Aussagen ebenfalls keine Grundlage für dessen Entlassung bilden. Er erkennt in dieser Maßnahme eine Verletzung der Redefreiheit des Lehrers, hebt die Entscheidung der Vorinstanz auf und verweist den Fall zurück.

---

748 Hierzu und im Folgenden Pickering v. Bd. of Educ., 391 U.S. 563, 570–573 (1968).

749 Hierzu und im Folgenden Pickering v. Bd. of Educ., 391 U.S. 563, 565, 573–575 (1968) (citing New York Times Co. v. Sullivan, 376 U.S. 254 (1964); St. Amant v. Thompson, 390 U.S. 727 (1968)).

Die Entscheidung in *Pickering* markiert hinsichtlich des Schutzes der Redefreiheit öffentlich Beschäftigter einen Wendepunkt.[750] Indem der US-Supreme Court zum wiederholten Male erklärt, dass staatlich Bedienstete nicht dazu gezwungen werden können, auf ihre verfassungsmäßigen Rechte zu verzichten,[751] bekräftigt er seine Ablehnung der *„right-privilege distinction"*.[752] Zugleich weist er freilich darauf hin, dass auch die Belange des Staates als Arbeitgeber zu berücksichtigen sind.[753] In Anbetracht dessen entwickelt er mit dem *„Pickering balancing test"* eine Interessenabwägung zur Prüfung des Schutzes von Äußerungen Bediensteter durch die Redefreiheit,[754] der gemäß das Interesse des Staates an der wirksamen Erfüllung seiner Aufgaben und das Interesse des Beschäftigten, sich zu öffentlichen Angelegenheiten zu äußern, in einen angemessenen Ausgleich zu bringen sind.[755] Überwiegen die Belange des Bediensteten, so ist die betreffende Rede geschützt.[756]

Im Rahmen dieses Abwägungsprozesses sind verschiedene Aspekte einzubeziehen.[757] In seiner Entscheidung fokussiert der US-Supreme Court den inhaltlichen Gegenstand der Äußerung und ergründet, in welchem Verhältnis der Äußernde zu diesem steht.[758] So gelangt er zu dem Ergebnis, die Rolle des Lehrers als öffentlich Beschäftigter rücke in Anbetracht der Thematik seiner Aussagen in den Hintergrund.[759] Er betrachtet die Auswirkungen der Rede[760]

---

750 So etwa *Papandrea*, N.C. L. Rev. 90 (2012), S. 1597 (1611).

751 Pickering v. Bd. of Educ., 391 U.S. 563, 568 (1968) (quoting Keyishian v. Bd. of Regents, 385 U.S. 589, 605–606 (1967)).

752 *Bauries*, Miss. L.J. 83 (2014), S. 677 (708); *Keenan*, Notre Dame L. Rev. 87 (2011), S. 841 (843).

753 Pickering v. Bd. of Educ., 391 U.S. 563, 568 (1968).

754 *Allred*, Ind. L.J. 64 (1988), S. 43 (45 u. 47); *Keenan*, Notre Dame L. Rev. 87 (2011), S. 841 (843); *Norcross*, U. Balt. L. Rev. 40 (2011), S. 543 (547); *Papandrea*, N.C. L. Rev. 90 (2012), S. 1597 (1612); *Zenor*, Rich. J. L. & Pub. Int. 19 (2016), S. 101 (109).

755 Pickering v. Bd. of Educ., 391 U.S. 563, 568 (1968).

756 Lynch v. Ackley, 811 F.3d 569, 578 (2nd Cir. 2016) (citing Pickering v. Bd. of Educ., 391 U.S. 563, 568 (1968)); Ceballos v. Garcetti, 361 F.3d 1168, 1178 (9th Cir. 2004).

757 Vgl. Pickering v. Bd. of Educ., 391 U.S. 563, 569 (1968); Rankin v. McPherson, 483 U.S. 378, 388 (1987) (citing Pickering v. Bd. of Educ., 391 U.S. 563, 570–573 (1968)); Cockrel v. Shelby Cnty. Sch. Dist., 270 F.3d 1036, 1053 (6th Cir. 2001) (quoting Williams v. Kentucky, 24 F.3d 1526, 1536 (6th Cir. 1994)).

758 *Allred*, Ind. L.J. 64 (1988), S. 43 (45); *Rhodes*, Wm. & Mary Bill Rts. J. 15 (2007), S. 1173 (1177).

759 Pickering v. Bd. of Educ., 391 U.S. 563, 573–574 (1968).

760 Vgl. Pickering v. Bd. of Educ., 391 U.S. 563, 569–573 (1968).

und untersucht, ob diese den Dienstbetrieb,[761] das Weisungsverhältnis zwischen Bedienstetem und Dienstvorgesetzten,[762] enge Arbeitsbeziehungen[763] oder die Eintracht unter den Mitarbeitern beeinträchtigt,[764] nachteilige Folgen für den Dienstherrn hat[765] oder Anlass zu Zweifel an der Diensttauglichkeit des Beschäftigten gibt.[766]

Der US-Supreme Court würdigt darüber hinaus ein etwaiges öffentliches Interesse an der Rede.[767] Er weist etwa darauf hin, dass die Öffentlichkeit im Hinblick auf die Thematik des Leserbriefs ein besonderes Interesse an Stellungnahmen von Lehrkräften habe.[768] Ebenso berücksichtigt er ihren Einfluss auf die öffentliche Debatte,[769] indem er auf die Reaktion der Öffentlichkeit auf den Brief abstellt.[770] In der Literatur wird diesbezüglich kritisch angemerkt, dass die

---

761 Vgl. hierzu Rankin v. McPherson, 483 U.S. 378, 388 (1987) (citing Pickering v. Bd. of Educ., 391 U.S. 563, 570–573 (1968)); Cockrel v. Shelby Cnty. Sch. Dist., 270 F.3d 1036, 1053 (6th Cir. 2001) (quoting Williams v. Kentucky, 24 F.3d 1526, 1536 (6th Cir. 1994)); *Allred*, Ind. L.J. 64 (1988), S. 43 (46); *Dale*, Berkeley J. Emp. & Lab. L. 29 (2008), S. 175 (183); *Geier*, The Roberts Court and Public Schools, S. 124.

762 Vgl. hierzu Rankin v. McPherson, 483 U.S. 378, 388 (1987) (citing Pickering v. Bd. of Educ., 391 U.S. 563, 570–573 (1968)); Cockrel v. Shelby Cnty. Sch. Dist., 270 F.3d 1036, 1053 (6th Cir. 2001) (quoting Williams v. Kentucky, 24 F.3d 1526, 1536 (6th Cir. 1994)); *Dale*, Berkeley J. Emp. & Lab. L. 29 (2008), S. 175 (183).

763 Vgl. hierzu Rankin v. McPherson, 483 U.S. 378, 388 (1987) (citing Pickering v. Bd. of Educ., 391 U.S. 563, 570–573 (1968)); *Allred*, Ind. L.J. 64 (1988), S. 43 (45); *Rhodes*, Wm. & Mary Bill Rts. J. 15 (2007), S. 1173 (1177).

764 Vgl. hierzu Rankin v. McPherson, 483 U.S. 378, 388 (1987) (citing Pickering v. Bd. of Educ., 391 U.S. 563, 570–573 (1968)); Cockrel v. Shelby Cnty. Sch. Dist., 270 F.3d 1036, 1053 (6th Cir. 2001) (quoting Williams v. Kentucky, 24 F.3d 1526, 1536 (6th Cir. 1994)).

765 Hierzu *Allred*, Ind. L.J. 64 (1988), S. 43 (45).

766 Vgl. Rankin v. McPherson, 483 U.S. 378, 388 (1987) (citing Pickering v. Bd. of Educ., 391 U.S. 563, 570–573 (1968)); Cockrel v. Shelby Cnty. Sch. Dist., 270 F.3d 1036, 1053 (6th Cir. 2001) (quoting Williams v. Kentucky, 24 F.3d 1526, 1536 (6th Cir. 1994)); *Geier*, The Roberts Court and Public Schools, S. 124; *McCarthy/Eckes*, B.U. Pub. Int. L.J. 17 (2008), S. 209 (211); *Norcross*, U. Balt. L. Rev. 40 (2011), S. 543 (548); *Norton*, Duke L.J. 59 (2009), S. 1 (10); *Rhodes*, Wm. & Mary Bill Rts. J. 15 (2007), S. 1173 (1185).

767 *Kitrosser*, Sup. Ct. Rev. 2015 (2015), S. 301 (305 f. u. 309 f.); *Norcross*, U. Balt. L. Rev. 40 (2011), S. 543 (548); *Rhodes*, Wm. & Mary Bill Rts. J. 15 (2007), S. 1173 (1177).

768 Pickering v. Bd. of Educ., 391 U.S. 563, 571–572 (1968).

769 Vgl. Pickering v. Bd. of Educ., 391 U.S. 563, 570–571 (1968); *Daly*, J.L. & Educ. 30 (2001), S. 1 (8); *Rhodes*, Wm. & Mary Bill Rts. J. 15 (2007), S. 1173 (1200).

770 Pickering v. Bd. of Educ., 391 U.S. 563, 570 (1968).

Feststellung, die Rede des Lehrers habe keinen nennenswerten Einfluss auf die öffentliche Meinungsbildung gehabt, darauf schließen lassen könne, dass einer Rede ein höheres Schutzniveau zukomme, soweit sie von harmloser Natur sei, wohingegen eine Äußerung weniger geschützt sei, wenn sie einen störenden Charakter habe.[771]

(2) Beweislast und Kausalität: Mt. Healthy City School District v. Doyle (1977)

Die erste Ergänzung der Doktrin erfolgte im Jahr 1977 durch die Entscheidung in *Mt. Healthy City School District v. Doyle*[772].[773] Im zugrunde liegenden Fall verlängerte ein Schulrat das Dienstverhältnis eines befristet angestellten Lehrers nicht, nachdem dieser sich in einer Radiosendung öffentlich zu Schulangelegenheiten äußerte.[774] Der US-Supreme Court befand, es sei möglich, dass diese Maßnahme keine Verletzung der verfassungsmäßigen Rechte des Lehrers darstelle, wenngleich dessen Rede von der Verfassung geschützt sei und die Entscheidung des Schulrates wesentlich beeinflusst habe. Voraussetzung sei, dass sie ebenfalls ergangen wäre, hätte der Lehrer die mitursächlichen Äußerungen nicht getätigt. Der Umstand, der öffentlich Beschäftigte übe seine Redefreiheit aus, dürfe diesen nicht besserstellen.

Im Hinblick auf die Beweislast entwickelte der US-Supreme Court in diesem Zusammenhang den „*Mt. Healthy test*“,[775] demzufolge der Bedienstete zunächst aufzuzeigen hat, sein Verhalten sei durch die Verfassung geschützt und stelle den wesentlichen Grund für die angegriffene (Sanktions-)Maßnahme des Dienstherrn dar, woraufhin dieser berechtigt ist, darzulegen, diese wäre ebenfalls ergangen, hätte der Beschäftigte seine geschützte Rede nicht geäußert.[776] Dementsprechend müsse die Maßnahme des Dienstherrn von Gründen getragen sein, die unabhängig von der Äußerung des Bediensteten bestehen.[777]

---

771 So *Daly*, J.L. & Educ. 30 (2001), S. 1 (8), deren Anmerkung sich auf den Kontext einer Rede einer Lehrkraft bezieht.

772 Mt. Healthy City Sch. Dist. Bd. of Educ. v. Doyle, 429 U.S. 274 (1977).

773 Hierzu *Daly*, J.L. & Educ. 30 (2001), S. 1 (8).

774 Hierzu und im Folgenden Mt. Healthy City Sch. Dist. Bd. of Educ. v. Doyle, 429 U.S. 274, 282–287 (1977).

775 *Daly*, J.L. & Educ. 30 (2001), S. 1 (9).

776 Mt. Healthy City Sch. Dist. Bd. of Educ. v. Doyle, 429 U.S. 274, 285–287 (1977); siehe auch *Allred*, Ind. L.J. 64 (1988), S. 43 (48); *Daly*, J.L. & Educ. 30 (2001), S. 1 (9); *Secunda*, Emp. Rts. & Emp. Pol'y J. 20 (2016), S. 393 (401).

777 *Daly*, J.L. & Educ. 30 (2001), S. 1 (8 f.); *Rhodes*, Wm. & Mary Bill Rts. J. 15 (2007), S. 1173 (1179 f.); *Zenor*, Rich. J. L. & Pub. Int. 19 (2016), S. 101 (114).

(3) *Nicht-öffentliche Rede: Givhan v. Western Line Consolidated School District (1979)*

Sodann fokussierte der US-Supreme Court in *Givhan v. Western Line Consolidated School District*[778] die Frage, ob der 1. Zusatzartikel der US-Verfassung Äußerungen von Bediensteten umfasst, die nicht an die Öffentlichkeit beziehungsweise Allgemeinheit gerichtet sind.[779] Im zugrunde liegenden Fall beschwerte eine Lehrerin sich während ihrer Arbeitszeit im Rahmen eines persönlichen Gesprächs mit dem Schuldirektor darüber, bei Personalentscheidungen der Schule werde rassistisch diskriminiert.[780] Der US-Supreme Court entschied, dass ihre Äußerungen von der Redefreiheit geschützt seien. Der Umstand, sie äußere sich intern, gegenüber ihrem Vorgesetzten zu öffentlichen Angelegenheiten, anstatt ihre Kritik öffentlich zu artikulieren, führe nicht dazu, dass ihre Rede nicht vom 1. Zusatzartikel der US-Verfassung umfasst sei. Demgemäß erstreckt sich die Redefreiheit staatlich Beschäftigter auch auf die nicht-öffentliche Rede.[781]

(4) *Angelegenheiten von öffentlichem Interesse: Connick v. Myers (1983) und Rankin v. McPherson (1987)*

Anfang der 1980er Jahre folgte die Entscheidung in *Connick v. Myers*[782]. Im zugrunde liegenden Fall sandte eine Staatsanwältin anlässlich ihrer bevorstehenden Versetzung in eine andere Abteilung einen Fragebogen an die anderen Staatsanwälte in ihrer Behörde.[783] Dieser hatte unter anderem die Versetzungspraktiken, die Arbeitsatmosphäre, die potenzielle Einrichtung einer Beschwerdestelle sowie das Vertrauen in Vorgesetzte zum Gegenstand. Darüber hinaus beinhaltete er die Frage, ob die Beschäftigten sich unter Druck gesetzt fühlten, an politischen Kampagnen teilnehmen zu müssen. In dem Verhalten der

---

778 Givhan v. Western Line Consolidated Sch. Dist., 439 U.S. 410 (1979).

779 *Strasser*, Brook. L. Rev. 83 (2018), S. 579 (583).

780 Hierzu und im Folgenden Givhan v. Western Line Consolidated Sch. Dist., 439 U.S. 410, 411–416 (1979).

781 *Allred*, Ind. L.J. 64 (1988), S. 43 (47); *Bauries*, Educ. L. & Pol'y Rev. 2 (2015), S. 88 (96); *Daly*, J.L. & Educ. 30 (2001), S. 1 (9); *Kitrosser*, Sup. Ct. Rev. 2015 (2015), S. 301 (332); *McCarthy/Eckes*, B.U. Pub. Int. L.J. 17 (2008), S. 209 (211 f. u. 229); *Rhodes*, Wm. & Mary Bill Rts. J. 15 (2007), S. 1173 (1178); *Robertson*, St. Louis U. L.J. 60 (2016), S. 293 (296); *Strasser*, Brook. L. Rev. 83 (2018), S. 579 (583); *Zenor*, Rich. J. L. & Pub. Int. 19 (2016), S. 101 (110).

782 Connick v. Myers, 461 U.S. 138 (1983).

783 Hierzu und im Folgenden Connick v. Myers, 461 U.S. 138, 140–142 (1983).

Staatsanwältin sah ihr Vorgesetzter seine Autorität untergraben und kündigte ihr Dienstverhältnis. Die Staatsanwältin hingegen erkannte in dieser Maßnahme eine Verletzung ihres Rechts auf freie Rede und erhob Klage.

In seiner Entscheidung führt der US-Supreme Court aus, dass *Pickering*, *Mt. Healthy* und *Givhan* im Gegensatz zu *Connick* Äußerungen zu öffentlichen Angelegenheiten zum Gegenstand gehabt hätten.[784] Davon abzugrenzen sei die Situation, in der ein Bediensteter über Angelegenheiten von privatem Interesse spreche. Er hält fest, dass, soweit keine öffentlichen Belange tangiert seien, dahinstehen könne, zu untersuchen, welche Gründe zu der Entlassung führten. In diesem Fall müsse dem Dienstherrn zum Zwecke der Leitung der Behörde ein weiter Gestaltungsraum zukommen, in den die Gerichte nicht eingriffen. Der Supreme Court konstatiert, dass, wenngleich die Thematisierung von Mitarbeit in politischen Kampagnen sich auf eine öffentliche Angelegenheit beziehe, der Fragebogen im Übrigen Ausdruck der persönlichen Unzufriedenheit der Staatsanwältin aufgrund ihrer bevorstehenden Versetzung sei. Unter Würdigung der Gesamtumstände kommt er zu dem Ergebnis, dass es sich bei dem Fragebogen insgesamt um eine persönliche Beschwerde bezüglich interner Angelegenheiten der Behörde handele und die Entlassung der Staatsanwältin ihre Redefreiheit nicht verletze.

Die Entscheidung in *Connick* modifizierte die Doktrin dergestalt, dass, bevor in die Interessenabwägung nach *Pickering* eingestiegen werden kann, ein vorgeschalteter Prüfungsschritt zu erfolgen hat, in dessen Rahmen festzustellen gilt, ob sich die Rede auf „Angelegenheiten von öffentlichem Interesse" bezieht.[785] Dabei sind Inhalt, Form und Kontext der Äußerung maßgeblich,[786] wobei unter einer öffentlichen Angelegenheit nach der umfassenden[787] Definition des

784 Hierzu und im Folgenden Connick v. Myers, 461 U.S. 138, 143–154 (1983).

785 Garcetti v. Ceballos, 547 U.S. 410, 418 (2006) (citing Pickering v. Bd. of Educ., 391 U.S. 563, 568 (1968); Connick v. Myers, 461 U.S. 138, 147 (1983)); *Allred*, Ind. L.J. 64 (1988), S. 43 (48); *Bauries*, Educ. L. & Pol'y Rev. 2 (2015), S. 88 (96); *Dale*, Berkeley J. Emp. & Lab. L. 29 (2008), S. 175 (182 f.); *Graham*, S.M.U. L. Rev. 65 (2012), S. 685 (689); *Hutchens*, Ky. L.J. 97 (2008), S. 37 (67); *Keenan*, Notre Dame L. Rev. 87 (2011), S. 841 (843 f.); *Krebs*, Vand. L. Rev. 75 (2022), S. 1925 (1934); *McCarthy*, West's Educ. L. Rep. 210 (2006), S. 867 (869); *Papandrea*, N.C. L. Rev. 90 (2012), S. 1597 (1613); *Rhodes*, Wm. & Mary Bill Rts. J. 15 (2007), S. 1173 (1178 f.); *Wiese*, ABA J. Lab. & Emp. L. 25 (2010), S. 509 (513); *Zenor*, Rich. J. L. & Pub. Int. 19 (2016), S. 101 (111).

786 Connick v. Myers, 461 U.S. 138, 147–148 (1983).

787 So etwa *Daly*, J.L. & Educ. 30 (2001), S. 1 (10); anders *Krotoszynski, Jr.*, Ind. L.J. 93 (2018), S. 267 (280).

US-Supreme Court „[…] jede Angelegenheit von politischem, sozialem oder sonstigem Interesse für die Gemeinschaft […]“[788] zu verstehen ist.[789] Im Rahmen der Interpretation der Rede kann beispielsweise untersucht werden, ob sie auf die Anregung einer öffentlichen Diskussion oder bloß auf eine Änderung der eigenen Arbeitsbedingungen abzielt.[790] So haben Gerichte unter anderem Beschwerden über Personalentscheidungen und Gehälter nicht als öffentliche Belange bewertet.[791] Ist eine Rede über „Angelegenheiten von öffentlichem Interesse“ gegeben, ist mit dem „*Pickering balancing test*“ fortzufahren.[792] Demgegenüber unterbleibt die Interessenabwägung im Falle einer Äußerung zu privaten Angelegenheiten und die Rede ist folglich nicht geschützt.[793]

In der Literatur wird konstatiert, dass die Einführung der mehrstufigen Prüfung durch *Connick* die Rechtsstellung öffentlich Beschäftigter verschlechtert habe.[794] Andere Stimmen behaupten, es habe sich an dem verfassungsmäßigen

788 Connick v. Myers, 461 U.S. 138, 146 (1983) ("*[…] any matter of political, social, or other concern to the community […]*").

789 Hierzu *Daly*, J.L. & Educ. 30 (2001), S. 1 (10).

790 *Papandrea*, N.C. L. Rev. 90 (2012), S. 1597 (1613 f.).

791 *Rhodes*, Wm. & Mary Bill Rts. J. 15 (2007), S. 1173 (1181) m.w.N.

792 Garcetti v. Ceballos, 547 U.S. 410, 418 (2006) (citing Pickering v. Bd. of Educ., 391 U.S. 563, 568 (1968)); *Allred*, Ind. L.J. 64 (1988), S. 43 (48); *Bauries*, Educ. L. & Pol'y Rev. 2 (2015), S. 88 (96); *Donehower*, Mich. L. Rev. 102 (2003), S. 517 (519); *Graham*, S.M.U. L. Rev. 65 (2012), S. 685 (689); *Hutchens*, Ky. L.J. 97 (2008), S. 37 (67); *Keenan*, Notre Dame L. Rev. 87 (2011), S. 841 (843 f.); *Norton*, Duke L.J. 59 (2009), S. 1 (9 f.); *Rhodes*, Wm. & Mary Bill Rts. J. 15 (2007), S. 1173 (1179); *Roosevelt, III*, U. Pa. J. Const. L. 14 (2012), S. 631.

793 Garcetti v. Ceballos, 547 U.S. 410, 418 (2006) (citing Connick v. Myers, 461 U.S. 138, 147 (1983)); *Bauries*, Educ. L. & Pol'y Rev. 2 (2015), S. 88 (96); *Dale*, Berkeley J. Emp. & Lab. L. 29 (2008), S. 175 (182 f.); *Deloney*, Chi.-Kent L. Rev. 91 (2016), S. 709 (718 f.); *Donehower*, Mich. L. Rev. 102 (2003), S. 517 (519); *Graham*, S.M.U. L. Rev. 65 (2012), S. 685 (689); *Hutchens*, Ky. L.J. 97 (2008), S. 37 (67); *Keenan*, Notre Dame L. Rev. 87 (2011), S. 841 (844); *Norton*, Duke L.J. 59 (2009), S. 1 (9); *Rhodes*, Wm. & Mary Bill Rts. J. 15 (2007), S. 1173 (1179); *Roosevelt, III*, U. Pa. J. Const. L. 14 (2012), S. 631.

794 So *Allred*, Ind. L.J. 64 (1988), S. 43 (49); *Dale*, Berkeley J. Emp. & Lab. L. 29 (2008), S. 175 (182); *Daly*, J.L. & Educ. 30 (2001), S. 1 (9), die ihre Aussage auf die Rechtsstellung von Lehrkräften bezieht; *McCarthy*, West's Educ. L. Rep. 210 (2006), S. 867 (869); *Papandrea*, N.C. L. Rev. 90 (2012), S. 1597 (1613); *Wiese*, ABA J. Lab. & Emp. L. 25 (2010), S. 509 (513).

Schutz ihrer Rede im Wesentlichen nichts geändert.[795] Dies werde beispielsweise mit Blick auf das weite Verständnis des Begriffs der öffentlichen Angelegenheiten in der späteren Entscheidung in *Rankin v. McPherson*[796] deutlich.[797]

In dem der Entscheidung in *Rankin v. McPherson* zugrunde liegenden Fall äußerte eine Mitarbeiterin in einem Polizeibüro während der Arbeit gegenüber einem Kollegen, sie hoffe, die Täter des gescheiterten Anschlags auf Präsident *Ronald Reagan* seien bei einem potenziellen nächsten Versuch erfolgreich.[798] Der US-Supreme Court hielt fest, dass für die Bestimmung, ob eine Rede sich auf Angelegenheiten von öffentlichem Interesse beziehe, ihr etwaiger unangebrachter oder kontroverser Charakter unerheblich sei. Die Mitarbeiterin habe sich zu einer öffentlichen Angelegenheit geäußert, da ihre Aussage im Kontext eines Gesprächs über die Regierungspolitik gestanden und sie mit dem Anschlag auf den Präsidenten über ein öffentlichkeitsrelevantes Thema gesprochen habe, ohne dass ihre Aussage als Drohung zu verstehen sei. Im Rahmen der Interessenabwägung führte der US-Supreme Court unter anderem aus, es sei nicht davon auszugehen, dass die Mitarbeiterin durch ihre Äußerung die Arbeit der Behörde gestört oder diese gegenüber der Öffentlichkeit in Verruf gebracht habe. Dafür spreche nicht zuletzt ihre Stellung innerhalb der Behörde. So bekleide sie weder eine Führungsposition noch sei sie in der Strafverfolgung tätig. Zudem habe sie im Rahmen ihrer Diensttätigkeit keinen Kontakt zur Öffentlichkeit. Er entschied, ihre Rede sei durch den 1. Zusatzartikel der US-Verfassung geschützt.

bb) Modifikation durch Garcetti v. Ceballos (2006)

Im Jahr 2006 entschied der US-Supreme Court in *Garcetti v. Ceballos*[799], dass die Rede öffentlich Beschäftigter kategorisch von dem Schutz durch den 1. Zusatzartikel der US-Verfassung ausgeschlossen ist, wenn sie „entsprechend ihren dienstlichen Pflichten" geäußert wird.[800] Das Judikat, das mit einer knappen Mehrheit von fünf zu vier Stimmen erging,[801] ist Gegenstand einer kontroversen

795 So *Bauries*, Miss. L.J. 83 (2014), S. 677 (710); *Bauries*, Educ. L. & Pol'y Rev. 2 (2015), S. 88 (96); anders *Dale*, Berkeley J. Emp. & Lab. L. 29 (2008), S. 175 (182), die eine substanzielle Veränderung der Prüfung erkennt.

796 Rankin v. McPherson, 483 U.S. 378 (1987).

797 So *Bauries*, Miss. L.J. 83 (2014), S. 677 (710 mit Fn. 161); *Bauries*, Educ. L. & Pol'y Rev. 2 (2015), S. 88 (96 mit Fn. 45).

798 Hierzu und im Folgenden Rankin v. McPherson, 483 U.S. 378, 379–392 (1987).

799 Garcetti v. Ceballos, 547 U.S. 410 (2006).

800 Garcetti v. Ceballos, 547 U.S. 410, 421–422 (2006).

801 Garcetti v. Ceballos, 547 U.S. 410, 412 (2006).

rechtswissenschaftlichen Diskussion,[802] in deren Zentrum die Frage steht, ob die Anwendung der kategorischen Ausschlussregel zweckdienlich und angemessen ist.[803] Im Fokus der Kritik steht im Besonderen der Umstand, dass der US-Supreme Court es unterließ, das Tatbestandsmerkmal „entsprechend ihren dienstlichen Pflichten" („*pursuant to their official duties*"[804]) zu definieren und konkrete Vorgaben für die Bestimmung des Pflichtenkreises im Einzelfall festzulegen.[805] Angesichts dessen haben sich in den Bundesgerichtskreisen divergierende Interpretationsansätze gebildet.[806] In diesem Zusammenhang wird in jüngerer Zeit auf die Entscheidung des US-Supreme Court in *Lane v. Franks*[807] verwiesen und eruiert, ob sie eine restriktive Lesart von *Garcetti* fordert und inwiefern sie sich auf die Rechtsprechung in den Gerichtsbezirken auswirkt.[808]

(1) Entsprechend ihren Dienstpflichten: Garcetti v. Ceballos (2006)

Im Fall in *Garcetti v. Ceballos*[809] wandte sich ein Strafverteidiger vor dem Hintergrund eines Strafermittlungsverfahrens an einen Staatsanwalt und

---

802 Hierzu *Bauries*, Educ. L. & Pol'y Rev. 2 (2015), S. 88 (98 f.); *Roosevelt, III*, U. Pa. J. Const. L. 14 (2012), S. 631 (631 f. u. 636); *Rosenthal*, Fordham L. Rev. 77 (2008), S. 33 (36 f.), jeweils m.w.N.

803 *Rhodes*, Wm. & Mary Bill Rts. J. 15 (2007), S. 1173 (1191).

804 Garcetti v. Ceballos, 547 U.S. 410, 421 (2006).

805 So Garcetti v. Ceballos, 547 U.S. 410, 436 n.6 (2006) (Souter, J., dissenting); *Flynn*, Mich. L. Rev. 111 (2013), S. 759 (786 f.); *Keenan*, Notre Dame L. Rev. 87 (2011), S. 841 (841 f. u. 868 f.); *Rhodes*, Wm. & Mary Bill Rts. J. 15 (2007), S. 1173 (1191–1194).

806 *Chohan*, Denv. U. L. Rev. 85 (2008), S. 573 (574); *Deloney*, Chi.-Kent L. Rev. 91 (2016), S. 709 (721); *Flynn*, Mich. L. Rev. 111 (2013), S. 759 (771 u. 786); *Hodges/Pugh*, U.C. Davis L. Rev. 52 (2018), S. 1 (17); *Keenan*, Notre Dame L. Rev. 87 (2011), S. 841 (842); *LoMonte*, U. Kan. L. Rev. 68 (2019), S. 1 (22–27); *Norcross*, U. Balt. L. Rev. 40 (2011), S. 543 (556 f.); *Papandrea*, N.C. L. Rev. 90 (2012), S. 1597 (1617).

807 Lane v. Franks, 134 S. Ct. 2369 (2014).

808 Hierzu *Bauries*, Educ. L. & Pol'y Rev. 2 (2015), S. 88 (123–125); *Connolly/Wasserman*, Rev. L. & Econ. 16 (2019), S. 1 (2, 4–6 u. 20–22); *Deloney*, Chi.-Kent L. Rev. 91 (2016), S. 709 (722–727); *Kitrosser*, Sup. Ct. Rev. 2015 (2015), S. 301 (311–323); *Kitrosser*, Wash. L. Rev. 95 (2018), S. 1405 (1414–1419); *Krotoszynski, Jr.*, Ind. L.J. 93 (2018), S. 267 (286); *LoMonte*, U. Kan. L. Rev. 68 (2019), S. 1 (27–32); *Robertson*, St. Louis U. L.J. 60 (2016), S. 293 (307–313); *Rumel*, Hofstra Lab. & Emp. L. J. 34 (2017), S. 243 (261–264); *Schoen*, Hastings Const. L.Q. 2016, S. 537 (562–575); *Secunda*, Emp. Rts. & Emp. Pol'y J. 20 (2016), S. 393 (403 f. u. 414); *Still*, Fordham L. Rev. 88 (2020), S. 1543 (1555–1557, 1567 f. u. 1572).

809 Garcetti v. Ceballos, 547 U.S. 410 (2006).

behauptete, dass eine eidesstattliche Versicherung eines polizeilichen Mitarbeiters, auf der ein Durchsuchungsbefehl fußte, Ungenauigkeiten aufgewiesen habe.[810] Der Staatsanwalt untersuchte den Sachverhalt und kam zu dem Schluss, die Erklärung des Mitarbeiters habe falsche Darstellungen enthalten. Er setzte seine Vorgesetzten darüber in Kenntnis und legte ihnen eine entsprechende Stellungnahme vor. Infolgedessen fand ein Treffen zwischen der Staatsanwaltschaft und der betreffenden Polizeidienststelle statt, um die Problematik zu erörtern. Dabei ereignete sich eine erregte Auseinandersetzung, in der ein Polizist das Vorgehen des Staatsanwalts scharf kritisierte. Trotz der seitens des Staatsanwalts vorgebrachten Bedenken entschied sein Vorgesetzter, das Ermittlungsverfahren aufrechtzuerhalten.

Der Strafverteidiger beantragte schließlich die Anfechtung des Durchsuchungsbefehls, woraufhin das zuständige Gericht eine Anhörung durchführte, in deren Rahmen der Staatsanwalt, von der Verteidigung aufgerufen, seine Feststellungen vortrug.[811] Das Gericht wies die Anfechtung indes ab. Der Staatsanwalt behauptete, infolge dieser Ereignisse sei er vonseiten seiner Vorgesetzten Vergeltungsmaßnahmen ausgesetzt gewesen, zu denen er die Ablehnung einer Beförderung zählte. Er beschwerte sich bei seinem Dienstherrn, der seine Sicht freilich nicht teilte. Daraufhin reichte er Klage ein, da er sich durch die Maßnahmen, die ihren Grund in der Vorlage seiner Stellungnahme zu der eidesstattlichen Versicherung hätten, in seiner Redefreiheit verletzt sah. Der Dienstvorgesetzte begründete seine Maßnahmen unter anderem mit Personalbedarf und erkannte in der Stellungnahme keine geschützte Rede.

Das erstinstanzliche Bezirksgericht kam zu dem Ergebnis, dass sie nicht durch die Redefreiheit geschützt sei, da der Staatsanwalt sie entsprechend seinen Pflichten geäußert habe.[812] Das Appellationsgericht für den Neunten Bundesgerichtskreis hingegen erkannte in der Stellungnahme eine nach dem Pickering-Connick-Standard durch den 1. Zusatzartikel der US-Verfassung geschützte Äußerung und hob die Entscheidung der Vorinstanz auf.[813]

In seiner Entscheidung rekurriert der US-Supreme Court zunächst auf seine Judikatur, der gemäß öffentlich Beschäftigte nicht auf die Ausübung ihrer verfassungsmäßigen Rechte verzichten müssten.[814] Der Staat sei darin beschränkt,

---

810 Hierzu und im Folgenden Garcetti v. Ceballos, 547 U.S. 410, 413–415 (2006).

811 Hierzu und im Folgenden Garcetti v. Ceballos, 547 U.S. 410, 413–415 (2006).

812 Garcetti v. Ceballos, 547 U.S. 410, 415 (2006).

813 Ceballos v. Garcetti, 361 F.3d 1168, 1172–1185 (9th Cir. 2004).

814 Garcetti v. Ceballos, 547 U.S. 410, 417 (2006) (citing Pickering v. Bd. of Educ., 391 U.S. 563, 568 (1968); Connick v. Myers, 461 U.S. 138, 147 (1983); Rankin

die bürgerlichen Freiheiten seiner Bediensteten einzuschränken.[815] Gleichwohl müssten dem Dienstherrn umfangreiche Kontrollbefugnisse zustehen, zumal Äußerungen Bediensteter dazu geeignet seien, die Erfüllung der staatlichen Aufgaben zu beeinträchtigen, könnten sie beispielsweise dem jeweiligen Regierungshandeln zuwiderlaufen.[816] In Bezugnahme auf den Pickering-Connick-Standard konstatiert er, dass für die Frage nach dem Schutz einer Rede eines Bediensteten durch den 1. Zusatzartikel der US-Verfassung maßgeblich sei, ob eine angemessene Begründung dafür vorliege, dass der Staat ihn hinsichtlich seiner Äußerung im Vergleich zu Bürgern im Allgemeinen ungleich behandele.[817] Folglich sei für die Prüfung der Zusammenhang zwischen Rede und Diensttätigkeit substanziell.[818]

Daraufhin widmet er sich dem ihm vorliegenden Sachverhalt und stellt fest, dass die Rede in Form der Vorlage der Stellungnahme eine Äußerung interner Natur sei.[819] Dieser Umstand sei freilich nicht entscheidend, da seiner Givhan-Rechtsprechung zufolge auch die nicht-öffentliche Rede vom 1. Zusatzartikel der US-Verfassung erfasst sein könne.[820] Dass die Stellungnahme überdies einen inhaltlichen Bezug zu der Diensttätigkeit aufweise, sei ebenso wenig entscheidungserheblich.[821] Indes sei von zentraler Bedeutung, dass der Staatsanwalt seine Rede entsprechend seinen beruflichen Pflichten geäußert habe, da er in seiner beruflichen Funktion agiert habe, während er gegenüber seinem Vorgesetzten eine Empfehlung zu dem Vorgehen in einem laufenden Ermittlungsverfahren abgegeben habe.[822]

In Anbetracht dessen hält der US-Supreme Court fest: „[…] wenn öffentlich Beschäftigte Aussagen entsprechend ihren dienstlichen Pflichten tätigen, sprechen die Beschäftigten nicht als Bürger zu Zwecken des Ersten Zusatzartikels

---

v. McPherson, 483 U.S. 378, 384 (1987); United States v. Treasury Employees, 513 U.S. 454, 466 (1995)).

815 Garcetti v. Ceballos, 547 U.S. 410, 419 (2006) (citing Perry v. Sinderman, 408 U.S. 593, 597 (1972)).

816 Garcetti v. Ceballos, 547 U.S. 410, 418–419 (2006).

817 Garcetti v. Ceballos, 547 U.S. 410, 418 (2006) (citing Pickering v. Bd. of Educ., 391 U.S. 563, 568 (1968)).

818 Garcetti v. Ceballos, 547 U.S. 410, 418 (2006).

819 Garcetti v. Ceballos, 547 U.S. 410, 420 (2006).

820 Garcetti v. Ceballos, 547 U.S. 410, 420–421 (2006) (citing Givhan v. Western Line Consolidated Sch. Dist., 439 U.S. 410, 414 (1979)).

821 Garcetti v. Ceballos, 547 U.S. 410, 421 (2006) (citing Givhan v. Western Line Consolidated Sch. Dist., 439 U.S. 410, 414 (1979)).

822 Garcetti v. Ceballos, 547 U.S. 410, 421 (2006).

[…]."[823] In diesem Fall schütze die Verfassung ihre Rede im Verhältnis zum Dienstherrn nicht, da der Staat dadurch, dass er Äußerungen einschränke, die allein aufgrund der Dienstpflichten des Beschäftigten existierten, keine Freiheiten antaste, die dieser als Bürger ausüben könnte.[824] Vielmehr komme in diesem Handeln zum Ausdruck, der Dienstherr übe Kontrolle über das aus, was er selbst erschaffen habe.[825]

Sodann zieht der US-Supreme Court den in seiner Entscheidung in *Pickering* zugrunde liegenden Sachverhalt vergleichend heran und schlussfolgert, dass die Äußerung des Lehrers im Gegensatz zu der vorliegenden Stellungnahme kein amtlicher Charakter zugekommen sei, da der Leserbrief einem solchen eines jeden anderen Bürgers geglichen habe.[826] Der Staatsanwalt hingegen habe nicht in seiner Rolle als Bürger gehandelt, während er im Arbeitsalltag die Aufgaben erledigt habe, für die er bezahlt worden sei. Überdies weist der US-Supreme Court darauf hin, dass sein Ergebnis nicht im Widerspruch zu seiner Rechtsprechung stehe, die den potenziellen sozialen Wert der Rede Bediensteter würdige. Denn das Recht, sich am öffentlichen Diskurs zu beteiligen gewähre ihnen nicht „[…] ihre Arbeit auszuführen, wie auch immer sie es für richtig halten."[827]

Er führt aus, seine Entscheidung trage dem Umstand Rechnung, dass dem Dienstherrn zum Zwecke der Leitung der Behörde ein Ermessensspielraum zukommen müsse, damit gewährleistet sei, dass offizielle Mitteilungen der Bediensteten korrekt seien und den behördlichen Auftrag förderten.[828] Da die Stellungnahme des Staatsanwalts zu einer erregten Auseinandersetzung mit Mitarbeitern der Polizeidienststelle geführt und die Beachtung durch seine Vorgesetzten erfordert habe, stand diesen die Befugnis zu, korrigierend einzugreifen. Der Ansatz der Vorinstanz hingegen fuße auf keiner präjudiziellen Grundlage und führe in der Konsequenz dazu, dass den bundes- und einzelstaatlichen Gerichten eine neuartige Zuständigkeit zukomme, umfassend Aufsicht über die Kommunikation zwischen Bediensteten und deren Vorgesetzten

---

823 Garcetti v. Ceballos, 547 U.S. 410, 421 (2006) ("*[…] when public employees make statements pursuant to their official duties, the employees are not speaking as citizens for First Amendment purposes […].*").

824 Garcetti v. Ceballos, 547 U.S. 410, 421–422 (2006).

825 Garcetti v. Ceballos, 547 U.S. 410, 421–422 (2006).

826 Hierzu und im Folgenden Garcetti v. Ceballos, 547 U.S. 410, 421–422 (2006).

827 Garcetti v. Ceballos, 547 U.S. 410, 422 (2006) ("*[…] to perform their jobs however they see fit.*").

828 Hierzu und im Folgenden Garcetti v. Ceballos, 547 U.S. 410, 422–424 (2006).

zu führen. Dadurch würden Gerichte permanent in das Handeln der Exekutive eingreifen, was mit den Prinzipien des Föderalismus und der Gewaltenteilung unvereinbar sei. Die Vorinstanz verkenne, dass zwischen einer Rede entsprechend den dienstlichen Pflichten und der eines Bürgers keine Analogie bestehe.

Darauffolgend konstatiert der US-Supreme Court, dass sich im Rahmen seiner Entscheidung nicht die Gelegenheit biete, Anhaltspunkte für die Bestimmung des Umfangs dienstlicher Pflichten darzulegen, da keine der Parteien bestreite, der Staatsanwalt hätte seine Stellungnahme entsprechend seinen beruflichen Pflichten verfasst.[829] In Bezugnahme auf eines der abweichenden Minderheitenvoten[830] merkt er freilich an, er gehe nicht davon aus, dass öffentliche Arbeitgeber die freie Rede ihrer Beschäftigten einschränken könnten, indem sie den Umfang formaler Tätigkeitsbeschreibungen weit ausdehnten.[831] Zur Bestimmung des dienstlichen Pflichtenkreises habe eine praxisorientierte Untersuchung zu erfolgen.[832]

Darüber hinaus greift er die in demselben Minderheitenvotum[833] aufgeworfene Frage nach den Auswirkungen seiner Entscheidung auf die akademische Freiheit auf und merkt an, dass Äußerungen im Rahmen von Wissenschaft oder Lehrtätigkeit verfassungsmäßige Belange aufwürfen, die von seiner Judikatur zur Redefreiheit Bediensteter nicht vollständig berücksichtigt würden.[834] Indes entscheide er nicht, ob seine rechtlichen Ausführungen auf einen entsprechenden Fall zu übertragen seien, da diese Frage sich vorliegend nicht stelle. Schließlich betont er im Hinblick auf mögliche Implikationen seiner Entscheidung für die Rechtsstellung von Whistleblowern, es sei wichtig, dass rechtswidriges staatliches Fehlverhalten im Interesse der Allgemeinheit aufgedeckt werden könne. Diesem Umstand werde dadurch Rechnung getragen, dass Bedienstete durch die legislative Rechtssetzung in Gestalt von Whistleblower- und Arbeitsgesetzen bereits hinreichend geschützt seien. Er hebt die Entscheidung des Appellationsgerichts auf und verweist den Fall zurück.[835]

Der US-Supreme Court geht in *Garcetti* von der bereits der Entscheidung in *Pickering* zugrunde liegenden Prämisse aus, dass der 1. Zusatzartikel der Verfassung der Vereinigten Staaten von Amerika eine Vergleichbarkeit zwischen

---

829 Garcetti v. Ceballos, 547 U.S. 410, 424 (2006).
830 Garcetti v. Ceballos, 547 U.S. 410, 431 n.2 (2006) (Souter, J., dissenting).
831 Garcetti v. Ceballos, 547 U.S. 410, 424 (2006).
832 Garcetti v. Ceballos, 547 U.S. 410, 424 (2006).
833 Garcetti v. Ceballos, 547 U.S. 410, 438–439 (2006) (Souter, J., dissenting).
834 Hierzu und im Folgenden Garcetti v. Ceballos, 547 U.S. 410, 425–426 (2006).
835 Garcetti v. Ceballos, 547 U.S. 410, 417, 426 (2006).

der Rede des Bediensteten und einer entsprechenden eines Bürgers im Allgemeinen fordert.[836] Angesichts dessen konstatiert er, dass die Verknüpfung von Rede und Diensttätigkeit für die Beantwortung der Frage nach dem Schutz einer Äußerung substanziell ist.[837] Er ergänzt die Doktrin um einen weiteren Prüfungsschritt, in dessen Rahmen zu untersuchen ist, ob der Bedienstete seine Rede „entsprechend seinen dienstlichen Pflichten" äußerte.[838] Nur, wenn dies zu verneinen ist, ist mit der weiteren Prüfung gemäß dem Pickering-Connick-Standard fortzufahren,[839] da Äußerungen, die der Beschäftigte entsprechend

836 Vgl. Garcetti v. Ceballos, 547 U.S. 410, 418 (2006) (citing Pickering v. Bd. of Educ., 391 U.S. 563, 568 (1968)).

837 Garcetti v. Ceballos, 547 U.S. 410, 418 (2006).

838 So Chaklos v. Stevens, 560 F.3d 705, 711–712 (7th Cir. 2009); Reilly v. City of Atl. City, 532 F.3d 216, 228 (3rd Cir. 2008); Davis v. McKinney, 518 F.3d 304, 312 (5th Cir. 2008) (citing Mills v. City of Evansville, 452 F.3d 646, 647–648 (7th Cir. 2006)); Mills v. City of Evansville, 452 F.3d 646, 647–648 (7th Cir. 2006); *Bauries/Schach*, West's Educ. L. Rep. 262 (2011), S. 357 (368 u. 386); *Flynn*, Mich. L. Rev. 111 (2013), S. 759 (761); *Geier*, The Roberts Court and Public Schools, S. 128; *Graham*, S.M.U. L. Rev. 65 (2012), S. 685 (692); *Hodges/Pugh*, U.C. Davis L. Rev. 52 (2018), S. 1 (13 u. 19); *Keenan*, Notre Dame L. Rev. 87 (2011), S. 841 (847); *Kitrosser*, Wash. L. Rev. 95 (2018), S. 1405 (1414 f.); *Kleinbrodt*, Mich. L. Rev. 112 (2013), S. 111 (115 f.); *McCarthy*, West's Educ. L. Rep. 210 (2006), S. 867 (878); *Norcross*, U. Balt. L. Rev. 40 (2011), S. 543 (556); *Norton*, Duke L.J. 59 (2009), S. 1 (11–13); *Roberts*, Rev. Public Pers. Adm. 35 (2015), S. 386 (394); *Roosevelt, III*, U. Pa. J. Const. L. 14 (2012), S. 631; *Sanchez*, Am. J. Trial Advoc. 30 (2007), S. 539 (561); *Secunda*, U. Colo. L. Rev. 79 (2008), S. 1101 (1107–1111); *Secunda*, San Diego L. Rev. 48 (2011), S. 907 (908 f.); *Secunda*, Emp. Rts. & Emp. Pol'y J. 20 (2016), S. 393 (403); *Still*, Fordham L. Rev. 88 (2020), S. 1543 (1547 u. 1568 f.); *Wiese*, ABA J. Lab. & Emp. L. 25 (2010), S. 509 (514 f.); *Zenor*, Rich. J. L. & Pub. Int. 19 (2016), S. 101 (113); anders Bradley v. James, 479 F.3d 536, 538 (8th Cir. 2007); *Dale*, Berkeley J. Emp. & Lab. L. 29 (2008), S. 175 (211 f.), die davon ausgehen, dass die Prüfung weiterhin aus zwei Schritten besteht und *Garcetti* lediglich den ersten Schritt insofern modifiziert, als zu prüfen ist, ob der Beschäftigte sich *als Bürger* über öffentliche Angelegenheiten äußert. Ob dieser *als Bürger* spricht, bestimmt sich danach, ob er sich entsprechend seinen dienstlichen Pflichten äußert; so auch der US-Supreme Court, der im Ergebnis freilich in drei Schritten prüft, siehe Lane v. Franks, 134 S. Ct. 2369, 2378–2381 (2014); hierzu auch *Rumel*, Hofstra Lab. & Emp. L. J. 34 (2017), S. 243 (253 f.).

839 Mills v. City of Evansville, 452 F.3d 646, 647–648 (7th Cir. 2006) (citing Waters v. Churchill, 511 U.S. 661 (1994); Connick v. Myers, 461 U.S. 138 (1983); Givhan v. Western Line Consolidated Sch. Dist., 439 U.S. 410 (1979)); *Bauries/Schach*, West's Educ. L. Rep. 262 (2011), S. 357 (368 u. 386); *Graham*, S.M.U. L. Rev. 65 (2012), S. 685 (692); *Hodges/Pugh*, U.C. Davis L. Rev. 52 (2018), S. 1 (13); *Keenan*,

seinen Dienstpflichten tätigt, von dem Schutz durch die Redefreiheit kategorisch ausgeschlossen sind.[840] Mit anderen Worten ist zunächst zu untersuchen, ob der Beschäftigte sich in seiner Rolle als Bürger äußerte, bevor zu prüfen ist, ob seine Rede sich auf Angelegenheiten von öffentlichem Interesse bezieht.[841]

Die Einführung dieser kategorischen Ausschlussregel stellt eine signifikante Veränderung der Dogmatik der Doktrin dar, die nach dem Pickering-Connick-Standard im Wesentlichen eine Interessenabwägung darstellte.[842] Während der Inhalt der Rede ein wesentlicher Gesichtspunkt für die Prüfung nach dem Pickering-Connick-Standard ist, stellt *Garcetti* auf die Person des Äußernden und die Funktion der Rede ab.[843] Der US-Supreme Court

---

Notre Dame L. Rev. 87 (2011), S. 841 (847); *Kleinbrodt*, Mich. L. Rev. 112 (2013), S. 111 (115); *Nahmod*, U. Rich. L. Rev. 42 (2008), S. 561 (574); *Norton*, Duke L.J. 59 (2009), S. 1 (13); *Roberts*, Rev. Public Pers. Adm. 35 (2015), S. 386 (394); *Secunda*, U. Colo. L. Rev. 79 (2008), S. 1101 (1109); *Secunda*, San Diego L. Rev. 48 (2011), S. 907 (908 f.); *Secunda*, Emp. Rts. & Emp. Pol'y J. 20 (2016), S. 393 (403); *Wynee/Vahughn*, Ala. C.R. & C.L. L. Rev. 8 (2017), S. 239 (251); *Zenor*, Rich. J. L. & Pub. Int. 19 (2016), S. 101 (113).

840 Garcetti v. Ceballos, 547 U.S. 410, 421 (2006); siehe auch Garcetti v. Ceballos, 547 U.S. 410, 434 (2006) (Souter, J., dissenting); *Bauries/Schach*, West's Educ. L. Rep. 262 (2011), S. 357 (358, 368 u. 386); *Bauries*, Educ. L. & Pol'y Rev. 2 (2015), S. 88 (97 f. u. 105 f.); *Chohan*, Denv. U. L. Rev. 85 (2008), S. 573 (579 u. 591); *Flynn*, Mich. L. Rev. 111 (2013), S. 759 (761 u. 769); *Graham*, S.M.U. L. Rev. 65 (2012), S. 685 (692); *Hodges/Pugh*, U.C. Davis L. Rev. 52 (2018), S. 1 (13); *Keenan*, Notre Dame L. Rev. 87 (2011), S. 841 (841 u. 844); *Kitrosser*, Wash. L. Rev. 95 (2018), S. 1405 (1414 f.); *Kleinbrodt*, Mich. L. Rev. 112 (2013), S. 111 (115); *Nahmod*, U. Rich. L. Rev. 42 (2008), S. 561 (574 u. 580); *Norcross*, U. Balt. L. Rev. 40 (2011), S. 543 (551); *Rhodes*, Wm. & Mary Bill Rts. J. 15 (2007), S. 1173 (1174 u. 1187); *Roosevelt, III*, U. Pa. J. Const. L. 14 (2012), S. 631; *Rosenthal*, Fordham L. Rev. 77 (2008), S. 33 (37 u. 39); *Rumel*, Hofstra Lab. & Emp. L. J. 34 (2017), S. 243 (245); *Sanchez*, Am. J. Trial Advoc. 30 (2007), S. 539 (559 f.); *Schwartz*, Touro L. Rev. 22 (2007), S. 1033 (1036); *Secunda*, San Diego L. Rev. 48 (2011), S. 907 (915); *Wynee/Vahughn*, Ala. C.R. & C.L. L. Rev. 8 (2017), S. 239 (251); *Zenor*, Rich. J. L. & Pub. Int. 19 (2016), S. 101 (120).

841 *Dale*, Berkeley J. Emp. & Lab. L. 29 (2008), S. 175 (199).

842 *Rosenthal*, Fordham L. Rev. 77 (2008), S. 33 (39).

843 Williams v. Dallas Ind. Sch. Dist., 480 F.3d 689, 692 (5th Cir. 2007) (per curiam); *Bauries/Schach*, West's Educ. L. Rep. 262 (2011), S. 357 (375 f.); *Kleinbrodt*, Mich. L. Rev. 112 (2013), S. 111 (119); *McCarthy*, West's Educ. L. Rep. 210 (2006), S. 867 (875 u. 877 f.); *Nahmod*, U. Rich. L. Rev. 42 (2008), S. 561 (573 f.); *Rumel*, Hofstra Lab. & Emp. L. J. 34 (2017), S. 243 (245).

begründet die Einführung der kategorischen Ausschlussregel im Wesentlichen damit, dass den Dienstherren zwecks Leitung der öffentlichen Stellen ein verfassungsrechtlich garantierter Ermessenspielraum zustehe, der zur Wahrung der Prinzipien der Gewaltenteilung und des Föderalismus einer umfassenden gerichtlichen Kontrolle entzogen sein müsse.[844]

(2) Diskussion

Die Diskussion um die Zweckdienlichkeit und Angemessenheit der kategorischen Ausschlussregel nach *Garcetti* spiegelt den bereits in *Pickering* zugrunde liegenden Konflikt zwischen dem Interesse des Staates an der effizienten Erfüllung seiner Aufgaben und dem des Bediensteten an der Ausübung seiner bürgerlichen Freiheiten respektive dem Interesse der Öffentlichkeit an einem freien öffentlichen Diskurs wider.[845] Auf der einen Seite suchen der US-Supreme Court sowie Stimmen, die dessen Rechtsauffassung teilen, die staatlichen Belange hinsichtlich der Leitung der öffentlichen Stellen herauszuheben.[846] Sie überwögen im Falle einer engen Verknüpfung von Rede und Dienstpflichten stets, da der Beschäftigte sich nicht in seiner Rolle als Bürger äußere.[847]

Demgegenüber akzentuieren ablehnende Stimmen, die im Schrifttum deutlich überwiegen,[848] den sozialen Wert der freien Rede Bediensteter für den „*marketplace of ideas*"[849] und damit einhergehend das Informationsinteresse der Öffentlichkeit an der Transparenz staatlichen Handelns.[850] Da der

844 Garcetti v. Ceballos, 547 U.S. 410, 422–424 (2006).

845 *Keenan*, Notre Dame L. Rev. 87 (2011), S. 841 (864 f.).

846 Garcetti v. Ceballos, 547 U.S. 410, 422–423 (2006); so auch *Roosevelt, III*, U. Pa. J. Const. L. 14 (2012), S. 631 (635 f. u. 650); *Rosenthal*, Fordham L. Rev. 77 (2008), S. 33 (49 f.).

847 Garcetti v. Ceballos, 547 U.S. 410, 421–422 (2006) (citing Rosenberger v. Rector and Visitors of Univ. of Va., 515 U.S. 819, 833 (1995)); so auch *Rosenthal*, Fordham L. Rev. 77 (2008), S. 33 (49).

848 Hierzu *Roosevelt, III*, U. Pa. J. Const. L. 14 (2012), S. 631 (631 f. mit Fn. 6 u. 636); *Rosenthal*, Fordham L. Rev. 77 (2008), S. 33 (36 f. mit Fn. 3), die ablehnende Stimmen im Schrifttum auflisten.

849 So etwa *Keenan*, Notre Dame L. Rev. 87 (2011), S. 841 (868); *Kitrosser*, Sup. Ct. Rev. 2015 (2015), S. 301 (306 u. 309 f.); *Kitrosser*, Wash. L. Rev. 95 (2018), S. 1405 (1415 f.).

850 So Garcetti v. Ceballos, 547 U.S. 410, 428, 428–431, 433 (2006) (Souter, J., dissenting) (citing City of San Diego v. Roe, 543 U.S. 77, 82 (2004) (per curiam)); *Chohan*, Denv. U. L. Rev. 85 (2008), S. 573 (591 f.); *Connolly/Wasserman*, Rev. L. & Econ. 16 (2019), S. 1 (4); *Flynn*, Mich. L. Rev. 111 (2013), S. 759 (769 f.); *Hodges/Pugh*, U.C. Davis L. Rev. 52 (2018), S. 1 (4 f. u. 16 f.); *Keenan*, Notre Dame L. Rev. 87

kategorische Ansatz dieses nicht angemessen würdige, sei der Beantwortung der Frage nach der Redefreiheit Bediensteter weiterhin ein abwägender Standard zugrunde zu legen.[851] Kritiker konstatieren, *Garcetti* verschlechtere die Rechtsstellung öffentlich Beschäftigter.[852] Die Entscheidung klassifiziere ihre Rede letztlich als eine dem Staat eigene „*government speech*“, die dieser umfassend kontrollieren könne.[853] Indem die höchstrichterliche Judikatur sich von

---

(2011), S. 841 (867–870); *Kitrosser*, Sup. Ct. Rev. 2015 (2015), S. 301 (302 f. u. 309 f.); *Kitrosser*, Wash. L. Rev. 95 (2018), S. 1405 (1407 f. u. 1415–1419); *Krotoszynski, Jr.*, Ind. L.J. 93 (2018), S. 267 (268–276, 286 f. u. 291–300); *Nahmod*, U. Rich. L. Rev. 42 (2008), S. 561 (563, 571–574, 581 u. 594 f.); *Norcross*, U. Balt. L. Rev. 40 (2011), S. 543 (570–572); *Norton*, First Amend. L. Rev. 7 (2008), S. 75 (83–88); *Norton*, Duke L.J. 59 (2009), S. 1 (3 f., 7 u. 20); *Rumel*, Hofstra Lab. & Emp. L. J. 34 (2017), S. 243 (245 f.); *Still*, Fordham L. Rev. 88 (2020), S. 1543 (1548); *Wiese*, ABA J. Lab. & Emp. L. 25 (2010), S. 509 (526 f.); *Wynee/Vahughn*, Ala. C.R. & C.L. L. Rev. 8 (2017), S. 239 (250 u. 270 f.); *Zenor*, Rich. J. L. & Pub. Int. 19 (2016), S. 101 (103 f.).

851 Garcetti v. Ceballos, 547 U.S. 410, 434–435 (2006) (Souter, J., dissenting); Garcetti v. Ceballos, 547 U.S. 410, 449–450 (2006) (Breyer, J., dissenting); *Hodges/Pugh*, U.C. Davis L. Rev. 52 (2018), S. 1 (31–39); *Keenan*, Notre Dame L. Rev. 87 (2011), S. 841 (842 f., 860, 874 u. 877); *Kleinbrodt*, Mich. L. Rev. 112 (2013), S. 111 (115 f. u. 128); *Nahmod*, U. Rich. L. Rev. 42 (2008), S. 561 (575 f.); *Norcross*, U. Balt. L. Rev. 40 (2011), S. 543 (571 f.); *Norton*, First Amend. L. Rev. 7 (2008), S. 75 (88–90); *Rhodes*, Wm. & Mary Bill Rts. J. 15 (2007), S. 1173 (1192); *Rumel*, Hofstra Lab. & Emp. L. J. 34 (2017), S. 243 (244 f.); *Secunda*, UCLA L. Rev. 54 (2007), S. 1767 (1811 f.); *Secunda*, San Diego L. Rev. 48 (2011), S. 907 (945).

852 So *Chohan*, Denv. U. L. Rev. 85 (2008), S. 573 (574); *Connolly/Wasserman*, Rev. L. & Econ. 16 (2019), S. 1 (1, 3 f. u. 19); *Flynn*, Mich. L. Rev. 111 (2013), S. 759 (761); *Hodges/Pugh*, U.C. Davis L. Rev. 52 (2018), S. 1 (11 f.); *Kleinbrodt*, Mich. L. Rev. 112 (2013), S. 111 (118 u. 120); *Krotoszynski, Jr.*, Ind. L.J. 93 (2018), S. 267 (283–285); *LoMonte*, U. Kan. L. Rev. 68 (2019), S. 1 (20); *McCarthy*, West's Educ. L. Rep. 210 (2006), S. 867 (872); *Norton*, Duke L.J. 59 (2009), S. 1 (11 u. 67 f.); *Schoen*, Hastings Const. L.Q. 2016, S. 537 (537 f. u. 543); *Schwartz*, Touro L. Rev. 22 (2007), S. 1033 (1037); *Secunda*, First Amend. L. Rev. 7 (2008), S. 117 (117–119); *Secunda*, San Diego L. Rev. 48 (2011), S. 907 (947); *Secunda*, Emp. Rts. & Emp. Pol'y J. 20 (2016), S. 393 (402); *Wynee/Vahughn*, Ala. C.R. & C.L. L. Rev. 8 (2017), S. 239 (246 u. 270 f.); *Zenor*, Rich. J. L. & Pub. Int. 19 (2016), S. 101 (104); anders *Dale*, Berkeley J. Emp. & Lab. L. 29 (2008), S. 175 (177), die vermutet, dass sich die Rechtsstellung Bediensteter infolge von *Garcetti* gar verbessern könnte.

853 *Kitrosser*, Sup. Ct. Rev. 2015 (2015), S. 301 (332–334); *Norton*, First Amend. L. Rev. 7 (2008), S. 75 (86); *Norton*, Duke L.J. 59 (2009), S. 1 (3 f., 12, 16 u. 20); *Papandrea*, N.C. L. Rev. 90 (2012), S. 1597 (1632).

der „*unconstitutional conditions doctrine*" entferne, habe sie eine Renaissance der „*right-privilege distinction*" zur Folge.[854]

Der US-Supreme Court sowie Befürworter der Garcetti-Rechtsprechung vertreten die Auffassung, dass eine ständige, umfassende gerichtliche Kontrolle des Verhältnisses zwischen Dienstherrn und Bedienstetem vermieden werden müsse.[855] Ein derartiger Eingriff in eine Sphäre der Exekutive sei mit den Prinzipien der Gewaltenteilung und des Föderalismus unvereinbar und beseitige das für die Leitung der Behörde erforderliche Ermessen des Dienstherrn, was auf keiner präjudiziellen Grundlage fuße.[856] In Anbetracht dessen gewährleiste die Anwendung der Ausschlussregel, dass die Macht der Judikative angemessen beschränkt werde.[857]

Zudem führe sie zu mehr Rechtssicherheit.[858] Demgegenüber bewirke die Heranziehung eines auf einer reinen Interessenabwägung basierenden Standards eine unsichere und uneinheitliche Rechtsprechung.[859] Der kategorische Ansatz würdige die Belange des Dienstherrn ebenso wie die Rechte des Beschäftigten und beschränke sich insofern selbst, als diese ausschließlich zum Zwecke der Leitung der öffentlichen Stellen eingeschränkt werden könnten.[860] Da die Grenzen der Einschränkbarkeit nunmehr klarer umrissen seien, könne sich die Rechtsposition Bediensteter gar verbessern.[861] Jedenfalls existiere im

---

854 *Rumel*, Hofstra Lab. & Emp. L. J. 34 (2017), S. 243 (245 f.); *Sanchez*, Am. J. Trial Advoc. 30 (2007), S. 539 (563); *Secunda*, San Diego L. Rev. 48 (2011), S. 907 (914 f. u. 943 f.).

855 Garcetti v. Ceballos, 547 U.S. 410, 423 (2006); so auch *Roosevelt, III*, U. Pa. J. Const. L. 14 (2012), S. 631 (651–653); *Rosenthal*, Fordham L. Rev. 77 (2008), S. 33 (52 u. 90); auch die die Entscheidung nicht mittragenden Richter teilten die Auffassung, dass der Pickering-Connick-Standard überarbeitet werden musste, um die Anzahl gerichtlicher Verfahren zu verringern, siehe *Flynn*, Mich. L. Rev. 111 (2013), S. 759 (762) mit Verweis auf Garcetti v. Ceballos, 547 U.S. 410, 434 (2006) (Souter, J., dissenting) sowie Garcetti v. Ceballos, 547 U.S. 410, 449–450 (2006) (Breyer, J., dissenting).

856 Garcetti v. Ceballos, 547 U.S. 410, 418 u. 422–423 (2006).

857 Garcetti v. Ceballos, 547 U.S. 410, 423 (2006).

858 *Roosevelt, III*, U. Pa. J. Const. L. 14 (2012), S. 631 (652 mit Fn. 78).

859 *Rosenthal*, Fordham L. Rev. 77 (2008), S. 33 (48 f.).

860 *Dale*, Berkeley J. Emp. & Lab. L. 29 (2008), S. 175 (214–217).

861 *Dale*, Berkeley J. Emp. & Lab. L. 29 (2008), S. 175 (177 u. 217).

Falle von Äußerungen entsprechend den dienstlichen Pflichten kein Interesse an der Ausübung bürgerlicher Freiheiten.[862]

Dem Ansatz des US-Supreme Court wird entgegengehalten, er sei zu absolut[863] und formalistisch[864]. Angesichts der Vielzahl der denkbaren Sachverhalte im Zusammenhang mit der freien Rede öffentlich Beschäftigter werde eine kategorische Ausschlussregel dem Anspruch einer differenzierenden Betrachtungsweise nicht gerecht.[865] Die strikte Unterscheidung zwischen der Rede als Bediensteter und der als Bürger sei abzulehnen.[866] Sie sei künstlich[867], willkürlich[868] und blende aus, dass öffentlich Beschäftigte beide Rollen zugleich einnehmen könnten.[869]

Zudem wird vorgebracht, dass die Befürchtung einer Verletzung der Prinzipien der Gewaltenteilung und des Föderalismus unbegründet sei, habe es bereits in der Zeit vor *Garcetti* keine ständige, umfassende gerichtliche Kontrolle

---

862 Garcetti v. Ceballos, 547 U.S. 410, 421–422 (2006) (citing Rosenberger v. Rector and Visitors of Univ. of Va., 515 U.S. 819, 833 (1995)); so auch *Rosenthal*, Fordham L. Rev. 77 (2008), S. 33 (49).

863 Garcetti v. Ceballos, 547 U.S. 410, 446 (2006) (Breyer, J., dissenting).

864 So *Rhodes*, Wm. & Mary Bill Rts. J. 15 (2007), S. 1173 (1174 u. 1191 f.); *Rumel*, Hofstra Lab. & Emp. L. J. 34 (2017), S. 243 (245); *Secunda*, First Amend. L. Rev. 7 (2008), S. 117 (123); *Secunda*, San Diego L. Rev. 48 (2011), S. 907 (911 f.).

865 So *Flynn*, Mich. L. Rev. 111 (2013), S. 759 (769); *Keenan*, Notre Dame L. Rev. 87 (2011), S. 841 (868); *Nahmod*, U. Rich. L. Rev. 42 (2008), S. 561 (575 f.); *Rhodes*, Wm. & Mary Bill Rts. J. 15 (2007), S. 1173 (1192 f.); *Sanchez*, Am. J. Trial Advoc. 30 (2007), S. 539 (560 f.).

866 Garcetti v. Ceballos, 547 U.S. 410, 428–430, 434 (2006) (Souter, J., dissenting); Garcetti v. Ceballos, 547 U.S. 410, 427 (2006) (Stevens, J., dissenting); *Flynn*, Mich. L. Rev. 111 (2013), S. 759 (761 u. 769); *Hodges/Pugh*, U.C. Davis L. Rev. 52 (2018), S. 1 (13–20, 24, 31 u. 38 f.); *Keenan*, Notre Dame L. Rev. 87 (2011), S. 841 (872); *LoMonte*, U. Kan. L. Rev. 68 (2019), S. 1 (25); *Nahmod*, U. Rich. L. Rev. 42 (2008), S. 561 (575); *Papandrea*, N.C. L. Rev. 90 (2012), S. 1597 (1632); *Rumel*, Hofstra Lab. & Emp. L. J. 34 (2017), S. 243 (245); *Sanchez*, Am. J. Trial Advoc. 30 (2007), S. 539 (560); *Secunda*, First Amend. L. Rev. 7 (2008), S. 117 (123); *Still*, Fordham L. Rev. 88 (2020), S. 1543 (1572); *Zenor*, Rich. J. L. & Pub. Int. 19 (2016), S. 101 (118 f.).

867 *Rumel*, Hofstra Lab. & Emp. L. J. 34 (2017), S. 243 (245).

868 *Hodges/Pugh*, U.C. Davis L. Rev. 52 (2018), S. 1 (24, 31 u. 38 f.).

869 *Chohan*, Denv. U. L. Rev. 85 (2008), S. 573 (591); *Flynn*, Mich. L. Rev. 111 (2013), S. 759 (761); *Keenan*, Notre Dame L. Rev. 87 (2011), S. 841 (867); *Rhodes*, Wm. & Mary Bill Rts. J. 15 (2007), S. 1173 (1189); *Rumel*, Hofstra Lab. & Emp. L. J. 34 (2017), S. 243 (245); *Secunda*, First Amend. L. Rev. 7 (2008), S. 117 (123); *Still*, Fordham L. Rev. 88 (2020), S. 1543 (1572).

von Dienstverhältnissen gegeben.[870] Maßnahmen des Dienstherrn betreffend Beschäftigungsverhältnisse stellten zumeist keine Entscheidungen eines gewählten Amtsträgers dar, sodass nicht ersichtlich sei, warum in diesen Fällen die Macht der Judikative gegenüber den anderen Gewalten eingeschränkt werden müsse.[871] Außerdem sei das Interesse des Staates als Arbeitgeber in Anwendung des Pickering-Connick-Standards hinreichend berücksichtigt worden.[872]

Des Weiteren wird beanstandet, der US-Supreme Court habe keinen Rahmen für die Bestimmung des Pflichtenkreises festgelegt, sodass den Gerichten in Rechtsstreitigkeiten zwischen Bediensteten und öffentlichen Dienstherren entgegen der höchstrichterlichen Intention ein weiter Auslegungs- und Entscheidungsspielraum zukomme.[873] Dessen Vorgabe, eine praxisorientierte Prüfung vorzunehmen, führe ferner zu einer quantitativen Zunahme gerichtlicher Verfahren.[874] Überdies würden seine Ausführungen nicht ausschließen, dass öffentliche Arbeitgeber sowie Gerichte formale Tätigkeitsbeschreibungen zulasten der Beschäftigten heranziehen, erweitern und weit auslegen könnten.[875] Sofern er intendiere, lediglich einer begrenzten Kategorie von Äußerungen den Schutz durch die Redefreiheit zu versagen, sei der Begriff der „dienstlichen Pflichten" zu diesem Zweck ungeeignet, da er sehr weit ausgelegt werden könne.[876] Nicht zuletzt wird bemängelt, dass die zahlreichen divergierenden Auslegungsvarianten des unbestimmten Tatbestandsmerkmals „entsprechend

---

870 So Garcetti v. Ceballos, 547 U.S. 410, 435 (2006) (Souter, J., dissenting); *Keenan*, Notre Dame L. Rev. 87 (2011), S. 841 (868); *Kleinbrodt*, Mich. L. Rev. 112 (2013), S. 111 (137); *Sanchez*, Am. J. Trial Advoc. 30 (2007), S. 539 (563).

871 *Rhodes*, Wm. & Mary Bill Rts. J. 15 (2007), S. 1173 (1201 f.).

872 So etwa *Rhodes*, Wm. & Mary Bill Rts. J. 15 (2007), S. 1173 (1191).

873 So Garcetti v. Ceballos, 547 U.S. 410, 436 n.6 (2006) (Souter, J., dissenting); *Flynn*, Mich. L. Rev. 111 (2013), S. 759 (786 f.); *Keenan*, Notre Dame L. Rev. 87 (2011), S. 841 (841 f. u. 868 f.); *Rhodes*, Wm. & Mary Bill Rts. J. 15 (2007), S. 1173 (1191–1194).

874 Garcetti v. Ceballos, 547 U.S. 410, 436 (2006) (Souter, J., dissenting); *McCarthy*, West's Educ. L. Rep. 210 (2006), S. 867 (879); *Schoen*, Hastings Const. L.Q. 2016, S. 537; *Schwartz*, Touro L. Rev. 22 (2007), S. 1033 (1036).

875 Garcetti v. Ceballos, 547 U.S. 410, 430–431 n.2 (2006) (Souter, J., dissenting); *Keenan*, Notre Dame L. Rev. 87 (2011), S. 841 (847, 852 f. u. 860 f.); *McCarthy*, West's Educ. L. Rep. 210 (2006), S. 867 (876); *Nahmod*, U. Rich. L. Rev. 42 (2008), S. 561 (580 f.); *Secunda*, First Amend. L. Rev. 7 (2008), S. 117 (130 f.); *Secunda*, San Diego L. Rev. 48 (2011), S. 907 (947).

876 *Rhodes*, Wm. & Mary Bill Rts. J. 15 (2007), S. 1173 (1193).

ihren dienstlichen Pflichten“ in Unvorhersehbarkeit[877] und Rechtsunsicherheit mündeten.[878] Dies laufe dem Zweck einer kategorischen Regel, Vorhersehbarkeit zu schaffen, zuwider.[879]

Dieser Kritik wird entgegnet, dass die Garcetti-Rechtsprechung die Fähigkeit des Dienstherrn, die Arbeitsleistung seiner Bediensteten zu beurteilen, sicherzustellen suche und dementsprechend eng zu interpretieren sei.[880] Der kategorische Ansatz umfasse mithin keine Äußerungen *über* die Arbeit, sondern lediglich die Rede, die eine Arbeitsleistung oder ein Arbeitsprodukt darstelle.[881] Zudem würden untere Gerichte berücksichtigen, dass zur Bestimmung der Dienstpflichten nicht bloß auf formale Tätigkeitsbeschreibungen abgestellt werden könne.[882] Darüber hinaus wird betont, dass gewählte Amtsträger in Anbetracht des Erfordernisses demokratischer Kontrolle in der Lage sein müssten, die Diensttätigkeit ihrer Beschäftigten zu kontrollieren, damit gewährleistet werde, dass die politische Verantwortung für das Handeln der öffentlichen Stellen auf erstere zurückzuführen sei.[883] Auch sei dadurch sichergestellt, dass

---

877 So *Rhodes*, Wm. & Mary Bill Rts. J. 15 (2007), S. 1173 (1192–1202); *Flynn*, Mich. L. Rev. 111 (2013), S. 759 (786 f.); *Keenan*, Notre Dame L. Rev. 87 (2011), S. 841 (868 f.); *Kleinbrodt*, Mich. L. Rev. 112 (2013), S. 111 (125 u. 131 f.); *Norcross*, U. Balt. L. Rev. 40 (2011), S. 543 (558).

878 So *Rhodes*, Wm. & Mary Bill Rts. J. 15 (2007), S. 1173 (1192–1202); *Bauries/Schach*, West's Educ. L. Rep. 262 (2011), S. 357 (358 f.); *Flynn*, Mich. L. Rev. 111 (2013), S. 759 (786 f.); *Graham*, S.M.U. L. Rev. 65 (2012), S. 685 (694); *Keenan*, Notre Dame L. Rev. 87 (2011), S. 841 (868 f.); *Kleinbrodt*, Mich. L. Rev. 112 (2013), S. 111 (115 u. 131 f.); *Norcross*, U. Balt. L. Rev. 40 (2011), S. 543 (551 u. 556–558); *Wynee/Vahughn*, Ala. C.R. & C.L. L. Rev. 8 (2017), S. 239 (251); auch *Roosevelt, III*, der die Rechtsauffassung des US-Supreme Court in *Garcetti* teilt, bemängelt die Unbestimmtheit und die daraus resultierende Rechtsunsicherheit, siehe *Roosevelt, III*, U. Pa. J. Const. L. 14 (2012), S. 631 (647 f.).

879 *Rhodes*, Wm. & Mary Bill Rts. J. 15 (2007), S. 1173 (1192–1202); *Graham*, S.M.U. L. Rev. 65 (2012), S. 685 (694); *Keenan*, Notre Dame L. Rev. 87 (2011), S. 841 (868 f.); *Kleinbrodt*, Mich. L. Rev. 112 (2013), S. 111 (125).

880 So *Roosevelt, III*, U. Pa. J. Const. L. 14 (2012), S. 631 (635 f. u. 645 f.); auch *Dale* teilt die Ansicht, *Garcetti* sei restriktiv auszulegen, siehe *Dale*, Berkeley J. Emp. & Lab. L. 29 (2008), S. 175 (177).

881 *Roosevelt, III*, U. Pa. J. Const. L. 14 (2012), S. 631 (646 u. 649).

882 *Roosevelt, III*, U. Pa. J. Const. L. 14 (2012), S. 631 (655 mit Fn. 85), der auf Chaklos v. Stevens, 560 F.3d 705, 712 (7th Cir. 2009) sowie Williams v. Riley, 392 Fed. App'x. 237, 241 n.2 (5th Cir. 2010) verweist.

883 *Rosenthal*, Fordham L. Rev. 77 (2008), S. 33 (38 f., 44–52, 60 u. 86–91).

sie im Hinblick auf ihre politische Rechenschaftspflicht gegenüber der Wählerschaft fähig seien, ihre Ziele zu erreichen.[884]

Während einerseits darauf hingewiesen wird, *Garcetti* sei kein Fall zum Whistleblowing, da Ceballos sich nicht an die Öffentlichkeit gewandt habe,[885] wird andererseits kritisiert, die Entscheidung würdige das Schutzbedürfnis von Whistleblowern nicht angemessen,[886] zumal die verschiedenen Whistleblower-Gesetze auf Bundes- und Staatenebene hinsichtlich der Tatbestände und des Schutzniveaus divergierten.[887] Dieser Umstand laufe dem Prinzip des „*self-government*" zuwider.[888] Nicht zuletzt habe das Judikat nachteilige Folgen für die Funktionsfähigkeit der Verwaltung, indem sie eine Lage fördere, in der Bedienstete ihre Beanstandungen öffentlich artikulierten, ohne zuvor an ihre Vorgesetzten heranzutreten, da öffentlichen Äußerungen ein höheres Schutzniveau zukomme.[889]

---

884 *Rosenthal*, Fordham L. Rev. 77 (2008), S. 33 (38 f., 44–52, 60 u. 86–91).

885 *Rosenthal*, Fordham L. Rev. 77 (2008), S. 33 (38).

886 So Garcetti v. Ceballos, 547 U.S. 410, 428, 428 u. 434–435 (2006) (Souter, J., dissenting); *Hodges/Pugh*, U.C. Davis L. Rev. 52 (2018), S. 1 (4 f., 16 f. u. 19 f.); *Kitrosser*, Notre Dame L. Rev. 94 (2019), S. 1699 (1699, 1708 f. u. 1716 f.); *Kleinbrodt*, Mich. L. Rev. 112 (2013), S. 111 (116 u. 120); *Krotoszynski, Jr.*, Ind. L.J. 93 (2018), S. 267 (268–276, 286 f. u. 291–300); *LoMonte*, U. Kan. L. Rev. 68 (2019), S. 1 (21); *McCarthy*, West's Educ. L. Rep. 210 (2006), S. 867 (882–884); *Norcross*, U. Balt. L. Rev. 40 (2011), S. 543 (545, 551 u. 570–572); *Norton*, Duke L.J. 59 (2009), S. 1 (3 f.); *Roberts*, Rev. Public Pers. Adm. 35 (2015), S. 386 (389 u. 394); *Sanchez*, Am. J. Trial Advoc. 30 (2007), S. 539 (562); *Secunda*, First Amend. L. Rev. 7 (2008), S. 117 (118 f.); *Secunda*, San Diego L. Rev. 48 (2011), S. 907 (941); *Still*, Fordham L. Rev. 88 (2020), S. 1543 (1548 u. 1569–1572); *Wynee/Vahughn*, Ala. C.R. & C.L. L. Rev. 8 (2017), S. 239 (250).

887 So Garcetti v. Ceballos, 547 U.S. 410, 439–441 (2006) (Souter, J., dissenting); *Chohan*, Denv. U. L. Rev. 85 (2008), S. 573 (592 f.); *Hodges/Pugh*, U.C. Davis L. Rev. 52 (2018), S. 1 (26–31); *Keenan*, Notre Dame L. Rev. 87 (2011), S. 841 (870); *Norcross*, U. Balt. L. Rev. 40 (2011), S. 543 (558); *Rhodes*, Wm. & Mary Bill Rts. J. 15 (2007), S. 1173 (1190); *Secunda*, First Amend. L. Rev. 7 (2008), S. 117 (118 f.); *Still*, Fordham L. Rev. 88 (2020), S. 1543 (1569); *Wynee/Vahughn*, Ala. C.R. & C.L. L. Rev. 8 (2017), S. 239 (264 f. u. 269–271).

888 *Kitrosser*, Sup. Ct. Rev. 2015 (2015), S. 301 (310); *Krotoszynski, Jr.*, Ind. L.J. 93 (2018), S. 267 (268 u. 300); *Nahmod*, U. Rich. L. Rev. 42 (2008), S. 561 (563, 571–574, 581 u. 594 f.).

889 Garcetti v. Ceballos, 547 U.S. 410, 427 (2006) (Stevens, J., dissenting); *Chohan*, Denv. U. L. Rev. 85 (2008), S. 573 (594); *Keenan*, Notre Dame L. Rev. 87 (2011), S. 841 (870); *Kleinbrodt*, Mich. L. Rev. 112 (2013), S. 111 (126); *LoMonte*, U. Kan. L. Rev. 68 (2019), S. 1 (23 f.); *Nahmod*, U. Rich. L. Rev. 42 (2008), S. 561 (580);

Dem wird entgegengehalten, dass die Funktionsfähigkeit der Verwaltung kein von der Redefreiheit umfasster Zweck sei, sodass dieser nicht dazu herangezogen werden könne, zu begründen, warum (behörden-)interne Äußerungen unter den 1. Zusatzartikel der US-Verfassung fielen.[890] Maßgeblich sei jedenfalls, dass derartige Äußerungen keinen Beitrag zur demokratischen Kontrolle leisteten,[891] da sie dem öffentlichen Diskurs entzogen seien.[892] Gegen diese Sichtweise wird freilich eingewandt, dass gemäß der in *Garcetti* bestätigten Givhan-Rechtsprechung[893] auch die nicht-öffentliche Rede vom 1. Zusatzartikel der US-Verfassung umfasst sein könne.[894] Internen Äußerungen komme ebenfalls ein sozialer Wert zu, förderten sie die demokratische Kontrolle, indem sie Einfluss auf das Handeln der öffentlichen Stellen nähmen.[895]

Überdies weisen kritische Stimmen darauf hin, dass *Garcetti* die akademische Freiheit beeinträchtigen könnte, da Hochschullehrer sich im Rahmen ihrer wissenschaftlichen Tätigkeit zwangsläufig entsprechend ihren Dienstpflichten äußerten.[896] Wenngleich im Mehrheitsvotum erklärt wird, dass im Hinblick auf den Hochschulkontext anderweitige Erwägungen anzustellen sein könnten, lässt der US-Supreme Court diese Frage mangels Relevanz für den zugrunde liegenden Fall ausdrücklich unbeantwortet[897] löste die Problematik bislang nicht.[898]

Sanchez, Am. J. Trial Advoc. 30 (2007), S. 539 (562); *Secunda*, First Amend. L. Rev. 7 (2008), S. 117 (123 f. u. 127); *Still*, Fordham L. Rev. 88 (2020), S. 1543 (1569 u. 1571); *Wynee/Vahughn*, Ala. C.R. & C.L. L. Rev. 8 (2017), S. 239 (269 f.).

890 *Roosevelt, III*, U. Pa. J. Const. L. 14 (2012), S. 631 (650 u. 653 f.).

891 *Roosevelt, III*, U. Pa. J. Const. L. 14 (2012), S. 631 (653 f.); *Rosenthal*, Fordham L. Rev. 77 (2008), S. 33 (59).

892 *Rosenthal*, Fordham L. Rev. 77 (2008), S. 33 (59).

893 Garcetti v. Ceballos, 547 U.S. 410, 420–421 (2006) (citing Givhan v. Western Line Consolidated Sch. Dist., 439 U.S. 410, 414 (1979)); Givhan v. Western Line Consolidated Sch. Dist., 439 U.S. 410, 414 (1979).

894 So etwa *Kitrosser*, Sup. Ct. Rev. 2015 (2015), S. 301 (330–332); *Rhodes*, Wm. & Mary Bill Rts. J. 15 (2007), S. 1173 (1189).

895 *Kitrosser*, Sup. Ct. Rev. 2015 (2015), S. 301 (330–332).

896 So Garcetti v. Ceballos, 547 U.S. 410, 438–439 (2006) (Souter, J., dissenting); *Chemerinsky*, U. Cin. L. Rev. 92 (2023), S. 12 (19); *Griffin*, Seattle U. L. Rev. 37 (2013), S. 1 (7); *Strasser*, Brook. L. Rev. 83 (2018), S. 579 (611 f.).

897 Garcetti v. Ceballos, 547 U.S. 410, 425 (2006).

898 Hierzu *Schoen*, Hastings Const. L.Q. 2016, S. 537 (575 f.).

(3) *Interpretation*

Der US-Supreme Court lässt im Wesentlichen offen, wie das Tatbestandsmerkmal „entsprechend ihren dienstlichen Pflichten“ auszulegen und deren Umfang im Einzelfall zu bestimmen ist.[899] Der Begriff „*pursuant to*“ („entsprechend“) ist unbestimmt und mehrdeutig, kann er im gegebenen Zusammenhang beispielsweise „*in accordance with*“[900] („in Übereinstimmung mit“), „*in carrying out*“[901] („in Ausführung“) oder „*as required by*“[902] („wie von … gefordert“) bedeuten.[903] Angesichts dessen trug die höchstrichterliche Vorgabe einer praxisorientierten Prüfung zu der Entstehung verschiedener Interpretationsansätze in den Bundesgerichtskreisen bei, die im Folgenden dargelegt werden.

(a) *Ansätze der Appellationsgerichte*

Wenngleich der US-Supreme Court davon ausgeht, dass es nicht genügt, zur Ermittlung des Pflichtenkreises auf Tätigkeitsbeschreibungen abzustellen,[904] bildet ihre Auswertung in den Entscheidungen einiger Appellationsgerichte einen wesentlichen Aspekt.[905] So verwiesen sie im Rahmen ihrer

---

899 Hierzu Nixon v. City of Houston, 511 F.3d 494, 497 (5th Cir. 2007) (quoting Williams v. Dallas Ind. Sch. Dist., 480 F.3d 689, 692 (5th Cir. 2007) (per curiam)); Williams v. Dallas Ind. Sch. Dist., 480 F.3d 689, 692 (5th Cir. 2007) (per curiam); Green v. Bd. of Cnty. Comm'rs, 472 F.3d 794, 798 (10th Cir. 2007) (quoting Garcetti v. Ceballos, 547 U.S. 410, 424 (2006)); *Chohan*, Denv. U. L. Rev. 85 (2008), S. 573 (574); *Deloney*, Chi.-Kent L. Rev. 91 (2016), S. 709 (709 u. 721); *Flynn*, Mich. L. Rev. 111 (2013), S. 759 (771); *Geier*, The Roberts Court and Public Schools, S. 126; *Graham*, S.M.U. L. Rev. 65 (2012), S. 685 (692 f.); *Hodges/Pugh*, U.C. Davis L. Rev. 52 (2018), S. 1 (17); *Keenan*, Notre Dame L. Rev. 87 (2011), S. 841; *Papandrea*, N.C. L. Rev. 90 (2012), S. 1597 (1617); *Rhodes*, Wm. & Mary Bill Rts. J. 15 (2007), S. 1173 (1194); *Wiese*, ABA J. Lab. & Emp. L. 25 (2010), S. 509 (509 u. 515).

900 „*pursuant to*“, *Garner*, Black's Law Dictionary; so beispielsweise Casey v. West Las Vegas Independent Sch. Dist., 473 F.3d 1323, 1330 (10th Cir. 2007) m.w.N.

901 „*pursuant to*“, *Garner*, Black's Law Dictionary.

902 *Bauries/Schach*, West's Educ. L. Rep. 262 (2011), S. 357 (371).

903 *Bauries/Schach*, West's Educ. L. Rep. 262 (2011), S. 357 (370 f.) m.w.N.

904 Garcetti v. Ceballos, 547 U.S. 410, 424–425 (2006).

905 So in Hernandez v. Cook Cnty. Sheriff's Office, 634 F.3d 906, 915–916 (7th Cir. 2011); Rohrbough v. Univ. of Colo. Hosp. Auth., 596 F.3d 741, 748–749 (10th Cir. 2010); Fairley v. Andrews, 578 F.3d 518, 522 (7th Cir. 2009); Marable v. Nitchman, 511 F.3d 924, 932–933 (9th Cir. 2007); siehe hierzu *Keenan*, Notre Dame L. Rev. 87 (2011), S. 841 (847 u. 852–854) m.w.N.; ablehnend Abdur-Rahman v. Walker, 567 F.3d 1278, 1283 (11th Cir. 2009) (quoting Garcetti v. Ceballos, 547 U.S. 410, 424–425 (2006)); Gorum v. Sessoms, 561 F.3d 179, 185 (3rd Cir. 2009) (quoting Garcetti v. Ceballos, 547 U.S. 410, 424 (2006)); Chaklos v. Stevens, 560 F.3d 705,

Untersuchungen beispielsweise auf Regelungen in (behörden-)internen allgemeinen Vorschriften[906] oder zogen den Inhalt eines fachspezifischen Schulungshandbuchs heran.[907]

Des Weiteren fokussieren verschiedene Appellationsgerichte im Besonderen den Adressaten der Rede sowie das Forum, in dem sie geäußert wird.[908] Dabei prüfen sie, ob der Beschäftigte für seine Äußerung den internen Dienstweg, die „*chain of command*", wählte.[909] Soweit dies zutreffe, handele er in Ausführung

---

712 (7th Cir. 2009) (quoting Garcetti v. Ceballos, 547 U.S. 410, 424 (2006)); Thomas v. City of Blanchard, 548 F.3d 1317, 1323 (10th Cir. 2008) (quoting Garcetti v. Ceballos, 547 U.S. 410, 424–425 (2006)); Williams v. Dallas Ind. Sch. Dist., 480 F.3d 689, 692 (5th Cir. 2007) (per curiam) (citing Garcetti v. Ceballos, 547 U.S. 410, 424–425 (2006)); hierzu *Keenan*, Notre Dame L. Rev. 87 (2011), S. 841 (852 f. mit Fn. 89) m.w.N.; hierzu auch *LoMonte*, U. Kan. L. Rev. 68 (2019), S. 1 (25).

906 Hernandez v. Cook Cnty. Sheriff's Office, 634 F.3d 906, 915–916 (7th Cir. 2011); Rohrbough v. Univ. of Colo. Hosp. Auth., 596 F.3d 741, 748–749 (10th Cir. 2010); Fairley v. Andrews, 578 F.3d 518, 522 (7th Cir. 2009); hierzu *Keenan*, Notre Dame L. Rev. 87 (2011), S. 841 (853 f. mit Fn. 93) m.w.N.

907 Marable v. Nitchman, 511 F.3d 924, 932–933 (9th Cir. 2007); hierzu *Keenan*, Notre Dame L. Rev. 87 (2011), S. 841 (853 f.) m.w.N.

908 *Keenan*, Notre Dame L. Rev. 87 (2011), S. 841 (847–849); *Kitrosser*, Sup. Ct. Rev. 2015 (2015), S. 301 (320); *LoMonte*, U. Kan. L. Rev. 68 (2019), S. 1 (23); *Wiese*, ABA J. Lab. & Emp. L. 25 (2010), S. 509 (509, 519 u. 524–526).

909 So Wilson v. Tregre, 787 F.3d 322, 325 (5th Cir .2015); Flora v. County of Luzerne, 776 F.3d 169, 177 (3rd Cir. 2015) (citing Foraker v. Chaffinch, 501 F.3d 231, 241–243 (3rd Cir. 2007), abrogated on other grounds by Borough of Duryea v. Guarnieri, 131 S. Ct. 2488 (2011)); Gibson v. Kilpatrick, 773 F.3d 661, 670–673 (5th Cir. 2014); Olendzki v. Rossi, 765 F.3d 742, 749 (7th Cir. 2014) (quoting Bivens v. Trent, 591 F.3d 555, 560 (7th Cir. 2010)); Mpoy v. Rhee, 758 F.3d 285, 294 (D.C. Cir. 2014); Fox v. Traverse City Area Pub. Sch. Bd. of Educ., 605 F.3d 345, 349–350 (6th Cir. 2010) (quoting Davis v. McKinney, 518 F.3d 304, 313 (5th Cir. 2008)); Rohrbough v. Univ. of Colo. Hosp. Auth., 596 F.3d 741, 747 (10th Cir. 2010); Reinhardt v. Albuquerque Pub. Sch. Bd. of Educ., 595 F.3d 1126, 1135–1136 (10th Cir. 2010); Bivens v. Trent, 591 F.3d 555, 560 (7th Cir. 2010); Thomas v. City of Blanchard, 548 F.3d 1317, 1324–1325 (10th Cir. 2008); Davis v. McKinney, 518 F.3d 304, 313, 315 (5th Cir. 2008); Foraker v. Chaffinch, 501 F.3d 231, 241 (3rd Cir. 2007), abrogated on other grounds by Borough of Duryea v. Guarnieri, 131 S. Ct. 2488 (2011); Casey v. West Las Vegas Independent Sch. Dist., 473 F.3d 1323, 1332–1333 (10th Cir. 2007); Freitag v. Ayers, 468 F.3d 528, 545–546 (9th Cir. 2006); Mills v. City of Evansville, 452 F.3d 646, 648 (7th Cir. 2006); hierzu auch *Hodges/Pugh*, U.C. Davis L. Rev. 52 (2018), S. 1 (17 f.); *Keenan*, Notre Dame L. Rev. 87 (2011), S. 841 (847 u. 849–852); *Kitrosser*, Sup. Ct. Rev. 2015 (2015), S. 301 (320); *LoMonte*, U. Kan. L. Rev. 68 (2019), S. 1 (23–25); ablehnend Weisbarth v. Geauga

seiner Tätigkeit[910] und äußere sich entsprechend seinen dienstlichen Pflichten.[911] Dies sei jedenfalls bei Äußerungen gegenüber Dienstvorgesetzten in der eigenen Dienststelle oder Abteilung gegeben.[912] Im Falle einer Rede abseits des Dienstweges handele der Beschäftigte hingegen als Bürger.[913] Dieser Interpretationsweise wird freilich entgegengehalten, sie stehe im Widerspruch zu der Givhan-Rechtsprechung zu nicht-öffentlichen Äußerungen, da für den Schutz einer Rede nicht ausschlaggebend sein könne, ob sie externer oder interner Natur sei.[914]

Park Dist., 499 F.3d 538, 545 (6th Cir. 2007); hierzu *Bauries/Schach*, West's Educ. L. Rep. 262 (2011), S. 357 (378 f. u. 388 f. mit Fn. 180) m.w.N.; ablehnend auch *Wiese*, ABA J. Lab. & Emp. L. 25 (2010), S. 509 (529), der die Ansätze in den Gerichtsbezirken im Gesamten in zwei Gruppen einteilt: Im Gegensatz zu der "*chain-of-command analysis*", die auf das Forum und den Adressaten abstelle, seien gemäß der „*assigned-responsibilities analysis*" die Dienstpflichten zu ermitteln sowie zu untersuchen, in welcher Beziehung diese zu der betreffenden Rede stehen, siehe *Wiese*, ABA J. Lab. & Emp. L. 25 (2010), S. 509 (509 u. 515–522); sich dem anschließend *Roberts*, Rev. Public Pers. Adm. 35 (2015), S. 386 (394), der davon ausgeht, dass der „*assigned-responsibilities analysis*" zufolge die „routinemäßigen" Dienstpflichten zu ermitteln seien.

910 Fox v. Traverse City Area Pub. Sch. Bd. of Educ., 605 F.3d 345, 350 (6th Cir. 2010) (quoting Davis v. McKinney, 518 F.3d 304, 313 (5th Cir. 2008)); Davis v. McKinney, 518 F.3d 304, 313 (5th Cir. 2008).

911 Fox v. Traverse City Area Pub. Sch. Bd. of Educ., 605 F.3d 345, 349–350 (6th Cir. 2010) (quoting Davis v. McKinney, 518 F.3d 304, 313 (5th Cir. 2008)); Rohrbough v. Univ. of Colo. Hosp. Auth., 596 F.3d 741, 747 (10th Cir. 2010); Reinhardt v. Albuquerque Pub. Sch. Bd. of Educ., 595 F.3d 1126, 1135–1136 (10th Cir. 2010); Davis v. McKinney, 518 F.3d 304, 313, 315 (5th Cir. 2008).

912 Davis v. McKinney, 518 F.3d 304, 313 n.3 (5th Cir. 2008).

913 Rohrbough v. Univ. of Colo. Hosp. Auth., 596 F.3d 741, 747 (10th Cir. 2010); Reinhardt v. Albuquerque Pub. Sch. Bd. of Educ., 595 F.3d 1126, 1136–1137 (10th Cir. 2010) (citing Thomas v. City of Blanchard, 548 F.3d 1317, 1324–1325 (10th Cir. 2008); Casey v. West Las Vegas Independent Sch. Dist., 473 F.3d 1323, 1332–1333 (10th Cir. 2007)); Thomas v. City of Blanchard, 548 F.3d 1317, 1324–1325 (10th Cir. 2008); Davis v. McKinney, 518 F.3d 304, 313–314 (5th Cir. 2008) (citing Freitag v. Ayers, 468 F.3d 528 (9th Cir. 2006)); Casey v. West Las Vegas Independent Sch. Dist., 473 F.3d 1323, 1332–1333 (10th Cir. 2007); Freitag v. Ayers, 468 F.3d 528, 544–546 (9th Cir. 2006); a.A. Gibson v. Kilpatrick, 773 F.3d 661, 670–671 (5th Cir. 2014); Winder v. Erste, 566 F.3d 209, 215 (D.C. Cir. 2009).

914 So etwa *Bauries/Schach*, West's Educ. L. Rep. 262 (2011), S. 357 (378 f. u. 388 f. mit Fn. 180); *Wiese*, ABA J. Lab. & Emp. L. 25 (2010), S. 509 (526).

Ausgehend von der Aussage des US-Supreme Court, zwischen einer Rede entsprechend den dienstlichen Pflichten und der eines Bürgers bestehe keine Analogie[915,916] hat sich ein weiterer Ansatz entwickelt, dem gemäß zu prüfen ist, ob in Anbetracht des Kontexts einer Äußerung eine „*citizen analogue*", eine analoge Rede eines Bürgers, denkbar ist, der Beschäftigte sich mithin als solcher äußert.[917] Der Entscheidung in *Garcetti* könne entnommen werden, dass eine derartige Analogie beispielsweise im Falle der Veröffentlichung eines Leserbriefs wie in *Pickering* oder bei politischen Diskussionen unter Arbeitskollegen gegeben sei.[918] Demgegenüber sei sie nicht anzunehmen, wenn ein Beschäftigter sich uniformiert und im Dienst befindend an einem Einsatzort öffentlich gegenüber den Medien äußere, da er als Repräsentant seiner Behörde auftrete.[919] Gegen diesen Ansatz wird freilich eingewandt, er finde keine Stütze in *Garcetti*, da die höchstrichterlichen Ausführungen zur mangelnden Analogie nicht zu der „*holding*" – der *ratio decidendi* der Entscheidung – zählten, dienten sie lediglich der Erläuterung der Schlussfolgerung, dass eine Rede

915 Garcetti v. Ceballos, 547 U.S. 410, 424 (2006).

916 *Flynn*, Mich. L. Rev. 111 (2013), S. 759 (762 u. 772 f.); *Graham*, S.M.U. L. Rev. 65 (2012), S. 685 (697).

917 So Matthews v. City of New York, 779 F.3d 167, 173, 175–176 (2nd Cir. 2015); Jackler v. Byrne, 658 F.3d 225, 241–242 (2nd Cir. 2011); Foley v. Town of Randolph, 598 F.3d 1, 7–8 (1st Cir. 2010) (quoting Garcetti v. Ceballos, 547 U.S. 410, 424 (2006)); Rohrbough v. Univ. of Colo. Hosp. Auth., 596 F.3d 741, 746 (10th Cir. 2010) (quoting Garcetti v. Ceballos, 547 U.S. 410, 424 (2006)); Weintraub v. Bd. of Educ., 593 F.3d 196, 203 (2nd Cir. 2010); Abdur-Rahman v. Walker, 567 F.3d 1278, 1285–1286 (11th Cir. 2009) (quoting Garcetti v. Ceballos, 547 U.S. 410, 423–424 (2006)); Nixon v. City of Houston, 511 F.3d 494, 498 (5th Cir. 2007) (quoting Garcetti v. Ceballos, 547 U.S. 410, 424 (2006)); hierzu auch *Bauries/Schach*, West's Educ. L. Rep. 262 (2011), S. 357 (385 f.); *Hodges/Pugh*, U.C. Davis L. Rev. 52 (2018), S. 1 (17); *Keenan*, Notre Dame L. Rev. 87 (2011), S. 841 (847 f. u. 854–856); *Kitrosser*, Sup. Ct. Rev. 2015 (2015), S. 301 (320 f.); *Kleinbrodt*, Mich. L. Rev. 112 (2013), S. 111 (122–126); ablehnend Bowie v. Maddox, 653 F.3d 45, 48 (D.C. Cir. 2011) (quoting Garcetti v. Ceballos, 547 U.S. 410, 421 (2006)); Weintraub v. Bd. of Educ., 593 F.3d 196, 206–208 (2nd Cir. 2010) (Calabresi, J., dissenting) (quoting Garcetti v. Ceballos, 547 U.S. 410, 423 (2006)); ebenfalls ablehnend *Graham*, S.M.U. L. Rev. 65 (2012), S. 685 (687 u. 699–704).

918 Weintraub v. Bd. of Educ., 593 F.3d 196, 203–204 (2nd Cir. 2010) (quoting Garcetti v. Ceballos, 547 U.S. 410, 422–423 (2006)).

919 Foley v. Town of Randolph, 598 F.3d 1, 7–8 (1st Cir. 2010); Nixon v. City of Houston, 511 F.3d 494, 498 (5th Cir. 2007); hierzu *Keenan*, Notre Dame L. Rev. 87 (2011), S. 841 (855 f. mit Fn. 113) m.w.N.

entsprechend den dienstlichen Pflichten nicht unter den 1. Zusatzartikel der US-Verfassung falle.[920]

Diverse Appellationsgerichte rekurrieren überdies auf den Wortlaut der Passage im Entscheidungstext, in der der US-Supreme Court konstatiert, dass die Einschränkung einer „[…] Rede, die ihre Existenz den berufsmäßigen Pflichten eines öffentlich Beschäftigten verdankt […]“[921], keine bürgerlichen Freiheiten tangiere[922.923] So vertraten in der Vergangenheit einige Gerichte die durch den US-Supreme Court mittlerweile verworfene Ansicht, dass eine Äußerung, die Informationen enthalte, die der Beschäftigte im Rahmen seiner Diensttätigkeit erlangt habe, nicht geschützt sei, da ihre Existenz den dienstlichen Pflichten entspringe.[924] Im Übrigen wird vereinzelt auf spezielle Kenntnisse und die

---

920 So etwa Weintraub v. Bd. of Educ., 593 F.3d 196, 206–208 (2nd Cir. 2010) (Calabresi, J., dissenting) (quoting Garcetti v. Ceballos, 547 U.S. 410, 423 (2006)); *Flynn*, Mich. L. Rev. 111 (2013), S. 759 (775 f.); *Graham*, S.M.U. L. Rev. 65 (2012), S. 685 (703).

921 Garcetti v. Ceballos, 547 U.S. 410, 421 (2006) (“*[…] speech that owes its existence to a public employee’s professional responsibilities […]*”).

922 Garcetti v. Ceballos, 547 U.S. 410, 421–422 (2006).

923 So Moss v. City of Pembroke Pines, 782 F.3d 613, 618 (11th Cir. 2015); Lane v. Central Ala. Cmty. Coll., 523 Fed. App’x 709, 711 (11th Cir. 2013) (per curiam) (quoting Abdur-Rahman v. Walker, 567 F.3d 1278, 1283 (11th Cir. 2009)); Fox v. Traverse City Area Pub. Sch. Bd. of Educ., 605 F.3d 345, 349 (6th Cir. 2010) (quoting Weisbarth v. Geauga Park Dist., 499 F.3d 538, 544 (6th Cir. 2007)); Abdur-Rahman v. Walker, 567 F.3d 1278, 1283 (11th Cir. 2009) (quoting Garcetti v. Ceballos, 547 U.S. 410, 421, 422 (2006)); Winder v. Erste, 566 F.3d 209, 215 (D.C. Cir. 2009) (quoting Garcetti v. Ceballos, 547 U.S. 410, 421 (2006)); Weisbarth v. Geauga Park Dist., 499 F.3d 538, 544 (6th Cir. 2007) (quoting Garcetti v. Ceballos, 547 U.S. 410, 421 (2006)); Bradley v. James, 479 F.3d 536, 538 (8th Cir. 2007) (quoting Garcetti v. Ceballos, 547 U.S. 410, 421–422 (2006)); hierzu auch *Keenan*, Notre Dame L. Rev. 87 (2011), S. 841 (847 f. u. 854); *Kitrosser*, Sup. Ct. Rev. 2015 (2015), S. 301 (311 u. 315); *Kitrosser*, Wash. L. Rev. 95 (2018), S. 1405 (1417); ablehnend *Bauries/Schach*, West’s Educ. L. Rep. 262 (2011), S. 357 (377 f.).

924 So Lane v. Central Ala. Cmty. Coll., 523 Fed. App’x 709, 711–712 (11th Cir. 2013) (per curiam) (quoting Abdur-Rahman v. Walker, 567 F.3d 1278, 1283 (11th Cir. 2009)); Abdur-Rahman v. Walker, 567 F.3d 1278, 1283 (11th Cir. 2009) (quoting Garcetti v. Ceballos, 547 U.S. 410, 421 (2006)); hierzu auch *Kitrosser*, Sup. Ct. Rev. 2015 (2015), S. 301 (315 f. mit Fn. 56); *Kitrosser*, Wash. L. Rev. 95 (2018), S. 1405 (1417); der US-Supreme Court verwarf diese Ansicht in Lane v. Franks, 134 S. Ct. 2369, 2379 (2014).

Erfahrung des Bediensteten abgestellt[925] oder untersucht, ob die Rede das Produkt einer Tätigkeit ist, für die dieser entlohnt wird.[926]

Ferner stellt sich die Frage, ob und welche Anforderungen an die konkrete Rede zu stellen sind, beispielsweise, ob sie zur Erfüllung der betreffenden Pflichten erforderlich sein muss.[927] In der Literatur wird kritisiert, Gerichte legten den Begriff „*pursuant to*" („entsprechend") zu weit aus,[928] indem sie lediglich irgendeinen Zusammenhang zwischen Rede und Diensttätigkeit forderten.[929] Ein derartiges Begriffsverständnis sei freilich abzulehnen, da diese Lesart die Entscheidung in *Givhan*, in dem die Klägerin sich im Zuge ihrer Diensttätigkeit sowie in Bezugnahme auf diese geäußert habe, entgegen der Intention des US-Supreme Court verwerfe.[930] Dem Terminus müsse vielmehr die Bedeutung „*as*

---

925 So Gorum v. Sessoms, 561 F.3d 179, 185 (3rd Cir. 2009) (quoting Foraker v. Chaffinch, 501 F.3d 231, 240 (3rd Cir. 2007), abrogated on other grounds by Borough of Duryea v. Guarnieri, 131 S. Ct. 2488 (2011)); Foraker v. Chaffinch, 501 F.3d 231, 240 (3rd Cir. 2007) (quoting Williams v. Dallas Ind. Sch. Dist., 480 F.3d 689, 694 (5th Cir. 2007) (per curiam)), abrogated on other grounds by Borough of Duryea v. Guarnieri, 131 S. Ct. 2488 (2011); Williams v. Dallas Ind. Sch. Dist., 480 F.3d 689, 694 (5th Cir. 2007) (per curiam) (quoting Pickering v. Bd. of Educ., 391 U.S. 563, 572 (1968)); hierzu auch *Bauries/Schach*, West's Educ. L. Rep. 262 (2011), S. 357 (376 f. u. 379 f.); *Keenan*, Notre Dame L. Rev. 87 (2011), S. 841 (857 f.).

926 So Flora v. County of Luzerne, 776 F.3d 169, 180 (3rd Cir. 2015); Rohrbough v. Univ. of Colo. Hosp. Auth., 596 F.3d 741, 746 (10th Cir. 2010) (quoting Green v. Bd. of Cnty. Comm'rs, 472 F.3d 794, 801 (10th Cir. 2007)); Brammer-Hoelter v. Twin Peaks Charter Academy, 492 F.3d 1192, 1203 (10th Cir. 2007) (quoting Green v. Bd. of Cnty. Comm'rs, 472 F.3d 794, 801 (10th Cir. 2007)); Green v. Bd. of Cnty. Comm'rs, 472 F.3d 794, 800–801 (10th Cir. 2007); hierzu auch *Chohan*, Denv. U. L. Rev. 85 (2008), S. 573 (574 u. 581); *Keenan*, Notre Dame L. Rev. 87 (2011), S. 841 (857–859); befürwortend *Graham*, S.M.U. L. Rev. 65 (2012), S. 685 (705–707).

927 *Chohan*, Denv. U. L. Rev. 85 (2008), S. 573 (587–590); *Papandrea*, N.C. L. Rev. 90 (2012), S. 1597 (1617); *Rhodes*, Wm. & Mary Bill Rts. J. 15 (2007), S. 1173 (1194–1198).

928 So *Bauries/Schach*, West's Educ. L. Rep. 262 (2011), S. 357 (359 u. 375–393); *Bauries*, Educ. L. & Pol'y Rev. 2 (2015), S. 88 (99); *Keenan*, Notre Dame L. Rev. 87 (2011), S. 841 (842 f. u. 872); *LoMonte*, U. Kan. L. Rev. 68 (2019), S. 1 (22 f.); *Schoen*, Hastings Const. L.Q. 2016, S. 537 (538, 542 f. u. 561 f.); *Wynee/Vahughn*, Ala. C.R. & C.L. L. Rev. 8 (2017), S. 239 (251).

929 So *Bauries/Schach*, West's Educ. L. Rep. 262 (2011), S. 357 (375 u. 381); *Bauries*, Educ. L. & Pol'y Rev. 2 (2015), S. 88 (99); *Chohan*, Denv. U. L. Rev. 85 (2008), S. 573 (589); *LoMonte*, U. Kan. L. Rev. 68 (2019), S. 1 (22 f.).

930 *Bauries/Schach*, West's Educ. L. Rep. 262 (2011), S. 357 (372 f. u. 391); *Bauries*, Educ. L. & Pol'y Rev. 2 (2015), S. 88 (121 f.).

required by" („wie von … gefordert") zukommen,[931] zumal die betreffende Rede letztlich eine Arbeitsleitung oder ein Arbeitsprodukt darstelle.[932] Der Sachverhalt in *Garcetti* unterscheide sich nämlich von denen in *Givhan* und *Pickering* insofern, als Ceballos eine vertragliche Pflicht gehabt habe, Stellungnahmen wie die, die seine Rede dargestellt habe, zu verfassen.[933]

Gleichwohl seien auch Entscheidungen ergangen, in denen Appellationsgerichte das Tatbestandsmerkmal restriktiver ausgelegt[934] und nicht auf einen bloßen Bezug zur Diensttätigkeit abgestellt hätten.[935] Indes würden viele Gerichte es extensiv interpretieren und den dienstlichen Pflichtenkreis entsprechend weit ausdehnen.[936] Exemplarisch dafür sei die umfassende Definition des Begriffs der „dienstlichen Pflichten" durch das Appellationsgericht im Fünften

931 *Bauries/Schach*, West's Educ. L. Rep. 262 (2011), S. 357 (372 f.); *Bauries*, Educ. L. & Pol'y Rev. 2 (2015), S. 88 (121–123); *Keenan*, Notre Dame L. Rev. 87 (2011), S. 841 (842 f. u. 870).

932 *Roosevelt, III*, U. Pa. J. Const. L. 14 (2012), S. 631 (646 u. 649); so auch *LoMonte*, U. Kan. L. Rev. 68 (2019), S. 1 (29).

933 *Bauries/Schach*, West's Educ. L. Rep. 262 (2011), S. 357 (372 f.); *Bauries*, Educ. L. & Pol'y Rev. 2 (2015), S. 88 (121–123).

934 So etwa Reinhardt v. Albuquerque Pub. Sch. Bd. of Educ., 595 F.3d 1126, 1136 (10th Cir. 2010); Andrew v. Clark, 561 F.3d 261, 263, 267 (4th Cir. 2009); Chaklos v. Stevens, 560 F.3d 705, 712 (7th Cir. 2009); hierzu *Bauries/Schach*, West's Educ. L. Rep. 262 (2011), S. 357 (386–389); *Chohan*, Denv. U. L. Rev. 85 (2008), S. 573 (574, 584 u. 589 f.); *Flynn*, Mich. L. Rev. 111 (2013), S. 759 (786); *Kitrosser*, Sup. Ct. Rev. 2015 (2015), S. 301 (315); *LoMonte*, U. Kan. L. Rev. 68 (2019), S. 1 (22); *Norcross*, U. Balt. L. Rev. 40 (2011), S. 543 (557); *Rhodes*, Wm. & Mary Bill Rts. J. 15 (2007), S. 1173 (1195); *Wynee/Vahughn*, Ala. C.R. & C.L. L. Rev. 8 (2017), S. 239 (251).

935 So beispielsweise Andrew v. Clark, 561 F.3d 261, 263, 267 (4th Cir. 2009); Chaklos v. Stevens, 560 F.3d 705, 712 (7th Cir. 2009); hierzu *Norcross*, U. Balt. L. Rev. 40 (2011), S. 543 (557); siehe auch *Chohan*, Denv. U. L. Rev. 85 (2008), S. 573 (584 u. 589 f.); *Flynn*, Mich. L. Rev. 111 (2013), S. 759 (786); *Rhodes*, Wm. & Mary Bill Rts. J. 15 (2007), S. 1173 (1195 f.).

936 *Bauries/Schach*, West's Educ. L. Rep. 262 (2011), S. 357 (359); *Bauries*, Educ. L. & Pol'y Rev. 2 (2015), S. 88 (99); *Chohan*, Denv. U. L. Rev. 85 (2008), S. 573 (574); *Connolly/Wasserman*, Rev. L. & Econ. 16 (2019), S. 1 (1 f.); *Dale*, Berkeley J. Emp. & Lab. L. 29 (2008), S. 175 (207); *Keenan*, Notre Dame L. Rev. 87 (2011), S. 841 (860–864); *Norcross*, U. Balt. L. Rev. 40 (2011), S. 543 (557); *Rhodes*, Wm. & Mary Bill Rts. J. 15 (2007), S. 1173 (1196); *Schoen*, Hastings Const. L.Q. 2016, S. 537 (542); *Wynee/Vahughn*, Ala. C.R. & C.L. L. Rev. 8 (2017), S. 239 (251).

Bundesgerichtskreis als „[…] Tätigkeiten, die man im Rahmen der Ausübung seiner Arbeit ausführt“[937].[938]

(b) Gewöhnliche dienstliche Pflichten: Lane v. Franks (2014)

Im Hinblick auf die Auslegungsproblematik wird in jüngerer Zeit auf die im Jahr 2014 ergangene Entscheidung des US-Supreme Court in *Lane v. Franks*[939] hingewiesen. Im zugrunde liegenden Fall behauptete der Kläger, seine Entlassung aus dem Dienstverhältnis stellte eine Vergeltungsmaßnahme dafür dar, dass er in zwei Strafprozessen als vorgeladener Zeuge gegen eine ehemalige Mitarbeiterin ausgesagt habe.[940] Die unteren Instanzen urteilten, dass seine Äußerungen nicht geschützt seien, da er die Informationen, die seinen Aussagen zugrunde lägen, im Rahmen der Ausübung seiner Tätigkeit erlangt habe.[941] Die Existenz seiner Rede sei mithin in seinen dienstlichen Pflichten begründet.[942] Der US-Supreme Court hingegen entschied einstimmig,[943] dass dieser Umstand nicht dazu führe, dass der Kläger sich nicht als Bürger äußere.[944] Er verwarf den Ansatz der Vorinstanz, der zu extensiv sei, und wies darauf hin, dass seine Judikatur mehr als einen bloßen Zusammenhang zwischen Äußerung und Dienstverhältnis verlange.[945] Es sei vielmehr danach zu fragen, „[…] ob die strittige Rede selbst für gewöhnlich in dem Pflichtenkreis eines Beschäftigten liegt […]“[946].[947] Da es nicht zu den gewöhnlichen dienstlichen Pflichten des Klägers gehört habe, in Strafprozessen auszusagen, greife die kategorische Ausschlussregel nicht.[948]

---

937 Williams v. Dallas Ind. Sch. Dist., 480 F.3d 689, 693 (5th Cir. 2007) (per curiam) ("*[…] activities undertaken in the course of performing one's job*").

938 *Bauries/Schach*, West's Educ. L. Rep. 262 (2011), S. 357 (375–377); *Keenan*, Notre Dame L. Rev. 87 (2011), S. 841 (862 f.).

939 Lane v. Franks, 134 S. Ct. 2369 (2014).

940 Lane v. Franks, 134 S. Ct. 2369, 2375–2376 (2014).

941 Lane v. Central Ala. Cmty. Coll., 523 Fed. App'x 709, 712 (11th Cir. 2013) (per curiam)); Lane v. Central Ala. Cmty. Coll., No. CV-11-BE-0883-M, 2012 WL 5289412, at *10 (N.D.Ala. Oct. 18, 2012).

942 Lane v. Central Ala. Cmty. Coll., 523 Fed. App'x 709, 711–712 (11th Cir. 2013) (per curiam) (quoting Abdur-Rahman v. Walker, 567 F.3d 1278, 1283 (11th Cir. 2009)).

943 Lane v. Franks, 134 S. Ct. 2369, 2374 (2014).

944 Lane v. Franks, 134 S. Ct. 2369, 2379 (2014).

945 Lane v. Franks, 134 S. Ct. 2369, 2379 (2014).

946 Lane v. Franks, 134 S. Ct. 2369, 2379 (2014) ("*[…] whether the speech at issue is itself ordinarily within the scope of an employee's duties […].*").

947 Lane v. Franks, 134 S. Ct. 2369, 2379 (2014).

948 Lane v. Franks, 134 S. Ct. 2369, 2378–2380 (2014).

Stimmen in Literatur und Rechtsprechung teilen die Auffassung, durch die Entscheidung in *Lane* mache der US-Supreme Court deutlich, *Garcetti* sei restriktiv zu interpretieren.[949] Dies ergebe sich im Besonderen daraus, dass der Begriff der „dienstlichen Pflichten" um das Adjektiv „gewöhnlich" ergänzt worden sei.[950] Demzufolge sei für die Bestimmung des Pflichtenkreises infolge von *Lane* zu prüfen, ob die betreffende Rede in den engen Kreis der „gewöhnlichen dienstlichen Pflichten" falle.[951] Es wird freilich darauf hingewiesen, dass nicht eindeutig sei, ob und inwiefern das Judikat die Garcetti-Rechtsprechung

949 So Dibrito v. City of St. Joseph, 675 Fed. App'x. 593, 597 (6th Cir. 2017); Lynch v. Ackley, 811 F.3d 569, 582 n.13 (2nd Cir. 2016); Alves v. Bd. of Regents of the Univ. Sys. of Georgia, 804 F.3d 1149, 1163 (11th Cir. 2015); Boulton v. Swanson, 795 F.3d 526, 534 (6th Cir. 2015); Hagan v. City of New York, 39 F. Supp. 3d 481, 510 (S.D.N.Y. 2014); *Bauries*, Educ. L. & Pol'y Rev. 2 (2015), S. 88 (123 f.); *Deloney*, Chi.-Kent L. Rev. 91 (2016), S. 709 (710 f. u. 724); *Kitrosser*, Sup. Ct. Rev. 2015 (2015), S. 301 (319); *Kitrosser*, Wash. L. Rev. 95 (2018), S. 1405 (1419); *Krotoszynski, Jr.*, Ind. L.J. 93 (2018), S. 267 (286); *LoMonte*, U. Kan. L. Rev. 68 (2019), S. 1 (3 u. 27); *Secunda*, Emp. Rts. & Emp. Pol'y J. 20 (2016), S. 393 (403 f.); *Still*, Fordham L. Rev. 88 (2020), S. 1543 (1556 u. 1572); a.A. Brown v. Office of State Comptroller, 211 F. Supp. 3d 455, 464 n.3 (D. Conn. 2016); offengelassen in Flora v. County of Luzerne, 776 F.3d 169, 179 n.11 (3rd Cir. 2015); Gibson v. Kilpatrick, 773 F.3d 661, 668–669 (5th Cir. 2014); Dougherty v. Sch. Dist. of Philadelphia, 772 F.3d 979, 990 (3rd Cir. 2014); Mpoy v. Rhee, 758 F.3d 285, 295 (D.C. Cir. 2014); siehe hierzu insbesondere *Rumel*, Hofstra Lab. & Emp. L. J. 34 (2017), S. 243 (243 f., 262 f. mit Fn. 123, 124 u. 125).

950 Alves v. Bd. of Regents of the Univ. Sys. of Georgia, 804 F.3d 1149, 1163 (11th Cir. 2015); Boulton v. Swanson, 795 F.3d 526, 534 (6th Cir. 2015); Hagan v. City of New York, 39 F. Supp. 3d 481, 510 (S.D.N.Y. 2014); *Bauries*, Educ. L. & Pol'y Rev. 2 (2015), S. 88 (124); *Deloney*, Chi.-Kent L. Rev. 91 (2016), S. 709 (710 f. mit Fn. 13 u. 724); *Rumel*, Hofstra Lab. & Emp. L. J. 34 (2017), S. 243 (261–264); *Still*, Fordham L. Rev. 88 (2020), S. 1543 (1572); offengelassen in Flora v. County of Luzerne, 776 F.3d 169, 179 n.11 (3rd Cir. 2015); Gibson v. Kilpatrick, 773 F.3d 661, 668–669 (5th Cir. 2014); Dougherty v. Sch. Dist. of Philadelphia, 772 F.3d 979, 990 (3rd Cir. 2014); Mpoy v. Rhee, 758 F.3d 285, 295 (D.C. Cir. 2014); hierzu insbesondere *Rumel*, Hofstra Lab. & Emp. L. J. 34 (2017), S. 243 (262 f. mit Fn. 123, 124 u. 125).

951 Dibrito v. City of St. Joseph, 675 Fed. App'x. 593, 597 (6th Cir. 2017) (quoting Boulton v. Swanson, 795 F.3d 526, 534 (6th Cir. 2015)); Boulton v. Swanson, 795 F.3d 526, 534 (6th Cir. 2015); Hagan v. City of New York, 39 F. Supp. 3d 481, 510 (S.D.N.Y. 2014); *Deloney*, Chi.-Kent L. Rev. 91 (2016), S. 709 (725 f.); *Robertson*, St. Louis U. L.J. 60 (2016), S. 293 (303 f.); *Rumel*, Hofstra Lab. & Emp. L. J. 34 (2017), S. 243 (264); *Schoen*, Hastings Const. L.Q. 2016, S. 537 (566 u. 574).

konkretisiere,[952] zumal auch die Bedeutung des Begriffs der „gewöhnlichen dienstlichen Pflichten" unklar sei.[953] So gehe der US-Supreme Court nicht näher darauf ein, warum er das Adjektiv hinzufüge.[954] Es sei ebenso vertretbar, die Entscheidung in *Lane* eng auszulegen, sodass sie auf gerichtliche Zeugenaussagen beschränkt sei.[955]

Zudem wird darauf hingewiesen, dass ein Teil der Gerichte der Entscheidung keinerlei Beachtung geschenkt habe.[956] Indes zeige die Auswertung der auf *Lane* folgenden Rechtsprechung, dass sie Auswirkungen auf die Urteilsfindung einiger Gerichte gehabt habe,[957] sodass mehr Verfahren zugunsten Bediensteter ausgegangen seien.[958] Es könne festgehalten werden, dass *Lane* aufzeige, wie der kategorische Ansatz restriktiver gefasst werden könnte.[959] Insofern verbessere die Entscheidung die Rechtsstellung öffentlich Beschäftigter wieder.[960] Gleichwohl ginge sie nicht weit genug,[961] stelle sie lediglich eine bescheidene Korrektur[962] und allenfalls eine geringfügige Modifikation der Garcetti-Rechtsprechung dar.[963]

---

952 So Gibson v. Kilpatrick, 773 F.3d 661, 668–669 (5th Cir. 2014); *Connolly/Wasserman*, Rev. L. & Econ. 16 (2019), S. 1 (5); *Robertson*, St. Louis U. L.J. 60 (2016), S. 293 (308–313); *Rumel*, Hofstra Lab. & Emp. L. J. 34 (2017), S. 243 (261–264); *Still*, Fordham L. Rev. 88 (2020), S. 1543 (1556, 1567 u. 1572).

953 So etwa *Connolly/Wasserman*, Rev. L. & Econ. 16 (2019), S. 1 (6); *Rumel*, Hofstra Lab. & Emp. L. J. 34 (2017), S. 243 (261–264).

954 *Rumel*, Hofstra Lab. & Emp. L. J. 34 (2017), S. 243 (261–264).

955 *Robertson*, St. Louis U. L.J. 60 (2016), S. 293 (293 f. u. 307 f.); *Zenor*, Rich. J. L. & Pub. Int. 19 (2016), S. 101 (104, 108 u. 118 f.); siehe auch *Connolly/Wasserman*, Rev. L. & Econ. 16 (2019), S. 1 (5 u. 20); *Kitrosser*, Sup. Ct. Rev. 2015 (2015), S. 301 (311 f.).

956 *Kitrosser*, Sup. Ct. Rev. 2015 (2015), S. 301 (315).

957 *Connolly/Wasserman*, Rev. L. & Econ. 16 (2019), S. 1 (20–22); *Kitrosser*, Sup. Ct. Rev. 2015 (2015), S. 301 (314 f.).

958 *Connolly/Wasserman*, Rev. L. & Econ. 16 (2019), S. 1 (20–22).

959 *Bauries*, Educ. L. & Pol'y Rev. 2 (2015), S. 88 (123); *Connolly/Wasserman*, Rev. L. & Econ. 16 (2019), S. 1 (5); *Kitrosser*, Sup. Ct. Rev. 2015 (2015), S. 301 (302).

960 *Connolly/Wasserman*, Rev. L. & Econ. 16 (2019), S. 1 (2); *Robertson*, St. Louis U. L.J. 60 (2016), S. 293; *Rumel*, Hofstra Lab. & Emp. L. J. 34 (2017), S. 243 (244); *Secunda*, Emp. Rts. & Emp. Pol'y J. 20 (2016), S. 393 (414).

961 *Robertson*, St. Louis U. L.J. 60 (2016), S. 293 (293 f.); so auch *Kitrosser*, Wash. L. Rev. 95 (2018), S. 1405 (1419).

962 *Connolly/Wasserman*, Rev. L. & Econ. 16 (2019), S. 1 (22).

963 Alves v. Bd. of Regents of the Univ. Sys. of Georgia, 804 F.3d 1149, 1163 (11th Cir. 2015); so auch *Krotoszynski, Jr.*, Ind. L.J. 93 (2018), S. 267 (286).

cc) Gesamtschau der heutigen Doktrin

Mit der Doktrin zur Redefreiheit öffentlich Beschäftigter entwickelte der US-Supreme Court einen Beurteilungsmaßstab zur Prüfung des Schutzes der Rede öffentlich Beschäftigter durch den 1. Zusatzartikel der US-Verfassung.[964] Im Rahmen dieses Prüfungsablaufs trägt der Bedienstete gemäß dem „*Mt. Healthy test*" die Beweislast, darzulegen, dass seine Äußerung durch das Recht auf freie Rede geschützt und maßgeblich kausal für die angegriffene Sanktionsmaßnahme des Dienstherrn ist, woraufhin dieser die Möglichkeit hat, zu beweisen, dass er diese unabhängig von der Rede des Bediensteten vornahm, sie mithin keine Rechtsverletzung darstellt. Dem Pickering-Connick-Standard zufolge muss für den verfassungsmäßigen Schutz einer Äußerung eines Bediensteten sich diese zunächst gemäß *Connick* zwingend auf Angelegenheiten von öffentlichem und nicht lediglich privatem Interesse beziehen. Nach der weit gefassten Definition des US-Supreme Court sind öffentliche Belange solche, die einen Gesellschaftsbezug aufweisen. Demgegenüber sind rein persönliche Äußerungen wie etwa Beschwerden über die eigenen Arbeitsbedingungen solche zu privaten Angelegenheiten. Der 1. Zusatzartikel der US-Verfassung umfasst nach *Givhan* gleichermaßen die nicht-öffentliche Rede. Ein etwaiger unangebrachter oder kontroverser Charakter der Rede ist unschädlich.

Endlich erfolgt mit dem „*Pickering balancing test*" die Abwägung der Interessen des Staates als Arbeitgeber an der wirksamen Erfüllung seiner Aufgaben mit denen des Bediensteten an der Ausübung seiner bürgerlichen Freiheiten.[965] Überwiegt das Interesse des Beschäftigten, so ist die betreffende Rede geschützt. Im Rahmen der Abwägung sind verschiedene Aspekte zu würdigen. So ist der Entscheidung in *Pickering* entsprechend zu prüfen, in welcher Beziehung der Äußernde zum inhaltlichen Gegenstand der Rede steht, um zu ergründen, ob er sich als Bediensteter oder Bürger äußert. Ferner sind etwaige schädliche Auswirkungen der Rede beispielsweise auf die Erfüllung der Aufgaben beziehungsweise den Dienstbetrieb, das Weisungsverhältnis zwischen Vorgesetztem und Bedienstetem, die Arbeitsbeziehungen unter den Mitarbeitern und die Diensttauglichkeit des Beschäftigten zu untersuchen. Zu diesem Zweck stellt der US-Supreme Court zum Beispiel in *Rankin* nicht zuletzt auf die Stellung und Aufgaben des Beschäftigten innerhalb der Behörde ab. Überdies sind das öffentliche Interesse an der Rede sowie ihre Auswirkungen auf den öffentlichen Diskurs zu berücksichtigen.

---

964 Hierzu und im Folgenden vorliegend C. II. 1. a) aa) (1) bis (4) mit Nachweisen.

965 Hierzu und im Folgenden vorliegend C. II. 1. a) aa) (1) bis (4) mit Nachweisen.

Infolge der Entscheidung in *Garcetti* ist nunmehr zunächst zu prüfen, ob eine Äußerung „entsprechend den dienstlichen Pflichten“ gegeben ist.[966] Soweit dies der Fall ist, greift die kategorische Ausschlussregel und die Rede ist nicht von der Redefreiheit umfasst. Andernfalls ist mit der Prüfung nach dem Pickering-Connick-Standard fortzufahren. Während der US-Supreme Court sowie Befürworter der Garcetti-Rechtsprechung argumentieren, dass die kategorische Ausschlussregel zu mehr Rechtssicherheit beitrage und notwendig sei, um eine uneingeschränkte Kontrolle von Dienstverhältnissen durch die Judikative zu vermeiden, sehen ablehnende Stimmen in der Entwicklung der höchstrichterlichen Judikatur gar eine Renaissance der *„right-privilege distinction“*. Sie entgegnen, dass das Präjudiz aufgrund der Unbestimmtheit des Tatbestandsmerkmals „entsprechend ihren dienstlichen Pflichten“ vielmehr zu Unvorhersehbarkeit führe, was dem Zweck einer kategorischen Ausschlussregel zuwiderlaufe.

Vor diesem Hintergrund entwickelten die Appellationsgerichte verschiedene Auslegungsvarianten.[967] Während einige Gerichte zwecks Ermittlung des dienstlichen Pflichtenkreises prüfen, ob für die Äußerung der interne Dienstweg, die *„chain of command“* gewählt wurde, untersuchen andere, ob im Einzelfall eine entsprechende Rede eines Bürgers denkbar wäre, mithin eine *„citizen analogue“* vorliegt. Darüber hinaus wird auf den Wortlaut des Entscheidungstextes rekurriert und danach gefragt, ob die Existenz der Rede des Beschäftigten in dessen Dienstpflichten begründet ist. Überdies wird vereinzelt auf spezielle Kenntnisse und Erfahrungen des Beschäftigten abgestellt oder ermittelt, ob dieser für die betreffende Rede respektive das Handeln entlohnt wird. Zudem zogen Appellationsgerichte formale Tätigkeitsbeschreibungen in entscheidungserheblicher Weise heran. Während einige die Ansicht vertreten, dass die Entscheidung in *Lane* auf gerichtliche Zeugenaussagen beschränkt sei, teilen andere die Auffassung, dass der US-Supreme Court in ihr eine restriktive Auslegung des Tatbestandsmerkmals fordere. Daher prüfen einige Gerichte, ob die Rede in den Kreis der „gewöhnlichen dienstlichen Pflichten“ fällt. Indes ist bislang ungeklärt, ob und inwiefern die Entscheidung die Doktrin modifiziert.

b) Redefreiheit von Schülern

Für die Beantwortung der Frage nach dem verfassungsmäßigen Schutz der Rede von Lehrkräften ist neben der Doktrin zur Redefreiheit öffentlich Beschäftigter

---

966 Hierzu und im Folgenden vorliegend C. II. 1. a) bb) (1) u. (2) mit Nachweisen.
967 Hierzu und im Folgenden vorliegend C. II. 1. a) bb) (3) (a) u. (b) mit Nachweisen.

die höchstrichterliche Judikatur zur Redefreiheit von Schülern von Relevanz.[968] Zwar ist diese Rechtsprechung grundsätzlich auf den Personenkreis der Schüler bezogen.[969] Gleichwohl übertragen Gerichte in einigen Bundesgerichtskreisen sie auf „*in-class speech*" von Lehrkräften.[970] Im Folgenden wird die einschlägige Tinker-Hazelwood-Judikatur des US-Supreme Court zur Redefreiheit von Schülern samt ihrer Dogmatik dargelegt, um die durch sie entwickelten verfassungsrechtlichen Maßstäbe zur Beurteilung von Schüler- respektive Lehreräußerungen abzubilden.

aa) Erhebliche Störung: Tinker v. Des Moines Independent Community School District (1969)

Im Jahr 1969 erging mit *Tinker v. Des Moines Independent Community School District*[971] die zentrale Grundsatzentscheidung zur Redefreiheit von Schülern,[972] welche im Hinblick auf das Schutzniveau von Schüleräußerungen zugleich den historischen Höhepunkt markiert.[973] In dem der Entscheidung zugrunde liegenden Fall suspendierte eine Schule drei Schüler, da diese in der Schule schwarze Armbänder trugen, um gegen den Vietnam-Krieg zu protestieren.[974] Die Schüler sahen sich durch die Maßnahme der Schule in ihrem Recht aus dem 1. Zusatzartikel der US-Verfassung verletzt und legten Klage ein.[975]

In seiner letztinstanzlichen Entscheidung postuliert der US-Supreme Court, dass „[…] weder Schüler noch Lehrkräfte ihre verfassungsmäßigen Rechte auf Freiheit der Rede oder Meinungsäußerung am Schultor abwerfen."[976] Da diese

---

968 Hierzu *Bowman*, Wake Forest L. Rev. 48 (2013), S. 211 (256–259); *Daly*, J.L. & Educ. 30 (2001), S. 1 (1 f. u. 6 f.); *Cooley*, Baylor L. Rev. 66 (2014), S. 235 (266); *Lester*, Ala. L. Rev. 62 (2011), S. 663 (664).256

969 *Bowman*, Wake Forest L. Rev. 48 (2013), S. 211 (244).

970 *Bowman*, Wake Forest L. Rev. 48 (2013), S. 211 (256 f.); *Cooley*, Baylor L. Rev. 66 (2014), S. 235 (266 f.); *Krebs*, Vand. L. Rev. 75 (2022), S. 1925 (1934 u. 1937).

971 Tinker v. Des Moines Independent Community Sch. Dist., 393 U.S. 503 (1969).

972 *Brownstein*, U.C. Davis L. Rev. 42 (2009), S. 717 (730 f.); *Cooley*, Baylor L. Rev. 66 (2014), S. 235 (241 u. 247); *Kozlowski*, U. Balt. J. Media L. & Ethics 3 (2012), S. 1 (6 f.).

973 *Bowman*, Wake Forest L. Rev. 48 (2013), S. 211; *Kozlowski*, U. Balt. J. Media L. & Ethics 3 (2012), S. 1 (6 f.); *Wohl*, Am. U. L. Rev. 58 (2009), S. 1285 (1287).

974 Tinker v. Des Moines Independent Community Sch. Dist., 393 U.S. 503, 504 (1969).

975 Tinker v. Des Moines Independent Community Sch. Dist., 393 U.S. 503, 504 (1969).

976 Tinker v. Des Moines Independent Community Sch. Dist., 393 U.S. 503, 506 (1969) („*[…] either students or teachers shed their constitutional rights to freedom of speech or expression at the schoolhouse gate.*").

Rechte nicht absolut seien, könnten Schulen die freie Rede von Schülern freilich beschränken.[977] Gleichwohl reiche es nicht aus, dass die Schule bloß Unannehmlichkeiten vermeiden wolle, die sich aus der Äußerung einer missliebigen Meinung ergäben.[978] Vor diesem Hintergrund entwickelt er den *„substantial disruption test"*,[979] demzufolge eine Rede eines Schülers einschränkbar ist, soweit nachgewiesen werden kann, dass die betreffende Äußerung die Arbeit der Schule respektive den Schulfrieden wesentlich und erheblich stört oder Rechte Dritter verletzt.[980] Der US-Supreme Court konstatiert, dass der stille Protest der Schüler keine Störung insbesondere des Unterrichts hervorrief, und entschied, dass die Suspendierungen mithin das Recht der Schüler auf freie Rede verletzten.[981] Seitdem machte er indes kaum Vorgaben zu der Interpretation von *Tinker*, sodass Unklarheit über die richtige Anwendung des Beurteilungsmaßstabs herrscht.[982]

bb) Legitime pädagogische Interessen: Hazelwood School District v. Kuhlmeier (1988)

Mit der Entscheidung in *Hazelwood School District v. Kuhlmeier*[983] folgte im Jahr 1988 das zweite maßgebende Präjudiz zur Redefreiheit von Schülern.[984] In dem zugrunde liegenden Fall untersagte der Schuldirektor der Hazelwood East High School die Veröffentlichung zweier von Schülern im Rahmen des Journalismus-Unterrichts verfasster Artikel in der vom Schulrat finanzierten Schulzeitung.[985] Die betreffenden Texte thematisierten die Schwangerschaften dreier Schülerinnen sowie die Situation von Schülern mit geschiedenen Eltern. Der Schuldirektor vertrat die Ansicht, dass die in dem erstgenannten Artikel

---

977 Tinker v. Des Moines Independent Community Sch. Dist., 393 U.S. 503, 513 (1969).

978 Tinker v. Des Moines Independent Community Sch. Dist., 393 U.S. 503, 509 (1969).

979 Hierzu *Cooley*, Baylor L. Rev. 66 (2014), S. 235 (249).

980 Tinker v. Des Moines Independent Community Sch. Dist., 393 U.S. 503, 513–514 (1969).

981 Tinker v. Des Moines Independent Community Sch. Dist., 393 U.S. 503, 505–509, 513–514 (1969).

982 Siehe etwa *Brownstein*, U.C. Davis L. Rev. 42 (2009), S. 717 (743 f.).

983 Hazelwood Sch. Dist. v. Kuhlmeier, 484 U.S. 260 (1988).

984 *Cooley*, Baylor L. Rev. 66 (2014), S. 235 (249 f.); *Kozlowski*, U. Balt. J. Media L. & Ethics 3 (2012), S. 1 (2 f.); *Waldman*, Fla. L. Rev. 60 (2008), S. 63 (63 f.); *Wohl*, Am. U. L. Rev. 58 (2009), S. 1285 (1297).

985 Hierzu und im Folgenden Hazelwood Sch. Dist. v. Kuhlmeier, 484 U.S. 260, 262–264 (1988).

erfolgte Bezugnahme auf sexuelle Aktivitäten und Empfängnisverhütung für jüngere Leser nicht altersgerecht sei. Zudem befürchtete er, dass, wenngleich Pseudonyme verwandt wurden, die in dem Text vorgestellten schwangeren Schülerinnen identifizierbar seien. Im Hinblick auf den zweiten Artikel kritisierte er, dass die Eltern einer Schülerin, die sich in dem Beitrag über ihren Vater beschwerte, keine Gelegenheit bekamen, sich zu den Aussagen ihrer Tochter zu äußern oder in die Veröffentlichung einzuwilligen. Drei der Schüler im Redaktionsteam sahen sich durch die Zensur der Schulleitung in ihrer Redefreiheit verletzt und klagten. Während das erstinstanzliche Gericht der Schule Recht gab,[986] gelangte das Appellationsgericht, das davon ausging, die Schulzeitung stelle ein öffentliches Forum für Schüleräußerungen dar, unter Heranziehung der Tinker-Rechtsprechung zu dem Ergebnis, dass eine Verletzung der Redefreiheit der Schüler durch die Maßnahme des Schulleiters gegeben sei.[987]

Der US-Supreme Court bekräftigt in seiner Entscheidung zunächst in Rekurs auf *Tinker*, Schüler würden ihre verfassungsmäßigen Rechte in der Schule nicht verlieren.[988] Gleichwohl komme ihren Rechten in Anbetracht der Besonderheiten des Schulkontexts nicht dasselbe Schutzniveau zu wie denen Erwachsener in anderen Kontexten.[989] Er legt seiner Prüfung die Forum-Analyse zugrunde[990] und konstatiert, die Schulzeitung stelle kein öffentliches Forum für Schüleräußerungen dar.[991] Vielmehr sei die redaktionelle Tätigkeit der Schüler Teil des Lehrplans, sodass die Schule berechtigt sei, die Inhalte in angemessener Weise zu kontrollieren. Angesichts dieser Tatsache lehnt er die Heranziehung der Tinker-Rechtsprechung ab. Denn während *Tinker* die Frage fokussiere, ob eine Schule eine rein persönliche Äußerung eines Schülers zu tolerieren habe, stelle sich vorliegend eine andere, nämlich die, ob der

986 Kuhlmeier v. Hazelwood Sch. Dist., 607 F.Supp. 1450, 1467 (E.D.Mo. 1985).

987 Kuhlmeier v. Hazelwood Sch. Dist., 795 F.2d 1368, 1370, 1374–1376 (8th Cir. 1986).

988 Hazelwood Sch. Dist. v. Kuhlmeier, 484 U.S. 260, 266 (1988) (quoting Tinker v. Des Moines Independent Community Sch. Dist., 393 U.S. 503, 506 (1969)).

989 Hazelwood Sch. Dist. v. Kuhlmeier, 484 U.S. 260, 266 (1988) (quoting Bethel Sch. Dist. No. 403 v. Fraser, 478 U.S. 675, 682 (1986); Tinker v. Des Moines Independent Community Sch. Dist., 393 U.S. 503, 506 (1969)).

990 *Annest*, Wash. L. Rev. 77 (2002), S. 1227 (1228); *Bauries*, Educ. L. & Pol'y Rev. 2 (2015), S. 88 (101); *Kozlowski*, U. Balt. J. Media L. & Ethics 3 (2012), S. 1 (9); *Waldman*, Fla. L. Rev. 60 (2008), S. 63 (70); *Wright*, S. Ill. U. L.J. 31 (2007), S. 175 (179–181).

991 Hierzu und im Folgenden Hazelwood Sch. Dist. v. Kuhlmeier, 484 U.S. 260, 267–273 (1988).

1. Zusatzartikel der US-Verfassung verlange, dass eine Schule eine Rede eines Schülers in zustimmender Weise fördern müsse. Diese Frage beziehe sich auf die Gestaltungsmacht der Schule über ihre eigenen Aktivitäten, die von außen betrachtet der Schule zugeordnet würden. Derartige „*school-sponsored activities*“ seien, soweit sie von Lehrern betreut und dazu gestaltet seien, den Schülern besondere Kenntnisse oder Fähigkeiten zu vermitteln, unabhängig davon, ob sie im Rahmen des klassischen Unterrichts stattfänden, als Bestandteil des Curriculums der Schule zu betrachten.

Sodann hält der US-Supreme Court fest, dass die Schule die Befugnis habe, von ihr geförderte Äußerungen („*school-sponsored speech*“) einzuschränken, „[...] solange ihre Maßnahmen in einem angemessenen Zusammenhang mit legitimen pädagogischen Interessen stehen.“[992] Unter derartigen Belangen versteht er beispielsweise das Erreichen des Lernziels der jeweiligen Aktivität, den Schutz der Schüler vor Material, welches im Hinblick auf ihren Reifegrad unangemessen ist, sowie das Interesse, sicherzustellen, dass die individuellen Ansichten eines Einzelnen nicht fälschlicherweise der Schule zugeordnet werden.[993] Legitime pädagogische Interessen seien gegeben, sofern die Schule sich von einer Rede distanzieren wolle, die ungrammatisch, schlecht geschrieben, unzureichend recherchiert, voreingenommen, vulgär oder profan sei oder die Drogen- und Alkoholkonsum, verantwortungslosen Geschlechtsverkehr oder ein sonstiges Verhalten befürworte, das nicht mit den gemeinsamen Werten einer zivilisierten Gesellschaftsordnung vereinbar sei, oder die die Neutralität der Schule in Angelegenheiten von politischer Kontroversität antaste.

Der US-Supreme Court begründet seine Rechtsauffassung, indem er behauptet, eine andere Sichtweise führe dazu, dass Schulen ihre Aufgaben, namentlich den Schülern Werte zu vermitteln, sie auf die spätere Ausbildung vorzubereiten und in die Lage zu versetzen, sich in ihr gesellschaftliches Umfeld zu integrieren, nicht erfüllen könnten.[994] Würde man die Einschlägigkeit von *Tinker* vorliegend bejahen, wären Schulen infolgedessen dazu gezwungen, in ihren Schulzeitungen sämtliche Schüleräußerungen zu veröffentlichen, die den

---

992 Hazelwood Sch. Dist. v. Kuhlmeier, 484 U.S. 260, 273 (1988) („*[...] so long as their actions are reasonably related to legitimate pedagogical concerns.*“).

993 Hierzu und im Folgenden Hazelwood Sch. Dist. v. Kuhlmeier, 484 U.S. 260, 271–272 (1988) (quoting Bethel Sch. Dist. No. 403 v. Fraser, 478 U.S. 675, 683 (1986)).

994 Hazelwood Sch. Dist. v. Kuhlmeier, 484 U.S. 260, 272 (1988) (quoting Brown v. Bd. of Educ., 347 U.S. 483, 493 (1954)).

Unterricht nicht störten oder die Rechte anderer nicht verletzten.[995] Dies führe zu dem unerwünschten Ergebnis, dass Schulen geneigt wären, die Herausgabe von Schulzeitungen gänzlich einzustellen.[996]

Schließlich wendet er seinen neuen Standard auf den ihm vorliegenden Sachverhalt an und konstatiert, die Einwände des Schuldirektors seien allesamt berechtigt.[997] Daher sei dieser zurecht davon ausgegangen, die Schüler, die die Artikel verfassten, hätten die Lektionen des Journalismus-Unterrichts nicht ausreichend umgesetzt. Der US-Supreme Court gelangt zu dem Ergebnis, die Zensur des Schuldirektors beruhe in angemessener Weise auf legitimen pädagogischen Interessen, sodass keine Verletzung der Redefreiheit der Schüler vorliege, und hob die Entscheidung der Vorinstanz auf.

Durch die Entscheidung in *Hazelwood* schuf der US-Supreme Court einen Standard zur Prüfung des Schutzes einer Schüleräußerung durch den 1. Zusatzartikel der US-Verfassung, die eine von der Schule im Rahmen ihrer schulischen Aktivitäten geförderte, „*school-sponsored speech*" darstellt.[998] Eine solche kann Beschränkungen unterworfen werden, solange diese „in einem angemessenen Zusammenhang mit legitimen pädagogischen Interessen" stehen.[999] Demgegenüber erstreckt sich der Anwendungsbereich von dem „*substantial disruption test*" auf rein persönliche Schüleräußerungen in der Schule, beispielsweise solche während der Pause auf dem Schulhof, wobei sich die Abgrenzung im Einzelfall schwierig gestaltet.[1000]

Der unscharfe Begriff der „*school-sponsored speech*" wirft Probleme auf, zumal unklar ist, wie er gegenüber der umfassend beschränkbaren „*government speech*" abzugrenzen ist.[1001] Zudem dehnte die Rechtsprechung in den Bundesgerichtskreisen den Beurteilungsmaßstab auf weitere Sachverhalte und Personengruppen aus, neben der Rede von Lehrkräften beispielsweise auf die Festlegung

---

995 Hazelwood Sch. Dist. v. Kuhlmeier, 484 U.S. 260, 276 n.9 (1988) (quoting Hazelwood Sch. Dist. v. Kuhlmeier, 484 U.S. 260, 289 (1988) (Brennan, J., dissenting)).

996 Hazelwood Sch. Dist. v. Kuhlmeier, 484 U.S. 260, 276 n.9 (1988) (quoting Hazelwood Sch. Dist. v. Kuhlmeier, 484 U.S. 260, 287 (1988) (Brennan, J., dissenting)).

997 Hierzu und im Folgenden Hazelwood Sch. Dist. v. Kuhlmeier, 484 U.S. 260, 273–276 (1988).

998 *Bowman*, Wake Forest L. Rev. 48 (2013), S. 211 (244); *Cooley*, Baylor L. Rev. 66 (2014), S. 235 (250); *Lester*, Ala. L. Rev. 62 (2011), S. 663 (669).

999 Hazelwood Sch. Dist. v. Kuhlmeier, 484 U.S. 260, 273 (1988).

1000 *Brownstein*, U.C. Davis L. Rev. 42 (2009), S. 717 (730, 742–744 u. 749); *Lester*, Ala. L. Rev. 62 (2011), S. 663 (669).

1001 *Brownstein*, U.C. Davis L. Rev. 42 (2009), S. 717 (749–770).

des Lehrplans und die Auswahl von Lehrbüchern sowie Äußerungen schulexterner Personen.[1002] Des Weiteren setzt der US-Supreme Court der Interpretation des Tatbestandsmerkmals der „legitimen pädagogischen Interessen" keine Grenzen, wenngleich er es durch Nennung von Beispielen konturiert.[1003] Daher stellt sich die Frage, wie diese Belange zu bestimmen sind.[1004] In der Rechtsprechung herrscht jedenfalls ein weites Begriffsverständnis vor.[1005] Während der US-Supreme Court sowie Befürworter der Hazelwood-Rechtsprechung auf den Zweck verweisen, die pädagogische Handlungsfähigkeit der Schulen zu erhalten,[1006] kritisieren Gegner, dass die Entscheidung im Hinblick auf das Schutzniveau von Schüleräußerungen einen Rückschritt darstelle.[1007]

Darüber hinaus wird darum gestritten, ob der Hazelwood-Standard grundsätzlich unzulässige meinungsdiskriminierende Rede-Beschränkungen[1008] zulässt.[1009] In diesem Zusammenhang stellt sich die Frage, ob „*school-sponsored activities*" (nicht-öffentliche) Foren darstellen, sodass bei konsequenter Anwendung der Forum-Analyse meinungsdiskriminierende Beschränkungen als verfassungswidrig abzulehnen wären.[1010] Der US-Supreme Court stellt zwar fest, dass von der Schule geförderte Aktivitäten keine öffentlichen Foren konstituierten, erklärt andererseits freilich nicht, dass sie nicht-öffentliche Foren begründeten.[1011] Wenngleich er unter Zugrundelegung der Forum-Analyse in

1002 *Kozlowski*, U. Balt. J. Media L. & Ethics 3 (2012), S. 1 (6 u. 12 f.); *Waldman*, Fla. L. Rev. 60 (2008), S. 63 (63 f.) m.w.N.

1003 Siehe Hazelwood Sch. Dist. v. Kuhlmeier, 484 U.S. 260, 271–272 (1988) (quoting Bethel Sch. Dist. No. 403 v. Fraser, 478 U.S. 675, 683 (1986)).

1004 *Brownstein*, U.C. Davis L. Rev. 42 (2009), S. 717 (724 u. 775 f.).

1005 *Brownstein*, U.C. Davis L. Rev. 42 (2009), S. 717 (775 f. u. 784) m.w.N.; *Kozlowski*, U. Balt. J. Media L. & Ethics 3 (2012), S. 1 (6).

1006 Siehe Hazelwood Sch. Dist. v. Kuhlmeier, 484 U.S. 260, 272 (1988) (quoting Brown v. Bd. of Educ., 347 U.S. 483, 493 (1954)); so auch *Annest*, Wash. L. Rev. 77 (2002), S. 1227 (1255 f.).

1007 So etwa *Cooley*, Baylor L. Rev. 66 (2014), S. 235 (247–255); *Kozlowski*, U. Balt. J. Media L. & Ethics 3 (2012), S. 1 (8); *Wohl*, Am. U. L. Rev. 58 (2009), S. 1285 (1287).

1008 Hierzu vorliegend C. I. 3. mit Nachweisen.

1009 *Bauries*, Educ. L. & Pol'y Rev. 2 (2015), S. 88 (110); *Brownstein*, U.C. Davis L. Rev. 42 (2009), S. 717 (776–784); *Waldman*, Fla. L. Rev. 60 (2008), S. 63 (90–94); *Wright*, S. Ill. U. L.J. 31 (2007), S. 175 (189–192).

1010 *Brownstein*, U.C. Davis L. Rev. 42 (2009), S. 717 (776 f.).

1011 *Brownstein*, U.C. Davis L. Rev. 42 (2009), S. 717 (778).

seine Prüfung einsteigt, untersucht er nicht, ob die Zensur seitens des Schuldirektors meinungsneutral ist.[1012]

Einer Auffassung nach stellten von der Schule geförderte Aktivitäten nichtöffentliche Foren dar, sodass lediglich meinungsneutrale, rein themenbezogene Rede-Beschränkungen mit dem 1. Zusatzartikel der US-Verfassung zu vereinbaren seien.[1013] Nur dieses Ergebnis stehe mit den in *Hazelwood* zitierten Präjudizien respektive der höchstrichterlichen Judikatur zum 1. Zusatzartikel der US-Verfassung im Einklang.[1014] Außerdem habe der US-Supreme Court es unterlassen, zu erklären, eine neuartige Kategorie von Forum schaffen zu wollen.[1015]

Andere Stimmen hingegen vertreten die Ansicht, meinungsdiskriminierende Beschränkungen im Kontext von „*school-sponsored activities*" seien zulässig.[1016] Von der Schule geförderte Aktivitäten stellten weder öffentliche noch nicht-öffentliche Foren dar, da der US-Supreme Court dies nicht wie in vorherigen Judikaten ausdrücklich erklärt habe, zumal er den Begriff des nicht-öffentlichen Forums überhaupt nicht erwähne.[1017] Da es in *Hazelwood* im Gegensatz zu *Tinker* nicht um die klassische Frage gehe, ob eine Schule als staatlicher Akteur Äußerungen lediglich tolerieren, sondern ob sie diese aktiv fördern müsse, seien geringere Hürden für Einschränkungen anzunehmen und meinungsdiskriminierende Beschränkungen als verfassungsmäßig zu betrachten.[1018] Zudem gehe der US-Supreme Court in *Hazelwood* davon aus, dass es

1012 Downs v. Los Angeles Unified Sch. Dist., 228 F.3d 1003, 1010–1011 (9th Cir. 2000); *Annest*, Wash. L. Rev. 77 (2002), S. 1227 (1228 u. 1239).

1013 So Peck v. Baldwinsville Central Sch. Dist., 426 F.3d 617, 632–633 (2nd Cir. 2005); Planned Parenthood of S. Nev., Inc. v. Clark Cnty. Sch. Dist., 941 F.2d 817, 829 (9th Cir. 1991); so auch *Daugherty*, Ga. St. U. L. Rev. 20 (2004), S. 1061 (1083); *Hammett*, Ala. L. Rev. 55 (2004), S. 393 (405).

1014 Peck v. Baldwinsville Central Sch. Dist., 426 F.3d 617, 632–633 (2nd Cir. 2005); Planned Parenthood of S. Nev., Inc. v. Clark Cnty. Sch. Dist., 941 F.2d 817, 829 (9th Cir. 1991); a.A. *Wright*, S. Ill. U. L.J. 31 (2007), S. 175 (181–189).

1015 *Hammett*, Ala. L. Rev. 55 (2004), S. 393 (404 f.); ähnlich *Daugherty*, Ga. St. U. L. Rev. 20 (2004), S. 1061 (1083).

1016 So Fleming v. Jefferson Cnty. Sch. Dist. R-1, 298 F.3d 918, 928 (10th Cir. 2002); Ward v. Hickey, 996 F.2d 448, 454 (1st Cir. 1993); so auch *Annest*, Wash. L. Rev. 77 (2002), S. 1227 (1247 f.); *Bauries*, Educ. L. & Pol'y Rev. 2 (2015), S. 88 (110–113); *Brownstein*, U.C. Davis L. Rev. 42 (2009), S. 717 (776–782).

1017 *Brownstein*, U.C. Davis L. Rev. 42 (2009), S. 717 (778); ähnlich *Annest*, Wash. L. Rev. 77 (2002), S. 1227 (1248).

1018 *Brownstein*, U.C. Davis L. Rev. 42 (2009), S. 717 (778 f.).

legitim sei, sich als Schule von Ansichten zu distanzieren, die nicht im Einklang mit den Werten der Gemeinschaft stünden, sodass angesichts der Notwendigkeiten der schulischen Bildungs- und Erziehungsarbeit davon ausgegangen werden müsse, meinungsdiskriminierende Beschränkungen seien zulässig.[1019]

c) *Akademische Freiheit*

Wenngleich die Wurzeln der akademischen Freiheit in den Vereinigten Staaten wie in Deutschland im Hochschulkontext liegen, waren die ersten US-amerikanischen Hochschulen kaum mit deutschen respektive europäischen Universitäten vergleichbar, dienten sie im Wesentlichen der Charakterbildung sowie dem Zweck, Wissen an die Studierenden weiterzugeben.[1020] Zudem verwalteten sie sich nicht selbst, sondern wurden von externen Laiengremien geleitet. Erst in der zweiten Hälfte des 19. Jahrhunderts begann die US-amerikanische „*academia*" sich an den modernen deutschen Universitäten mit dem Humboldt'schen Ideal der Einheit von Forschung und Lehre sowie dem Konzept von Lern- und Lehrfreiheit zu orientieren. Im Jahr 1915 mündete diese Entwicklung in die „*Declaration of Principles*" der *American Association of University Professors*, welche die Forschungs- und Lehrfreiheit des Professors postulierte.[1021] Diese Erklärung floss unter anderem in das 1940 verabschiedete „*Statement of Principles on Academic Freedom and Tenure*" ein,[1022] welches die vollumfängliche Forschungsfreiheit als einen wesentlichen Aspekt der akademischen Freiheit definiert.[1023]

Von dieser gesellschaftspolitischen Dimension der Wissenschaftsfreiheit ist ihre rechtliche Gestalt freilich zu trennen.[1024] Wenngleich Akademiker einen bedeutenden Einfluss auf die Entstehung der Verfassung der Vereinigten Staaten von Amerika hatten, entwickelte sich die akademische Freiheit, die in der US-Verfassung keine ausdrückliche Erwähnung findet,[1025] erst im historischen

---

1019 Fleming v. Jefferson Cnty. Sch. Dist. R-1, 298 F.3d 918, 928 (10th Cir. 2002); *Brownstein*, U.C. Davis L. Rev. 42 (2009), S. 717 (779–781); *Wright*, S. Ill. U. L.J. 31 (2007), S. 175 (185 f.); *Annest*, Wash. L. Rev. 77 (2002), S. 1227 (1249).

1020 Hierzu und im Folgenden *DeMitchell/Connelly*, BYU Educ. & L.J. 2007, S. 83 (86–90); *Finkin*, Tex. L. Rev. 61 (1983), S. 817 (822–829).

1021 Hierzu *Joughin*, Academic Freedom and Tenure: A Handbook of the American Association of University Professors, S. 155–176.

1022 *DeMitchell/Connelly*, BYU Educ. & L.J. 2007, S. 83 (88 f.).

1023 Hierzu *American Association of University Professors*, 1940 Statement of Principles on Academic Freedom and Tenure with 1970 Interpretive Comments.

1024 *Metzger*, Tex. L. Rev. 66 (1988), S. 1265 (1266 f.).

1025 *Griffin*, Seattle U. L. Rev. 37 (2013), S. 1 (26).

Kontext der vom Antikommunismus geprägten McCarthy-Ära auch als verfassungs-rechtliches Konzept.[1026] So begann der US-Supreme Court in den 1950er Jahren mit ihrer Rezeption.[1027] In seiner Entscheidung in *Adler v. Board of Education of City of New York*[1028], in der er sich mit der Entlassung einer Lehrkraft an einer staatlichen Schule befasste, erklärte er ein New Yorker Statut für verfassungsmäßig, welches Personen den Zugang zur öffentlichen Beschäftigung versagte, die Vereinigungen angehörten oder unterstützten, die den Sturz der US-Regierung anstrebten.[1029] In seinem ablehnenden Minderheitenvotum erwähnte *Justice Douglas* die akademische Freiheit[1030] zum ersten Mal in der Geschichte des US-Supreme Court.[1031] Zudem wies er darauf hin, es sei angesichts der schulischen Aufgabe der Demokratiebildung eine Notwendigkeit, dass die Lehrkraft einen gewissen Schutz vor Einschränkungen ihrer Rede genieße.[1032]

Im Jahr 1957 entschied er in *Sweezy v. New Hampshire*[1033], in der die Wissenschaftsfreiheit zum ersten Mal Eingang in ein (nicht bindendes) Mehrheitsvotum fand.[1034] In dieser Entscheidung erklärte er die Vernehmung eines Journalisten und Gastdozenten an einer Hochschule durch den Generalstaatsanwalt, der den Dozenten unter anderem zu seiner Haltung zum Kommunismus befragte, für rechtswidrig.[1035] Im Rahmen seiner rechtlichen Würdigung warnte der US-Supreme Court davor, dass es die Zukunft der Nation gefährde, negiere man die Freiheit der intellektuellen Führer an Universitäten und Colleges.[1036] Bei diesen Ausführungen handelt es sich freilich um ein *obiter dictum*, zumal der US-Supreme Court sein Ergebnis nicht auf die akademische Freiheit, geschweige denn den 1. Zusatzartikel der US-Verfassung gründete.[1037] Darüber hinaus rekurrierte *Justice Frankfurter* in seinem zustimmenden Sondervotum

---

1026 *DeMitchell/Connelly*, BYU Educ. & L.J. 2007, S. 83 (87).

1027 *Bauries*, Miss. L.J. 83 (2014), S. 677 (684 f.); *Finkin*, Tex. L. Rev. 61 (1983), S. 817 (840 f.); *Hutchens*, J.C. & U.L. 36 (2009), S. 145 (150).

1028 Adler v. Bd. of Educ., 342 U.S. 485 (1952).

1029 Adler v. Bd. of Educ., 342 U.S. 485, 485–496 (1952).

1030 Adler v. Bd. of Educ., 342 U.S. 485, 508 (1952), 509–511 (Douglas, J., dissenting).

1031 Hierzu etwa *Bauries*, Miss. L.J. 83 (2014), S. 677 (685 f.).

1032 Adler v. Bd. of Educ., 342 U.S. 485, 508 (1952) (Douglas, J., dissenting).

1033 Sweezy v. New Hampshire, 354 U.S. 234 (1957).

1034 *DeMitchell/Connelly*, BYU Educ. & L.J. 2007, S. 83 (92).

1035 Sweezy v. New Hampshire, 354 U.S. 234, 234–255 (1957).

1036 Sweezy v. New Hampshire, 354 U.S. 234, 249–251 (1957).

1037 *DeMitchell/Connelly*, BYU Educ. & L.J. 2007, S. 83 (92 f.).

auf die vonseiten Südafrikanischer Hochschullehrer reklamierten „*Four Essential Freedoms*" der Universität,[1038] namentlich, zu entscheiden, wer unterrichtet, was und wie es unterrichtet wird, sowie, wer zum Studium zugelassen wird.[1039]

Zehn Jahre später folgte die Entscheidung in *Keyishian v. Board of Regents*[1040], in der der US-Supreme Court das New Yorker Bildungsgesetz, mit dem er sich bereits in der fünfzehn Jahre zuvor ergangenen Entscheidung in *Adler* befasste,[1041] aufgrund seiner Unbestimmtheit für verfassungswidrig erklärte.[1042] In diesem Rahmen würdigte er in einer namhaften[1043] Entscheidungspassage den Wert der akademischen Freiheit im Kontext des 1. Zusatzartikels der Verfassung der Vereinigten Staaten von Amerika, indem er erklärte: „*Our Nation is deeply committed to safeguarding academic freedom, which is of transcendent value to all of us and not merely to the teachers concerned. That freedom is therefore a special concern of the First Amendment, which does not tolerate laws that cast a pall of orthodoxy over the classroom.*"[1044]

Ferner postulierte er, dass der Schulunterricht ein „Marktplatz der Ideen" („*marketplace of ideas*") sei, auf dem ein freier Gedankenaustausch stattfinde.[1045] Indes basierte seine Entscheidung wiederum nicht auf einer Heranziehung wissenschaftlicher Freiheiten als rechtliches Konstrukt, sondern schlicht auf einer Anwendung der grundlegenden Dogmatik des 1. Zusatzartikels der US-Verfassung.[1046]

Bis heute verlieh der US-Supreme Court der „*academic freedom*" keine eigene rechtsdogmatische Gestalt.[1047] Vielmehr diente sie in seinen Judikaten lediglich als ein rhetorischer Unterbau.[1048] Nichtsdestotrotz wird in Literatur

---

1038 *Hutchens*, Ky. L.J. 97 (2008), S. 37 (57); *Hutchens*, J.C. & U.L. 36 (2009), S. 145 (151).

1039 Sweezy v. New Hampshire, 354 U.S. 234, 263 (1957) (Frankfurter, J., concurring) m.w.N.

1040 Keyishian v. Bd. of Regents, 385 U.S. 589 (1967).

1041 *Hutchens*, Ky. L.J. 97 (2008), S. 37 (57 f.); *Hutchens*, J.C. & U.L. 36 (2009), S. 145 (151).

1042 Keyishian v. Bd. of Regents, 385 U.S. 589, 589–610 (1967).

1043 *Hutchens*, Ky. L.J. 97 (2008), S. 37 (58); *Hutchens*, J.C. & U.L. 36 (2009), S. 145 (152).

1044 Keyishian v. Bd. of Regents, 385 U.S. 589, 603 (1967).

1045 Keyishian v. Bd. of Regents, 385 U.S. 589, 603 (1967).

1046 *DeMitchell/Connelly*, BYU Educ. & L.J. 2007, S. 83 (91).

1047 *DeMitchell/Connelly*, BYU Educ. & L.J. 2007, S. 83 (83 f.); *Hutchens*, J.C. & U.L. 36 (2009), S. 145 (149 u. 164); ähnlich *Daly*, J.L. & Educ. 30 (2001), S. 1 (39).

1048 *Bauries*, Miss. L.J. 83 (2014), S. 677 (705); *Wright*, Neb. L. Rev. 85 (2007), S. 793 (793 f.).

und Rechtsprechung seit jeher nach ihrer rechtlichen Substanz gefragt.[1049] In diesem Zusammenhang wird zunächst diskutiert, ob sie ein (exklusives) Recht der Institution Hochschule darstellt,[1050] welches diese im Außenverhältnis zum Staat vor Eingriffen in ihren Hochschulbetrieb schützt.[1051] Während Anhänger dieser Sichtweise zwecks ihrer Begründung im Wesentlichen auf die einschlägigen Entscheidungspassagen der höchstrichterlichen Präjudizien, insbesondere auf das Sondervotum von *Justice Frankfurter* in *Sweezy* verweisen,[1052] argumentieren ablehnende Stimmen, dass es einem derartigen institutionellen Recht an einer verfassungsrechtlichen Grundlage mangele,[1053] zumal der 1. Zusatzartikel der US-Verfassung nicht den Staat selbst, sondern den Bürger vor staatlichen Eingriffen schütze.[1054] Zwar sei die verfassungsrechtliche Frage der Hochschulautonomie mit der nach wissenschaftlichen Freiheiten verbunden, allerdings kein (Teil-)Aspekt derselben.[1055]

Zugleich wird diskutiert, ob die akademische Freiheit ein (exklusives) individuelles Recht des Hochschullehrers darstellt,[1056] welches diesen (auch) im Innenverhältnis vor Eingriffen seitens der Hochschule schützt.[1057] Befürworter dieser Auffassung rekurrieren ebenfalls auf die einschlägigen höchstrichterlichen Judikate, verweisen freilich darauf, dass es in diesen Präzedenzfällen um die verfassungsmäßigen Rechte individueller Personen ging.[1058] Demgegenüber

---

1049 Urofsky v. Gilmore, 216 F.3d 401, 414–415 (4th Cir. 2000); *Bauries*, Miss. L.J. 83 (2014), S. 677 (678 f. mit Fn. 5); *Hutchens*, J.C. & U.L. 36 (2009), S. 145 (164).

1050 *Hutchens*, J.C. & U.L. 36 (2009), S. 145 (149 u. 164); *Newman*, U. Miami L. Rev. 63 (2009), S. 761 (768); *Post*, FIU L. Rev. 9 (2013), S. 9 (14 f.).

1051 Piarowski v. Ill. Cmty. Coll. Dist. 525, 759 F.2d 625, 629 (7th Cir. 1985); *Schauer*, U. Colo. L. Rev. 77 (2006), S. 907 (920).

1052 So Urofsky v. Gilmore, 216 F.3d 401, 414–415 (4th Cir. 2000); *Byrne*, Yale L.J. 99 (1989), S. 251 (298 u. 331–340); *DeMitchell/Connelly*, BYU Educ. & L.J. 2007, S. 83 (92 f.).

1053 So etwa *Hiers*, J.C. & U.L. 30 (2004), S. 531 (550); *Hiers*, Hamline L. Rev. 30 (2007), S. 1 (4).

1054 Hopwood v. Texas, 78 F.3d 932, 943 n.25 (5th Cir. 1996).

1055 *Finkin*, Tex. L. Rev. 61 (1983), S. 817 (818); ähnlich *Hiers*, Hamline L. Rev. 30 (2007), S. 1 (57).

1056 *Hutchens*, J.C. & U.L. 36 (2009), S. 145 (149); *Newman*, U. Miami L. Rev. 63 (2009), S. 761 (768); *Post*, FIU L. Rev. 9 (2013), S. 9 (14 f.).

1057 Piarowski v. Ill. Cmty. Coll. Dist. 525, 759 F.2d 625, 629 (7th Cir. 1985); ähnlich *Griffin*, Seattle U. L. Rev. 37 (2013), S. 1 (9).

1058 So *Griffin*, Seattle U. L. Rev. 37 (2013), S. 1 (8 f. u. 18); *Hiers*, Hamline L. Rev. 30 (2007), S. 1 (31).

wird angeführt, dass der US-Supreme Court niemals intendiert habe, der Wissenschaftsfreiheit einen individuell-rechtlichen Gehalt zu verleihen,[1059] zumal unter Heranziehung seiner Judikatur davon auszugehen sei, sie stelle ausschließlich ein Recht der Institution dar.[1060] Ein derartiges Verständnis widerspräche gar der Dogmatik des 1. Zusatzartikels der US-Verfassung, der nicht intendiere, bestimmte Arten von Reden gegenüber anderen Äußerungen sowie Hochschullehrer an staatlichen Hochschulen gegenüber anderen öffentlich Beschäftigten zu privilegieren.[1061]

Einer weiteren Sichtweise nach sei die Diskussion, ob die akademische Freiheit ein Recht der Institution oder der Lehrperson darstelle, obsolet, da dieses nicht auf den Schutz der Hochschule oder des Professors, sondern auf den Schutz der wissenschaftlichen Methoden respektive der Wissenschaft *per se* abziele, sodass von diesem Anknüpfungspunkt ausgehend sowohl die Hochschule als auch der Hochschullehrer sich in unterschiedlichen Fallkonstellationen auf dieses Recht berufen könnten.[1062] Jedenfalls habe der US-Supreme Court die Bedeutung der Wissenschaftsfreiheit sowohl in ihrer individuellen als auch in ihrer institutionellen Dimension gewürdigt.[1063] Überdies wird auf ein Konfliktverhältnis zwischen individueller und institutioneller akademischer Freiheit hingewiesen. Dieses sei dadurch gekennzeichnet, dass die institutionelle Autonomie zu einem geringeren Schutzniveau der individuellen Freiheit des Hochschullehrers führe, soweit erstere die letztere determiniere.[1064] Zwar erkannte auch der US-Supreme Court dieses Problem,[1065] löste es gleichwohl nicht.[1066]

Bislang herrscht im Gesamten Ungewissheit über die rechtliche Substanz und Dogmatik der akademischen Freiheit,[1067] sowohl hinsichtlich ihrer Gestalt

---

1059 So Urofsky v. Gilmore, 216 F.3d 401, 414–415 (4th Cir. 2000); *Bauries*, Miss. L.J. 83 (2014), S. 677 (678 f. u. 682 f.); *Schauer*, U. Colo. L. Rev. 77 (2006), S. 907 (908 f.).

1060 Urofsky v. Gilmore, 216 F.3d 401, 414–415 (4th Cir. 2000); *Byrne*, Yale L.J. 99 (1989), S. 251 (298); *DeMitchell/Connelly*, BYU Educ. & L.J. 2007, S. 83 (92 f.).

1061 So etwa *Bauries*, Miss. L.J. 83 (2014), S. 677 (679 f. u. 731).

1062 *Post*, FIU L. Rev. 9 (2013), S. 9 (14 f.).

1063 *Wright*, Neb. L. Rev. 85 (2007), S. 793 (806).

1064 So Piarowski v. Ill. Cmty. Coll. Dist. 525, 759 F.2d 625, 629 (7th Cir. 1985); *Finkin*, Tex. L. Rev. 61 (1983), S. 817 (851); *Hutchens*, J.C. & U.L. 36 (2009), S. 145 (152).

1065 Siehe Regents of the University of Michigan v. Ewing, 474 U.S. 214, 226 n.12 (1985) (citations omitted).

1066 *Hutchens*, J.C. & U.L. 36 (2009), S. 145 (154).

1067 Urofsky v. Gilmore, 216 F.3d 401, 410 (4th Cir. 2000); *Daly*, J.L. & Educ. 30 (2001), S. 1 (5); *DeMitchell/Connelly*, BYU Educ. & L.J. 2007, S. 83 (83 f.); *Hutchens*, Ky.

als institutionelles als auch als individuelles Recht.[1068] Ob und inwiefern sie als individuelles Recht im jeweiligen Fall zu prüfen ist, wird von den Gerichten in den Bundesgerichtskreisen uneinheitlich beantwortet.[1069] Es ist jedenfalls zu konstatieren, dass mit der „*academic speech*" eine eigene Fallgruppe im Rahmen des 1. Zusatzartikels der US-Verfassung geschaffen wird.[1070] Die Frage nach der akademischen Freiheit von Hochschullehrern stellt insofern das Pendant zur Frage nach der Redefreiheit der Lehrkraft an primären und sekundären Schulen dar.[1071] Dementsprechend werden auf diese Äußerungen die Doktrin zur Redefreiheit öffentlich Beschäftigter, aber auch der Hazelwood-Standard angewandt, wobei freilich unklar ist, welches Schutzniveau der akademischen Rede zukommt oder ob die akademische Freiheit gar einen vom 1. Zusatzartikel der US-Verfassung unabhängigen Schutz bietet.[1072] Der US-Supreme Court hat mithin noch nicht geklärt, inwiefern die Dogmatik der individuellen Wissenschaftsfreiheit mit der der Redefreiheit übereinstimmt.[1073]

In jüngerer Zeit wurde die akademische Freiheit Gegenstand der kontroversen Diskussion über die höchstrichterliche Entscheidung in *Garcetti v. Ceballos*[1074].[1075] So bemängeln Kritiker der Garcetti-Rechtsprechung, diese könne nachteilige Folgen für die Freiheit der Wissenschaft haben, weil Hochschullehrer sich im Rahmen ihrer Forschungs- und Lehrtätigkeit zwangsläufig entsprechend ihren Dienstpflichten äußerten. Der US-Supreme Court erklärte im Hinblick auf die Implikationen seiner Entscheidung für Wissenschaft und Lehrtätigkeit lediglich, dass diesbezüglich weitere Erwägungen anzustellen

---

L.J. 97 (2008), S. 37 (58); *Strasser*, Brook. L. Rev. 83 (2018), S. 579; *Tygesson*, Nw. U. L. Rev. 107 (2013), S. 1917 (1937); *Wright*, Neb. L. Rev. 85 (2007), S. 793 (793 f.).

1068 *Hutchens*, Ky. L.J. 97 (2008), S. 37 (58); *Hutchens*, J.C. & U.L. 36 (2009), S. 145 (154).

1069 *Hutchens*, J.C. & U.L. 36 (2009), S. 145 (154–164); *Strasser*, Brook. L. Rev. 83 (2018), S. 579 (595–611); *Wright*, Neb. L. Rev. 85 (2007), S. 793 (796), jeweils m.w.N.

1070 *Griffin*, Seattle U. L. Rev. 37 (2013), S. 1; *Schoen*, Hastings Const. L.Q. 2016, S. 537 (576); *Strasser*, Brook. L. Rev. 83 (2018), S. 579 (595–611); *Uerling*, Neb. L. Rev. 79 (2000), S. 956 (959).

1071 Vgl. *Strasser*, Brook. L. Rev. 83 (2018), S. 579 (579 f.).

1072 *Wright*, Neb. L. Rev. 85 (2007), S. 793 (794–799).

1073 *Tygesson*, Nw. U. L. Rev. 107 (2013), S. 1917 (1937 f.); *Uerling* beispielsweise ist der Ansicht, die akademische Freiheit sei kein unabhängiges, verfassungsmäßiges Recht, zumal die Rechtsprechung sie als Unterfall der Redefreiheit behandele, siehe *Uerling*, Neb. L. Rev. 79 (2000), S. 956 (959) m.w.N.

1074 Garcetti v. Ceballos, 547 U.S. 410 (2006).

1075 Hierzu und im Folgenden vorliegend C. II. 1. a) bb) (1) u. (2) sowie C. II. 1. c), jeweils mit Nachweisen.

sein könnten. Indes ging er mangels Entscheidungserheblichkeit nicht weiter auf die Problematik ein löste sie bislang nicht.

Während Stimmen in Literatur und Rechtsprechung in diesen Ausführungen jedenfalls die Möglichkeit einer Ausnahme für die akademische Rede von der kategorischen Ausschlussregel erkennen,[1076] wenden andere Gerichte *Garcetti* im Hochschulkontext an.[1077] Dementsprechend ist die Rechtsprechung bezüglich der Frage nach einer solchen Ausnahme in den Bundesgerichtskreisen uneinheitlich.[1078] In diesem Zusammenhang wird konstatiert, dass die Rechtslage, die stets unklar gewesen sei, zusätzlich verkompliziert werde.[1079]

2. Rechtsprechung in den Bundesgerichtskreisen

Die Frage, ob und inwieweit die Rede der Lehrkraft im Schulunterricht respektive die Vermittlung der Lehrplaninhalte, die uneinheitlich als „*in-class speech*" oder „*curricular speech*" bezeichnet wird,[1080] durch die Redefreiheit nach dem 1. Zusatzartikel der US-Verfassung geschützt ist, wird in der Judikatur der Appellationsgerichte unterschiedlich beantwortet.[1081] Die Rechtsprechung hat bislang freilich keinen einheitlichen juristischen Beurteilungsmaßstab zur rechtlichen Würdigung von „*in-class speech*" entwickelt,[1082] zumal es vonseiten des US-Supreme Court keinen Präzedenzfall gibt, der sich spezifisch mit der Redefreiheit von Lehrkräften im Schulunterricht befasst.[1083] Infolgedessen

1076 So Demers v. Austin, 746 F.3d 402, 412 (9th Cir. 2014); Adams v. Trustees of the Univ. of. N.C.-Wilmington, 640 F.3d 550, 562–564 (4th Cir. 2011); *Griffin*, Seattle U. L. Rev. 37 (2013), S. 1 (50); *Strasser*, Brook. L. Rev. 83 (2018), S. 579 (579 f.).

1077 So etwa Renken v. Gregory, 541 F.3d 769, 773–775 (7th Cir. 2008).

1078 *Griffin*, Seattle U. L. Rev. 37 (2013), S. 1 (28–41); *Schoen*, Hastings Const. L.Q. 2016, S. 537 (576–584); *Strasser*, Brook. L. Rev. 83 (2018), S. 579 (595–611), jeweils m.w.N.

1079 So *Strasser*, Brook. L. Rev. 83 (2018), S. 579.

1080 Vgl. Evans-Marshall v. Bd. of Educ. of Tipp City, 624 F.3d 332, 342 (6th Cir. 2010); *Hutchens*, Ky. L.J. 97 (2008), S. 37 (70 f.); *Lester*, Ala. L. Rev. 62 (2011), S. 663 (666 f.).

1081 *Cooley*, Baylor L. Rev. 66 (2014), S. 235 (269–271); *Daly*, J.L. & Educ. 30 (2001), S. 1 (16 f.); *Lester*, Ala. L. Rev. 62 (2011), S. 663 (664 f.).

1082 *Cooley*, Baylor L. Rev. 66 (2014), S. 235 (269–271); *Daly*, J.L. & Educ. 30 (2001), S. 1 (2); *Lester*, Ala. L. Rev. 62 (2011), S. 663 (663 f.).

1083 *Cooley*, Baylor L. Rev. 66 (2014), S. 235 (264); *Daly*, J.L. & Educ. 30 (2001), S. 1 (4); *Hutchens*, Ky. L.J. 97 (2008), S. 37 (62 f.); *Lester*, Ala. L. Rev. 62 (2011), S. 663 (663 f.); *Papandrea*, N.C. L. Rev. 90 (2012), S. 1597 (1610); *Wohl*, Am. U. L. Rev. 58 (2009), S. 1285 (1288).

wenden die Gerichte verschiedene dogmatische Ansätze an,[1084] die sowohl direkt angewandt als auch abgewandelt oder kombiniert werden.[1085]

Mit der Doktrin zur Redefreiheit öffentlich Beschäftigter sowie der Hazelwood-Rechtsprechung zur Redefreiheit von Schülern werden im Wesentlichen zwei Beurteilungsmaßstäbe herangezogen.[1086] Diese Judikatur wird im Schrifttum seit Jahrzehnten umfassend rezipiert und kritisiert.[1087] In diesem Rahmen werden der Rechtsprechung alternative Ansätze entgegengestellt.[1088] Im Besonderen wird auf das Konzept der akademischen Freiheit rekurriert und erörtert, ob dieses ein verfassungsmäßiges Recht von Lehrkräften an primären und sekundären Schulen darstellt.[1089] Des Weiteren wird auf das so genannte „Recht der Schüler zu hören"[1090] sowie auf eine etwaige Pflicht des Schulrates beziehungsweise der Schulverwaltung verwiesen, die Lehrkraft im Vorhinein über untersagte Verhaltensweisen im Unterricht in Kenntnis zu setzen.[1091]

Im Folgenden wird die Rechtsprechung in den Bundesgerichtskreisen zur Redefreiheit von Lehrkräften im Schulunterricht anhand exemplarischer Entscheidungen diverser Appellationsgerichte abgebildet. Dabei werden jeweils drei Judikate, in denen die Gerichte den Pickering-Connick-Standard, den

---

1084 *Bowman*, Wake Forest L. Rev. 48 (2013), S. 211 (255–259); *Cooley*, Baylor L. Rev. 66 (2014), S. 235 (264); *Daly*, J.L. & Educ. 30 (2001), S. 1 (6); *Waldman*, Fla. L. Rev. 60 (2008), S. 63 (79 f.).

1085 *Papandrea*, N.C. L. Rev. 90 (2012), S. 1597 (1626); *Wohl*, Am. U. L. Rev. 58 (2009), S. 1285 (1290).

1086 *Daly*, J.L. & Educ. 30 (2001), S. 1 (16 f.); *Hutchens*, Ky. L.J. 97 (2008), S. 37 (63); *Kayal*, Colum. J.L. & Soc. Probs. 57 (2023), S. 57 (66 f.); Lester, Ala. L. Rev. 62 (2011), S. 663 (664); Papandrea, N.C. L. Rev. 90 (2012), S. 1597 (1610 f.); *Lester*, Ala. L. Rev. 62 (2011), S. 663 (664); *Papandrea*, N.C. L. Rev. 90 (2012), S. 1597 (1610 f.); diese dogmatischen Ansätze werden auch von den Gerichten in den Gerichtsbarkeiten der Bundesstaaten herangezogen, siehe *Daly*, J.L. & Educ. 30 (2001), S. 1; daneben wird die Existenz eines weiteren Beurteilungsmaßstabs, des auf der „*Government speech doctrine*" basierenden Ansatzes nach „*Rust/Rosenberger*", festgestellt, der weit weniger verbreitet ist, siehe beispielsweise *Tygesson*, Nw. U. L. Rev. 107 (2013), S. 1917 (1920 f. u. 1932); angesichts dessen ist er lediglich von untergeordneter Relevanz und wird daher hier nicht behandelt.

1087 Siehe *Lester*, Ala. L. Rev. 62 (2011), S. 663 (664) m.w.N.

1088 Hierzu *Bauries*, Educ. L. & Pol'y Rev. 2 (2015), S. 88 (115–125); *Daly*, J.L. & Educ. 30 (2001), S. 1 (51–62); *Welner*, UCLA L. Rev. 50 (2003), S. 959 (1020–1028).

1089 *Hutchens*, Ky. L.J. 97 (2008), S. 37 (54 f.); *Papandrea*, N.C. L. Rev. 90 (2012), S. 1597 (1614).

1090 Hierzu *Tygesson*, Nw. U. L. Rev. 107 (2013), S. 1917 (1938 f.).

1091 Hierzu *Bauries*, Educ. L. & Pol'y Rev. 2 (2015), S. 88 (115–125).

Hazelwood-Standard sowie die Doktrin zur Redefreiheit öffentlich Beschäftigter nach *Garcetti* anwenden, durch den Autor der vorliegenden Arbeit ins Deutsche übersetzt und auf das Wesentliche gekürzt dargelegt. Diese Entscheidungen werden zunächst im Kontext ihres jeweiligen dogmatischen Überbaus von den anderen Ansätzen isoliert betrachtet und analysiert. Darauffolgend werden sämtliche untersuchte Judikate im Gesamten zusammenfassend ausgewertet, gegenübergestellt und verknüpft, um dogmatische Gemeinsamkeiten und Unterschiede sichtbar zu machen. Sodann wird die Rezeption dieser Rechtsprechung in den Fokus gerückt. Nach einer Abbildung der Kritik, insbesondere an der Anwendbarkeit der jeweiligen Präjudizien, werden alternative Ansätze dargelegt und aufgezeigt, inwiefern diese die Dogmatik der Judikatur zur Redefreiheit von Lehrkräften aufgreifen und modifizieren.

a) *Anwendung des Pickering-Connick-Standards*

Wenngleich die Doktrin zur Redefreiheit öffentlich Beschäftigter durch die höchstrichterliche Entscheidung in *Garcetti* grundlegend revidiert wurde,[1092] wird zwecks Prüfung des verfassungsmäßigen Schutzes der Rede von Lehrkräften im Schulunterricht im Dritten sowie im Vierten Bundesgerichtskreis auch heute noch der Pickering-Connick-Standard zugrunde gelegt.[1093] In der Vergangenheit wurde dieser auch von den Gerichten im Fünften, Sechsten sowie Neunten Bundesgerichtskreis herangezogen.[1094]

1092 *Norcross*, U. Balt. L. Rev. 40 (2011), S. 543 (551); *Zenor*, Rich. J. L. & Pub. Int. 19 (2016), S. 101 (111).

1093 Das Appellationsgericht im Dritten Bundesgerichtskreis ließ offen, ob *Garcetti* im Lehrkontext anzuwenden sei, siehe Borden v. Sch. Dist., 523 F.3d 153, 171 n.13 (5th Cir. 2008); das Appellationsgericht im Vierten Bundesgerichtskreis unterließ ausdrücklich die Anwendung von *Garcetti*, siehe Lee v. York Cnty. Sch. Div., 484 F.3d 687, 694–695 n.11 (4th Cir. 2007); bereits vor *Garcetti* wandten beide Gerichte den Pickering-Connick-Standard an, siehe Chiras v. Miller, 432 F.3d 606, 617 n.29 (5th Cir. 2005); hierzu *Daly*, J.L. & Educ. 30 (2001), S. 1 (16); *Hutchens*, Ky. L.J. 97 (2008), S. 37 (63 f.); *Kayal*, Colum. J.L. & Soc. Probs. 57 (2023), S. 57 (69); *Tygesson*, Nw. U. L. Rev. 107 (2013), S. 1917 (1926); *Waldman*, Fla. L. Rev. 60 (2008), S. 63 (79–87), jeweils m.w.N.

1094 Beispielsweise in Cockrel v. Shelby Cnty. Sch. Dist., 270 F.3d 1036, 1048 (6th Cir. 2001) (quoting Leary v. Daeschner, 228 F.3d 729, 737 (6th Cir. 2000) (quotation omitted)); Downs v. Los Angeles Unified Sch. Dist., 228 F.3d 1003, 1011–1012 (9th Cir. 2000); Kirkland v. Northside Ind. Sch. Dist., 890 F.2d 794, 795–800 (5th Cir. 1989); siehe auch Chiras v. Miller, 432 F.3d 606, 617 n.29 (5th Cir. 2005); hierzu

Diese legen ihrer rechtlichen Beurteilung mittlerweile freilich *Garcetti* zugrunde.[1095]

aa) Classroom-Management: Bradley v. Pittsburgh Board of Education (3rd Cir. 1990)

In der Entscheidung des Appellationsgerichts im Dritten Bundesgerichtskreis in *Bradley v. Pittsburgh Board of Education*[1096] ging es um einen Streit zwischen einem Schulrat und einer Highschool-Lehrerin über ihre Anwendung und Befürwortung von „*Learnball*"[1097], einem Classroom-Management-System.[1098] Der Schulrat ermahnte sie, sie solle den Einsatz der Methode einschränken, welche sie ihrer Aussage nach bereits über zehn Jahre lang angewendet habe und die von vielen Lehrkräften übernommen worden sei. Die Lehrerin klagte daraufhin und behauptete, sie werde vonseiten des Schulrates schikaniert, weil sie die betreffenden Techniken offen befürworte und im Unterricht einsetze. Zudem wies sie darauf hin, dass es keine Regelungen zur Nutzung von Classroom-Management-Methoden durch Lehrkräfte gebe. Im Rahmen des gerichtlichen Verfahrens einigten sich die Parteien unter anderem darauf, dass Beanstandungen, die den Unterricht der Lehrerin betreffen, im Wege festgelegter Verfahrensweisen behandelt würden. Im Nachgang untersagte der Schuldirektor der Lehrerin sodann, „*Learnball*" einzusetzen, da er davon ausging, es sei für die Schüler nicht von Nutzen. Daraufhin beantragte diese bei dem zuständigen Bezirksgericht eine einstweilige Verfügung gegen den Schulrat und behauptete, das Verbot des Classroom-Management-Systems stelle eine Vergeltungsmaßnahme für ihre Klageerhebung dar und verletze ihre Rechte

---

Daly, J.L. & Educ. 30 (2001), S. 1 (16); *Hutchens*, Ky. L.J. 97 (2008), S. 37 (63 f.); *Waldman*, Fla. L. Rev. 60 (2008), S. 63 (79–87), jeweils m.w.N.

1095 Johnson v. Poway Unified Sch. Dist., 658 F.3d 954, 961–962 (9th Cir. 2011); Evans-Marshall v. Bd. of Educ. of Tipp City, 624 F.3d 332, 340 (6th Cir. 2010) (quoting Garcetti v. Ceballos, 547 U.S. 410, 421 (2006)); Williams v. Dallas Ind. Sch. Dist., 480 F.3d 689, 692 (5th Cir. 2007); siehe auch *Kayal*, Colum. J.L. & Soc. Probs. 57 (2023), S. 57 (69).

1096 Bradley v. Pittsburgh Bd. of Educ., 910 F.2d 1172 (3rd Cir. 1990).

1097 Das Classroom-Management-System umfasst eine Reihe einzelner Komponenten, darunter die Bildung von Schüler-Teams und die Ausübung sportlicher Aktivitäten sowie das Aufstellen von Klassen-Regeln und das Konzipieren von Belohnungssystemen durch die Lernenden, hierzu Bradley v. Pittsburgh Bd. of Educ., 910 F.2d 1172, 1174 (3rd Cir. 1990).

1098 Hierzu und im Folgenden Bradley v. Pittsburgh Bd. of Educ., 910 F.2d 1172, 1172, 1174–1175 (3rd Cir. 1990).

aus dem 1. Zusatzartikel der US-Verfassung, im Besonderen ihre akademische Freiheit. Außerdem sei das Verbot zu weit gefasst und unbestimmt, da es nicht festlege, welche konkreten einzelnen Aktivitäten untersagt seien. Das Gericht wies den Antrag indes ohne Anhörung ab, woraufhin die Lehrerin Berufung einlegte.

Das Appellationsgericht fokussiert in seiner Entscheidung die Behauptung der Verletzung der akademischen Freiheit der Lehrerin und konstatiert, dass, wenngleich einige Gerichte entschieden hätten, dieses Recht umfasse die Auswahl von Unterrichtsthemen und -materialien, keines zu dem Ergebnis gelangt sei, dass der 1. Zusatzartikel der US-Verfassung der Lehrkraft das Recht verleihe, ihren eigenen Lehrplan oder ihre eigenen Classroom-Management-Techniken entgegen den Bestimmungen der Schule zu verwenden.[1099]

Zwar schütze die Verfassung das Verhalten der Lehrkraft abseits des Unterrichts, beispielsweise die offene Befürwortung bestimmter Lehrmethoden.[1100] Gleichwohl erklärt das Gericht in Rekurs auf die Entscheidung des Appellationsgerichts im Siebten Bundesgerichtskreis in *Clark v. Holmes*[1101], dass das Verhalten der Lehrkraft im Schulunterricht nicht geschützt sei.[1102] Dieses gelangte zu dem Ergebnis, dass eine Streitigkeit zwischen einem Lehrer an einer staatlichen Universität und dessen Vorgesetzten über Kursinhalte sowie die Betreuung von Studierenden keine öffentlichen Belange nach *Pickering* tangiere und die akademische Freiheit einer Lehrkraft nicht das Recht verleihe, sich ohne Kontrolle abweichend von feststehenden Lehrplaninhalten zu äußern.[1103]

Sodann weist das Gericht darauf hin, es sei im vorliegenden Fall unstreitig, dass der Schulrat bestimmt habe, „*Learnball*" sei keine geeignete pädagogische Methode.[1104] Allein deshalb habe die Lehrerin kein sich aus der akademischen Freiheit ergebendes Recht, die betreffenden Classroom-Management-Techniken einzusetzen. Soweit die Tatsachen indes die Behauptung der Lehrerin belegten, die Sanktionsmaßnahmen des Schulrates zielten auf die Befürwortung des Systems außerhalb des Unterrichts ab, wäre sie in ihren Rechten aus dem

1099 Bradley v. Pittsburgh Bd. of Educ., 910 F.2d 1172, 1176 (3rd Cir. 1990) m.w.N.
1100 Bradley v. Pittsburgh Bd. of Educ., 910 F.2d 1172, 1176 (3rd Cir. 1990) (citing Pickering v. Bd. of Educ., 391 U.S. 563, 568 (1968)).
1101 Clark v. Holmes, 474 F.2d 928 (7th Cir. 1972) (per curiam).
1102 Bradley v. Pittsburgh Bd. of Educ., 910 F.2d 1172, 1176 (3rd Cir. 1990) (citing Clark v. Holmes, 474 F.2d 928 (7th Cir. 1972) (per curiam)).
1103 Clark v. Holmes, 474 F.2d 928, 931 (7th Cir. 1972) (per curiam).
1104 Hierzu und im Folgenden Bradley v. Pittsburgh Bd. of Educ., 910 F.2d 1172, 1176–1179 (3rd Cir. 1990).

1. Zusatzartikel der US-Verfassung verletzt. Zudem weist das Gericht darauf hin, dass eine Verletzung der verfassungsmäßigen Rechte der Lehrerin vorläge, wenn das Verhalten des Schulrates eine Vergeltungsmaßnahme für die Klageerhebung darstellte. Darüber hinaus nimmt es sich der Behauptung an, das Verbot von „*Learnball*" sei zu weit gefasst und unbestimmt. In diesem Zusammenhang konstatiert es, dass die Möglichkeit bestehe, das pauschale Verbot sei nicht ausreichend bestimmt, da die Lehrerin darlege, dass das Classroom-Management-System viele verschiedene Aktivitäten umfasse und sie angesichts dessen nicht im Stande sei, nachzuvollziehen, welches konkrete Verhalten untersagt sei. Das Appellationsgericht konstatiert im Ergebnis, dass, jedenfalls in Anbetracht des letztgenannten Umstands, der Antrag auf einstweilige Verfügung genügend Substanz enthalten könnte, um erfolgreich zu sein. Es verweist den Fall an das Bezirksgericht zurück.

bb) Theaterstück: Boring v. Buncombe County Board of Education (4th Cir. 1998)

In dem der Entscheidung in *Boring v. Buncombe County Board of Education*[1105] zugrunde liegenden Fall wählte eine Lehrerin an einer Highschool ein Theaterstück für die Teilnahme ihrer Schauspiel-Klasse an einem landesweiten Wettbewerb aus, welches ihr zufolge das Leben einer dysfunktionalen Familie einer alleinerziehenden Mutter darstelle.[1106] Sie setzte den Schuldirektor zwar über ihre Auswahl, jedoch nicht über den Inhalt des Werkes in Kenntnis. Nachdem sich ein Elternteil eines Schülers über das Theaterstück beschwerte, informierte der Schuldirektor sich über dessen Inhalt und ordnete gegenüber der Lehrerin an, es im Rahmen des Wettbewerbs, dessen Finale die Schauspiel-Klasse inzwischen erreicht hatte, lediglich in abgewandelter Form aufzuführen. Einige Monate später strengte er ihre Versetzung an eine andere Schule an, die der Schulaufsichtsinspektor mit der Begründung genehmigte, sie habe die Richtlinie des Schulbezirks über den Umgang mit kontroversen Inhalten nicht befolgt. Nach Ansicht der Lehrerin habe diese zu der Zeit der Produktion des Theaterstücks indes noch keine schauspielerischen Darbietungen umfasst. Diese seien erst im Nachhinein in die Regelung integriert worden. Im Zuge ihrer Anhörung durch den Schulrat kam es im Schulbezirk zu einer öffentlichen Diskussion über die Ereignisse. Die Lehrerin behauptete, der Schulrat sei im Rahmen

1105 Boring v. Buncombe Cnty. Bd. of Educ., 136 F.3d 364 (4th Cir. 1998).
1106 Hierzu und im Folgenden Boring v. Buncombe Cnty. Bd. of Educ., 136 F.3d 364, 366–367 (4th Cir. 1998).

der Anhörung durch diese Diskussion beeinflusst gewesen. Sie klagte gegen ihre Versetzung und brachte vor, diese stelle eine Vergeltungsmaßnahme für die Äußerung von unliebsamen Meinungen im Wege der Produktion des Theaterstücks dar, sodass sie in ihrer Redefreiheit verletzt sei. Das erstinstanzliche Bezirksgericht gab dem Schulrat Recht.

Das Appellationsgericht sucht in seiner Entscheidung zunächst den Begriff des Curriculums zu definieren.[1107] Dabei greift es auf eine Definition in einem Wörterbuch zurück und konstatiert, darunter seien alle planmäßigen schulischen Aktivitäten einschließlich Schauspiel zu verstehen.[1108] Zudem zieht es die höchstrichterliche Entscheidung in *Hazelwood* heran und erklärt, dass es sich bei der Produktion des Theaterstücks im Rahmen des Schauspielunterrichts um eine lehrplanmäßige Aktivität gehandelt habe, da sie unter Betreuung einer Lehrkraft gestanden und dem Zweck gedient habe, den Schülern besondere Fähigkeiten, namentlich solche schauspielerischer Art, zu lehren.[1109]

Sodann wendet das Gericht den Pickering-Connick-Standard an und führt aus, dass die Streitigkeit um Auswahl und Produktion des Theaterstücks rein dienstbezogen sei und keine Angelegenheit von öffentlichem Interesse darstelle.[1110] In diesem Zusammenhang zitiert es mit *Kirkland v. Northside Independent School District*[1111] eine Entscheidung des Appellationsgerichts im Fünften Bundesgerichtskreis, in der dieses erklärt, dass das Konzept der akademischen Freiheit noch nie eine Gestaltungsmacht der Lehrkraft über den Lehrplan umfasst habe.[1112] Darüber hinaus führt das Gericht in *Boring* aus, dass die Sanktionierung des Verhaltens der Lehrerin im Wege der Versetzung im Einklang mit der Verfassung gestanden habe, da die Schulverwaltung ein evidentes legitimes pädagogisches Interesse gemäß *Hazelwood* gehabt habe, das Curriculum zu kontrollieren.[1113] Das Gericht bestätigt die Entscheidung der Vorinstanz.[1114]

1107 Boring v. Buncombe Cnty. Bd. of Educ., 136 F.3d 364, 367–368 (4th Cir. 1998).

1108 Boring v. Buncombe Cnty. Bd. of Educ., 136 F.3d 364, 367–368 (4th Cir. 1998) m.w.N.

1109 Boring v. Buncombe Cnty. Bd. of Educ., 136 F.3d 364, 368 (4th Cir. 1998) (citing Hazelwood Sch. Dist. v. Kuhlmeier, 484 U.S. 260, 271 (1988)).

1110 Boring v. Buncombe Cnty. Bd. of Educ., 136 F.3d 364, 368–369 (4th Cir. 1998).

1111 Kirkland v. Northside Ind. Sch. Dist., 890 F.2d 794 (5th Cir. 1989).

1112 Boring v. Buncombe Cnty. Bd. of Educ., 136 F.3d 364, 369 (4th Cir. 1998) (quoting Kirkland v. Northside Ind. Sch. Dist., 890 F.2d 794, 800 (5th Cir. 1989)).

1113 Boring v. Buncombe Cnty. Bd. of Educ., 136 F.3d 364, 369–370 (4th Cir. 1998).

1114 Boring v. Buncombe Cnty. Bd. of Educ., 136 F.3d 364, 366, 370–371 (4th Cir. 1998).

cc) Unterrichtsgäste: Cockrel v. Shelby County School District (6th Cir. 2001)

In *Cockrel v. Shelby County School District*[1115] ging es um eine Grundschullehrerin im Shelby County in Kentucky, die Gäste in ihren Unterricht in der fünften Klasse einlud, die über die Verwendung von Nutzhanf referierten, der in dem Bundesstaat ebenso wie Marihuana verboten war.[1116] Dies führte zu Kritik aus dem Lehrerkollegium sowie zu Beschwerden seitens der Elternschaft. Überdies erregte das Ereignis ein landesweites mediales Interesse. Die Lehrerin erkannte in der Durchführung der betreffenden drei Unterrichtsstunden den Grund für ihre spätere Entlassung und behauptete eine Verletzung ihrer Redefreiheit. Der Schulrat hingegen brachte hervor, sie sei aus anderen Gründen entlassen worden. So sei sie inkompetent und unkooperativ, habe nicht gemäß dem Lehrplan unterrichtet, Weisungen nicht befolgt, sich unanständig verhalten und den Schuldirektor beschimpft.

Das erstinstanzliche Bezirksgericht entschied, dass das Einladen von Unterrichtsgästen den verfassungsmäßigen Rede-Begriff nicht erfülle, da die Lehrerin durch dieses Verhalten keine eigene Botschaft vermitteln wolle.[1117] Ihre Entscheidung, im Unterricht über Nutzhanf zu sprechen, stelle allenfalls eine private Äußerung einer Lehrerin dar, die sich in ihrer Rolle als öffentlich Beschäftigte äußere. Mithin sei sie nicht in ihrer Redefreiheit verletzt.

Im Rahmen der Prüfung der Redefreiheit legt das Appellationsgericht zunächst fest, der Pickering-Connick-Standard sei anzuwenden, da die Lehrerin eine öffentlich Beschäftigte sei.[1118] Das Gericht zieht den „*Mt. Healthy test*" heran und erklärt, die Lehrerin müsse darlegen, dass ihr Verhalten von der Verfassung geschützt sei, sie in ihren verfassungsmäßigen Rechten in einer Weise verletzt worden sei, dass eine gewöhnliche Person von der Ausübung des geschützten Verhaltens abgehalten werden würde, sowie, dass die Sanktionsmaßnahme des Dienstherrn zumindest teilweise durch die Ausübung des geschützten Verhaltens motiviert gewesen sei.[1119] Daraufhin könne der Dienstherr beweisen, er hätte die Maßnahme unabhängig von der geschützten Rede

1115 Cockrel v. Shelby Cnty. Sch. Dist., 270 F.3d 1036 (6th Cir. 2001).

1116 Hierzu und im Folgenden Cockrel v. Shelby Cnty. Sch. Dist., 270 F.3d 1036, 1041–1046 (6th Cir. 2001).

1117 Hierzu und im Folgenden Cockrel v. Shelby Cnty. Sch. Dist., 81 F.Supp.2d 771, 774–777 (E.D.Ky. 2000).

1118 Cockrel v. Shelby Cnty. Sch. Dist., 270 F.3d 1036, 1048 (6th Cir. 2001) (quoting Leary v. Daeschner, 228 F.3d 729, 737 (6th Cir. 2000) (quotation omitted)).

1119 Cockrel v. Shelby Cnty. Sch. Dist., 270 F.3d 1036, 1048 (6th Cir. 2001) (citing Leary v. Daeschner, 228 F.3d 729, 737 (6th Cir. 2000)).

vorgenommen.[1120] In Rekurs auf die höchstrichterliche Judikatur zur Redefreiheit konstatiert das Gericht sodann, die Einladung von Unterrichtsgästen erfülle den verfassungsmäßigen Rede-Begriff, wenngleich es sich bei den Äußerungen der Gäste nicht um eigene Äußerungen der Lehrerin handele.[1121]

Sodann untersucht es, ob ihre Rede eine solche über Angelegenheiten von öffentlichem Interesse darstellt.[1122] Dazu zieht es die umfassende Definition des US-Supreme Court in *Connick* heran, der gemäß derartige Angelegenheiten sämtliche gemeinschaftliche Belange politischer, sozialer oder anderer Art seien.[1123] Das Appellationsgericht subsumiert den Sachverhalt unter die Definition und führt aus, dass das Thema Nutzhanf respektive dessen Legalisierung zweifelsohne eine Angelegenheit von politischem, sozialem sowie ökonomischem Interesse der Bürger von Kentucky darstelle, zumal es Gegenstand einer politisch aufgeladenen, öffentlichen Diskussion im Bundesstaat sei.[1124]

Darüber hinaus geht es auf die Entscheidungen der anderen Appellationsgerichte zu dem verfassungsmäßigen Schutz von Lehreräußerungen in *Boring* sowie *Kirkland* ein[1125] und erklärt, deren Interpretation von *Connick* gehe zu weit.[1126] Es sei nämlich nicht darauf abzustellen, ob die betreffende Person in ihrer Rolle als Bürger oder öffentlich Beschäftigter gehandelt habe.[1127] Vielmehr sei lediglich zu untersuchen, ob das Thema der Rede öffentliche Belange tangiere.[1128] In diesem Zusammenhang kritisiert das Gericht, die Auffassung der beiden anderen Appellationsgerichte habe zur Folge, dass die Rede

1120 Cockrel v. Shelby Cnty. Sch. Dist., 270 F.3d 1036, 1048 (6th Cir. 2001) (quoting Leary v. Daeschner, 228 F.3d 729, 737 (6th Cir. 2000) (quotation omitted)).

1121 Cockrel v. Shelby Cnty. Sch. Dist., 270 F.3d 1036, 1048–1050 (6th Cir. 2001) m.w.N.

1122 Cockrel v. Shelby Cnty. Sch. Dist., 270 F.3d 1036, 1050–1051 (6th Cir. 2001) (citing Connick v. Myers, 461 U.S. 138 (1983)).

1123 Cockrel v. Shelby Cnty. Sch. Dist., 270 F.3d 1036, 1050–1051 (6th Cir. 2001) (quoting Connick v. Myers, 461 U.S. 138, 146 (1983)).

1124 Cockrel v. Shelby Cnty. Sch. Dist., 270 F.3d 1036, 1051 (6th Cir. 2001) m.w.N.

1125 Cockrel v. Shelby Cnty. Sch. Dist., 270 F.3d 1036, 1051–1052 (6th Cir. 2001) (citing Boring v. Buncombe Cnty. Bd. of Educ., 136 F.3d 364, 368–369 (4th Cir. 1998); Kirkland v. Northside Ind. Sch. Dist., 890 F.2d 794, 797–799 (5th Cir. 1989)).

1126 Cockrel v. Shelby Cnty. Sch. Dist., 270 F.3d 1036, 1051–1052 (6th Cir. 2001).

1127 Cockrel v. Shelby Cnty. Sch. Dist., 270 F.3d 1036, 1052 (6th Cir. 2001) (citing Connick v. Myers, 461 U.S. 138, 148–149 (1983)).

1128 Cockrel v. Shelby Cnty. Sch. Dist., 270 F.3d 1036, 1052 (6th Cir. 2001) (citing Connick v. Myers, 461 U.S. 138, 148–149 (1983)).

von Lehrkräften im Unterricht überhaupt keinen verfassungsmäßigen Schutz genieße.[1129]

Daraufhin gelangt das Gericht zur Interessenabwägung nach *Pickering* und konstatiert, der Dienstherr habe nicht behauptet, dass das Durchführen der betreffenden Unterrichtsstunden der Erfüllung der Dienstpflichten der Lehrerin zuwidergelaufen sei.[1130] Die Leitung des Schulbezirks habe in einem Fernsehinterview sogar geäußert, die Thematisierung von Nutzhanf sei wertvoll für die Bildung der Schüler. Indes sprächen die Tatsachen dafür, dass die schulische Arbeit im Gesamten sowie im Besonderen die Harmonie im Kollegium durch das Verhalten der Lehrerin beeinträchtigt worden seien. So habe die Einladung der Unterrichtsgäste zu vehementem Protest sowohl vonseiten des Kollegiums als auch der Elternschaft geführt. Wenngleich diese Tatsache im Rahmen der Abwägung zugunsten der Belange der Schulverwaltung gehe, sei es eine andere Frage, welches Gewicht diesem Umstand zukomme, zumal die Schulleitung im Vorhinein zugestimmt habe, die betreffenden Unterrichtsstunden durchzuführen. Außerdem habe die Lehrerin die schulische Richtlinie zu Unterrichtsgästen beachtet, indem sie die Eltern der Schüler nach ihrer Zustimmung zu der Teilnahme ihrer Kinder an den Unterrichtsstunden gefragt habe. Vor diesem Hintergrund sei es unbillig, wenn die Schulverwaltung sich auf eine Beeinträchtigung ihrer Interessen der Erfüllung der schulischen Aufgaben sowie der Harmonie unter den Mitarbeitern berufen könnte. Das Gericht gelangt zu dem Schluss, dass die Interessen des Dienstherrn nicht überwiegen würden, sodass die Rede der Lehrerin in Gestalt der Einladung der Unterrichtsgäste durch die Redefreiheit geschützt sei.

Darauffolgend konstatiert es, die Lehrerin sei in ihrer Redefreiheit in einer Art und Weise beeinträchtigt worden, die eine gewöhnliche Person davon abhalten würde, die verfassungsmäßig geschützte Rede zu äußern.[1131] Wenngleich die Tatsachen dafürsprächen, dass das Verhalten der Lehrerin abseits der betreffenden Unterrichtsstunden oftmals unangemessen gewesen sei, habe sie überdies darlegen können, dass ihre Entlassung zumindest zum Teil in der Durchführung der betreffenden Unterrichtsstunden begründet gewesen sei.

1129 Cockrel v. Shelby Cnty. Sch. Dist., 270 F.3d 1036, 1051–1052 (6th Cir. 2001) (citing Boring v. Buncombe Cnty. Bd. of Educ., 136 F.3d 364, 368–369 (4th Cir. 1998); Kirkland v. Northside Ind. Sch. Dist., 890 F.2d 794, 800 (5th Cir. 1989)).

1130 Hierzu und im Folgenden Cockrel v. Shelby Cnty. Sch. Dist., 270 F.3d 1036, 1053–1055 (6th Cir. 2001).

1131 Hierzu und im Folgenden Cockrel v. Shelby Cnty. Sch. Dist., 270 F.3d 1036, 1055–1060 (6th Cir. 2001).

Schließlich habe die Schulverwaltung nicht beweisen können, dass sie die Lehrerin unabhängig von der geschützten Rede entlassen hätte. Zudem könnten die Tatsachen darauf schließen lassen, dass sie nicht entlassen worden wäre, hätte sie die Unterrichtsgäste nicht in ihren Unterricht eingeladen. Das Appellationsgericht hebt die Entscheidung der Vorinstanz auf und verweist den Fall zurück.

dd) Auswertung

In den dargelegten Entscheidungen wird die Einschlägigkeit des Pickering-Connick-Standards kaum begründet. Während die Gerichte in *Bradley* und *Boring* lediglich auf die entsprechenden Präjudizien rekurrieren,[1132] verweist das Gericht in *Cockrel* zumindest auf die Stellung der Lehrerin als öffentlich Beschäftigte.[1133] Zudem setzen sich die Appellationsgerichte im Gesamten nicht mit der Frage auseinander, ob der Hazelwood-Standard eine Alternative ist. Selbst in der Entscheidung in *Boring*, in der das Gericht *Hazelwood* heranzieht, um den Begriff der curricularen Aktivitäten zu definieren,[1134] wird die dogmatische Frage nach dem korrekten Beurteilungsmaßstab nicht diskutiert. Während das Gericht in *Cockrel*, das auch mittelbare Äußerungen der Lehrkraft durch Dritte in Gestalt von Beiträgen von Unterrichtsgästen unter die Redefreiheit fasst,[1135] von dem Wortlaut der Entscheidung in *Connick* ausgehend untersucht, ob das Unterrichtsthema der Verwendung von Nutzhanf eine öffentliche Angelegenheit darstellt,[1136] erklären die beiden anderen Appellationsgerichte in pauschaler Weise, dass „*curricular speech*" im Gegensatz zu Äußerungen abseits des Unterrichts wie dem Leserbrief in *Pickering* oder der

---

1132 Vgl. Boring v. Buncombe Cnty. Bd. of Educ., 136 F.3d 364, 368–369 (4th Cir. 1998); Bradley v. Pittsburgh Bd. of Educ., 910 F.2d 1172, 1176 (3rd Cir. 1990).

1133 Vgl. Cockrel v. Shelby Cnty. Sch. Dist., 270 F.3d 1036, 1048 (6th Cir. 2001) (quoting Leary v. Daeschner, 228 F.3d 729, 737 (6th Cir. 2000) (quotation omitted)).

1134 Hierzu *Hutchens*, Ky. L.J. 97 (2008), S. 37 (70); vgl. Boring v. Buncombe Cnty. Bd. of Educ., 136 F.3d 364, 368 (4th Cir. 1998) (citing Hazelwood Sch. Dist. v. Kuhlmeier, 484 U.S. 260, 271 (1988)).

1135 Vgl. Cockrel v. Shelby Cnty. Sch. Dist., 270 F.3d 1036, 1048–1050 (6th Cir. 2001) m.w.N.

1136 Vgl. Cockrel v. Shelby Cnty. Sch. Dist., 270 F.3d 1036, 1050–1051 (6th Cir. 2001) (quoting Connick v. Myers, 461 U.S. 138, 146 (1983)).

offenen Befürwortung bestimmter Lehrmethoden niemals einen Öffentlichkeitsbezug aufweisen kann.[1137]

Anhand dessen, dass das Appellationsgericht in *Boring* die Behauptung der Lehrerin, die Richtlinie des Schulrates über kontroverse Inhalte habe zur Zeit der Theateraufführung noch kein Schauspiel umfasst, nicht würdigt, tritt zutage, dass es von der Prämisse ausgeht, es bestehe unabhängig von schulinternen Regelungen eine Befugnis des Schulrates, die Rede der Lehrerin umfassend einzuschränken.[1138] In vergleichbarer Weise postuliert das Gericht in *Bradley*, dass die Lehrkraft kein verfassungsmäßiges Recht hat, ihren eigenen Lehrplan oder ihre eigenen Classroom-Management-Techniken entgegen den Bestimmungen der Schule zu verwenden.[1139] Es ist zu konstatieren, dass dieser Judikatur zufolge sämtliche Unterrichtsaktivitäten *a priori* unter der umfassenden Kontrolle des Schulrates stehen.[1140] Die Appellationsgerichte in *Bradley* und *Boring* verneinen somit die Existenz eines der Lehrkraft eigenen pädagogischen Gestaltungsraumes.[1141] Indes stellt das Gericht in *Bradley* an das Verbot des Schulrates zumindest die Anforderung, dass es hinreichend bestimmt sein muss, sodass die Lehrkraft nachvollziehen kann, welches konkrete Verhalten ihr untersagt ist.[1142]

Demgegenüber bejaht das Gericht in *Cockrel* das Vorliegen einer Angelegenheit von öffentlichem Interesse, indem es begründet, dass das Unterrichtsthema der Verwendung von Nutzhanf eine politische, ökonomische sowie soziale Dimension aufweist und in der breiten Öffentlichkeit kontrovers diskutiert wird.[1143] Das Gericht zieht auf dieser Ebene der Prüfung mithin den Umstand der Kontroversität des Themas der Rede heran, um den Öffentlichkeitsbezug zu begründen.[1144] In diesem Zusammenhang kritisiert es außerdem, dass die Appellationsgerichte in *Boring* und *Kirkland* das Tatbestandsmerkmal über seinen Wortlaut hinaus ausdehnen, indem sie nicht auf die Thematik der

---

1137 Vgl. Boring v. Buncombe Cnty. Bd. of Educ., 136 F.3d 364, 368–369 (4th Cir. 1998); Bradley v. Pittsburgh Bd. of Educ., 910 F.2d 1172, 1176 (3rd Cir. 1990) (citing Clark v. Holmes, 474 F.2d 928 (7th Cir. 1972) (per curiam)).

1138 Vgl. *Wenkart*, West's Educ. L. Rep. 214 (2006), S. 1 (10).

1139 Vgl. Bradley v. Pittsburgh Bd. of Educ., 910 F.2d 1172, 1176 (3rd Cir. 1990) m.w.N.

1140 *Bowman*, Wake Forest L. Rev. 48 (2013), S. 211 (259 f.); *Lester*, Ala. L. Rev. 62 (2011), S. 663 (684).

1141 Vgl. *Lester*, Ala. L. Rev. 62 (2011), S. 663 (684).

1142 Vgl. Bradley v. Pittsburgh Bd. of Educ., 910 F.2d 1172, 1176–1179 (3rd Cir. 1990).

1143 Vgl. Cockrel v. Shelby Cnty. Sch. Dist., 270 F.3d 1036, 1051 (6th Cir. 2001) m.w.N.

1144 Vgl. *Galea*, Case W. Res. L. Rev. 62 (2012), S. 1205 (1221 u. 1230).

jeweiligen Äußerung, sondern auf die Rolle des öffentlich Bediensteten abstellen.[1145] Indem das Appellationsgericht bemängelt, dass den Auffassungen der anderen Gerichte folgend dem pädagogischen Handeln der Lehrkraft keinerlei verfassungsmäßiger Schutz zukommt, impliziert es, dass die Lehrperson einen gewissen verfassungsmäßig garantierten pädagogischen Freiheitsraum habe.[1146]

Darauffolgend zieht das Gericht im Rahmen der Interessenabwägung mit der Erfüllung der Dienstpflichten der Lehrkraft, der Wahrung der kollegialen Harmonie und der Gewährleistung eines störungsfreien schulischen Betriebs respektive des Schulfriedens typische Abwägungsaspekte nach *Pickering* heran.[1147] Auch auf dieser Ebene der Untersuchung rekurriert es auf den kontroversen Charakter der Thematik, der vorliegend im Besonderen durch die Kritik aus dem Kollegium, die Beschwerden der Eltern und das mediale Interesse zum Ausdruck gelangt.[1148] Zwar schließt es daraus, dass der Schulfrieden sowie die Harmonie im Kollegium belastet sind. Eine Beeinträchtigung der Erfüllung der Dienstpflichten schließt das Gericht freilich aus, da es die pädagogische Zweckmäßigkeit der Unterrichtsstunden anerkennt. Indes stellt es diesbezüglich nicht auf die Erwägungen der Lehrerin, sondern auf das Urteil des Dienstherrn ab, der den pädagogischen Nutzen der Unterrichtsstunden öffentlich bejahte. Dessen Verhalten gibt schließlich den Ausschlag zugunsten der Interessen der Lehrkraft, da das Gericht in der Zustimmung des Schulrates zur Durchführung der betreffenden Unterrichtsstunden eine erhebliche Mitverantwortung für die Beeinträchtigung dessen eigener Belange erkennt. Dadurch tritt freilich zutage, dass das Appellationsgericht eine Abhängigkeit der verfassungsrechtlichen Bewertung der Rede der Lehrkraft von den Handlungen der Schulverwaltung voraussetzt.[1149]

Mithin ist im Hinblick auf die exemplarischen Judikate im Gesamten zu konstatieren, dass im Wesentlichen zwei Varianten der Anwendung des Pickering-Connick-Standards auf die Rede von Lehrkräften im Schulunterricht bestehen.[1150] Nach der einen ist das Verhalten der Lehrkraft im Unterricht

1145 Vgl. Cockrel v. Shelby Cnty. Sch. Dist., 270 F.3d 1036, 1051–1052 (6th Cir. 2001).

1146 Vgl. Cockrel v. Shelby Cnty. Sch. Dist., 270 F.3d 1036, 1051–1052 (6th Cir. 2001).

1147 Vgl. Cockrel v. Shelby Cnty. Sch. Dist., 270 F.3d 1036, 1053–1055 (6th Cir. 2001).

1148 Vgl. hierzu und im Folgenden Cockrel v. Shelby Cnty. Sch. Dist., 270 F.3d 1036, 1053–1060 (6th Cir. 2001) m.w.N.

1149 Vgl. *Galea*, Case W. Res. L. Rev. 62 (2012), S. 1205 (1215 f.); *Wenkart*, West's Educ. L. Rep. 214 (2006), S. 1 (16).

1150 Vgl. *Lester*, Ala. L. Rev. 62 (2011), S. 663 (683 f.); *Wenkart*, West's Educ. L. Rep. 214 (2006), S. 1 (16 f.).

in keinem Fall geschützt, da nach der Ansicht der Gerichte im Falle von „*curricular speech*“ niemals öffentliche Belange tangiert werden.[1151] Der anderen Variante zufolge ist es denkbar, dass, soweit das Unterrichtsthema eine öffentliche Angelegenheit darstellt und die Abwägung der Interessen im Einzelfall zugunsten der Lehrkraft ausgeht, ihre „*in-class speech*“ geschützt ist.[1152] Während der Judikatur in *Cockrel* zufolge ein gewisser verfassungsmäßiger, von der Aufsicht des Schulrates abhängiger und damit derivativer Gestaltungsraum der Lehrkraft existiert, verneinen die Appellationsgerichte in *Bradley* und *Boring* diesen gänzlich.[1153]

b) Anwendung des Hazelwood-Standards

Einige Appellationsgerichte dehnten die Anwendung des Hazelwood-Standards zur Redefreiheit von Schülern im Laufe der Zeit auf andere Sachverhalte und Personenkreise, im Besonderen auf Lehreräußerungen aus.[1154] So übertragen die Gerichte im Ersten, Zweiten, Achten sowie Zehnten Bundesgerichtskreis den Präzedenzfall auf die Rede von Lehrkräften im Unterricht.[1155] Die Gerichte im Siebten und Neunten Bundesgerichtskreis wandten früher ebenfalls *Hazelwood* an,[1156] gaben diese Judikatur indes auf und ziehen mittlerweile die Doktrin zur Redefreiheit öffentlich Beschäftigter nach *Garcetti* heran.[1157]

1151 *Hutchens*, Ky. L.J. 97 (2008), S. 37 (69 f.).

1152 Vgl. *Lester*, Ala. L. Rev. 62 (2011), S. 663 (683 f.); *Wenkart*, West's Educ. L. Rep. 214 (2006), S. 1 (16 f.).

1153 Vgl. *Lester*, Ala. L. Rev. 62 (2011), S. 663 (683 f.); *Wenkart*, West's Educ. L. Rep. 214 (2006), S. 1 (16 f.).

1154 *Kozlowski*, U. Balt. J. Media L. & Ethics 3 (2012), S. 1 (6 u. 12 f.); *Waldman*, Fla. L. Rev. 60 (2008), S. 63 (63 f.) m.w.N.

1155 Hierzu Chiras v. Miller, 432 F.3d 606, 617 n.29 (5th Cir. 2005); auch *Daly*, J.L. & Educ. 30 (2001), S. 1 (16); *Hutchens*, Ky. L.J. 97 (2008), S. 37 (63 f.); *Kayal*, Colum. J.L. & Soc. Probs. 57 (2023), S. 57 (77 f.); *Tygesson*, Nw. U. L. Rev. 107 (2013), S. 1917 (1929 f.); *Waldman*, Fla. L. Rev. 60 (2008), S. 63 (79–87), jeweils m.w.N.

1156 Beispielsweise in Californian Teachers Association v. Bd. of Educ., 271 F.3d 1141 (9th Cir. 2001); Webster v. New Lenox Sch. Dist., 917 F.2d 1004 (7th Cir. 1990); hierzu Chiras v. Miller, 432 F.3d 606, 617 n.29 (5th Cir. 2005); auch *Daly*, J.L. & Educ. 30 (2001), S. 1 (16); *Hutchens*, Ky. L.J. 97 (2008), S. 37 (63 f.); *Tygesson*, Nw. U. L. Rev. 107 (2013), S. 1917 (1930); *Waldman*, Fla. L. Rev. 60 (2008), S. 63 (79–87), jeweils m.w.N.

1157 Johnson v. Poway Unified Sch. Dist., 658 F.3d 954, 961–962 (9th Cir. 2011); Mayer v. Monroe Cnty. Cmty. Sch. Corp., 474 F.3d 477, 480 (7th Cir. 2007); demgegenüber ließ das Appellationsgericht im Zweiten Bundesgerichtskreis die Frage nach

aa) Unterrichtsdiskussion: Ward v. Hickey (1st Cir. 1993)

Mit seiner Entscheidung in *Ward v. Hickey*[1158] begründete das Appellationsgericht im Ersten Bundesgerichtskreis im Jahr 1993 seine Rechtsprechung der Anwendung des Hazelwood-Standards auf die Rede von Lehrkräften.[1159] In dem zugrunde liegenden Fall verlängerte ein Schulrat das befristete Beschäftigungsverhältnis einer Lehrerin nicht, die sich dadurch in ihren Rechten aus dem 1. Zusatzartikel der US-Verfassung verletzt sah und behauptete, die Maßnahme sei darin begründet, dass sie mit ihren Highschool-Schülern im Biologie-Unterricht eine Diskussion über die Abtreibung von Föten mit Down-Syndrom geführt habe.[1160]

Das erstinstanzliche Bezirksgericht ermittelte als Tatsacheninstanz den Sachverhalt im Wege der Einsetzung einer Jury, die zu dem Ergebnis gelangte, dass das ausschlaggebende ablehnende Abstimmungsverhalten eines der Mitglieder des Schulrates durch das Ereignis der Unterrichtsdiskussion motiviert gewesen sei.[1161] Gleichwohl wies das Gericht, das den Klageantrag der Lehrerin insofern auslegte, als sie eine Rechtsverletzung durch ein meinungsdiskriminierendes[1162] Verhalten des Schulrates behauptet habe, die Klage ab, da es davon ausging, das betreffende Schulratsmitglied habe nicht intendiert, die Lehrerin aufgrund ihrer Meinung zu dem Thema der Unterrichtsdiskussion zu sanktionieren, es mithin meinungsneutral gehandelt habe.[1163]

Das Appellationsgericht konstatiert in seiner Entscheidung eingangs, der Schulrat habe die Verlängerung des Dienstverhältnisses auch ohne einen Grund ablehnen können.[1164] Indes liege eine Verletzung der Redefreiheit der Lehrerin vor, wenn deren Ausübung der Grund für die Ablehnung sei.[1165] Es

---

der Anwendbarkeit von *Garcetti* im Lehrkontext offen, siehe Panse v. Eastwood, 303 F.App'x 933, 935 (2nd Cir. 2008); hierzu auch *Kayal*, Colum. J.L. & Soc. Probs. 57 (2023), S. 57 (69 u. 78 f.); *Tygesson*, Nw. U. L. Rev. 107 (2013), S. 1917 (1930).

1158 Ward v. Hickey, 996 F.2d 448 (1st Cir. 1993).

1159 *Gee*, J.L. & Educ. 38 (2009), S. 409 (443).

1160 Hierzu und im Folgenden Ward v. Hickey, 996 F.2d 448, 448–452 (1st Cir. 1993).

1161 Hierzu Ward v. Hickey, 996 F.2d 448, 451 (1st Cir. 1993).

1162 Hierzu vorliegend C. I. 3. mit Nachweisen.

1163 Hierzu Ward v. Hickey, 996 F.2d 448, 451–452 (1st Cir. 1993).

1164 Ward v. Hickey, 996 F.2d 448, 452 (1st Cir. 1993) (citing Mt. Healthy City Sch. Dist. Bd. of Educ. v. Doyle, 429 U.S. 274, 283 (1977)).

1165 Ward v. Hickey, 996 F.2d 448, 452 (1st Cir. 1993) (citing Mt. Healthy City Sch. Dist. Bd. of Educ. v. Doyle, 429 U.S. 274, 283–284 (1977); Perry v. Sinderman, 408 U.S. 593, 597 (1972)).

zieht den „*Mt. Healthy test*" heran und führt aus, die Lehrerin müsse zunächst darlegen, dass ihre Unterrichtsdiskussion von der Verfassung geschützt sei und den wesentlichen Grund für die Maßnahme des Schulrates darstelle.[1166]

Zur Beantwortung der Frage nach dem verfassungsmäßigen Schutz der Unterrichtsdiskussion sei der Hazelwood-Standard heranzuziehen.[1167] Es begründet dessen Einschlägigkeit, indem es darauf abstellt, dass Äußerungen von Lehrkräften im Unterricht ebenso wie das Schreiben von Beiträgen für die Schulzeitung in *Hazelwood* reguläre Unterrichtsaktivitäten darstellten.[1168] Mithin seien Lehreräußerungen als „*school-sponsored*" zu qualifizieren, sodass die Schule sie in angemessener Weise einschränken könne. Das Gericht konkretisiert die Prüfung des angemessenen Zusammenhangs mit legitimen pädagogischen Interessen, indem es ausführt, dass die Untersuchung unter anderem unter Berücksichtigung des Alters und Reifegrades der Schüler, des Zusammenhangs zwischen der Lehrmethode und dem zulässigen Bildungsziel sowie in Anbetracht des Kontextes und der Art des Unterrichts durchzuführen sei. Zudem erklärt es, dass eine Rede, die eine Schule nie untersagt habe, nicht sanktioniert werden könne.

Angesichts dessen modifiziert das Gericht den Hazelwood-Standard, indem es eine Mitteilungspflicht der Schule über untersagte Verhaltensweisen im Unterricht konstruiert.[1169] So sei die Nichtverlängerung des Dienstverhältnisses rechtens, wenn sie in einem angemessenen Zusammenhang mit legitimen pädagogischen Interessen stehe und die Schule der Lehrerin im Vorhinein mitgeteilt habe, dass ihr betreffendes Verhalten untersagt sei.[1170] Dabei müsse die Schule freilich nicht jede denkbare Verhaltensweise ausdrücklich regeln. Vielmehr sei zu ermitteln, ob die Schule unter Berücksichtigung der bestehenden Vorschriften und Richtlinien sowie der Kommunikation zwischen Schulverwaltung und Lehrpersonal davon ausgehen konnte, dass die Lehrkraft Kenntnis von der Untersagung des jeweiligen Verhaltens hatte.

In Rekurs auf das Urteil der Vorinstanz erklärt das Appellationsgericht, die Entscheidungsfindung sei nicht darauf zu stützen, ob eine meinungsdiskriminierende Maßnahme vorliege, da *Hazelwood* nicht verlange, dass

---

1166 Ward v. Hickey, 996 F.2d 448, 452 (1st Cir. 1993) (citing Mt. Healthy City Sch. Dist. Bd. of Educ. v. Doyle, 429 U.S. 274, 283, 287 (1977)).

1167 Ward v. Hickey, 996 F.2d 448, 452 (1st Cir. 1993) (citing Hazelwood Sch. Dist. v. Kuhlmeier, 484 U.S. 260, 273 (1988)).

1168 Hierzu und im Folgenden Ward v. Hickey, 996 F.2d 448, 452–453 (1st Cir. 1993).

1169 *Gee*, J.L. & Educ. 38 (2009), S. 409 (444).

1170 Hierzu und im Folgenden Ward v. Hickey, 996 F.2d 448, 452–454 (1st Cir. 1993).

Rede-Beschränkungen meinungsneutral sein müssten.[1171] Außerdem könnten verfassungswidrige Einschränkungen von *„school-sponsored speech“* ebenfalls in meinungsneutraler Weise erfolgen. Das Gericht stellt darauffolgend fest, dass die Lehrerin in ihrem Berufungsantrag nicht rüge, dass die Schule keine Befugnis gehabt habe, ihr Verhalten zu sanktionieren. Nunmehr behaupte sie, eine Verletzung ihrer Redefreiheit liege vor, da die Schule ihre Mitteilungspflicht über untersagte Verhaltensweisen nicht erfüllt habe. Da die Lehrerin in der Tatsacheninstanz indes keine Untersuchung dieses behaupteten Umstands angestrengt habe, habe sie gemäß den zivilprozessrechtlichen Regelungen nicht mehr das Recht, eine solche Tatsachenermittlung zu verlangen. Ohne zu der Prüfung der Erfüllung der Mitteilungspflicht sowie eines angemessenen Zusammenhangs der Entscheidung des Schulrates mit legitimen pädagogischen Interessen zu gelangen, konstatiert das Gericht, die Lehrerin könne nicht darlegen, dass eine Verletzung ihrer verfassungsmäßigen Rechte vorliege, und bestätigt die Entscheidung der Vorinstanz im Ergebnis.

bb) Unterrichtsmedium: Silano v. Sag Harbor Union Free School District Board of Education (2nd Cir. 1994)

Ein Jahr später entschied das Appellationsgericht im Zweiten Bundesgerichtskreis in *Silano v. Sag Harbor Union Free School District Board of Education*[1172]. In dem zugrunde liegenden Fall unterrichtete George Silano, ein Mitglied des örtlichen Schulrates, drei zehnte Klassen der zu seinem Schulbezirk gehörenden Highschool freiwillig als Gastdozent.[1173] Der Filmemacher im Ruhesstand übernahm drei Mathematikstunden zu der Thematik der Trägheit des Auges und zeigte den Schülern sechs 35-mm-Filmclips, um das Phänomen anhand einer Vielzahl von Filmaufnahmen zu veranschaulichen. Er begründete seine Auswahl außerdem damit, dass diese die einzigen 35-mm-Filme in seinem Besitz gewesen seien. Einer der Filmclips zeigte zwei Frauen und einen Mann mit nackten Oberkörpern. Der Schuldirektor, der den Unterricht verfolgte, untersagte Silano im Anschluss, den betreffenden Filmclip in den verbleibenden beiden Unterrichtsstunden zu verwenden. Der Gastdozent leistete dieser Anweisung Folge. Außerdem untersagte ihm der Schulaufsichtsinspektor

---

1171 Hierzu und im Folgenden Ward v. Hickey, 996 F.2d 448, 454–456 (1st Cir. 1993).

1172 Silano v. Sag Harbor Union Free Sch. Dist. Bd. of Educ., 42 F.3d 719 (2nd Cir. 1994).

1173 Hierzu und im Folgenden Silano v. Sag Harbor Union Free Sch. Dist. Bd. of Educ., 42 F.3d 719, 721–722 (2nd Cir. 1994).

infolge des Unterrichtsereignisses im Wege einer Anordnung bis zum Ende des Schuljahres, die Schulen des Schulbezirks während der Unterrichtszeiten zu besuchen. Überdies erteilten ihm die anderen Mitglieder des Schulrates eine Rüge. Durch die beiden letzteren Maßnahmen sah Silano sich in seinen Rechten aus dem 1. Zusatzartikel der US-Verfassung verletzt und erhob Klage. Erst im gerichtlichen Verfahren behauptete er, der betreffende Filmclip habe das gleiche Recht der Geschlechter, mit nacktem Oberkörper in Erscheinung zu treten, zum Ausdruck bringen sollen. Überdies argumentierte er, seine Filmclips seien weniger der Kategorie der lehrplanmäßigen Aktivitäten als vielmehr der einen höheren verfassungsrechtlichen Schutz genießenden Bibliotheksressourcen zuzuordnen.[1174] Zudem sei die Schule ihrer Verpflichtung, ausdrückliche Verfahrensregeln für ihre Aufsicht über die Unterrichtsaktivitäten festzulegen, nicht nachgekommen.[1175] Das erstinstanzliche Bezirksgericht erkannte indes keine Verletzung seiner Redefreiheit und begründete dieses Ergebnis damit, dass der Schulunterricht kein öffentliches Forum darstelle, der Schulrat berechtigt sei, den Lehrplan zu bestimmen und die Geschlechtergerechtigkeit nicht das Unterrichtsthema gewesen sei.[1176]

Das Appellationsgericht weist in seiner Entscheidung zunächst darauf hin, dass nicht den Gerichten, sondern den Schulräten die maßgebliche Kompetenz zukomme, zu bestimmen, welche Art von Rede im Unterricht angemessen sei.[1177] Sodann konstatiert es, dass die Schule gemäß *Hazelwood* das Recht habe, die Rede des Gastdozenten ebenso zu beschränken wie die von ordentlichen Lehrkräften, zumal sein Unterricht im üblichen Unterrichtsrahmen stattgefunden habe.[1178] In Rekurs auf die betreffende Passage der Entscheidung des

---

1174 Silano v. Sag Harbor Union Free Sch. Dist. Bd. of Educ., 42 F.3d 719, 723 (2nd Cir. 1994).

1175 Silano v. Sag Harbor Union Free Sch. Dist. Bd. of Educ., 42 F.3d 719, 723–724 (2nd Cir. 1994); vertiefend zu der Judikatur zum verfassungsmäßigen Schutz des Zugangs zu Bibliotheksressourcen im Rahmen des Rechts der Schüler zu hören als alternativen Ansatz zur Beurteilung des Schutzes von „*in-class speech*" vorliegend C. II. 4. b) mit Nachweisen.

1176 Silano v. Sag Harbor Union Free Sch. Dist. Bd. of Educ., No. 93-CV-1924 (ADS), 1993 WL 762110, at *5 (E.D.N.Y. Dec. 10, 1993).

1177 Silano v. Sag Harbor Union Free Sch. Dist. Bd. of Educ., 42 F.3d 719, 722–723 (2nd Cir. 1994) (quoting Hazelwood Sch. Dist. v. Kuhlmeier, 484 U.S. 260, 267 (1988) (quoting Bethel Sch. Dist. No. 403 v. Fraser, 478 U.S. 675, 683 (1986)) (internal citation omitted)).

1178 Silano v. Sag Harbor Union Free Sch. Dist. Bd. of Educ., 42 F.3d 719, 723 (2nd Cir. 1994).

Appellationsgerichts im Ersten Bundesgerichtskreis in *Ward* erklärt es, dass für die Prüfung des angemessenen Zusammenhangs mit legitimen pädagogischen Interessen unter anderem auf Alter und Reifegrad der Schüler, den Zusammenhang zwischen Lehrmethode und zulässigem Bildungsziel sowie den Kontext und die Art des Unterrichts abzustellen sei.[1179]

Das Gericht steigt darauffolgend in die Prüfung ein und führt aus, die Maßnahme der Schule stehe in einem angemessenen Zusammenhang mit legitimen pädagogischen Interessen, da das Zeigen von Frauen mit nackten Oberkörpern nicht notwendig sei, um das Phänomen der Trägheit des Auges zu veranschaulichen.[1180] Dies werde nicht zuletzt dadurch deutlich, dass die anderen beiden Unterrichtsstunden den Aussagen von Silano zufolge ebenso erfolgreich gewesen seien wie die betreffende Stunde. Die Behauptung, die Geschlechtergerechtigkeit thematisiert haben zu wollen, sei unglaubwürdig, da es im Rahmen des Unterrichts gänzlich an einem Bezug zu dieser Thematik gefehlt habe.

Außerdem fielen die Filmclips nicht in die Kategorie der einen höheren Schutz genießenden Bibliotheksressourcen, da es sich bei dem Zeigen der Clips gemäß *Hazelwood* um eine vom Lehrpersonal betreute curriculare Aktivität handele, die dazu gestaltet sei, den Schülern, die zu der Teilnahme an ihr verpflichtet seien, besondere Kenntnisse oder Fähigkeiten, namentlich das Wissen, inwiefern Filmproduktion und Mathematik zusammenhängen, zu vermitteln.[1181] Schließlich weist das Gericht darauf hin, *Hazelwood* verlange explizit nicht, dass die Schule ausdrückliche Verfahrensregeln für die Aufsicht über die Unterrichtsaktivitäten festlegen müsse.[1182] Es gelangt zu dem Ergebnis, dass

---

1179 Silano v. Sag Harbor Union Free Sch. Dist. Bd. of Educ., 42 F.3d 719, 722–723 (2nd Cir. 1994) (quoting Ward v. Hickey, 996 F.2d 448, 453 (1st Cir. 1993)).

1180 Hierzu und im Folgenden Silano v. Sag Harbor Union Free Sch. Dist. Bd. of Educ., 42 F.3d 719, 723 (2nd Cir. 1994).

1181 Silano v. Sag Harbor Union Free Sch. Dist. Bd. of Educ., 42 F.3d 719, 723 (2nd Cir. 1994) (quoting Hazelwood Sch. Dist. v. Kuhlmeier, 484 U.S. 260, 271 (1988); citing Bd. of Educ., Island Trees Union Free Sch. Dist. No. 26 v. Pico 457 U.S. 853, 869 (1982) (plurality opinion)).

1182 Das Gericht verweist auf eine Passage in einer Fußnote der Entscheidung in *Hazelwood*, in der der US-Supreme Court das Erfordernis von geschriebenen Regelungen für die Kontrolle von schulischen Publikationen verneint, siehe Silano v. Sag Harbor Union Free Sch. Dist. Bd. of Educ., 42 F.3d 719, 723–724 (2nd Cir. 1994) (quoting Hazelwood Sch. Dist. v. Kuhlmeier, 484 U.S. 260, 273 n.6 (1988)).

Silano nicht in seinen Rechten aus dem 1. Zusatzartikel der US-Verfassung verletzt ist, und bestätigt die Entscheidung der Vorinstanz.[1183]

cc) Kreatives Schreiben: Lacks v. Ferguson Reorganized School District R-2 (8th Cir. 1998)

Das Appellationsgericht im Achten Bundesgerichtskreis entschied in *Lacks v. Ferguson Reorganized School District R-2*[1184], dass die Entlassung einer Englisch-Lehrerin, die es zuließ, dass ihre Highschool-Schüler in ihren Unterrichtsarbeiten Vulgärsprache verwandten, rechtmäßig war.[1185] Die Lehrerin wies ihre Schüler an, in Kleingruppen kurze Theaterstücke zu verfassen, welche vor der Klasse aufgeführt und auf Video aufgenommen wurden. Während die Werke, die Vulgärsprache enthielten, aufgeführt wurden, äußerten die schauspielenden Schüler innerhalb von vierzig Minuten über hundertfünfzig Mal vulgäre Begriffe. Die Lehrerin, die ihren Unterricht als schülerzentriert bezeichnete und davon ausging, die kreative Freiheit der Schüler umfasse den Gebrauch von Vulgärsprache,[1186] gestand ein, dass die Theaterstücke, deren Texte sie vor deren Aufführung überprüfte, unüblich viele vulgäre Begriffe enthielten.[1187] Des Weiteren gestattete sie einem Schüler, zwei selbst verfasste Gedichte vorzutragen, die ebenfalls Vulgärsprache sowie Obszönitäten enthielten. Da die Lehrerin nach Ansicht des Schulrates gemäß des Statuts Mo. Ann. Stat. § 168.114 (1991 & Supp.1998) willentlich und anhaltend gegen die Richtlinie des Schulrates Nummer 3043 verstoßen habe, die Lehrkräfte dazu verpflichtete, den Schüler-Verhaltenskodex, der den Gebrauch von Vulgärsprache untersagte, durchzusetzen, entließ er sie aus ihrem Dienstverhältnis. Die Lehrerin sah sich durch diese Maßnahme unter anderem in ihrem Recht auf freie Rede verletzt und klagte. Das Bezirksgericht entschied, dass sie wiedereingestellt werden müsse und einen Anspruch auf eine Gehaltsnachzahlung habe, da sie nicht willentlich gegen die Richtlinie verstoßen habe, sondern davon ausgegangen sei, dass der Gebrauch von Vulgärsprache von der

---

1183 Silano v. Sag Harbor Union Free Sch. Dist. Bd. of Educ., 42 F.3d 719, 724–725 (2nd Cir. 1994).

1184 Lacks v. Ferguson Reorganized Sch. Dist. R-2, 147 F.3d 718 (8th Cir. 1998).

1185 Hierzu und im Folgenden Lacks v. Ferguson Reorganized Sch. Dist. R-2, 147 F.3d 718, 719 (8th Cir. 1998).

1186 Lacks v. Ferguson Reorganized Sch. Dist. R-2, 147 F.3d 718, 722 (8th Cir. 1998).

1187 Hierzu und im Folgenden Lacks v. Ferguson Reorganized Sch. Dist. R-2, 147 F.3d 718, 719–721 (8th Cir. 1998).

kreativen Freiheit der Schüler umfasst sei.[1188] Der Schulrat legte Rechtsmittel gegen das Urteil ein.[1189]

In seiner Entscheidung prüft das Appellationsgericht zunächst, ob der Tatbestand des einschlägigen Statuts erfüllt ist, die Lehrerin mithin willentlich oder anhaltend gegen die betreffende Richtlinie des Schulrates verstieß, und bejaht dies in Anbetracht der Beweislage im Gegensatz zur Vorinstanz.[1190] Darauffolgend untersucht es, ob durch die Entlassung seitens des Schulrates eine Verletzung der Redefreiheit der Lehrerin vorliegt.[1191] In Rekurs auf die Entscheidung des Appellationsgerichts im Ersten Bundesgerichtskreis in *Ward* nimmt es eine Mitteilungspflicht der Schule über untersagte Verhaltensweisen im Unterricht an[1192] und gelangt zu dem Schluss, die Schule habe diese erfüllt.[1193] Dies sei darin begründet, dass die Lehrerin ihrer Aussage zufolge Kenntnis von den Regeln und Richtlinien des Schulrates gehabt und verstanden habe, dass sie dazu verpflichtet gewesen sei, den Schüler-Verhaltenskodex durchzusetzen, dessen Verbot von Vulgärsprache unmissverständlich sei und keine Ausnahme für kreative Aktivitäten enthalte. Dass sie auch von letzterem Umstand Kenntnis gehabt habe, werde im Besonderen dadurch belegt, dass der Schuldirektor ihr seiner Aussage nach in der Vergangenheit mitgeteilt habe, dass der Gebrauch von Vulgärsprache in der Schülerzeitung, die ebenfalls eine Form von kreativer Aktivität darstelle, untersagt sei.

Das Gericht untersucht sodann, ob das Verbot von Vulgärsprache in einem angemessenen Zusammenhang mit legitimen pädagogischen Interessen steht.[1194] In diesem Rahmen konstatiert es, dass der Schule die Aufgabe zukomme, den Schülern die gemeinsamen Werte einer zivilisierten Gesellschaftsordnung zu lehren.[1195] Da der Zweck der Verhaltensrichtlinien darin

---

1188 Lacks v. Ferguson Reorganized Sch. Dist. R-2, 936 F.Supp. 676, 682–683 (E.D.Mo. 1996).

1189 Lacks v. Ferguson Reorganized Sch. Dist. R-2, 147 F.3d 718, 721 (8th Cir. 1998).

1190 Lacks v. Ferguson Reorganized Sch. Dist. R-2, 147 F.3d 718, 721–723 (8th Cir. 1998).

1191 Lacks v. Ferguson Reorganized Sch. Dist. R-2, 147 F.3d 718, 723–724 (8th Cir. 1998).

1192 Lacks v. Ferguson Reorganized Sch. Dist. R-2, 147 F.3d 718, 723 (8th Cir. 1998) (citing Ward v. Hickey, 996 F.2d 448, 452 (1st Cir. 1993) (citing Keyishian v. Bd. of Regents, 385 U.S. 589 (1967))).

1193 Hierzu und im Folgenden Lacks v. Ferguson Reorganized Sch. Dist. R-2, 147 F.3d 718, 723–724 (8th Cir. 1998).

1194 Lacks v. Ferguson Reorganized Sch. Dist. R-2, 147 F.3d 718, 724 (8th Cir. 1998).

1195 Lacks v. Ferguson Reorganized Sch. Dist. R-2, 147 F.3d 718, 724 (8th Cir. 1998) (quoting Bethel Sch. Dist. No. 403 v. Fraser, 478 U.S. 675, 683 (1986)).

bestehe, dieses Ziel zu erfüllen, stehe das Verbot von Vulgärsprache in einem angemessenen Zusammenhang mit dem legitimen pädagogischen Interesse, allgemein anerkannte soziale Standards zu fördern, sodass die Lehrerin durch die Entlassung nicht in ihren Rechten aus dem 1. Zusatzartikel der US-Verfassung verletzt sei.[1196]

dd) Auswertung

Die dargelegten Judikate enthalten keine dahingehende Begründung, warum die höchstrichterliche Rechtsprechung zur Redefreiheit von Schülern ohne Weiteres auf Lehreräußerungen übertragbar ist.[1197] Zudem eruieren die Appellationsgerichte nicht, warum *Hazelwood* der Doktrin zur Redefreiheit öffentlich Beschäftigter vorzuziehen ist, geschweige denn, ob letztere überhaupt einschlägig sein kann. Sie begründen die Anwendung des Standards lediglich durch Verweis auf den Unterrichtskontext.[1198] Darüber hinaus unterlassen es die Gerichte, zu erläutern, warum die Rede von Lehrkräften im Schulunterricht stets eine „*school-sponsored speech*" darstellt und gehen vielmehr schlicht von dieser Prämisse aus.[1199]

Bemerkenswert ist der von dem Appellationsgericht in *Ward* entwickelte Ansatz, gegenüber der Lehrkraft eine Mitteilungspflicht der Schule über untersagte Verhaltensweisen im Unterricht anzunehmen.[1200] Im Rahmen dieses Prüfungsschrittes ist im Wesentlichen zu untersuchen, ob die Schule in Anbetracht ihrer geschriebenen und ungeschriebenen Regelungen davon ausgehen konnte, dass die Lehrkraft Kenntnis von dem ihr untersagten Verhalten hatte.[1201] Sofern die Mitteilungspflicht, die die Rechtsposition der Lehrkraft stärkt, indem sie eine auf Billigkeitserwägungen beruhende Verfahrensregel für die Ausübung der umfassenden Aufsicht des Schulrates darstellt,[1202] vonseiten der Schule

---

1196 Lacks v. Ferguson Reorganized Sch. Dist. R-2, 147 F.3d 718, 724 (8th Cir. 1998).

1197 Vgl. *Daly*, J.L. & Educ. 30 (2001), S. 1 (13 f.).

1198 Vgl. Lacks v. Ferguson Reorganized Sch. Dist. R-2, 147 F.3d 718, 723–724 (8th Cir. 1998); Silano v. Sag Harbor Union Free Sch. Dist. Bd. of Educ., 42 F.3d 719, 723 (2nd Cir. 1994); Ward v. Hickey, 996 F.2d 448, 452 (1st Cir. 1993) (citing Hazelwood Sch. Dist. v. Kuhlmeier, 484 U.S. 260, 273 (1988)).

1199 Vgl. *Cooley*, Baylor L. Rev. 66 (2014), S. 235 (268 f.); *Lester*, Ala. L. Rev. 62 (2011), S. 663 (684); *Wohl*, Am. U. L. Rev. 58 (2009), S. 1285 (1310).

1200 Vgl. Ward v. Hickey, 996 F.2d 448, 452–454 (1st Cir. 1993).

1201 Ward v. Hickey, 996 F.2d 448, 454 (1st Cir. 1993).

1202 Vgl. *Bauries*, Educ. L. & Pol'y Rev. 2 (2015), S. 88 (129); *Lester*, Ala. L. Rev. 62 (2011), S. 663 (671).

nicht erfüllt wurde, ist das Handeln der Lehrkraft im Unterricht geschützt, selbst wenn die (Sanktions-)Maßnahme des Schulrates in einem angemessenen Zusammenhang mit legitimen pädagogischen Interessen steht.[1203]

Wären die prozessrechtlichen Anforderungen in *Ward* erfüllt, wäre es jedenfalls denkbar, dass unter Berücksichtigung schulinterner Regelungen, namentlich der Lehrpläne sowie der Vorschriften und Richtlinien des Schulrates, der Kommunikation zwischen Schulverwaltung und Lehrkräften, der schulischen Praxis sowie der Gesamtumstände untersucht worden wäre, ob die Mitteilungspflicht erfüllt wurde, der Schulrat mithin davon ausgehen konnte, die Lehrerin habe davon Kenntnis gehabt, ihr sei untersagt, eine Unterrichtsdiskussion zu dem Thema der Abtreibung von Föten mit Down-Syndrom durchzuführen.[1204] Überdies verleiht das Gericht der Prüfung nach dem Hazelwood-Standard Konturen, indem es mit Alter und Reifegrad der Schüler, dem Zusammenhang zwischen Lehrmethode und Bildungsziel sowie Kontext und Art des Unterrichts mehrere Anknüpfungspunkte für die Untersuchung bietet.[1205]

Im Gegensatz zum Gericht in *Ward* führt das Appellationsgericht im Achten Bundesgerichtskreis, das dessen Rechtsprechung zur Mittelungspflicht übernimmt,[1206] in seiner Entscheidung in *Lacks* eine Untersuchung der Erfüllung dieser Pflicht durch.[1207] In diesem Zusammenhang prüft es die schulinternen Regelungen und zieht die Richtlinie des Schulrates heran, gemäß der der Schüler-Verhaltenskodex vonseiten des Lehrpersonals durchzusetzen ist. Dabei untersucht es abstrakt, ob die Regelung verständlich respektive wie diese zu verstehen ist, sowie auf der konkreten Ebene, ob die Lehrerin Kenntnis von dem Inhalt der Regelung, insbesondere dem Verbot von Vulgärsprache bei kreativen Aktivitäten hatte. In diesem Zusammenhang stellt das Gericht im Besonderen auf die Kommunikation zwischen Schulleitung und Lehrerin ab. Zudem zieht es eine Parallele zwischen dem Verfassen von literarischen Werken und von Beiträgen für die Schülerzeitung, ohne diese jedoch zu erläutern

---

1203 Vgl. Ward v. Hickey, 996 F.2d 448, 452–453 (1st Cir. 1993).

1204 Vgl. Ward v. Hickey, 996 F.2d 448, 452–454 (1st Cir. 1993); Lacks v. Ferguson Reorganized Sch. Dist. R-2, 147 F.3d 718, 723–724 (8th Cir. 1998).

1205 Vgl. Ward v. Hickey, 996 F.2d 448, 452–453 (1st Cir. 1993); hierzu *Tygesson*, Nw. U. L. Rev. 107 (2013), S. 1917 (1931).

1206 Vgl. Lacks v. Ferguson Reorganized Sch. Dist. R-2, 147 F.3d 718, 723 (8th Cir. 1998) (citing Ward v. Hickey, 996 F.2d 448, 452 (1st Cir. 1993) (citing Keyishian v. Bd. of Regents, 385 U.S. 589 (1967))).

1207 Vgl. hierzu und im Folgenden Lacks v. Ferguson Reorganized Sch. Dist. R-2, 147 F.3d 718, 723–724 (8th Cir. 1998).

oder einen möglichen Unterschied zwischen journalistischer und literarisch-künstlerischer Betätigung zu ergründen.

Im Rahmen der Prüfung eines angemessenen Zusammenhangs der Maßnahme des Schulrates mit legitimen pädagogischen Belangen stellt das Gericht auf den Zweck der Richtlinie ab, deren Verstoß durch die Lehrerin der Grund für die Sanktionsmaßnahme in Form der Entlassung darstellt.[1208] Dabei konstatiert es, dass der Zweck, den Schülern sozialadäquates Verhalten zu lehren, ein solches legitimes Interesse darstellt. Das Gericht zieht das pädagogische Urteil des Schulrates heran, dem es ohne Weiteres eine pädagogische Legitimität attestiert.[1209] Die Erwägungen der Lehrerin, die kreative Freiheit ihrer Schüler nicht antasten zu wollen, werden freilich nicht gewürdigt. Ebenso wenig betrachtet das Gericht eine denkbare mittelbare Verletzung der Rechte der Schüler durch die Einschränkung der Rede der Lehrerin.

Anhand dessen, dass das Appellationsgericht in *Silano* wie bereits die Vorinstanz auf eine Kompetenz des Schulrates verweist, über die Angemessenheit von „*in-class speech*" zu entscheiden,[1210] zeigt sich, dass das Gericht von der Prämisse ausgeht, dass die pädagogische Gestaltungsmacht der Schulverwaltung zukomme.[1211] Das Gericht stellt auf den Zusammenhang zwischen Lehrmethode und Bildungsziel ab und verneint die pädagogische Zweckmäßigkeit des Verhaltens des Gastdozenten in Gestalt der Auswahl der betreffenden Filmclips allein mit dem Argument, es sei zur Erreichung des Lernziels nicht notwendig gewesen, die streitgegenständlichen Aufnahmen zu zeigen.[1212] Dabei berücksichtigt es zwar das pädagogische Urteil des Gastdozenten, der feststellt, dass alle Unterrichtsstunden in gleicher Weise erfolgreich waren,[1213] indes nur zu

---

1208 Vgl. Lacks v. Ferguson Reorganized Sch. Dist. R-2, 147 F.3d 718, 723–724 (8th Cir. 1998).

1209 Vgl. *Daly*, J.L. & Educ. 30 (2001), S. 1 (13).

1210 Vgl. Silano v. Sag Harbor Union Free Sch. Dist. Bd. of Educ., 42 F.3d 719, 722–723 (2nd Cir. 1994) (quoting Hazelwood Sch. Dist. v. Kuhlmeier, 484 U.S. 260, 267 (1988) (quoting Bethel Sch. Dist. No. 403 v. Fraser, 478 U.S. 675, 683 (1986)) (internal citation omitted)); Silano v. Sag Harbor Union Free Sch. Dist. Bd. of Educ., No. 93–CV–1924 (ADS), 1993 WL 762110, at *5 (E.D.N.Y. Dec. 10, 1993).

1211 Vgl. *Lester*, Ala. L. Rev. 62 (2011), S. 663 (684).

1212 Vgl. Silano v. Sag Harbor Union Free Sch. Dist. Bd. of Educ., 42 F.3d 719, 723 (2nd Cir. 1994).

1213 Vgl. Silano v. Sag Harbor Union Free Sch. Dist. Bd. of Educ., 42 F.3d 719, 723 (2nd Cir. 1994).

dem Zweck, seiner Auswahl von Unterrichtsmedien die pädagogische Zweckmäßigkeit abzusprechen.

Die Auffassung des Gerichts, die Schulen müssten keine ausdrücklichen Verfahrensregeln aufstellen,[1214] impliziert, dass es keine Mitteilungspflicht über untersagte Verhaltensweisen annimmt. Die betreffende Entscheidungspassage in einer Fußnote in *Hazelwood*, auf die das Gericht in diesem Zusammenhang verweist, könnte jedoch dem Wortlaut nach lediglich auf schulische Veröffentlichungen bezogen sein.[1215] Die Erklärung, die Behauptung einer intendierten Thematisierung von Geschlechtergerechtigkeit sei unglaubwürdig,[1216] vermag angesichts der Umstände jedenfalls zu überzeugen.

Letztlich ist zu konstatieren, dass den Entscheidungen der Appellationsgerichte in *Lacks* und *Silano* die Prämisse zugrunde liegt, dass den lokalen Schulräten die primäre Kompetenz zukommt, zu bestimmen, wie der Unterricht zu gestalten ist.[1217] Die Gerichte würdigen die pädagogischen Interessen der Lehrkraft im Rahmen der Prüfung legitimer pädagogischer Belange kaum bis überhaupt nicht.[1218] Vielmehr wird dem Schulrat ein pädagogischer Primat zugesprochen.[1219] Die der Lehrkraft nach *Hazelwood* grundsätzlich zugestandene pädagogische Freiheit wird mithin am Maßstab des Ermessens des Schulrates beurteilt, sodass sie im Ergebnis keine originäre, sondern eine derivative Freiheit darstellt.[1220]

1214 Silano v. Sag Harbor Union Free Sch. Dist. Bd. of Educ., 42 F.3d 719, 723–724 (2nd Cir. 1994) (quoting Hazelwood Sch. Dist. v. Kuhlmeier, 484 U.S. 260, 273 n.6 (1988)), mit Verweis auf eine Passage in einer Fußnote der Entscheidung in *Hazelwood*, in der der US-Supreme Court das Erfordernis von geschriebenen Regelungen für die Kontrolle von schulischen Publikationen verneint.

1215 Vgl. hierzu Hazelwood Sch. Dist. v. Kuhlmeier, 484 U.S. 260, 273 n.6 (1988).

1216 Vgl. Silano v. Sag Harbor Union Free Sch. Dist. Bd. of Educ., 42 F.3d 719, 723 (2nd Cir. 1994).

1217 Vgl. *Lester*, Ala. L. Rev. 62 (2011), S. 663 (684); *Wohl*, Am. U. L. Rev. 58 (2009), S. 1285 (1299).

1218 *Wohl*, Am. U. L. Rev. 58 (2009), S. 1285 (1299).

1219 Vgl. *Hutchens*, Ky. L.J. 97 (2008), S. 37 (67); *Lester*, Ala. L. Rev. 62 (2011), S. 663 (684).

1220 So Zykan v. Warsaw Cmty. Sch. Corp., 631 F.2d 1300, 1305 (7th Cir. 1980); ähnlich *Wohl*, Am. U. L. Rev. 58 (2009), S. 1285 (1299).

c) *Auswirkungen von Garcetti v. Ceballos (2006)*

Im Jahr 2006 modifizierte der US-Supreme Court durch seine Entscheidung in *Garcetti v. Ceballos*[1221] die Doktrin zur Redefreiheit öffentlich Beschäftigter.[1222] Dies wirkte sich selbstredend auch auf die rechtliche Beurteilung des verfassungsmäßigen Schutzes der Rede von Lehrkräften aus.[1223] So legt die Mehrheit der Appellationsgerichte ihrer Prüfung mittlerweile den revidierten Beurteilungsmaßstab zugrunde.[1224] Indes unterließen einige von ihnen angesichts der Frage, ob *Garcetti* auf Äußerungen im Lehrkontext anzuwenden ist, dessen Anwendung.[1225]

aa) *Äußerung zu politischer Demonstration: Mayer v. Monroe County Community School Corporation (7th Cir. 2007)*

Als erstes[1226] Berufungsgericht entschied das Appellationsgericht im Siebten Bundesgerichtskreis im Jahr 2007 in *Mayer v. Monroe County Community School Corporation*[1227], dass *Garcetti* auf die Rede von Lehrkräften im Schulunterricht direkt und uneingeschränkt anzuwenden sei.[1228] In dem zugrunde liegenden Fall äußerte sich eine befristet angestellte Grundschullehrerin während einer Schulstunde zu aktuellen Nachrichten und Geschehnissen mit den Demonstrationen gegen US-amerikanische Militäroperationen im Irak zu einem politischen Thema.[1229] Sie beantwortete die Frage eines Schülers, ob sie selbst an politischen Demonstrationen teilnehme, indem sie erzählte, dass sie, als sie in ihrem Auto an einer Demonstration gegen Militäroperationen im Irak vorbeigefahren sei und ein Schild der Demonstranten gesehen habe, dass dazu aufforderte, für den Frieden zu hupen, sie die Hupe ihres Fahrzeugs betätigt habe. Einige Eltern beschwerten sich über ihre Bemerkung, woraufhin der Schuldirektor alle Lehrkräfte dazu aufforderte, im Unterricht keine eigenen politischen Standpunkte zu äußern. Die Lehrerin behauptete, dass

---

1221 Garcetti v. Ceballos, 547 U.S. 410 (2006).

1222 Hierzu vorliegend C. II. 1. a) bb) mit Nachweisen.

1223 Vgl. *Hutchens*, Ky. L.J. 97 (2008), S. 37 (70–72).

1224 Hierzu *Cooley*, Baylor L. Rev. 66 (2014), S. 235 (271); *Kayal*, Colum. J.L. & Soc. Probs. 57 (2023), S. 57 (67 f.).

1225 So etwa Lee v. York Cnty. Sch. Div., 484 F.3d 687, 694–695 n.11 (4th Cir. 2007).

1226 *Forster*, Gonz. L. Rev. 46 (2010), S. 687 (698 f.).

1227 Mayer v. Monroe Cnty. Cmty. Sch. Corp., 474 F.3d 477 (7th Cir. 2007).

1228 Mayer v. Monroe Cnty. Cmty. Sch. Corp., 474 F.3d 477, 480 (7th Cir. 2007).

1229 Hierzu und im Folgenden Mayer v. Monroe Cnty. Cmty. Sch. Corp., 474 F.3d 477, 478–479 (7th Cir. 2007).

die spätere Nichtverlängerung ihres Dienstverhältnisses seitens des Schulrates ihren Grund in ihrer betreffenden Bemerkung gehabt habe, und klagte gegen die Maßnahme. Das erstinstanzliche Bezirksgericht wandte den Pickering-Connick-Standard an und entschied, dass die Lehrerin kein verfassungsmäßiges Recht gehabt habe, sich zu dem öffentlichen Thema der Militärintervention im Irak zu äußern, da sie in ihrer Rolle als öffentlich Beschäftigte und nicht als Bürgerin gesprochen habe.[1230]

Das Appellationsgericht konstatiert in seiner Entscheidung eingangs, die Lehrerin behaupte, die Interessenabwägung nach *Pickering* ergebe, ihre Belange würden überwiegen.[1231] Demgegenüber führe die Gegenseite an, dass keine Abwägung zu erfolgen habe, da die streitgegenständliche Rede Teil der dienstlichen Pflichten der Beschäftigten gewesen sei. Das Gericht erklärt, dass der Schulrat im Recht sei, falls vorliegend *Garcetti* einschlägig sei. Indes weise die Lehrerin in Bezug auf seine Entscheidung in *Piggee v. Carl Sandburg College*[1232] darauf hin, dass die akademische Freiheit einer Anwendung von *Garcetti* entgegenstehe.[1233]

Darauffolgend erklärt das Gericht, es habe in der Vergangenheit entschieden, dass Lehrkräfte an öffentlichen Schulen hinsichtlich des Curriculums den Weisungen des Dienstherrn Folge leisten müssten.[1234] Denn die Schule schränke die Rede von Lehrkräften weniger ein, als sie sie gegen Bezahlung „*heuere*".[1235] Dementsprechend müssten Lehrpersonen eben diesen Dienst erbringen, für den sie bezahlt werden.[1236] Des Weiteren weist es darauf hin, dass Schüler aufgrund der Schulpflicht eine „*captive audience*" darstellten, sodass eine Gefahr der Indoktrination durch die Lehrkraft bestehe. In Anbetracht dessen solle die Gestaltungsmacht über den Unterricht nicht den Lehrkräften, sondern Personen zukommen, die durch die Bürger abgewählt werden könnten.

1230 Mayer v. Monroe Cnty. Cmty. Sch. Corp., No. 1:04-CV-1695-SEB-VSS, 2006 WL 693555, at*10–12 (S.D.Ind. Mar. 10, 2006).

1231 Hierzu und im Folgenden Mayer v. Monroe Cnty. Cmty. Sch. Corp., 474 F.3d 477, 478–479 (7th Cir. 2007).

1232 Piggee v. Carl Sandburg College, 464 F.3d 667 (7th Cir. 2006).

1233 Mayer v. Monroe Cnty. Cmty. Sch. Corp., 474 F.3d 477, 479 (7th Cir. 2007) (citing Piggee v. Carl Sandburg College, 464 F.3d 667, 672 (7th Cir. 2006)).

1234 Mayer v. Monroe Cnty. Cmty. Sch. Corp., 474 F.3d 477, 479 (7th Cir. 2007) (quoting Webster v. New Lenox Sch. Dist. No. 122, 917 F.2d 1004, 1007 (7th Cir. 1990)).

1235 Mayer v. Monroe Cnty. Cmty. Sch. Corp., 474 F.3d 477, 479 (7th Cir. 2007) ("*hires*").

1236 Hierzu und im Folgenden Mayer v. Monroe Cnty. Cmty. Sch. Corp., 474 F.3d 477, 479–480 (7th Cir. 2007).

Die Verfassung gebe einer Lehrkraft nicht das Recht, gegenüber einer „*captive audience*" persönliche Standpunkte entgegen den Weisungen gewählter Amtsträger zu äußern. Die Lehrerin habe im vorliegenden Fall die Aufgabe gehabt, den Schülern die öffentliche Diskussion über die Irak-Politik unter Einbeziehung sämtlicher Standpunkte darzustellen, ohne indes ihre eigene Position offenzulegen.

Sodann erklärt das Gericht, dass die von der Lehrerin angeführte Entscheidung in *Piggee* seiner Rechtsauffassung nicht entgegenstehe, sondern sie bestätige.[1237] Die Ablehnung der Anwendung von *Garcetti* in *Piggee* sei darin begründet, dass die betreffende College-Lehrerin, die in ihrem Kosmetik-Unterricht religiöse Ansichten zum Thema Homosexualität äußerte, eben nicht dazu eingestellt worden sei, derartige Aussagen zu tätigen. Die streitgegenständliche Rede in *Piggee* sei mithin nicht Teil der dienstlichen Pflichten der Lehrerin gewesen. Demgegenüber stelle die Rede der Berufungsführerin im Rahmen der Unterrichtsstunde zu aktuellen Geschehnissen gerade ihre Aufgabe dar. Das Appellationsgericht erklärt, *Garcetti* sei mithin direkt anzuwenden. Schließlich weist es darauf hin, dass die Frage, inwieweit das höchstrichterliche Judikat Äußerungen im Lehrkontext erfasse, vom US-Supreme Court ausdrücklich offengelassen worden sei und vorliegend nicht beantwortet werden müsse. Jedenfalls gebe die Redefreiheit Lehrkräften an primären und sekundären Schulen kein Recht, gegenüber einer „*captive audience*" persönliche Meinungen zu äußern oder Themen zu behandeln, die vom festgelegten Lehrplan abwichen. Das Gericht bestätigt die Entscheidung der Vorinstanz.

bb) Gestaltung eines schwarzen Bretts: Lee v. York County School District (4th Cir. 2007)

Im Gegensatz zum Appellationsgericht im Siebten Bundesgerichtskreis in *Mayer* lehnte das Appellationsgericht im Vierten Bundesgerichtskreis im selben Jahr in *Lee v. York County School District*[1238] die Anwendung von *Garcetti* auf die Rede von Lehrkräften im Unterricht ab.[1239] In dem der Entscheidung zugrunde liegenden Fall entfernte ein Schuldirektor einer Highschool infolge einer Beschwerde Materialien von einem Schwarzen Brett in

1237 Hierzu und im Folgenden Mayer v. Monroe Cnty. Cmty. Sch. Corp., 474 F.3d 477, 480 (7th Cir. 2007).

1238 Lee v. York Cnty. Sch. Div., 484 F.3d 687 (4th Cir. 2007).

1239 Lee v. York Cnty. Sch. Div., 484 F.3d 687, 694–695 n.11 (4th Cir. 2007).

einem Klassenraum, die dort von einem Spanisch-Lehrer angebracht worden waren.[1240] Diese Materialien bestanden in einem Poster zum „Nationalen Gebetstag" mit einer Abbildung eines betenden Präsidenten George Washington, einem Zeitungsartikel, der religiös-weltanschauliche Unterschiede zwischen den damaligen Präsidentschaftskandidaten herausstellte, einem weiteren Zeitungsartikel über Bibelstudien des damaligen Generalstaatsanwalts, einem dritten Artikel über die missionarische Tätigkeit einer ehemaligen Schülerin der Schule, die bei einem Flugzeugabschuss in Südamerika starb, sowie einem Newsletter über die Arbeit eines Missionars. Der Schuldirektor begründete seine Maßnahme damit, dass die betreffenden Materialien gegen die *„Establishment Clause"* des 1. Zusatzartikels der US-Verfassung verstießen, da sie zu religiös seien, und erklärte, dass es zwar keine geschriebene schulinterne Regelung für die Nutzung der Schwarzen Bretter in den Klassenräumen durch Lehrkräfte gebe, freilich eine ungeschriebene Richtlinie existiere, der zufolge unter anderem rechtswidrige Materialien entfernt würden. Demgegenüber sah der Spanisch-Lehrer sich durch das Entfernen der Materialien in seiner Redefreiheit verletzt und erhob Klage. Er behauptete, er habe diese nicht an das Brett angeheftet, um seinen Glauben auszudrücken, sondern weil er davon ausgegangen sei, dass sie positive Auswirkungen auf das Befinden der Schüler hätten, indem sie diese inspirierten und ihnen Hoffnung spendeten. Zudem erklärte der Lehrer, die Materialien hätten in keinem Zusammenhang mit seinem Spanisch-Unterricht gestanden.

Das erstinstanzliche Bezirksgericht legte seiner Entscheidung den Pickering-Connick-Standard zugrunde und gelangte in Rekurs auf die Entscheidung des Appellationsgerichts in *Boring* zu dem Schluss, dass die von dem Lehrer an das Schwarze Brett angebrachten Materialien *„curricular speech"* seien und allein aufgrund dieses Umstands keine Rede über Angelegenheiten von öffentlichem Interesse darstellten, sodass er nicht in seinem Recht auf freie Rede verletzt sei.[1241]

Das Appellationsgericht weist in seiner Entscheidung zunächst darauf hin, dass es den Pickering-Connick-Standard anwende,[1242] zumal der US-Supreme Court ausdrücklich nicht entschieden habe, ob *Garcetti* auch Äußerungen im

1240 Hierzu und im Folgenden Lee v. York Cnty. Sch. Div., 484 F.3d 687, 689–692 (4th Cir. 2007).

1241 Lee v. York Cnty. Sch. Div., 418 F.Supp.2d 816, 821–834 (E.D.Va. 2006).

1242 Lee v. York Cnty. Sch. Div., 484 F.3d 687, 693–694 (4th Cir. 2007) (quoting Connick v. Myers, 461 U.S. 138, 142 (1983) (quoting Pickering v. Bd. of Educ., 391 U.S. 563, 568 (1968)); Urofsky v. Gilmore, 216 F.3d 401, 406 (4th Cir. 2000)).

Rahmen von Lehrtätigkeiten erfasse.[1243] Es erklärt sogleich, dass die Rede des Lehrers in Form des Anbringens der Materialien keine Äußerung über öffentliche Angelegenheiten sei, da sie eine lehrplanmäßige, curriculare Rede darstelle, sodass die Interessenabwägung unterbleibe.[1244] Darauffolgend begründet das Gericht sein Ergebnis.[1245] In Rekurs auf seine Judikatur in *Boring* führt es aus, dass für die Prüfung, ob eine Lehreräußerung sich auf Angelegenheiten von öffentlichem Interesse beziehe, entscheidend sei, ob die Rede *„curricular speech"* darstelle.[1246] Zur Beantwortung dieser Frage sei wie in *Boring* auf die Definition des Begriffs des Curriculums in *Hazelwood* zurückzugreifen, die aus zwei Merkmalen bestehe.[1247] So sei *„curricular speech"* gegeben, wenn die Rede erstens als *„school-sponsored"* zu qualifizieren sowie zweitens vom Lehrpersonal beaufsichtigt und dazu gestaltet sei, den Schülern besondere Kenntnisse zu vermitteln.[1248]

Das Gericht fokussiert sodann die erste Voraussetzung und erklärt, eine Äußerung sei *„school sponsored"*, wenn sie derart eng mit der Schule verbunden sei, dass unter Berücksichtigung des Grades der schulischen Beteiligung an der Gestaltung oder Beaufsichtigung der Rede der Eindruck entstehe, dass die Schule sie fördere.[1249] Es subsumiert den ihm vorliegenden Sachverhalt unter diese Definition und führt aus, dass der Lehrer die Materialien nicht an ein eigenes, sondern an ein von der Schule bereitgestelltes Schwarzes Brett angebracht habe.[1250] Zudem habe die Schule Regelungen über die Gestaltung der Schwarzen Bretter aufgestellt, was keine der Parteien bestreite. Der Schuldirektor habe auch tatsächlich die Kontrolle über die Materialien der Schwarzen Bretter ausgeübt. Angesichts dieser Umstände könne bei Eltern und Schülern der Eindruck entstehen, dass die Materialien auf den Schwarzen Brettern mit

---

1243 Lee v. York Cnty. Sch. Div., 484 F.3d 687, 694–695 n.11 (4th Cir. 2007).

1244 Lee v. York Cnty. Sch. Div., 484 F.3d 687, 694 (4th Cir. 2007).

1245 Lee v. York Cnty. Sch. Div., 484 F.3d 687, 694–700 (4th Cir. 2007).

1246 Lee v. York Cnty. Sch. Div., 484 F.3d 687, 697 (4th Cir. 2007) (citing Boring v. Buncombe Cnty. Bd. of Educ., 136 F.3d 364, 368–369 (4th Cir. 1998)).

1247 Lee v. York Cnty. Sch. Div., 484 F.3d 687, 697 (4th Cir. 2007) (citing Boring v. Buncombe Cnty. Bd. of Educ., 136 F.3d 364, 368 (4th Cir. 1998)).

1248 Lee v. York Cnty. Sch. Div., 484 F.3d 687, 697 (4th Cir. 2007) (citing Hazelwood Sch. Dist. v. Kuhlmeier, 484 U.S. 260, 271 (1988)).

1249 Lee v. York Cnty. Sch. Div., 484 F.3d 687, 698 (4th Cir. 2007) (quoting Fleming v. Jefferson Cnty. Sch. Dist. R-1, 298 F.3d 918, 925 (10th Cir. 2002)).

1250 Hierzu und im Folgenden Lee v. York Cnty. Sch. Div., 484 F.3d 687, 698–699 (4th Cir. 2007).

der Schule in Verbindung stünden respektive von ihr gebilligt würden. Mithin habe das Anbringen der Materialien durch den Lehrer eine „*school-sponsored speech*“ dargestellt.

Daraufhin untersucht das Gericht, ob die zweite Voraussetzung erfüllt ist, und führt aus, dass die Gestaltung der Schwarzen Bretter in den Klassenräumen durch das Lehrpersonal erfolge, das als einzige Personengruppe dazu befugt sei.[1251] Außerdem habe der Schuldirektor die Gestaltung beaufsichtigt. Zwar sei der Lehrer, der darlege, die Materialien würden sich nicht auf seinen Spanisch-Unterricht beziehen, der Ansicht, dass der Begriff des Curriculums auf das klassische Unterrichtshandeln, die „*classroom instruction*“, beschränkt sei. Indes sei der Begriff umfassend zu verstehen. So fielen unter „*classroom speech*“ Äußerungen, die Kenntnisse vermittelten, indem sie eine spezifische Botschaft oder Information transportierten. Diese müsse sich nicht zwingend auf den jeweiligen Unterricht beziehen. Vielmehr könnten diese Äußerungen beispielsweise allgemein darauf gerichtet sein, soziale oder moralische Werte zu vermitteln. Im vorliegenden Fall habe der Lehrer erklärt, dass er unabhängig von seinem Spanisch-Unterricht für ein gutes Befinden der Schüler verantwortlich sei und die Materialien angebracht habe, um dieser Verantwortung nachzukommen. Er habe den Schülern besondere Kenntnisse vermitteln wollen, indem er intendiert habe, sie über die in den Materialien dargestellten Persönlichkeiten sowie ihre sozialen und religiösen Werte zu informieren. Folglich sei auch die zweite Voraussetzung erfüllt, sodass seine Rede „*curricular speech*“ darstelle. Damit handele es sich im vorliegenden Fall nicht um eine öffentliche, sondern eine rein dienstbezogene Angelegenheit, sodass die Rede des Lehrers nicht geschützt sei. Das Gericht bestätigt die Entscheidung der Vorinstanz.

cc) Unterrichtsgegenstände, -materialien und -methoden: Evans-Marshall v. Board of Education of Tipp City Exempted Village School District (6th Cir. 2010)

Im Jahr 2010 gelangte das Appellationsgericht im Sechsten Bundesgerichtskreis in seiner zweiten Entscheidung im Fall in *Evans-Marshall v. Board of Education of Tipp City Exempted Village School District*[1252] (*Evans-Marshall II*) zu dem Ergebnis, dass Lehrkräfte an primären und sekundären Schulen gemäß *Garcetti* kein verfassungsmäßiges Recht hätten, Unterrichtsgegenstände, -materialien

---

1251 Hierzu und im Folgenden Lee v. York Cnty. Sch. Div., 484 F.3d 687, 699–700 (4th Cir. 2007).

1252 Evans-Marshall v. Bd. of Educ. of Tipp City, 624 F.3d 332 (6th Cir. 2010).

sowie -methoden auszuwählen, um sie im Unterricht zu behandeln und einzusetzen.[1253] Im zugrunde liegenden Fall ging es um einen Streit unter anderem über die Auswahl von Büchern sowie den Einsatz von Lehrmethoden durch eine befristet angestellte Englisch-Lehrerin.[1254] So stieß ihre Auswahl mehrerer Bücher als Unterrichtsgegenstände auf Ablehnung aus den Reihen der Elternschaft. Des Weiteren händigte sie ihren Schülern eine Liste kontroverser Bücher aus und gab ihnen die Aufgabe zu recherchieren, warum diese umstritten seien, was ebenfalls zu Beschwerden von Eltern führte. Infolge der Ereignisse ergab sich zudem ein persönlicher Streit zwischen der Lehrerin und dem Schuldirektor. Letztlich entschied der Schulrat einstimmig, ihr Dienstverhältnis nicht zu verlängern, und begründete dies mit Problemen mit der Kommunikation und dem Teamwork. Die Lehrerin sah in der Maßnahme des Schulrates eine Vergeltungsmaßnahme für ihre pädagogischen Entscheidungen, behauptete eine Verletzung ihrer Redefreiheit und erhob Klage.

Der beklagte Schulrat stellte zunächst einen Antrag auf Abweisung des klägerischen Antrags („*Motion to Dismiss*").[1255] Das erstinstanzliche Bezirksgericht gab dem Antrag auf Abweisung nicht statt,[1256] dessen Ergebnis das Appellationsgericht im Jahr 2005 in *Evans-Marshall I*[1257] bestätigte, da die klägerischen Darlegungen der Lehrerin hinreichend substanziiert seien, mithin für eine mögliche Verletzung ihrer Redefreiheit sprächen.[1258] In Rekurs auf seine Entscheidung in *Cockrel* zog das Appellationsgericht den „*Mt. Healthy test*" heran[1259] und erklärte den Pickering-Connick-Standard für einschlägig.[1260] Es

---

1253 Evans-Marshall v. Bd. of Educ. of Tipp City, 624 F.3d 332, 334 (6th Cir. 2010) (quoting Garcetti v. Ceballos, 547 U.S. 410, 421 (2006)).

1254 Hierzu und im Folgenden Evans-Marshall v. Bd. of Educ. of Tipp City, 624 F.3d 332, 334–337 (6th Cir. 2010).

1255 Evans-Marshall v. Bd. of Educ. of Tipp City, 624 F.3d 332, 336–337 (6th Cir. 2010); Evans-Marshall v. Bd. of Educ. of Tipp City, 428 F.3d 223, 226 (6th Cir. 2005); Evans-Marshall v. Bd. of Educ. of Tipp City, No. 3:03CV091, 2004 WL 3584087, at*1 (S.D.Ohio Mar. 16, 2004).

1256 Evans-Marshall v. Bd. of Educ. of Tipp City, No. 3:03CV091, 2004 WL 3584087, at*1 (S.D.Ohio Mar. 16, 2004).

1257 Evans-Marshall v. Bd. of Educ. of Tipp City, 428 F.3d 223 (6th Cir. 2005).

1258 Evans-Marshall v. Bd. of Educ. of Tipp City, 428 F.3d 223, 226, 233 (6th Cir. 2005).

1259 Evans-Marshall v. Bd. of Educ. of Tipp City, 428 F.3d 223, 228 (6th Cir. 2005) (citing Cockrel v. Shelby Cnty. Sch. Dist., 270 F.3d 1036, 1048 (6th Cir. 2001)).

1260 Evans-Marshall v. Bd. of Educ. of Tipp City, 428 F.3d 223, 228–229 (6th Cir. 2005) (citing Pickering v. Bd. of Educ., 391 U.S. 563 (1968); Connick v. Myers, 461 U.S. 138 (1983)).

wies zunächst darauf hin, dass „*in-class speech*“ von Lehrkräften nicht vom Schutz der Redefreiheit ausgenommen sei, um sodann auszuführen, dass die Lehrtätigkeit eine Rede im Sinne des 1. Zusatzartikels der US-Verfassung darstelle.[1261]

Sodann stieg es in die Prüfung ein und führte aus, dass die Inhalte der ausgewählten Bücher respektive des Unterrichts der Lehrerin, unter anderem die Themen „*race and justice*“ und das der staatlichen Zensur, öffentliche Belange darstellten, sodass eine Rede über Angelegenheiten von öffentlichem Interesse vorliege.[1262] Daraufhin gelangte das Gericht zur Interessenabwägung nach *Pickering* und konstatierte, der Schulrat lege nicht dar, dass die Behauptung der Lehrerin, die Nichtverlängerung ihres Dienstverhältnisses stelle eine Vergeltungsmaßnahme für ihre pädagogischen Entscheidungen dar, ohne Substanz seien.[1263] Da die Lehrerin hingegen darlegen könne, dass ihre Auswahl von Büchern ursprünglich vonseiten der Schulleitung genehmigt worden sei und erste negative dienstliche Beurteilungen ihrer Vorgesetzten erst infolge der Beschwerden aus der Elternschaft erfolgt seien, würden ihre Interessen überwiegen.[1264] Schließlich seien auch die weiteren Anforderungen nach *Mt. Healthy* erfüllt, sodass unter Zugrundelegung der klägerischen Darlegungen davon ausgegangen werden könne, die pädagogischen Entscheidungen der Lehrerin seien von der Verfassung geschützt.[1265]

Im Jahr 2008 stellte der Schulrat bei dem Bezirksgericht schließlich einen Antrag auf ein „zusammenfassendes Urteil“ („*Motion for Summary Judgement*“).[1266] Diesen stützte er neben der klareren Tatsachenlage auf die geänderte Rechtslage infolge der Entscheidung des US-Supreme Court in *Garcetti* im Jahr 2006.[1267] Das Bezirksgericht lehnte die Anwendung von *Garcetti* ab, indem er die Entscheidung des Appellationsgerichts im Vierten Bundesgerichtskreis in

1261 Evans-Marshall v. Bd. of Educ. of Tipp City, 428 F.3d 223, 229–230 (6th Cir. 2005).

1262 Evans-Marshall v. Bd. of Educ. of Tipp City, 428 F.3d 223, 230–231 (6th Cir. 2005).

1263 Evans-Marshall v. Bd. of Educ. of Tipp City, 428 F.3d 223, 231 (6th Cir. 2005) (quoting Hishon v. King & Spalding, 467 U.S: 69, 73 (1984)).

1264 Evans-Marshall v. Bd. of Educ. of Tipp City, 428 F.3d 223, 231–232 (6th Cir. 2005).

1265 Evans-Marshall v. Bd. of Educ. of Tipp City, 428 F.3d 223, 232–233 (6th Cir. 2005).

1266 Evans-Marshall v. Bd. of Educ. of Tipp City, 624 F.3d 332, 337 (6th Cir. 2010); Evans-Marshall v. Bd. of Educ. of Tipp City, No. 3:03CV091, 2008 WL 2987174, at*1 (S.D.Ohio July 30, 2008).

1267 Evans-Marshall v. Bd. of Educ. of Tipp City, 624 F.3d 332, 337 (6th Cir. 2010); Evans-Marshall v. Bd. of Educ. of Tipp City, No. 3:03CV091, 2008 WL 2987174, at*1 (S.D.Ohio July 30, 2008).

Lee zitierte und dessen Begründung folgte.[1268] Zwar entschied er die Interessenabwägung nach *Pickering* zugunsten der Lehrerin.[1269] Gleichwohl gab das Bezirksgericht dem Schulrat Recht, da die Lehrerin nicht habe hinreichend darlegen können, dass die Maßnahme der Nichtverlängerung ihres Dienstverhältnisses in einem Zusammenhang mit ihren pädagogischen Entscheidungen gestanden habe.[1270]

In *Evans-Marshall II* zieht das Appellationsgericht wiederum den „*Mt. Healthy test*" heran[1271] und erklärt zunächst, dass im vorliegenden Fall die Doktrin zur Redefreiheit öffentlich Beschäftigter nach *Garcetti* einschlägig sei.[1272] Demnach müsse ein Kläger darlegen, dass alle drei Bedingungen für den Schutz seiner Rede nach *Connick*, *Pickering* sowie *Garcetti* erfüllt seien.[1273] Während die erstgenannten beiden Bedingungen vorliegend gegeben seien, gelte dies nicht für die letztgenannte.[1274] So erfülle „*curricular speech*" regelmäßig das Tatbestandsmerkmal einer Rede zu öffentlichen Angelegenheiten, zumal es nicht vorstellbar sei, dass eine Lehrkraft, die ihre Schüler darauf vorbereiten solle, ihre Verantwortung in der Gesellschaft zu übernehmen, dieser Aufgabe nachkomme, ohne Themen von öffentlicher Relevanz zu behandeln.[1275] Ferner führt das Gericht aus, dass auch der „*Pickering balancing test*" wie in *Evans-Marshall I* zugunsten der Lehrerin ausgehe.[1276] Im Gegensatz zur Vorinstanz gelangt es überdies zu dem Ergebnis, dass die Lehrerin auch darlegen

1268 Evans-Marshall v. Bd. of Educ. of Tipp City, No. 3:03CV091, 2008 WL 2987174, at*8 (S.D.Ohio July 30, 2008) (quoting Lee v. York Cnty. Sch. Div., 484 F.3d 687, 695 n.11 (4th Cir. 2007)).

1269 Evans-Marshall v. Bd. of Educ. of Tipp City, No. 3:03CV091, 2008 WL 2987174, at*13–15 (S.D.Ohio July 30, 2008).

1270 Evans-Marshall v. Bd. of Educ. of Tipp City, No. 3:03CV091, 2008 WL 2987174, at*15–17 (S.D.Ohio July 30, 2008).

1271 Evans-Marshall v. Bd. of Educ. of Tipp City, 624 F.3d 332, 337 (6th Cir. 2010) (citing Mt. Healthy City Sch. Dist. Bd. of Educ. v. Doyle, 429 U.S. 274, 287 (1977); Bloch v. Ribar, 156 F.3d 673, 678 (6th Cir. 1998)).

1272 Evans-Marshall v. Bd. of Educ. of Tipp City, 624 F.3d 332, 337–338 (6th Cir. 2010) (quoting Connick v. Myers, 461 U.S. 138, 143, 146 (1983); Pickering v. Bd. of Educ., 391 U.S. 563, 568, 572–573 (1968); Garcetti v. Ceballos, 547 U.S. 410, 421 (2006)).

1273 Evans-Marshall v. Bd. of Educ. of Tipp City, 624 F.3d 332, 338 (6th Cir. 2010).

1274 Evans-Marshall v. Bd. of Educ. of Tipp City, 624 F.3d 332, 338 (6th Cir. 2010).

1275 Evans-Marshall v. Bd. of Educ. of Tipp City, 624 F.3d 332, 339 (6th Cir. 2010) (quoting Hardy v. Jefferson Community Coll., 260 F.3d 671, 679 (6th Cir. 2001)).

1276 Evans-Marshall v. Bd. of Educ. of Tipp City, 624 F.3d 332, 339 (6th Cir. 2010).

könne, dass ihr Dienstverhältnis aufgrund ihrer pädagogischen Entscheidungen nicht verlängert worden sei.[1277] Indes seien die Beweggründe des Schulrates, die Interessenabwägung nach *Pickering* sowie die Prüfung nach *Connick* unbeachtlich, wenn die Lehrerin wie im vorliegenden Fall nicht in ihrer Rolle als Bürgerin handele, da ihre lehrplanmäßigen und pädagogischen Entscheidungen in Verbindung mit ihren dienstlichen Pflichten stünden, was sie selbst nicht bestreite.[1278]

Das Gericht führt aus, dass ausschließlich dem Schulrat die grundlegende Verantwortung für das Unterrichtsgeschehen zukomme und er angesichts dessen über die Kompetenz verfüge, zu bestimmen, was Lehrkräfte lehrten.[1279] Wenn es darum gehe, den Englischunterricht zu gestalten, handele die Lehrkraft nicht sowohl als Beschäftigte als auch als Bürgerin, wie der Unterschied zwischen der Rede der Lehrerin im vorliegenden Fall und der Äußerung des Lehrers in *Pickering* veranschauliche. So werde die Lehrerin für das Unterrichten bezahlt, welches ihr nur aufgrund ihrer Anstellung durch den Schulrat möglich sei, wohingegen *Marvin L. Pickering* seine Rede in seiner Freizeit und in seinem eigenen Namen geäußert habe. Es bestehe keine nennenswerte Analogie zwischen der „*curricular speech*" der Lehrerin und einer Rede eines jeden anderen Bürgers.[1280] Das Gericht weist ferner darauf hin, dass das Recht des Bundesstaates Ohio im Einklang mit dem 1. Zusatzartikel der US-Verfassung dem gewählten, von der Wählerschaft kontrollierten und gegenüber ihr rechenschaftspflichtigen Schulrat die Kompetenz verleihe, den Lehrplan zu bestimmen.[1281]

Daraufhin fokussiert es die Frage, zu welchen Folgen eine gegensätzliche Auffassung führen könnte, und führt aus, dass, wenn alle Lehrkräfte ein verfassungsmäßiges Recht hätten, das Curriculum zu bestimmen, im Falle von unterschiedlichen Meinungen in der Lehrerschaft unklar wäre, wessen Recht auf freie Rede sich durchsetzen würde.[1282] Dies laufe auf eine permanente

---

1277 Evans-Marshall v. Bd. of Educ. of Tipp City, 624 F.3d 332, 339–340 (6th Cir. 2010).

1278 Evans-Marshall v. Bd. of Educ. of Tipp City, 624 F.3d 332, 340 (6th Cir. 2010) (quoting Garcetti v. Ceballos, 547 U.S. 410, 421 (2006)).

1279 Hierzu und im Folgenden Evans-Marshall v. Bd. of Educ. of Tipp City, 624 F.3d 332, 340 (6th Cir. 2010).

1280 Evans-Marshall v. Bd. of Educ. of Tipp City, 624 F.3d 332, 340–341 (6th Cir. 2010) (quoting Garcetti v. Ceballos, 547 U.S. 410, 424 (2006)).

1281 Evans-Marshall v. Bd. of Educ. of Tipp City, 624 F.3d 332, 341 (6th Cir. 2010).

1282 Evans-Marshall v. Bd. of Educ. of Tipp City, 624 F.3d 332, 341 (6th Cir. 2010).

Kontrolle der Handlungen der Verwaltung durch die Judikative[1283] sowie auf verfassungsmäßige Pattsituationen hinaus.[1284] Es ergäbe sich das Problem, dass in jeder dienstbezogenen Maßnahme des Dienstherrn eine Beeinträchtigung der freien Rede der Lehrkraft gesehen werden könnte. Angesichts der Vielfalt an Ansichten hinsichtlich der Gestaltung des Curriculums würden gerichtliche Entscheidungen über lehrplanbezogene Fragen nicht nur die Mitglieder des Schulbezirks entrechten, sondern auch zu Problemen der gerichtlichen Zuständigkeiten führen. Die zentrale Erkenntnis von *Garcetti* sei, dass der 1. Zusatzartikel der US-Verfassung die dargestellten Probleme nicht löse, was insbesondere im Kontext des öffentlichen Bildungswesens gelte. Nicht zuletzt konstatiert das Gericht, dass der Umstand, Schüler seien als *„captive audience"* der Gefahr der Indoktrination ausgesetzt, für seine Rechtsauffassung spreche.[1285]

Sodann zählt das Gericht Entscheidungen anderer Appellationsgerichte auf und konstatiert, dass diese allesamt seine Ansicht, pädagogische Entscheidungen von Lehrkräften seien kategorisch von dem Schutz der Verfassung ausgenommen, vertreten würden.[1286] So führt es unter anderem die Entscheidung des Appellationsgerichts im Siebten Bundesgerichtskreis in *Mayer* an, das entschieden habe, dass lehrplanbezogene und pädagogische Entscheidungen von Lehrkräften nicht von der Redefreiheit umfasst seien.[1287] Des Weiteren geht das Gericht auf die Entscheidung des Appellationsgerichts im Vierten Bundesgerichtskreis in *Lee* ein und konstatiert, dass, wenngleich dieses unterlassen habe, *Garcetti* auf *„in-class speech"* anzuwenden, es jedenfalls unter Zugrundelegung von *Connick* entschieden habe, dass die Rede von Lehrkräften im Schulunterricht das Tatbestandsmerkmal einer Rede zu Angelegenheiten von öffentlichem Interesse nicht erfülle, wenn sie lehrplanbezogen sei.[1288]

1283 Evans-Marshall v. Bd. of Educ. of Tipp City, 624 F.3d 332, 340–341 (6th Cir. 2010) (quoting Garcetti v. Ceballos, 547 U.S. 410, 423 (2006)).

1284 Hierzu und im Folgenden Evans-Marshall v. Bd. of Educ. of Tipp City, 624 F.3d 332, 341–342 (6th Cir. 2010).

1285 Evans-Marshall v. Bd. of Educ. of Tipp City, 624 F.3d 332, 342 (6th Cir. 2010) (quoting Mayer v. Monroe Cnty. Cmty. Sch. Corp., 474 F.3d 477, 479–480 (7th Cir. 2007)).

1286 Evans-Marshall v. Bd. of Educ. of Tipp City, 624 F.3d 332, 342–343 (6th Cir. 2010) m.w.N.

1287 Evans-Marshall v. Bd. of Educ. of Tipp City, 624 F.3d 332, 342 (6th Cir. 2010) (citing Mayer v. Monroe Cnty. Cmty. Sch. Corp., 474 F.3d 477, 480 (7th Cir. 2007)).

1288 Evans-Marshall v. Bd. of Educ. of Tipp City, 624 F.3d 332, 342 (6th Cir. 2010) (citing Lee v. York Cnty. Sch. Div., 484 F.3d 687, 694 n.11, 695, 697 (4th Cir. 2007)).

Zudem weist das Gericht darauf hin, dass seine Auffassung nicht im Widerspruch zu seiner Judikatur in der Entscheidung in *Cockrel* stehe, in der es entschieden habe, dass Lehreräußerungen solche über öffentliche Angelegenheiten seien und die Interessenabwägung im Einzelfall zugunsten der jeweiligen Lehrkraft ausgehen könne.[1289] Denn in seinen früheren Entscheidungen habe es sich nicht mit der Rechtslage nach *Garcetti* befassen können.[1290] Schließlich erklärt das Gericht, dass der Umstand, der US-Supreme Court habe die Frage offengelassen, ob *Garcetti* im Kontext der Wissenschaftsfreiheit anwendbar sei, nicht gegen die Einschlägigkeit im vorliegenden Fall spreche, zumal die in dem betreffenden Minderheitenvotum geforderte Ausnahme sich lediglich auf die Rede von Lehrkräften an öffentlichen Hochschulen beziehe.[1291] Jedenfalls sei die akademische Freiheit kein Recht der einzelnen Lehrkraft, sondern das Recht der Bildungseinrichtung als Institution.[1292] Das Appellationsgericht bestätigt die Entscheidung der Vorinstanz.[1293]

dd) Auswertung

In den Entscheidungen in *Mayer* und *Evans-Marshall II* begründen die Appellationsgerichte die dogmatische Einschlägigkeit von *Garcetti* nicht eingehend. Vielmehr legen sie ihren rechtlichen Ausführungen schlicht die Prämisse zugrunde, dass das Judikat als neuer Bestandteil der Doktrin zur Redefreiheit öffentlich Beschäftigter selbstredend auf die Rede von Lehrkräften anzuwenden ist. Das Appellationsgericht im Siebten Bundesgerichtskreis erklärt insbesondere nicht, warum es seine Rechtsprechung der Anwendung des Hazelwood-Standards aufgibt.[1294]

Im Hinblick auf die Frage nach einer Ausnahme für Äußerungen im Lehrkontext verweist das Appellationsgericht in *Mayer* ebenso wie das Gericht in *Lee*, das die Heranziehung von *Garcetti* ablehnt, lediglich auf den Umstand,

---

1289 Evans-Marshall v. Bd. of Educ. of Tipp City, 624 F.3d 332, 343 (6th Cir. 2010).

1290 Evans-Marshall v. Bd. of Educ. of Tipp City, 624 F.3d 332, 343 (6th Cir. 2010).

1291 Evans-Marshall v. Bd. of Educ. of Tipp City, 624 F.3d 332, 343–344 (6th Cir. 2010) (quoting Garcetti v. Ceballos, 547 U.S. 410, 438 (2006) (Souter, J., dissenting)) m.w.N.

1292 Evans-Marshall v. Bd. of Educ. of Tipp City, 624 F.3d 332, 344 (6th Cir. 2010) (quoting Borden v. Sch. Dist. of Twp. of E. Brunswick, 523 F.3d 153, 172 n.14 (3rd Cir. 2008)) m.w.N.

1293 Evans-Marshall v. Bd. of Educ. of Tipp City, 624 F.3d 332, 344 (6th Cir. 2010).

1294 *Waldman*, Fla. L. Rev. 60 (2008), S. 63 (79).

dass der US-Supreme Court diese Frage ausdrücklich nicht beantwortete.[1295] Während das Gericht in *Evans-Marshall II* die potenzielle Ausnahme in den Kontext der akademischen Freiheit rückt und darlegt, warum diese seiner Ansicht nach im Schulkontext nicht einschlägig ist,[1296] unterlässt das Gericht in *Mayer* zu erörtern, ob eine Ausnahme denkbar sein könnte. Angesichts dessen, dass es im Gegensatz zum US-Supreme Court über „*in-class speech*" zu befinden hatte und dieser die Frage nach einer möglichen Ausnahme mit der Begründung offenließ, er befasse sich nicht mit einer Äußerung im Lehrkontext,[1297] ist die fehlende Auseinandersetzung des Gerichts mit diesem Problem unbefriedigend. Das Appellationsgericht in *Lee* lehnt die Anwendung von *Garcetti* zwar ab, erwähnt freilich an keiner Stelle denkbare Implikationen der akademischen Freiheit.[1298] Vielmehr unterlässt es wie das Gericht in *Mayer* eine vertiefte argumentative Auseinandersetzung.[1299]

In der Entscheidung in *Mayer* stellt das Gericht hinsichtlich der (verfassungs-)rechtlichen Bewertung der Meinungsäußerung der Lehrerin nicht vordergründig auf mögliche entgegenstehende Rechte der schulpflichtigen Lernenden oder ihrer Eltern ab. Vielmehr weist es hauptsächlich darauf hin, dass nicht das Äußern der eigenen Meinung, sondern die neutrale Darstellung sämtlicher Standpunkte zu dem Thema der Irak-Politik zu den vom Schulrat zugewiesenen Aufgaben der Lehrerin gehörte.[1300] Das Appellationsgericht knüpft zur Begründung der Rechtswidrigkeit des Verhaltens der Lehrerin mithin an die Vorgaben des Schulrates für die Unterrichtsgestaltung an.[1301] Anhand dessen tritt zutage, dass es dem Schulrat eine umfassende Gestaltungsmacht

---

1295 Vgl. Lee v. York Cnty. Sch. Div., 484 F.3d 687, 694–695 n.11 (4th Cir. 2007); Mayer v. Monroe Cnty. Cmty. Sch. Corp., 474 F.3d 477, 480 (7th Cir. 2007); vgl. hierzu auch Brown v. Chicago Bd. of Educ., 824 F.3d 713, 716 (7th Cir. 2016) (citing Lee v. York Cnty. Sch. Div., 484 F.3d 687, 694 n.11 (4th Cir. 2007)).

1296 Vgl. Evans-Marshall v. Bd. of Educ. of Tipp City, 624 F.3d 332, 343–344 (6th Cir. 2010) (quoting Garcetti v. Ceballos, 547 U.S. 410, 438 (2006) (Souter, J., dissenting)) m.w.N.

1297 Vgl. Garcetti v. Ceballos, 547 U.S. 410, 425–426 (2006).

1298 Vgl. Brown v. Chicago Bd. of Educ., 824 F.3d 713, 716 (7th Cir. 2016) (citing Lee v. York Cnty. Sch. Div., 484 F.3d 687, 694 n.11 (4th Cir. 2007)).

1299 Vgl. Brown v. Chicago Bd. of Educ., 824 F.3d 713, 716 (7th Cir. 2016) (citing Lee v. York Cnty. Sch. Div., 484 F.3d 687, 694 n.11 (4th Cir. 2007)).

1300 Vgl. Mayer v. Monroe Cnty. Cmty. Sch. Corp., 474 F.3d 477, 479–480 (7th Cir. 2007).

1301 *Lester*, Ala. L. Rev. 62 (2011), S. 663 (672).

zuweist.[1302] Daraus, dass das Gericht bei der Gegenüberstellung des vorliegenden Sachverhalts mit dem in *Piggee* differenziert, ob die konkrete Rede die Aufgabe der Lehrkraft darstellt oder sie bloß bei Gelegenheit geäußert wurde,[1303] könnte man schließen, dass es nicht jedwede „*in-class speech*", sondern lediglich lehrplanbezogene Äußerungen unter die Rede „entsprechend ihren dienstlichen Pflichten" subsumiert,[1304] das bloße Vorliegen des Unterrichtskontextes mithin nicht von ausschlaggebender Bedeutung für seine Interpretation von *Garcetti* ist.[1305]

Im Gegensatz zu den Appellationsgerichten in *Mayer* und *Evans-Marshall II* unterlässt das Gericht in *Lee* die Anwendung von *Garcetti*.[1306] In Rekurs auf seine Judikatur in *Boring* konstatiert das Gericht, dass „*curricular speech*" keinesfalls eine Rede zu öffentlichen Angelegenheiten sein kann.[1307] Im Rahmen der Bestimmung des Begriffs der curricularen Rede in Rekurs auf *Hazelwood* verleiht das Gericht der Begriffsdefinition Konturen, indem es ihre beiden Voraussetzungen konkretisiert.[1308] In diesem Zusammenhang erklärt es, dass „*in-class speech*" nicht auf „*classroom instruction*", den spezifischen, fachbezogenen Unterricht im engeren Sinne, beschränkt ist.[1309]

Im Gegensatz zum Bezirksgericht, das die Argumentation des Appellationsgerichts im Vierten Bundesgerichtskreis in *Lee* übernimmt,[1310] lehnt das Appellationsgericht in *Evans-Marshall II* die Annahme einer Ausnahme für

---

1302 *Bauries*, Educ. L. & Pol'y Rev. 2 (2015), S. 88 (108); *Waldman*, Fla. L. Rev. 60 (2008), S. 63 (78 f.).

1303 Vgl. Mayer v. Monroe Cnty. Cmty. Sch. Corp., 474 F.3d 477, 480 (7th Cir. 2007).

1304 *Bauries/Schach*, West's Educ. L. Rep. 262 (2011), S. 357 (402).

1305 Indes erklärt das Appellationsgericht in seiner späteren Entscheidung in *Brown*, dass das Abweichen vom offiziellen Lehrplan nichts daran ändere, dass eine Rede, die im Unterrichtskontext geäußert werde, entsprechend den dienstlichen Pflichten geäußert werde, siehe Brown v. Chicago Bd. of Educ., 824 F.3d 713, 715 (7th Cir. 2016).

1306 Vgl. Lee v. York Cnty. Sch. Div., 484 F.3d 687, 694–695 n.11 (4th Cir. 2007).

1307 Vgl. Lee v. York Cnty. Sch. Div., 484 F.3d 687, 697 (4th Cir. 2007) (citing Boring v. Buncombe Cnty. Bd. of Educ., 136 F.3d 364, 368–369 (4th Cir. 1998)).

1308 Vgl. Lee v. York Cnty. Sch. Div., 484 F.3d 687, 697–700 (4th Cir. 2007).

1309 Vgl. Lee v. York Cnty. Sch. Div., 484 F.3d 687, 699–700 (4th Cir. 2007).

1310 Vgl. Evans-Marshall v. Bd. of Educ. of Tipp City, No. 3:03CV091, 2008 WL 2987174, at*8 (S.D.Ohio July 30, 2008) (quoting Lee v. York Cnty. Sch. Div., 484 F.3d 687, 695 n.11 (4th Cir. 2007)).

Lehräußerungen ab.[1311] Das Gericht, das die Ausnahme von Lehräußerungen vor dem Hintergrund der akademischen Freiheit betrachtet und die Auffassung teilt, sie sei lediglich ein Recht der jeweiligen Institution,[1312] weist überdies darauf hin, dass sie kein Recht der Lehrkräfte darstelle, jedenfalls nicht derer an primären und sekundären Schulen.[1313] Während es in *Evans-Marshall I* die Ansicht vertritt, dass *„in-class speech"* nicht vom Schutz des 1. Zusatzartikels der US-Verfassung ausgeschlossen ist,[1314] gelangt es post-*Garcetti* zu dem gegenteiligen Ergebnis, jedenfalls, wenn die Rede im Schulunterricht *„curricular speech"* darstellt, mithin lehrplanbezogen ist.[1315] Wenngleich das Gericht konstatiert, diese könne sich auf öffentliche Angelegenheiten beziehen, erklärt es, dieser Umstand sei unbeachtlich, da lehrplanbezogene Äußerungen von Lehrkräften infolge von *Garcetti* nunmehr kategorisch vom Schutz des 1. Zusatzartikels der US-Verfassung ausgenommen seien.[1316]

Im Ergebnis gelangen alle drei Appellationsgerichte zu einem kategorischen Ausschluss der lehrplanbezogenen *„curricular speech"*.[1317] Sie weisen allesamt dem Schulrat eine umfassende und unbeschränkte Kompetenz zur pädagogischen Gestaltung des Unterrichts zu.[1318] Dementsprechend besteht kein der Lehrkraft eigener rechtlicher Freiraum pädagogischen Handelns.[1319]

1311 Vgl. Evans-Marshall v. Bd. of Educ. of Tipp City, 624 F.3d 332, 343–344 (6th Cir. 2010) (quoting Garcetti v. Ceballos, 547 U.S. 410, 438 (2006) (Souter, J., dissenting)).

1312 Vgl. Evans-Marshall v. Bd. of Educ. of Tipp City, 624 F.3d 332, 343–344 (6th Cir. 2010) m.w.N.

1313 Vgl. Evans-Marshall v. Bd. of Educ. of Tipp City, 624 F.3d 332, 344 (6th Cir. 2010) m.w.N.

1314 Vgl. Evans-Marshall v. Bd. of Educ. of Tipp City, 428 F.3d 223, 229–230 (6th Cir. 2005).

1315 Vgl. Evans-Marshall v. Bd. of Educ. of Tipp City, 624 F.3d 332, 343 (6th Cir. 2010).

1316 Vgl. Evans-Marshall v. Bd. of Educ. of Tipp City, 624 F.3d 332, 343 (6th Cir. 2010).

1317 Vgl. bezüglich der Garcetti-Rechtsprechung zur Redefreiheit von Lehrkräften im Schulunterricht insgesamt *Bauries*, Educ. L. & Pol'y Rev. 2 (2015), S. 88 (89 u. 106 f.); *Brownstein*, U.C. Davis L. Rev. 42 (2009), S. 717 (739); *Cooley*, Baylor L. Rev. 66 (2014), S. 235 (275); *Hutchens*, Ky. L.J. 97 (2008), S. 37 (71); *McCarthy/Eckes*, B.U. Pub. Int. L.J. 17 (2008), S. 209 (225); *Schoen*, Hastings Const. L.Q. 2016, S. 537 (548) m.w.N.; *Strasser*, Brook. L. Rev. 83 (2018), S. 579 (602) m.w.N.

1318 Vgl. *Bauries*, Educ. L. & Pol'y Rev. 2 (2015), S. 88 (108 f.); *Bowman*, Wake Forest L. Rev. 48 (2013), S. 211 (260).

1319 *Bauries*, Educ. L. & Pol'y Rev. 2 (2015), S. 88 (108 f.); *Wohl*, Am. U. L. Rev. 58 (2009), S. 1285 (1307).

Die Gerichte begründen die verfassungsmäßige Angemessenheit dieser Gestaltungsmacht, indem sie auf eine potenzielle Gefahr der Indoktrination der schulpflichtigen Schüler durch Lehrkräfte hinweisen.[1320] Zudem verweist das Gericht in *Evans-Marshall II* auf die Entscheidungsbegründung des US-Supreme Court in *Garcetti*, indem es in Rekurs auf die Prinzipien der Gewaltenteilung, des Föderalismus und der demokratischen Kontrolle sowie mit Verweis auf hypothetische verfassungsrechtliche Pattsituationen im Hinblick auf die Rechtssicherheit eine etwaige Aufsicht der Judikative über die Schulbezirke als Selbstverwaltungseinheiten zu vermeiden sucht.[1321]

Zudem bedienen sich die beiden Appellationsgerichte, die *Garcetti* anwenden, im Rahmen der Auslegung des Tatbestandsmerkmals „entsprechend ihren dienstlichen Pflichten" der Ansätze der allgemeinen Garcetti-Rechtsprechung in den Bundesgerichtskreisen. So verweisen beide Gerichte bei der Bestimmung der jeweiligen dienstlichen Pflichten darauf, dass die jeweilige Lehrkraft für die streitgegenständliche Rede respektive Lehrtätigkeit entlohnt wird.[1322] Das Gericht in *Evans-Marshall II* stellt überdies auf den Konnex zwischen der Existenz der Lehrtätigkeit und dem Dienstverhältnis sowie in Abgrenzung zu *Pickering* darauf ab, dass im Falle des Unterrichtens an einer öffentlichen Schule keine „*citizen analogue*" denkbar ist.[1323] In Anbetracht des Umstands, dass die Gerichte im Rahmen der Prüfung der Dienstbezogenheit der jeweiligen Rede untersuchen, ob diese lehrplanbezogen ist, ist zudem zu konstatieren, dass der Lehrplan zwar nicht ausdrücklich, jedoch implizit als eine formale Tätigkeitsbeschreibung für die dienstliche Tätigkeit der Lehrkraft herangezogen wird.[1324]

1320 Hierzu *Hutchens*, Ky. L.J. 97 (2008), S. 37 (72–74); vgl. Evans-Marshall v. Bd. of Educ. of Tipp City, 624 F.3d 332, 342 (6th Cir. 2010) (quoting Mayer v. Monroe Cnty. Cmty. Sch. Corp., 474 F.3d 477, 479–480 (7th Cir. 2007)); Mayer v. Monroe Cnty. Cmty. Sch. Corp., 474 F.3d 477, 479–480 (7th Cir. 2007).

1321 Vgl. Evans-Marshall v. Bd. of Educ. of Tipp City, 624 F.3d 332, 340–342 (6th Cir. 2010) (quoting Garcetti v. Ceballos, 547 U.S. 410, 423 (2006)).

1322 Vgl. Evans-Marshall v. Bd. of Educ. of Tipp City, 624 F.3d 332, 340 (6th Cir. 2010); Mayer v. Monroe Cnty. Cmty. Sch. Corp., 474 F.3d 477, 479 (7th Cir. 2007).

1323 Vgl. Evans-Marshall v. Bd. of Educ. of Tipp City, 624 F.3d 332, 340–341 (6th Cir. 2010) (quoting Garcetti v. Ceballos, 547 U.S. 410, 424 (2006)).

1324 Vgl. beispielsweise Hernandez v. Cook Cnty. Sheriff's Office, 634 F.3d 906, 915–916 (7th Cir. 2011); Rohrbough v. Univ. of Colo. Hosp. Auth., 596 F.3d 741, 748–749 (10th Cir. 2010); Fairley v. Andrews, 578 F.3d 518, 522 (7th Cir. 2009); vgl. hierzu auch *Keenan*, Notre Dame L. Rev. 87 (2011), S. 841 (853 f. mit Fn. 93) m.w.N.

d) Gesamtschau und Schlussfolgerungen

Während die Appellationsgerichte, die die Doktrin zur Redefreiheit öffentlich Beschäftigter anwenden, zwecks Begründung der Einschlägigkeit der betreffenden Präjudizien auf die Rolle der Lehrkraft als öffentlich Beschäftigte abstellen,[1325] verweisen die Appellationsgerichte, die den Hazelwood-Standard heranziehen, auf das Vorliegen des Schul- respektive Unterrichtskontextes.[1326] Indem die den Pickering-Connick-Standard heranziehenden Gerichte entweder der lehrplanbezogenen Rede den Schutz des 1. Zusatzartikels der US-Verfassung kategorisch versagen oder auf der Ebene von *Connick* untersuchen, ob das Thema der Rede der Lehrkraft sich auf eine öffentliche oder private Angelegenheit bezieht, stellen sie ebenso wie die Gerichte, die gemäß *Garcetti* den Zusammenhang zwischen Rede und Dienstpflichten fokussieren, auf die Natur der Rede ab.[1327] So klassifiziert das Gericht in *Lee* die Materialien am Schwarzen Brett aufgrund ihrer curricularen Natur nicht als Rede über öffentliche Angelegenheiten.[1328] Ebenso wird dieser Umstand an den Ausführungen der Appellationsgerichte in *Mayer* und *Evans-Marshall II* deutlich, die der allgemeinen Garcetti-Rechtsprechung entsprechend unter anderem untersuchen, ob es sich um eine Rede handelt, für welche die Lehrkraft entlohnt wird,[1329] oder ob eine „*citizen analogue*" denkbar ist.[1330] Demgegenüber prüfen die Gerichte, die die Judikatur zur Redefreiheit von Schülern anwenden, ob die beschränkende Maßnahme auf legitimen pädagogischen Erwägungen basiert, stellen mithin auf die Zweckmäßigkeit der Einschränkung ab.[1331]

Sowohl bei der Prüfung des Vorliegens legitimer pädagogischer Belange nach *Hazelwood* als auch bei der Interessenabwägung nach *Pickering* untersuchen die Appellationsgerichte, ob eine Störung des schulischen Betriebs

---

1325 Hierzu *Krebs*, Vand. L. Rev. 75 (2022), S. 1925 (1940).

1326 *Daly*, J.L. & Educ. 30 (2001), S. 1 (17 f.); vgl. bezüglich der Doktrin zur Redefreiheit öffentlich Beschäftigter auch *Kleinbrodt*, Mich. L. Rev. 112 (2013), S. 111 (119); vgl. bezüglich des Hazelwood-Standards auch *Waldman*, Fla. L. Rev. 60 (2008), S. 63 (66 u. 73 f.).

1327 *Daly*, J.L. & Educ. 30 (2001), S. 1 (17); *Kleinbrodt*, Mich. L. Rev. 112 (2013), S. 111 (119).

1328 Vgl. Lee v. York Cnty. Sch. Div., 484 F.3d 687, 694 (4th Cir. 2007).

1329 Vgl. Evans-Marshall v. Bd. of Educ. of Tipp City, 624 F.3d 332, 340 (6th Cir. 2010); Mayer v. Monroe Cnty. Cmty. Sch. Corp., 474 F.3d 477, 479 (7th Cir. 2007).

1330 Vgl. Evans-Marshall v. Bd. of Educ. of Tipp City, 624 F.3d 332, 340–341 (6th Cir. 2010) (quoting Garcetti v. Ceballos, 547 U.S. 410, 424 (2006)).

1331 *Daly*, J.L. & Educ. 30 (2001), S. 1 (17).

respektive des Schulfriedens gegeben ist, sodass diesbezüglich eine Parallele zwischen dem „*Pickering balancing test*“ und dem „*substantial disruption test*“ nach *Tinker* auszumachen ist,[1332] dessen Zielrichtung der Vermeidung von Störungen erst recht bei der Prüfung legitimer pädagogischer Interessen nach (*Tinker-*)*Hazelwood* besteht.[1333] Des Weiteren stellen beide dogmatische Ansätze auf die Erfüllung der Dienstpflichten der Lehrkraft ab, indem sie die Gewährleistung der schulischen Bildungs- und Erziehungsarbeit intendieren.[1334] In diesem Zusammenhang konkretisieren die den Hazelwood-Standard heranziehenden Gerichte in *Ward* und *Silano* die Anforderungen an die Unterrichtsgestaltung, indem sie erklären, dass bestimmte Gesichtspunkte, namentlich Alter und Reifegrad der Lernenden, der Zusammenhang zwischen Lehrmethode und Bildungsziel sowie der Unterrichtskontext, berücksichtigt werden müssen.[1335]

Überdies ist sämtlichen dogmatischen Ansätzen gemein, dass nach ihnen zwar zu prüfen ist, ob auf der Ebene des Tatbestands eine Einschränkung der Rede der Lehrkraft verfassungsmäßig ist, gleichwohl nicht, ob die konkrete (Sanktions-)Maßnahme angemessen ist.[1336] So werden die Maßnahmen in den dargestellten Entscheidungen, die von der Entfernung von Materialien an einem Schwarzen Brett[1337] über die Versetzung der Lehrkraft[1338] bis

---

1332 *Kozel*, Nw. U. L. Rev. 99 (2005), S. 1007 (1018 f.); *Secunda*, U.C. Davis L. Rev. 40 (2006), S. 85 (122 f. mit Fn. 184).

1333 Vgl. Hazelwood Sch. Dist. v. Kuhlmeier, 484 U.S. 260, 283–284 (1988) (Brennan, J., dissenting); vgl. auch *Waldman*, Fla. L. Rev. 60 (2008), S. 63 (98) m.w.N.

1334 Vgl. hinsichtlich des Pickering-Connick-Standards beispielsweise Pickering v. Bd. of Educ., 391 U.S. 563, 570–573 (1968); Rankin v. McPherson, 483 U.S. 378, 388 (1987) (citing Pickering v. Bd. of Educ., 391 U.S. 563, 570–573 (1968)); Cockrel v. Shelby Cnty. Sch. Dist., 270 F.3d 1036, 1053–1055 (6th Cir. 2001) m.w.N.; vgl. hinsichtlich des Hazelwood-Standards etwa Hazelwood Sch. Dist. v. Kuhlmeier, 484 U.S. 260, 271–272 (1988) (quoting Bethel Sch. Dist. No. 403 v. Fraser, 478 U.S. 675, 683 (1986)); Lacks v. Ferguson Reorganized Sch. Dist. R-2, 147 F.3d 718, 724 (8th Cir. 1998) (quoting Bethel Sch. Dist. No. 403 v. Fraser, 478 U.S. 675, 683 (1986)); Silano v. Sag Harbor Union Free Sch. Dist. Bd. of Educ., 42 F.3d 719, 722–723 (2nd Cir. 1994) (quoting Ward v. Hickey, 996 F.2d 448, 453 (1st Cir. 1993)); Ward v. Hickey, 996 F.2d 448, 452–453 (1st Cir. 1993) m.w.N.

1335 Vgl. Silano v. Sag Harbor Union Free Sch. Dist. Bd. of Educ., 42 F.3d 719, 722–723 (2nd Cir. 1994) (quoting Ward v. Hickey, 996 F.2d 448, 453 (1st Cir. 1993)); Ward v. Hickey, 996 F.2d 448, 452–453 (1st Cir. 1993).

1336 Vgl. bezüglich des Hazelwood-Standards *Daly*, J.L. & Educ. 30 (2001), S. 1 (14).

1337 Vgl. Lee v. York Cnty. Sch. Div., 484 F.3d 687, 689–692 (4th Cir. 2007).

1338 Vgl. Boring v. Buncombe Cnty. Bd. of Educ., 136 F.3d 364, 366–367 (4th Cir. 1998).

hin zu ihrer Entlassung[1339] reichen, nicht auf ihre Zweckmäßigkeit beziehungsweise Angemessenheit überprüft.[1340] Anhand dessen, dass sowohl Gerichte, die den Hazelwood-Standard heranziehen, als auch solche, die den Pickering-Connick-Standard anwenden, hauptsächlich die pädagogischen Erwägungen des Schulrates würdigen, wird deutlich, dass der durch die Rechtsprechung eines Teils der Appellationsgerichte gewährte pädagogische Gestaltungsraum der Lehrkraft kein Freiraum im Sinne einer Freiheit autonomer Entscheidungen darstellt, sondern durch die umfassende Aufsicht des Schulrates determiniert wird.[1341] Dafür spricht nicht zuletzt der Umstand, dass diese durch eine etwaig bestehende Mitteilungspflicht beschränkt wird, da die Erfüllung dieser Pflicht gerade von den Handlungen des Schulrates abhängt.[1342]

Wenngleich die Gerichte unterschiedliche Beurteilungsmaßstäbe verwenden, ist mithin zu konstatieren, dass Parallelen zwischen der Doktrin zur Redefreiheit öffentlich Beschäftigter und dem Hazelwood-Standard existieren.[1343] Ferner werden die Ansätze in der Rechtsprechungspraxis nicht immer strikt voneinander getrennt,[1344] wie die Judikatur des Appellationsgerichts im Vierten Bundesgerichtskreis in *Boring* und *Lee* demonstriert, die zwar auf der Doktrin zur Redefreiheit öffentlich Beschäftigter basiert, sich zum Zwecke der Definition lehrplanbezogener Aktivitäten freilich auch der Dogmatik der Hazelwood-Rechtsprechung bedient.[1345] Dieser Umstand wird zudem anhand der Entscheidung in *Ward* deutlich, in der das Gericht den Hazelwood-Standard in exzeptioneller Weise in den im Rahmen der Doktrin zur Redefreiheit öffentlich Beschäftigter entwickelten „*Mt. Healthy test*“ einbettet.[1346]

1339 Vgl. Lacks v. Ferguson Reorganized Sch. Dist. R-2, 147 F.3d 718, 719 (8th Cir. 1998).

1340 Vgl. *Daly*, J.L. & Educ. 30 (2001), S. 1 (14).

1341 So etwa *Lester*, Ala. L. Rev. 62 (2011), S. 663 (684); vgl. auch *Bowman*, Wake Forest L. Rev. 48 (2013), S. 211 (260).

1342 *Lester*, Ala. L. Rev. 62 (2011), S. 663 (671).

1343 Hierzu *Cooley*, Baylor L. Rev. 66 (2014), S. 235 (270).

1344 *Papandrea*, N.C. L. Rev. 90 (2012), S. 1597 (1626); *Wohl*, Am. U. L. Rev. 58 (2009), S. 1285 (1290).

1345 Vgl. Lee v. York Cnty. Sch. Div., 484 F.3d 687, 697 (4th Cir. 2007) (citing Hazelwood Sch. Dist. v. Kuhlmeier, 484 U.S. 260, 271 (1988)); Boring v. Buncombe Cnty. Bd. of Educ., 136 F.3d 364, 368 (4th Cir. 1998) (citing Hazelwood Sch. Dist. v. Kuhlmeier, 484 U.S. 260, 271 (1988)).

1346 Vgl. Ward v. Hickey, 996 F.2d 448, 452 (1st Cir. 1993) (citing Mt. Healthy City Sch. Dist. Bd. of Educ. v. Doyle, 429 U.S. 274, 283, 287 (1977)).

Im Gesamten gelangen die Appellationsgerichte zu den gleichen Ergebnissen.[1347] So verneinen sowohl die Gerichte, die „*curricular speech*“ nach dem Pickering-Connick-Standard von dem Schutz der Redefreiheit ausschließen, als auch jene, die *Garcetti* anwenden, einen der Lehrkraft eigenen pädagogischen Freiraum.[1348] Das Gericht in *Bradley* bringt dies pointiert zum Ausdruck, indem es ein Recht der Lehrperson, ihre eigenen Lehrmethoden entgegen den Vorgaben des Schulrates einzusetzen, verneint.[1349] Außerdem folgt sowohl aus der Judikatur der Appellationsgerichte, die den Pickering-Connick-Standard anwenden und der lehrplanbezogenen Rede den verfassungsmäßigen Schutz gewähren, als auch aus der Hazelwood-Rechtsprechung, dass der Lehrkraft ein derivativer, durch das Ermessen respektive die umfassende Aufsicht des Schulrates determinierter und damit beschränkter Gestaltungsraum zukommt.[1350] Dieser lässt sich indes abstrakt nicht fest umreißen,[1351] zumal er auch von den jeweiligen bundesstaatlichen und schulinternen Regelungen abhängig ist.[1352] Daraus resultiert, dass keine Gewissheit über den Umfang des der Lehrkraft rechtlich zustehenden pädagogischen Spielraums besteht, mithin Rechtsunsicherheit herrscht.[1353] Jedenfalls hat der dem Schulrat durch die Rechtsprechung zugestandene pädagogische Primat zur Folge, dass der eigene pädagogische

---

1347 *Wohl*, Am. U. L. Rev. 58 (2009), S. 1285 (1311).

1348 Bezüglich des Pickering-Connick-Standards insgesamt siehe *Bowman*, Wake Forest L. Rev. 48 (2013), S. 211 (260); *Lester*, Ala. L. Rev. 62 (2011), S. 663 (684); zur Garcetti-Rechtsprechung insgesamt siehe *Bauries*, Educ. L. & Pol'y Rev. 2 (2015), S. 88 (89 u. 106 f.); *Brownstein*, U.C. Davis L. Rev. 42 (2009), S. 717 (739); *Cooley*, Baylor L. Rev. 66 (2014), S. 235 (275); *Schoen*, Hastings Const. L.Q. 2016, S. 537 (548) m.w.N.; *Strasser*, Brook. L. Rev. 83 (2018), S. 579 (602) m.w.N.; *Wohl*, Am. U. L. Rev. 58 (2009), S. 1285 (1307).

1349 Vgl. Bradley v. Pittsburgh Bd. of Educ., 910 F.2d 1172, 1176 (3rd Cir. 1990) m.w.N.

1350 Bezüglich des Pickering-Connick-Standards insgesamt vgl. *Lester*, Ala. L. Rev. 62 (2011), S. 663 (683 f.); *Wenkart*, West's Educ. L. Rep. 214 (2006), S. 1 (16 f.); zum Hazelwood-Standard insgesamt siehe *Bowman*, Wake Forest L. Rev. 48 (2013), S. 211 (256 f.); *Hutchens*, Ky. L.J. 97 (2008), S. 37 (66 f. u. 72); *Lester*, Ala. L. Rev. 62 (2011), S. 663 (684).

1351 Vgl. *Daly*, J.L. & Educ. 30 (2001), S. 1 (6).

1352 Vgl. *Forster*, Gonz. L. Rev. 46 (2010), S. 687 (701).

1353 Ähnlich *Daly*, J.L. & Educ. 30 (2001), S. 1 (1 f.); *McCarthy/Eckes*, B.U. Pub. Int. L.J. 17 (2008), S. 209 (224); *Strasser*, Brook. L. Rev. 83 (2018), S. 579 (595 u. 612); *Wohl*, Am. U. L. Rev. 58 (2009), S. 1285 (1290 f.).

Gestaltungsraum der Lehrkraft, sofern er überhaupt gewährt wird, verschwindend gering ist.[1354]

3. Kritik

Die Judikatur der Appellationsgerichte zur Redefreiheit von Lehrkräften im Schulunterricht stößt sowohl im Schrifttum als auch in der Rechtsprechung selbst auf Kritik.[1355] So wird die Anwendung des Pickering-Connick-Standards auf die Rede von Lehrkräften im Schulunterricht mit der Begründung abgelehnt, ihm liege die Prämisse zugrunde, der öffentlich Beschäftigte äußere sich in seiner Rolle als Bürger, sodass die Anwendbarkeit des Beurteilungsmaßstabs auf Sachverhalte begrenzt werde, die so genannte „Kernaktivitäten" der Redefreiheit wie Leserbriefe und öffentliche Reden zum Gegenstand hätten.[1356] Ferner wird in Bezug auf das Tatbestandsmerkmal der „Angelegenheiten von öffentlichem Interesse" darauf hingewiesen, dass im Kontext des Schulunterrichts nicht einfach zu klassifizieren sei, ob sich eine Äußerung auf eine öffentliche oder private Angelegenheit beziehe.[1357]

Kritische Stimmen teilen die Ansicht, es sei nicht überzeugend, einen Beurteilungsmaßstab heranzuziehen, der sich nicht auf Äußerungen im Schulkontext beziehe.[1358] Der Pickering-Connick-Standard würdige nicht die einzigartigen Anforderungen des Lehrerberufs.[1359] Vor diesem Hintergrund sei im Gesamten zu konstatieren, dass die Doktrin zur Redefreiheit öffentlich Beschäftigter zwar die allgemeinen Interessen des Staates als Arbeitgeber, indes nicht seine spezifischen Interessen im Bildungswesen berücksichtige.[1360]

1354 *Bowman*, Wake Forest L. Rev. 48 (2013), S. 211 (260); *Lester*, Ala. L. Rev. 62 (2011), S. 663 (684).

1355 Hierzu Miles v. Denver Public Schools, 944 F.2d 773, 777 (10th Cir. 1991); *Hutchens*, Ky. L.J. 97 (2008), S. 37 (63–75); *Strasser*, Brook. L. Rev. 83 (2018), S. 579 (611 f.).

1356 So etwa *Daly*, J.L. & Educ. 30 (2001), S. 1 (9 f.).

1357 So *Daly*, J.L. & Educ. 30 (2001), S. 1 (10); *Welner*, UCLA L. Rev. 50 (2003), S. 959 (1000); *Wohl*, Am. U. L. Rev. 58 (2009), S. 1285 (1310).

1358 So Boring v. Buncombe Cnty. Bd. of Educ., 136 F.3d 364, 378 (4th Cir. 1998) (Motz, J., dissenting); *Daly*, J.L. & Educ. 30 (2001), S. 1 (10).

1359 Boring v. Buncombe Cnty. Bd. of Educ., 136 F.3d 364, 378 (4th Cir. 1998) (Motz, J., dissenting); *Bauries*, Educ. L. & Pol'y Rev. 2 (2015), S. 88 (89); *Cooley*, Baylor L. Rev. 66 (2014), S. 235 (264 u. 270); *Daly*, J.L. & Educ. 30 (2001), S. 1 (10).

1360 Miles v. Denver Public Schools, 944 F.2d 773, 777 (10th Cir. 1991); ähnlich *Bauries*, Educ. L. & Pol'y Rev. 2 (2015), S. 88 (89).

An der Heranziehung des Hazelwood-Standards wird zunächst die Übertragung der Rechtsprechung zur Redefreiheit von Schülern auf Fälle, die Äußerungen von Lehrkräften zum Gegenstand haben, bemängelt.[1361] Diese werde vonseiten der Gerichte unzureichend begründet.[1362] Die Entscheidungsbegründung in *Hazelwood* spreche jedenfalls gegen eine Übertragbarkeit,[1363] zumal es denklogisch ausgeschlossen sei, die Gründe für die Einschränkbarkeit der Rede von Schülern wie deren Sozialisation zur Rechtfertigung der Beschränkung von Lehreräußerungen heranzuziehen.[1364] Kritiker beanstanden, dass die Hazelwood-Rechtsprechung die freie Rede der Lehrkräfte stärker als die der Lernenden beschneide.[1365] Dies sei der Tatsache geschuldet, Äußerungen von Lehrkräften würden in Anknüpfung an deren Status als Beschäftigte der Schule stets als *„school-sponsored"* angesehen.[1366] Durch die Übertragung werde nicht zuletzt das unterschiedliche Schutzniveau der Rechte Minderjähriger und Erwachsener aus der Verfassung missachtet.[1367] Darüber hinaus wird die Einordnung von Schulen als nicht-öffentliche Foren kritisiert, da dieses Verständnis auf der Annahme beruhe, an Schulen habe keinerlei öffentlicher Diskurs stattzufinden, sie hätten einen bloßen Bildungszweck zu erfüllen, was angesichts des Umstands, dass Schulen steuerfinanziert und bedeutsam für die örtliche Gemeinschaft seien, unbefriedigend sei.[1368]

Des Weiteren wird bemängelt, die Argumentation der den Hazelwood-Standard anwendenden Gerichte erschöpfe sich nahezu im „Ob" der Beschränkung der Rede der Lehrkraft, wohingegen die Frage nach dem „Wie" unzureichend behandelt werde.[1369] Zudem bestehe die Gefahr eines potenziellen

---

1361 So *Bowman*, Wake Forest L. Rev. 48 (2013), S. 211 (261); *Cooley*, Baylor L. Rev. 66 (2014), S. 235 (264); *Daly*, J.L. & Educ. 30 (2001), S. 1 (2 u. 12); *Newman*, U. Miami L. Rev. 63 (2009), S. 761 (771 f.); *Waldman*, Fla. L. Rev. 60 (2008), S. 63 (66).

1362 *Daly*, J.L. & Educ. 30 (2001), S. 1 (13 f.).

1363 *Bowman*, Wake Forest L. Rev. 48 (2013), S. 211 (261); *Daly*, J.L. & Educ. 30 (2001), S. 1 (12 f.); *Wohl*, Am. U. L. Rev. 58 (2009), S. 1285 (1309 f.).

1364 *Cooley*, Baylor L. Rev. 66 (2014), S. 235 (268); *Daly*, J.L. & Educ. 30 (2001), S. 1 (13).

1365 So *Brownstein*, U.C. Davis L. Rev. 42 (2009), S. 717 (740 f.); *Cooley*, Baylor L. Rev. 66 (2014), S. 235 (268 f.); *Hutchens*, Ky. L.J. 97 (2008), S. 37 (65 f.); *Lester*, Ala. L. Rev. 62 (2011), S. 663 (684); *Wohl*, Am. U. L. Rev. 58 (2009), S. 1285 (1310).

1366 *Cooley*, Baylor L. Rev. 66 (2014), S. 235 (268 f.); *Lester*, Ala. L. Rev. 62 (2011), S. 663 (684); *Wohl*, Am. U. L. Rev. 58 (2009), S. 1285 (1310).

1367 *Cooley*, Baylor L. Rev. 66 (2014), S. 235 (268); *Daly*, J.L. & Educ. 30 (2001), S. 1 (13); *Welner*, UCLA L. Rev. 50 (2003), S. 959 (1002).

1368 So *Daly*, J.L. & Educ. 30 (2001), S. 1 (12).

1369 So *Daly*, J.L. & Educ. 30 (2001), S. 1 (14).

Rechtsmissbrauchs vonseiten des Schulrates, die sich ergebe, da die Anforderung, die Einschränkung müsse in einem angemessenen Zusammenhang mit legitimen pädagogischen Interessen stehen, nicht klar definiert sei.[1370] Denn wann ein solcher anzunehmen sei, werde letztlich von den Schulräten entschieden.[1371] Nicht zuletzt überzeuge die Übertragung dieser Anforderung insoweit nicht, als Lehrkräfte ebenfalls daran zu beteiligen seien, solche legitimen pädagogischen Erwägungen anzustellen,[1372] wovon der US-Supreme Court in seiner Entscheidung jedenfalls ausgegangen sei.[1373] Wenngleich der Hazelwood-Standard die freie Rede von Lehrkräften im Unterricht, insbesondere bei Annahme einer Mitteilungspflicht über untersagte Verhaltensweisen zu einem gewissen Grad schütze, werde kein der Wissenschaftsfreiheit gerecht werdendes Schutzniveau erreicht.[1374]

Da Lehrkräfte unter Heranziehung von *Garcetti* rechtlich nicht auf eine Stufe mit Minderjährigen gestellt würden, liege die Anwendbarkeit dieses Präzedenzfalls zwar näher als die des Hazelwood-Standards.[1375] Indes sei ebenso wie am Pickering-Connick-Standard zu kritisieren, dass die einzigartigen Umstände des Lehrerberufs nicht ausreichend gewürdigt würden.[1376] Zudem könne das Abstellen auf die konkreten Dienstpflichten der Lehrkraft zu dem paradoxen Ergebnis führen, dass eine Äußerung einer Lehrkraft zu einer Thematik ihres Unterrichtsfachs nicht geschützt sei, während dieselbe Äußerung einer Lehrkraft für ein anderes Fach geschützt wäre.[1377]

Hinsichtlich der Anwendung der Garcetti-Rechtsprechung in den Bundesgerichtskreisen konstatieren Stimmen im Schrifttum, diese schränke die Redefreiheit von Lehrkräften weiter ein.[1378] Im Ergebnis stelle die Rede von

---

1370 *Daly*, J.L. & Educ. 30 (2001), S. 1 (13); *Lester*, Ala. L. Rev. 62 (2011), S. 663 (684); *Wohl*, Am. U. L. Rev. 58 (2009), S. 1285 (1299).

1371 *Wohl*, Am. U. L. Rev. 58 (2009), S. 1285 (1299).

1372 *Tygesson*, Nw. U. L. Rev. 107 (2013), S. 1917 (1935).

1373 *Daly*, J.L. & Educ. 30 (2001), S. 1 (15) mit Verweis auf Hazelwood Sch. Dist. v. Kuhlmeier, 484 U.S. 260, 273 (1988).

1374 *Hutchens*, Ky. L.J. 97 (2008), S. 37 (67).

1375 *Cooley*, Baylor L. Rev. 66 (2014), S. 235 (279).

1376 *Bauries*, Educ. L. & Pol'y Rev. 2 (2015), S. 88 (89); *Cooley*, Baylor L. Rev. 66 (2014), S. 235 (279); *Wohl*, Am. U. L. Rev. 58 (2009), S. 1285 (1308); ähnlich *Kayal*, Colum. J.L. & Soc. Probs. 57 (2023), S. 57 (70 f.).

1377 *Tygesson*, Nw. U. L. Rev. 107 (2013), S. 1917 (1929).

1378 So *Cooley*, Baylor L. Rev. 66 (2014), S. 235 (278 f.); *Hutchens*, Ky. L.J. 97 (2008), S. 37 (73); *Lester*, Ala. L. Rev. 62 (2011), S. 663 (665); *Wohl*, Am. U. L. Rev. 58 (2009), S. 1285 (1306); *Strasser*, Brook. L. Rev. 83 (2018), S. 579 (611 f.); demgegenüber

Lehrkräften im Schulunterricht nach *Garcetti* eine „*low-value speech*" dar, der keinerlei verfassungsmäßiger Schutz (mehr) zukomme.[1379] Diese Entwicklung fördere die Verschiebung der Gestaltungsmacht im Bildungswesen zugunsten der örtlichen Schulräte.[1380] Die Judikatur der vergangenen Jahrzehnte, welche zumindest einen gewissen verfassungsmäßigen Schutz von „*in-class speech*" gewährleistete, werde in Zweifel gezogen.[1381] Demgegenüber wird freilich eingewandt, dass die Einbettung der Frage nach der Einschränkung pädagogischer Gestaltungsfreiheiten seitens der Schulverwaltung in den Kontext der Verfassung insgesamt fehlerhaft sei, handele es sich dabei vielmehr um ein arbeitsrechtliches Problem.[1382] Dessen Lösung sei nicht die Aufgabe der Rechtsprechung, sondern die der Gesetzgebung.[1383]

Angesichts des kontroversen Charakters der gesellschaftspolitischen Debatte darüber, wer die Gestaltungsmacht über Lehrplan und Unterricht besitze, habe die Rechtsprechung im Gesamten Schwierigkeiten, die gegensätzlichen Interessen von Schulverwaltung, Lehrer-, Eltern- sowie Schülerschaft in Einklang zu bringen.[1384] Die juristische Beurteilung der Redefreiheit von Lehrkräften sei kompliziert.[1385] Infolge der Anwendung der verschiedenen Ansätze sei es zulasten der Rechtssicherheit zu einer dogmatischen Unvorhersehbarkeit und Inkonsistenz,[1386] Unklarheit hinsichtlich des Umfangs des Schutzes der freien

---

gehen *McCarthy/Eckes* davon aus, dass sich an der Rechtsposition von Lehrkräften hinsichtlich ihrer „*in-class speech*" praktisch kaum etwas ändere, da die Schulverwaltung bereits vor *Garcetti* einen weiten Spielraum zur Einschränkung der Rede von Lehrkräften im Schulunterricht gehabt habe, siehe *McCarthy/Eckes*, B.U. Pub. Int. L.J. 17 (2008), S. 209 (225); so auch *Bowman*, Wake Forest L. Rev. 48 (2013), S. 211 (255).

1379 So etwa *Bauries*, Educ. L. & Pol'y Rev. 2 (2015), S. 88 (106 f.); ähnlich auch *Tygesson*, Nw. U. L. Rev. 107 (2013), S. 1917 (1929).

1380 *Cooley*, Baylor L. Rev. 66 (2014), S. 235 (279); auch *Bowman* erkennt diese Entwicklung der Judikatur der letzten Jahrzehnte, *Bowman*, Wake Forest L. Rev. 48 (2013), S. 211 (260).

1381 *Newman*, U. Miami L. Rev. 63 (2009), S. 761 (762).

1382 So *Forster*, Gonz. L. Rev. 46 (2010), S. 687 (701).

1383 *Forster*, Gonz. L. Rev. 46 (2010), S. 687 (701).

1384 *Daly*, J.L. & Educ. 30 (2001), S. 1.

1385 *Strasser*, Brook. L. Rev. 83 (2018), S. 579 (595).

1386 So *Daly*, J.L. & Educ. 30 (2001), S. 1 (1 f.); ähnlich *Krebs*, Vand. L. Rev. 75 (2022), S. 1925 (1955); *McCarthy/Eckes*, B.U. Pub. Int. L.J. 17 (2008), S. 209 (224); *Strasser*, Brook. L. Rev. 83 (2018), S. 579 (612); *Wohl*, Am. U. L. Rev. 58 (2009), S. 1285 (1290 f.).

Rede von Lehrkräften[1387] sowie zu einer unverhältnismäßig hohen Gestaltungsmacht der Schulräte bei der Festlegung der Lerninhalte und Lehrmethoden gekommen.[1388] Vor diesem Hintergrund würden Lehrkräfte beispielsweise davon abgehalten werden, innovative Unterrichtsmethoden zu implementieren oder kontroverse Themen zu diskutieren.[1389] Diese Umstände bedrohten den Unterricht im Sinne eines für die lebendige Demokratie essenziellen „*marketplace of ideas*“, in dem die Lernenden mit diversen Meinungen konfrontiert würden sowie lernen sollten, kritisch zu denken,[1390] und wirkten sich letztlich nachteilig auf die Erfüllung des schulischen Bildungsauftrags und damit auf den Lernerfolg der Schüler aus.[1391]

4. Alternative Ansätze aus dem Schrifttum

Ausgehend von der Kritik an der Rechtsprechung zur Redefreiheit von Lehrkräften im Schulunterricht werden vonseiten des Schrifttums alternative Ansätze erörtert sowie dieser Judikatur gegenübergestellt, indem die anhand der einschlägigen Präjudizien entwickelten Dogmatiken aufgegriffen und verändert werden, nicht zuletzt, um die Rechtsposition der Lehrkraft gegenüber den Schulräten zu verbessern.[1392] So wird diskutiert, ob die akademische Freiheit als verfassungsmäßiges Recht neben Hochschullehrern auch Lehrkräften an primären und sekundären Schulen zukommt.[1393] Daneben wird aus dem Blickwinkel der bildungsspezifischen Interessen der Lernenden auf das so genannte „Recht der Schüler zu hören“ rekurriert[1394] sowie überdies postuliert,

1387 *Strasser*, Brook. L. Rev. 83 (2018), S. 579 (595).

1388 *Daly*, J.L. & Educ. 30 (2001), S. 1 (3); *Lester*, Ala. L. Rev. 62 (2011), S. 663 (684); *Wohl*, Am. U. L. Rev. 58 (2009), S. 1285 (1299); ähnlich *Tygesson*, Nw. U. L. Rev. 107 (2013), S. 1917 (1940); *Uerling*, Neb. L. Rev. 79 (2000), S. 956 (961).

1389 *Daly*, J.L. & Educ. 30 (2001), S. 1 (3); *Wohl*, Am. U. L. Rev. 58 (2009), S. 1285 (1290 f.).

1390 *Tygesson*, Nw. U. L. Rev. 107 (2013), S. 1917 (1940–1942).

1391 *Cooley*, Baylor L. Rev. 66 (2014), S. 235 (280 f.); *Daly*, J.L. & Educ. 30 (2001), S. 1 (3 f.); *McCarthy/Eckes*, B.U. Pub. Int. L.J. 17 (2008), S. 209 (235).

1392 Hierzu *Bauries*, Educ. L. & Pol'y Rev. 2 (2015), S. 88 (114–129); *Daly*, J.L. & Educ. 30 (2001), S. 1 (51–62); *Tygesson*, Nw. U. L. Rev. 107 (2013), S. 1917 (1945–1951).

1393 Hierzu *DeMitchell/Connelly*, BYU Educ. & L.J. 2007, S. 83 (96–101); *Tygesson*, Nw. U. L. Rev. 107 (2013), S. 1917 (1936–1938); *Uerling*, Neb. L. Rev. 79 (2000), S. 956.

1394 Hierzu *Daly*, J.L. & Educ. 30 (2001), S. 1 (31–38); *Tygesson*, Nw. U. L. Rev. 107 (2013), S. 1917 (1938 f.).

die Einschränkung der Rede der Lehrkraft von einem Erfordernis vorheriger Einschränkung der Rede abhängig zu machen.[1395]

a) Akademische Freiheit im primären und sekundären Bildungsbereich

Die Frage, ob sich neben Professoren auch Lehrkräfte an Schulen auf ein verfassungsmäßiges Recht auf akademische Freiheit berufen können, deckt sich im Wesentlichen mit der nach der Redefreiheit von Lehrkräften im Schulunterricht, da beide Fragestellungen die Problematik fokussieren, ob und inwieweit die Lehrperson sich nach dem 1. Zusatzartikel der US-Verfassung frei äußern kann respektive welche pädagogischen Gestaltungsräume ihr zustehen.[1396] So sei unter der akademischen Freiheit im primären und sekundären Bildungsbereich „[…] der Schutz der beruflichen Ermessenfreiheit durch den 1. Zusatzartikel der US-Verfassung, die die Lehrperson an einer öffentlichen Schule im Rahmen seiner oder ihrer Lehrtätigkeit ausüben kann […]“[1397] zu verstehen. In Bezugnahme auf sie wird die Frage nach der Redefreiheit der Lehrkraft in den Zusammenhang der Judikatur zum 1. Zusatzartikel der US-Verfassung im Hochschulkontext gestellt,[1398] nicht zuletzt um die durch die höchstrichterlichen Präjudizien zuerkannte besondere Wertigkeit wissenschaftlicher Freiheiten auch der freien Rede von Lehrkräften an Schulen zu attribuieren.[1399]

Nichtsdestotrotz kommt dem Ansatz insofern eine eigenständige Bedeutung zu, als die potenzielle Ausnahme von Äußerungen im Lehrkontext von der

---

1395 Siehe Ward v. Hickey, 996 F.2d 448, 452–456 (1st Cir. 1993); Lacks v. Ferguson Reorganized Sch. Dist. R-2, 147 F.3d 718, 723 (8th Cir. 1998) (citing Ward v. Hickey, 996 F.2d 448, 452 (1st Cir. 1993) (citing Keyishian v. Bd. of Regents, 385 U.S. 589 (1967))); *Bowman*, Wake Forest L. Rev. 48 (2013), S. 211 (253 mit Fn. 231); *Daly*, J.L. & Educ. 30 (2001), S. 1 (19–25); *Gee*, J.L. & Educ. 38 (2009), S. 409 (450–452); *Tygesson*, Nw. U. L. Rev. 107 (2013), S. 1917 (1945 f.); *Welner*, UCLA L. Rev. 50 (2003), S. 959 (1026–1028); teilweise auch *Bauries*, Educ. L. & Pol'y Rev. 2 (2015), S. 88 (125).

1396 Vgl. *Daly*, J.L. & Educ. 30 (2001), S. 1 (21); *DeMitchell/Connelly*, BYU Educ. & L.J. 2007, S. 83 (99–101); *Hutchens*, Ky. L.J. 97 (2008), S. 37 (62 f.); *Nahmod*, First Amend. L. Rev. 7 (2008), S. 54 (62–67); *Tygesson*, Nw. U. L. Rev. 107 (2013), S. 1917 (1936–1938); *Uerling*, Neb. L. Rev. 79 (2000), S. 956.

1397 *Uerling*, Neb. L. Rev. 79 (2000), S. 956 (“*[…] the First Amendment protections of professional discretion that a public school teacher may exercise in the course of performing his or her teaching functions […]*”).

1398 *Tygesson*, Nw. U. L. Rev. 107 (2013), S. 1917 (1920 f. mit Fn. 24).

1399 Vgl. *Forster*, Gonz. L. Rev. 46 (2010), S. 687 (693) m.w.N.; *Tygesson*, Nw. U. L. Rev. 107 (2013), S. 1917 (1937 mit Fn. 137) m.w.N.

kategorischen Ausschlussregel nach *Garcetti* als Ausfluss der Wissenschaftsfreiheit interpretiert wird.[1400] Das Appellationsgericht im Sechsten Bundesgerichtskreis etwa rückt diese Frage in *Evans-Marshall II* in ihren Zusammenhang und führt aus, dass das Minderheitenvotum in *Garcetti*, in dem vor nachteiligen Implikationen der Entscheidung für die Hochschulen gewarnt wird, sich ausschließlich auf Äußerungen von Hochschullehrern bezieht.[1401] Unabhängig davon sei „*academic freedom*" jedenfalls kein individuelles, sondern ein institutionelles Recht.[1402] Demgegenüber wird in Rekurs auf das Mehrheitsvotum behauptet, dessen Wortlaut fasse sämtliche Lehreräußerungen unter die potenzielle Ausnahme.[1403]

Der US-Supreme Court äußerte sich hinsichtlich eines ausdrücklichen Rechts von Lehrkräften an Schulen auf akademische Freiheit bislang freilich zurückhaltend.[1404] So konstatierte er in *Edwards v. Aguillard*[1405], dass Lehrkräfte im Staat Louisiana nicht frei entscheiden könnten, ob sie die Evolutions- oder die Schöpfungstheorie unterrichteten, der Lehrplan vielmehr vom staatlichen Bildungsrat festgelegt werde und die Wissenschaftsfreiheit in diesem Kontext nicht von Relevanz sei.[1406] Die Rechtsprechung erkennt ein solches Recht von Schullehrern bislang nicht.[1407]

Gegen ihre Einschlägigkeit im primären und sekundären Bildungsbereich wird zudem das historische Argument angeführt, dass sie nicht im Schul-, sondern im Hochschulkontext entstanden sei.[1408] Zudem sei zweifelhaft, ob ihr

---

1400 Vgl. Garcetti v. Ceballos, 547 U.S. 410, 438 (2006) (Souter, J., dissenting); *Nahmod*, First Amend. L. Rev. 7 (2008), S. 54 (57); *Papandrea*, N.C. L. Rev. 90 (2012), S. 1597 (1614, 1627 u. 1632 f.).

1401 So Evans-Marshall v. Bd. of Educ. of Tipp City, 624 F.3d 332, 343–344 (6th Cir. 2010) (quoting Garcetti v. Ceballos, 547 U.S. 410, 438 (2006) (Souter, J., dissenting)) m.w.N.

1402 Evans-Marshall v. Bd. of Educ. of Tipp City, 624 F.3d 332, 344 (6th Cir. 2010) (quoting Borden v. Sch. Dist. of Twp. Of E. Brunswick, 523 F.3d 153, 172 n.14 (3rd Cir. 2008)) m.w.N.

1403 So etwa *Bauries*, Educ. L. & Pol'y Rev. 2 (2015), S. 88 (106), mit Verweis auf Garcetti v. Ceballos, 547 U.S. 410, 425 (2006).

1404 *DeMitchell/Connelly*, BYU Educ. & L.J. 2007, S. 83 (96) m.w.N.

1405 Edwards v. Aguillard, 482 U.S. 578 (1987).

1406 Edwards v. Aguillard, 482 U.S. 578, 586 n.6 (1987).

1407 Hierzu *Krebs*, Vand. L. Rev. 75 (2022), S. 1925 (1933) m.w.N.

1408 So *DeMitchell/Connelly*, BYU Educ. & L.J. 2007, S. 83 (96 f.); *Tygesson*, Nw. U. L. Rev. 107 (2013), S. 1917 (1937 f.); ähnlich *Bowman*, Wake Forest L. Rev. 48 (2013), S. 211 (254).

Schutzzweck auf der schulischen Ebene gegeben sei, da sich die beiden schulischen Kontexte voneinander unterschieden.[1409] So bestehe die Tätigkeit von Professoren im Gegensatz zu der von Lehrkräften an Schulen in der Gewinnung und Vermittlung neuer, auf ihrer Forschung basierender Erkenntnisse.[1410] Außerdem obliege auf der Hochschulebene die Gestaltung der Studieninhalte den Hochschullehrern, wohingegen die Schulräte für die Festlegung der Lehrpläne zuständig seien.[1411] Im Gesamten sei die akademische Freiheit im primären und sekundären Bildungsbereich „[…] mehr Mythos als Realität."[1412]

b) Recht der Schüler zu hören

Des Weiteren wird erörtert, ob neben der akademischen Freiheit als *„right to speak"*[1413] das verfassungsmäßige *„student's right to hear"*, das Recht der Schüler, Zugang zu diversen Informationen zu erhalten und frei von Indoktrination zu sein, auch die Lehrkraft vor Einschränkungen ihrer freien Rede im Unterricht schützt.[1414] Das Recht auf Informationsdiversität und Indoktrinationsschutz basiert auf der höchstrichterlichen Entscheidung in *Tinker* und wurde in *Board of Education v. Pico*[1415] dogmatisch konkretisiert,[1416] wobei dessen präjudizielles Fundament als unsicher bewertet wird, zumal die unteren Gerichte sich damit zurückhielten, es weiterzuentwickeln.[1417] In *Pico* entschied der US-Supreme Court, dass ein Schulrat Bücher aus der Schulbibliothek nicht aufgrund von (partei-)politischen Motiven entfernen dürfe.[1418] Die Schüler hätten ein Recht auf Zugang zu Informationen, welches unausweichlich aus dem Recht deren Absenders auf freie Rede folge.[1419]

1409 *DeMitchell/Connelly*, BYU Educ. & L.J. 2007, S. 83 (96–101); *Tygesson*, Nw. U. L. Rev. 107 (2013), S. 1917 (1938).

1410 *DeMitchell/Connelly*, BYU Educ. & L.J. 2007, S. 83 (98); *Tygesson*, Nw. U. L. Rev. 107 (2013), S. 1917 (1938).

1411 *DeMitchell/Connelly*, BYU Educ. & L.J. 2007, S. 83 (97 f.).

1412 *Uerling*, Neb. L. Rev. 79 (2000), S. 956 (975) (*"A teacher's "academic freedom" in K-12 schools, as grounded in the First Amendment, is more myth than reality."*).

1413 *Daly*, J.L. & Educ. 30 (2001), S. 1 (30).

1414 Hierzu *Daly*, J.L. & Educ. 30 (2001), S. 1 (31–38); *Tygesson*, Nw. U. L. Rev. 107 (2013), S. 1917 (1938 f.).

1415 Bd. of Educ. v. Pico, 457 U.S. 853 (1982) (plurality opinion).

1416 *Tygesson*, Nw. U. L. Rev. 107 (2013), S. 1917 (1938 f.).

1417 So *Daly*, J.L. & Educ. 30 (2001), S. 1 (32).

1418 Bd. of Educ. v. Pico, 457 U.S. 853, 870–872 (1982).

1419 Bd. of Educ. v. Pico, 457 U.S. 853, 866–867 (1982).

Wenngleich die *„holding"* der Entscheidung auf Bibliotheksressourcen beschränkt ist,[1420] wird jedenfalls in Betracht gezogen, dass das *„student's right to hear"* auch den Schulunterricht umfasse und dementsprechend die *„in-class speech"* der Lehrkraft als Absenderin von Unterrichtsinhalten vor Beschränkungen seitens der Schulverwaltung schütze.[1421] Gegen eine derartige Rechtsauffassung spreche jedoch abseits der engen *„holding"*,[1422] dass das Recht zu hören stets einem Recht zu sprechen entspringe, sodass ersteres sich nur dann auf Lehreräußerungen erstrecken könnte, wenn diese bereits unabhängig von dem Recht zu hören geschützt wären.[1423] Zudem könnte einem derartigen Ansatz entgegenstehen, dass der Wortlaut der Entscheidung darauf schließen lasse, das *„student's right to hear"* schütze ausschließlich vor einer Entfernung bereits vorhandener Informationen, verleihe freilich keinen Anspruch auf Beschaffung und Bereitstellung respektive Vermittlung neuer Inhalte.[1424] Indes wird eine künstliche Differenzierung zwischen Bibliothek und Unterricht in *Pico* bemängelt, die unbefriedigend sei, zumal das Bedürfnis der Lernenden auf Informationsdiversität im Unterrichts- im Vergleich zum Bibliothekskontext angesichts der Summe der von den Schülern im Unterricht verbrachten Zeit und des höheren Indoktrinationspotenzials größer sei.[1425] Die Interessen der Lernenden im Sinne des *„student's right to hear"* seien im Rahmen der Beurteilung des Schutzes von *„in-class speech"* zumindest angemessen zu würdigen.[1426]

c) Vorzensur

Darüber hinaus postulieren Stimmen in der Literatur sowie Teile der Rechtsprechung, die Rede der Lehrkraft im Unterricht sei lediglich dann einschränkbar beziehungsweise sanktionierbar, wenn die Schule dies im Vorhinein

---

1420 Bd. of Educ. v. Pico, 457 U.S. 853, 910 (1982) (Rehnquist, J., dissenting); *Daly*, J.L. & Educ. 30 (2001), S. 1 (32); *Mannion*, Cardozo J.L. & Gender 20 (2014), S. 307 (327); *Tygesson*, Nw. U. L. Rev. 107 (2013), S. 1917 (1939).

1421 So etwa Krizek v. Bd. of Educ., 713 F.Supp. 1131, 1137 (N.D. Ill. 1989); hierzu *Daly*, J.L. & Educ. 30 (2001), S. 1 (31–38); *Tygesson*, Nw. U. L. Rev. 107 (2013), S. 1917 (1938 f.); *Welner*, UCLA L. Rev. 50 (2003), S. 959 (982).

1422 Bd. of Educ. v. Pico, 457 U.S. 853, 910 (1982) (Rehnquist, J., dissenting); *Daly*, J.L. & Educ. 30 (2001), S. 1 (32); *Tygesson*, Nw. U. L. Rev. 107 (2013), S. 1917 (1939).

1423 *Tygesson*, Nw. U. L. Rev. 107 (2013), S. 1917 (1939).

1424 Vgl. *Mannion*, Cardozo J.L. & Gender 20 (2014), S. 307 (327) mit Verweis auf Bd. of Educ. v. Pico, 457 U.S. 853, 862 (1982).

1425 So *Daly*, J.L. & Educ. 30 (2001), S. 1 (32).

1426 *Daly*, J.L. & Educ. 30 (2001), S. 1 (46).

festlege.[1427] So nehmen die Appellationsgerichte im Ersten und Achten Bundesgerichtskreis eine Mitteilungspflicht der Schulverwaltung über untersagte Verhaltensweisen gegenüber der Lehrkraft an, sodass der Schulrat ihre „*in-class speech*“ nur beschränken könne, wenn dieser davon ausgehen dürfe, sie habe im Zeitpunkt ihrer Äußerung Kenntnis davon gehabt, ihre Rede sei untersagt, was unter Heranziehung der geschriebenen und ungeschriebenen schulinternen Regelungen zu prüfen sei.[1428] Daneben wird im Schrifttum gefordert, sämtliche Beurteilungsmaßstäbe zur Prüfung von Lehreräußerungen an derartige Vorzensur-Regeln („*prior restraint rules*“) zu knüpfen,[1429] deren Anwendung zu einem angemessenen Ausgleich der unterschiedlichen pädagogischen Interessen führe und Rechtsunsicherheit vermeide.[1430]

Dementsprechend sei einem Ansatz zufolge ausgehend von der Prämisse, der Lehrkraft komme *a priori* ein vollumfänglicher pädagogischer Entscheidungsspielraum hinsichtlich ihrer Unterrichtsgestaltung zu, ihre „*in-class speech*“ nur dann einschränkbar, wenn die Schulverwaltung dies schulverfassungsmäßig ausdrücklich bestimme.[1431] Ebendiesem Ansatz wird freilich entgegengehalten, er sei nicht praktikabel, da er die Entscheidung in *Garcetti* ausblende, zumal angesichts ihres klaren Wortlauts davon ausgegangen werden müsse, „*in-class speech*“ sei als Teil der pädagogischen Aufgaben einer Lehrkraft von der kategorischen Ausschlussregel erfasst und damit einhergehend grundsätzlich auch *ex*

1427 So Ward v. Hickey, 996 F.2d 448, 452–456 (1st Cir. 1993); Lacks v. Ferguson Reorganized Sch. Dist. R-2, 147 F.3d 718, 723 (8th Cir. 1998) (citing Ward v. Hickey, 996 F.2d 448, 452 (1st Cir. 1993) (citing Keyishian v. Bd. of Regents, 385 U.S. 589 (1967))); *Bowman*, Wake Forest L. Rev. 48 (2013), S. 211 (253 mit Fn. 231); *Daly*, J.L. & Educ. 30 (2001), S. 1 (19–25); *Gee*, J.L. & Educ. 38 (2009), S. 409 (450–452); *Tygesson*, Nw. U. L. Rev. 107 (2013), S. 1917 (1945 f.); *Welner*, UCLA L. Rev. 50 (2003), S. 959 (1026–1028); teilweise auch *Bauries*, Educ. L. & Pol'y Rev. 2 (2015), S. 88 (125).

1428 So Ward v. Hickey, 996 F.2d 448, 452–456 (1st Cir. 1993); Lacks v. Ferguson Reorganized Sch. Dist. R-2, 147 F.3d 718, 723 (8th Cir. 1998) (citing Ward v. Hickey, 996 F.2d 448, 452 (1st Cir. 1993) (citing Keyishian v. Bd. of Regents, 385 U.S. 589 (1967))).

1429 So etwa *Bauries*, Educ. L. & Pol'y Rev. 2 (2015), S. 88 (89 f.); auch *Daly*, J.L. & Educ. 30 (2001), S. 1 (19–25).

1430 *Daly*, J.L. & Educ. 30 (2001), S. 1 (19 f.).

1431 So etwa *Welner*, UCLA L. Rev. 50 (2003), S. 959 (1026–1028); ähnlich *Gee*, J.L. & Educ. 38 (2009), S. 409 (450–452), der zufolge die Rede der Lehrkraft nur dann beschränkbar sei, wenn die Schulverwaltung ausdrücklich regele, dass der Unterricht ein „*closed forum*“ sei.

post beschränkbar, was in Anknüpfung an die höchstrichterliche Entscheidung in *Lane* jedenfalls dann der Fall sei, wenn die Lehreräußerung in Form der Unterrichtsgestaltung zu den *gewöhnlichen* Dienstpflichten gehöre.[1432]

Sofern die Rede nicht zu den *gewöhnlichen* Pflichten zähle, solle die kategorische Ausschlussregel indes nur dann auf sie angewandt werden, wenn die Schulverwaltung der Lehrkraft das betreffende Verhalten im Vorhinein im Wege einer „gutartigen Vorzensur-Regel"[1433] ausdrücklich untersagte.[1434] Unter diese Fallvariante falle etwa der Sachverhalt in *Mayer*, da die betreffende Lehrerin sich mit den Protesten gegen den Irakkrieg in spontaner Weise zu einer Thematik geäußert habe, welche hinsichtlich ihrer konkreten Unterrichtstätigkeit von nebensächlicher Bedeutung gewesen sei. Diese Konzeption trage sowohl der Garcetti-Judikatur als auch den besonderen Umständen der Lehrtätigkeit, die häufig verlange, spontane pädagogische Entscheidungen zu treffen, Rechnung und verhindere eine bösgläubige nachträgliche Bestimmung dienstlicher Pflichten seitens der Schulverwaltung.

III. Redefreiheit von Lehrkräften hinsichtlich politischer und kontroverser Themen

Die Frage nach den (verfassungs-)rechtlichen Grenzen betreffend Äußerungen von Lehrkräften hinsichtlich politischer, insbesondere kontroverser Themen wird in der US-amerikanischen Rechtsprechung sowie Literatur als ein Teilaspekt der übergeordneten Problematik der freien Rede von Lehrkräften in der Schule respektive im Unterricht eingeordnet.[1435] Dementsprechend werden zur

---

1432 *Bauries*, Educ. L. & Pol'y Rev. 2 (2015), S. 88 (115–125); auch *Hutchens* geht davon aus, dass *Garcetti* ein Recht der Lehrkraft auf Mitteilung über untersagte Verhaltensweisen im Unterricht ausschließen könnte, siehe *Hutchens*, Ky. L.J. 97 (2008), S. 37 (54).

1433 *Bauries*, Educ. L. & Pol'y Rev. 2 (2015), S. 88 (90 mit Fn. 7) ("*benign prior restraint rule*"), der dieses Adjektiv wählt, um den Terminus der Vorzensur in diesem Zusammenhang von seiner negativen Konnotation im Sinne einer Beschneidung von Freiheiten zu trennen.

1434 Hierzu und im Folgenden *Bauries*, Educ. L. & Pol'y Rev. 2 (2015), S. 88 (115–125), vertiefend zur Entscheidung in *Mayer* vorliegend C. II. 2. c) aa) und dd).

1435 Vgl. beispielsweise Brown v. Chicago Bd. of Educ., 824 F.3d 713, 715 (7th Cir. 2016) (quoting Garcetti v. Ceballos, 547 U.S. 410, 418 (2006)); *Maxwell/McDonough/Waddington*, Teaching and Teacher Education 70 (2018), S. 196; *Maxwell/McDonough/Waddington*, in: Peters (Hrsg.), Encyclopedia of Teacher Education, S. 1.

Beantwortung beider Fragestellungen dieselben im Rahmen des 1. Zusatzartikels der US-Verfassung entwickelten Beurteilungsmaßstäbe herangezogen, insbesondere die Doktrin zur Redefreiheit öffentlich Beschäftigter sowie der Hazelwood-Standard.[1436]

Im Folgenden wird diese Teilfrage nach dem pädagogisch-rechtlichen Gestaltungsraum von Lehrkräften bei der Behandlung politischer respektive gesellschaftlich kontroverser Themen im Unterricht fokussiert. In diesem Zusammenhang werden zunächst die Ergebnisse einer einschlägigen Untersuchung von *Maxwell*, *McDonough* und *Waddington* aus dem Jahr 2017[1437] dargelegt, um unter ihrer Heranziehung sodann die Rechtslage im Wege der Auswertung exemplarischer gerichtlicher Entscheidungen zu illustrieren.

1. Beurteilungskriterien gerichtlicher Entscheidungen nach *Maxwell, McDonough und Waddington*

In ihrer Untersuchung aus dem Jahr 2017 fokussierten *Maxwell*, *McDonough* und *Waddington*[1438] die Frage nach den Rechten und Pflichten von Lehrkräften an US-amerikanischen und kanadischen Schulen hinsichtlich der Behandlung kontroverser sozialer und politischer Themen im Unterricht.[1439] In diesem Zusammenhang werteten die Autoren einschlägige Judikate sowie Sekundärliteratur aus, um Beurteilungskriterien gerichtlicher Entscheidungen und deren Implikationen für den pädagogischen Berufsalltag herauszuarbeiten.[1440] Die

---

1436 Vgl. etwa Brown v. Chicago Bd. of Educ., 824 F.3d 713, 715 (7th Cir. 2016) (quoting Garcetti v. Ceballos, 547 U.S. 410, 418 (2006)); Weingarten v. Bd. of Educ. of City Sch. Dist., 680 F.Supp.2d 595, 599–600 (S.D.N.Y. 2010) (citing Hazelwood Sch. Dist. v. Kuhlmeier, 484 U.S. 260, 270–273 (1988)); Mayer v. Monroe Cnty. Cmty. Sch. Corp., 474 F.3d 477, 480 (7th Cir. 2007).

1437 Die Ergebnisse der Untersuchung wurden im Jahr 2018 im Rahmen eines Aufsatzes publiziert, siehe *Maxwell/McDonough/Waddington*, Teaching and Teacher Education 70 (2018), S. 196; ferner wurden sie im Folgejahr in einem Nachschlagewerk für Lehrerbildung veröffentlicht, siehe *Maxwell/McDonough/Waddington*, in: Peters (Hrsg.), Encyclopedia of Teacher Education, S. 1.

1438 Nachfolgend als *Maxwell et al.* bezeichnet.

1439 Hierzu *Maxwell/McDonough/Waddington*, Teaching and Teacher Education 70 (2018), S. 196; *Maxwell/McDonough/Waddington*, in: Peters (Hrsg.), Encyclopedia of Teacher Education, S. 1.

1440 Hierzu und im Folgenden *Maxwell/McDonough/Waddington*, Teaching and Teacher Education 70 (2018), S. 196–198 m.w.N.; *Maxwell/McDonough/Waddington*, in: Peters (Hrsg.), Encyclopedia of Teacher Education, S. 1 (1 f.).

Untersuchung wurde von der Annahme geleitet, dass die Behandlung umstrittener politischer Themen im Schulunterricht in Anbetracht des Bildungsrechts der Schüler sowie des Interesses der Gesellschaft an Demokratiebildung pädagogisch sinnvoll sei. So weisen die Autoren darauf hin, dass die Diskussion entsprechender Fragestellungen im Unterricht das kritische Denken und die Diskursfähigkeit der Lernenden fördere.

Im Hinblick auf die Rechtslage in beiden Ländern erkennen *Maxwell et al.* im Gesamten eine Parallelität zwischen US-amerikanischer und kanadischer Judikatur der letzten Jahrzehnte.[1441] Gleichwohl konstatieren sie, dass sich die beiden Rechtslagen insofern unterscheiden, als der eigenen pädagogischen Entscheidungsmacht der Lehrkraft in den Vereinigten Staaten aufgrund der Garcetti-Judikatur, namentlich infolge der Entscheidung des Appellationsgerichts im Siebten Bundesgerichtskreis in *Mayer* anders als in Kanada kein verfassungsmäßiger Schutz mehr zukomme.[1442] Vielmehr werde ihr pädagogisch-rechtlicher Gestaltungsraum durch die Vorgaben der Schulverwaltung determiniert.[1443] Hinsichtlich dieser Schlussfolgerung ist freilich anzumerken, dass es insoweit relativiert werden kann, als nicht alle Appellationsgerichte die kategorische Ausschlussregel nach *Garcetti* auf „*in-class speech*“ von Lehrkräften anwenden.[1444]

Auf der Grundlage ihrer Auswertungen gelangen *Maxwell et al.* zu dem Ergebnis, dass vier Rechte und Interessen die gerichtliche Entscheidungsfindung bei der Beantwortung der rechtlichen Frage nach der Angemessenheit pädagogischer Entscheidungen leiteten.[1445] Diese bestünden in dem Recht des Staates, das Curriculum zu kontrollieren, der Notwendigkeit, Lernende vor unangebrachter Rede („*inappropriate speech*“) zu schützen, dem Recht der

1441 *Maxwell/McDonough/Waddington*, Teaching and Teacher Education 70 (2018), S. 196 (197).

1442 *Maxwell/McDonough/Waddington*, Teaching and Teacher Education 70 (2018), S. 196 (197 f.); *Maxwell/McDonough/Waddington*, in: Peters (Hrsg.), Encyclopedia of Teacher Education, S. 1 (2).

1443 *Maxwell/McDonough/Waddington*, Teaching and Teacher Education 70 (2018), S. 196 (197 f.).

1444 Vgl. Lee v. York Cnty. Sch. Div., 484 F.3d 687, 693–694 (4th Cir. 2007) (quoting Connick v. Myers, 461 U.S. 138, 142 (1983) (quoting Pickering v. Bd. of Educ., 391 U.S. 563, 568 (1968)); Urofsky v. Gilmore, 216 F.3d 401, 406 (4th Cir. 2000)).

1445 Hierzu und im Folgenden *Maxwell/McDonough/Waddington*, Teaching and Teacher Education 70 (2018), S. 196 f.; *Maxwell/McDonough/Waddington*, in: Peters (Hrsg.), Encyclopedia of Teacher Education, S. 1 (2).

Schüler auf eine für das Lernen günstige schulische Umgebung sowie dem Interesse der Schulverwaltung und des Lehramts, das Vertrauen der Öffentlichkeit in die Lehrkräfte und das öffentliche Bildungssystem aufrechtzuerhalten. Davon ausgehend ließen sich ferner vier auf dem Recht basierende Prinzipien ausmachen, anhand derer Lehrkräfte sich bei der Unterrichtsgestaltung orientieren könnten, um diese möglichst rechtskonform respektive im Einklang mit den Vorgaben der Schulverwaltung durchzuführen. Diese bestünden in der Anpassung des Unterrichts an den Lehrplan, der unparteiischen Gestaltung des Unterrichts („*even-handedness*“), dessen Orientierung am Alter und Reifegrad der Schüler sowie der Vermeidung aufrührerischer Rede („*inflammatory speech*“). Die Autoren erklären indes, dass die Befolgung dieser Prinzipien nicht garantiere, dass die Lehrperson für ihr Verhalten nicht sanktioniert werde.[1446] Lehrkräfte hätten hinsichtlich ihrer Unterrichtsgestaltung stets Sanktionen seitens der Schulbezirke zu befürchten. Mithin befänden sie sich in einem Dilemma, namentlich zwischen dem Bildungsinteresse der Schüler und ihrem eigenen Interesse an einem sicheren Arbeitsplatz abwägen zu müssen.

Im Gesamten ist zu konstatieren, dass die von *Maxwell et al.* herausgearbeiteten Beurteilungskriterien gerichtlicher Entscheidungen sowie die davon abgeleiteten Prinzipien für die Unterrichtsgestaltung zusammengenommen drei Dimensionen aufweisen: Lehrplanbezogenheit, Schülerorientierung und Gemeinschaftsorientierung.[1447] In diesen Rahmen eingebettet werden sie nachfolgend vertieft dargelegt.

a) Lehrplanbezogenheit

Aufgrund des durch die ständige Rechtsprechung oberer Gerichte konturierten Rechts des Staates, das Curriculum zu bestimmen und umzusetzen, ergebe sich den Autoren zufolge eine Lehrplanbezogenheit gerichtlicher Entscheidungen.[1448] Angesichts dessen sei festzustellen, dass die Lehrkraft im Rahmen ihrer Unterrichtsgestaltung zu beachten habe, dass diese im Einklang mit den

---

1446 Hierzu und im Folgenden *Maxwell/McDonough/Waddington*, Teaching and Teacher Education 70 (2018), S. 196 (197).

1447 Vgl. *Maxwell/McDonough/Waddington*, Teaching and Teacher Education 70 (2018), S. 196; *Maxwell/McDonough/Waddington*, in: Peters (Hrsg.), Encyclopedia of Teacher Education, S. 1 (2).

1448 Hierzu und im Folgenden *Maxwell/McDonough/Waddington*, Teaching and Teacher Education 70 (2018), S. 196 (198 f. u. 200); *Maxwell/McDonough/Waddington*, in: Peters (Hrsg.), Encyclopedia of Teacher Education, S. 1 (2 f. u. 4).

curricularen Vorgaben der Schulverwaltung stehe. So müsse die Auswahl von Unterrichtsmaterialien, -themen und -methoden die Förderung der lehrplanmäßig festgelegten pädagogischen Zwecke intendieren. Außerdem müsse bei Betrachtung der konkreten Unterrichtsplanung vernünftigerweise davon ausgegangen werden können, dass diese die Erfüllung der betreffenden Zwecke erreiche. Das Prinzip der Lehrplanbezogenheit ist insbesondere im Hinblick auf die rechtliche Beurteilung der Unterrichtsgestaltung im Hinblick auf Demokratiebildung von Bedeutung, zumal die Möglichkeiten und Grenzen des Schulunterrichts zuvörderst von den curricularen Regelungen der Schulräte abhängen.[1449]

b) Schülerorientierung

Des Weiteren stellen *Maxwell et al.* fest, dass im Rahmen gerichtlicher Entscheidungen auf zwei bildungsspezifische Belange von Schülern abgestellt werde.[1450] So würdige die Rechtsprechung zum einen das Interesse, Lernende vor unangebrachter Rede („*inappropriate speech*") zu schützen. Zum anderen berücksichtige sie deren Recht auf eine lernfreundliche schulische Umgebung. Das erstgenannte Interesse entspringe dem Umstand, dass Schüler als „*captive audience*" sich aufgrund der Schulpflicht dem Verhalten respektive dem Einfluss von Lehrkräften nicht entziehen könnten.[1451] Da diese den Lernenden gegenüber sowohl aufgrund des Altersunterschiedes als auch der ihnen zukommenden Autorität psychosozial überlegen seien, bestehe eine Gefahr der Indoktrination. Die Autoren weisen darauf hin, dass der Begriff der unangebrachten Rede extensiv ausgelegt werden könne, sodass er eine Vielzahl von Äußerungen und Verhaltensweisen umfasse. Gleichwohl sei dessen Interpretation in der Rechtsprechungspraxis nicht von Beliebigkeit gekennzeichnet, zumal die Gerichte sie unter Berücksichtigung des jeweiligen Kontextes sowie der Intention der Lehrkraft vornähmen. Der Begriff der unangebrachten Rede umfasse

---

1449 Zu der Gestaltungsmacht der Schulräte hinsichtlich des Curriculums im Allgemeinen Bd. of Educ. v. Pico, 457 U.S. 853, 863 (1982); siehe auch Evans-Marshall v. Bd. of Educ. of Tipp City, 624 F.3d 332, 340 (6th Cir. 2010).

1450 Hierzu und im Folgenden *Maxwell/McDonough/Waddington*, Teaching and Teacher Education 70 (2018), S. 196; *Maxwell/McDonough/Waddington*, in: Peters (Hrsg.), Encyclopedia of Teacher Education, S. 1 (2).

1451 Hierzu und im Folgenden *Maxwell/McDonough/Waddington*, Teaching and Teacher Education 70 (2018), S. 196 (199 u. 200 f.); *Maxwell/McDonough/Waddington*, in: Peters (Hrsg.), Encyclopedia of Teacher Education, S. 1 (3 u. 4 f.).

etwa das Kommunizieren eigener Meinungen zu kontroversen politischen und sozialen Themen sowie das Äußern von Vulgarismen oder Hassrede.

In Anbetracht des Interesses des Schutzes der Schüler vor unangebrachter Rede ergebe sich mithin für die pädagogische Praxis, dass die Lehrperson sich im Unterricht unparteiisch verhalten müsse.[1452] Dieser sei derart zu gestalten, dass eine einseitige (politische) Einflussnahme unter Ausnutzung der der Lehrperson zukommenden Autorität vermieden werde („*even-handedness*"). Außerdem müsse die Lehrkraft den Unterricht entsprechend dem Alter und Reifegrad der Lernenden gestalten. Das Recht der Schüler auf eine für das Lernen günstige schulische Umgebung sei in der höchstrichterlichen Entscheidung in *Tinker* verankert.[1453] Diese intendiere die Vermeidung erheblicher Störungen des schulischen Betriebs respektive des Schulfriedens, nicht zuletzt, um eine den Lernprozess fördernde Umgebung zu gewährleisten. In Anbetracht dessen sei Lehrkräften insbesondere hinsichtlich ihrer Auswahl von Unterrichtsthemen und -materialien zu empfehlen, Äußerungen und Verhaltensweisen zu vermeiden, die absehbar zu einem Aufruhr in der Schulgemeinschaft führen und damit „*inflammatory speech*" darstellen könnten. Mit anderen Worten ist hierunter wohl auch das Interesse an der Vermeidung einer Störung des Schulfriedens gemeint.

Die Autoren erklären in diesem Zusammenhang, dass die den Schulfrieden bedrohende aufrührerische Rede von der bloßen „*controversial speech*" abgegrenzt werden müsse, weil die Behandlung gerade umstrittener Themen besonders zur Entwicklung des kritischen Denkens und der Diskursfähigkeit der Lernenden beitrage.[1454] Dementsprechend sei es die Aufgabe der Lehrperson, im Rahmen ihrer Unterrichtsplanung abzuschätzen, ob die Durchführung des betreffenden Unterrichts lediglich zu vereinzelten kritischen Reaktionen oder zu einer Störung des schulischen Betriebs führe. Indes sei zu konstatieren, dass die Lehrkraft hinsichtlich der Korrektheit ihrer Einschätzung des Störungspotenzials keine Sicherheit genieße. Es sei ihr daher zu empfehlen, sich im Vorfeld

---

1452 Hierzu und im Folgenden *Maxwell/McDonough/Waddington*, Teaching and Teacher Education 70 (2018), S. 196 (199 u. 200 f.); *Maxwell/McDonough/Waddington*, in: Peters (Hrsg.), Encyclopedia of Teacher Education, S. 1 (3 u. 4 f.).

1453 Hierzu und im Folgenden *Maxwell/McDonough/Waddington*, Teaching and Teacher Education 70 (2018), S. 196 (199 u. 201); *Maxwell/McDonough/Waddington*, in: Peters (Hrsg.), Encyclopedia of Teacher Education, S. 1 (3 f. u. 5).

1454 Hierzu und im Folgenden *Maxwell/McDonough/Waddington*, Teaching and Teacher Education 70 (2018), S. 196 (199 u. 201); *Maxwell/McDonough/Waddington*, in: Peters (Hrsg.), Encyclopedia of Teacher Education, S. 1 (3 f. u. 5).

der Durchführung des Unterrichts an die Schulverwaltung zu wenden, um über dessen Gestaltung zu beraten.

c) Gemeinschaftsorientierung

Schließlich stellen *Maxwell et al.* fest, dass das Interesse der Vermeidung erheblicher Störungen neben der Gewährleistung einer lernfreundlichen schulischen Umgebung auch auf die Wahrung des Vertrauens der Öffentlichkeit in die Kompetenz der Lehrkräfte und in das öffentliche Bildungssystem abziele.[1455] Dementsprechend seien bei der Unterrichtsgestaltung zwecks Vermeidung von „*inflammatory speech*" auch die lokalen gesellschaftlichen Gegebenheiten in der örtlichen Schulgemeinschaft zu berücksichtigen, um eine Gefährdung des Schulfriedens zu verhüten.[1456] Wenngleich die Autoren die Wahrung des Vertrauens der Öffentlichkeit jedenfalls ausdrücklich nur im Hinblick auf die kanadische Judikatur konstatieren,[1457] weist auch die US-amerikanische Rechtsprechung eine derartige Gemeinschaftsorientierung auf. So ist die Gewährleistung der Erfüllung der öffentlichen Aufgaben ein zentraler Abwägungsaspekt nach dem „*Pickering balancing test*"[1458] ebenso wie die der Dienstfähigkeit der öffentlich Beschäftigten.[1459] Auch dem Hazelwood-Standard ist diese Gemeinschaftsorientierung inhärent, indem ihm zufolge etwa die Einschränkung einer Rede legitim ist, die nicht mit den gesellschaftlichen Werten übereinstimmt oder die die Neutralität der Schule in politischen Angelegenheiten tangiert.[1460]

1455 *Maxwell/McDonough/Waddington*, Teaching and Teacher Education 70 (2018), S. 196 (199 f. u. 201); *Maxwell/McDonough/Waddington*, in: Peters (Hrsg.), Encyclopedia of Teacher Education, S. 1 (4 u. 5).

1456 *Maxwell/McDonough/Waddington*, Teaching and Teacher Education 70 (2018), S. 196 (201).

1457 Vgl. *Maxwell/McDonough/Waddington*, Teaching and Teacher Education 70 (2018), S. 196 (199 f. u. 200).

1458 Vgl. Rankin v. McPherson, 483 U.S. 378, 388 (1987) (citing Pickering v. Bd. of Educ., 391 U.S. 563, 570–573 (1968)); *Allred*, Ind. L.J. 64 (1988), S. 43 (46); *Dale*, Berkeley J. Emp. & Lab. L. 29 (2008), S. 175 (183).

1459 Vgl. Rankin v. McPherson, 483 U.S. 378, 388 (1987) (citing Pickering v. Bd. of Educ., 391 U.S. 563, 570–573 (1968)); *McCarthy/Eckes*, B.U. Pub. Int. L.J. 17 (2008), S. 209 (211); *Norcross*, U. Balt. L. Rev. 40 (2011), S. 543 (548); *Norton*, Duke L.J. 59 (2009), S. 1 (10); *Rhodes*, Wm. & Mary Bill Rts. J. 15 (2007), S. 1173 (1185).

1460 Vgl. Hazelwood Sch. Dist. v. Kuhlmeier, 484 U.S. 260, 271–272 (1988) (quoting Bethel Sch. Dist. No. 403 v. Fraser, 478 U.S. 675, 683 (1986)).

2. Rechtsprechung

Im Folgenden werden die oben dargelegten Ergebnisse der Untersuchung von *Maxwell et al.* in Gestalt der Beurteilungskriterien gerichtlicher Entscheidungen sowie ihrer Implikationen für die pädagogische Tätigkeit von Lehrkräften anhand ausgewählter Entscheidungen US-amerikanischer Bundesgerichte illustriert.

a) Ausstellung eigener Materialien mit konträren Standpunkten anlässlich schulischen „Gay and Lesbian Awareness Month“: Downs v. Los Angeles Unified School District (9th Cir. 2000)

In dem der Entscheidung in *Downs v. Los Angeles Unified School District*[1461] zugrunde liegenden Fall klagte ein Highschool-Lehrer dagegen, dass die Schulverwaltung ihm versagte, anlässlich des schulischen „*Gay and Lesbian Awareness Month*“ seine eigenen Materialien an Schwarze Bretter in der Schule anzubringen, die konträre Standpunkte gegenüber den Inhalten der vonseiten des Schulbezirks ausgestellten Materialien enthielten.[1462] Im April 1997 veröffentlichte der Schulbezirk eine Mitteilung, die auf eine Resolution des Schulrates verwies, welche den Juni eines jeden Jahres zu einem Monat erklärte, in dem man Themen mit Bezug zu Homosexualität fokussiere, um „*Education for Diversity*“ zu fördern. In seiner Mitteilung informierte er darüber, dass Poster und andere Materialien bereitgestellt worden seien, um den Zweck des Themenmonats zu fördern, namentlich Toleranz und Vielfalt zu postulieren, Hass zu beseitigen und eine sichere Schulumgebung für alle Schüler zu schaffen. Zudem erklärte er, dass die betreffenden Materialien von Vertretern der örtlichen Gemeinschaft überprüft worden seien, da einige von kontroverser Natur gewesen seien und auf die Empfindungen der Gemeinschaft Rücksicht habe genommen werden müssen. Einige Wochen später wie auch im Folgejahr hingen Mitglieder des Schulpersonals anlässlich des Themenmonats ein Schwarzes Brett im Highschool-Gebäude des Bezirks auf, an das auch Lehrkräfte ihre eigenen Materialien ohne vorherige Prüfung durch die Schulverwaltung anbringen durften. Gleichwohl kam den Schuldirektoren in den jeweiligen Jahren die Entscheidungsmacht über die Inhalte zu.

1461 Downs v. Los Angeles Unified Sch. Dist., 228 F.3d 1003 (9th Cir. 2000).

1462 Hierzu und im Folgenden Downs v. Los Angeles Unified Sch. Dist., 228 F.3d 1003, 1005–1008 (9th Cir. 2000).

Der Lehrer und spätere Kläger beanstandete die Einführung des Themenmonats und gestaltete im selben sowie im Folgejahr seine eigenen Schwarzen Bretter, die er in der Nähe seines Klassenzimmers aufhing.[1463] An seinem Schwarzen Brett aus dem Jahr 1998 mit dem Titel „*Redifining the Family*" hingen nebst einem Auszug aus der Bibel mit Moralvorschriften zum Sexualverhalten weitere Texte, die unter anderem über eine behauptete ablehnende moralische Haltung der Mehrheit der US-Bürger gegenüber der Homosexualität und eine behauptete verfassungsrechtliche Befugnis der Einzelstaaten, so genannte „Sodomiegesetze" aufrechtzuerhalten, informierten. Ferner war ein Textauszug angebracht, der die Aussage enthielt, heterosexueller Geschlechtsverkehr sei angesichts seines Zwecks für die Fortpflanzung angemessen und natürlich sowie von anderen Geschlechtsakten zu unterscheiden.

In beiden Jahren entfernten die jeweiligen Schuldirektoren die Materialien des Lehrers oder forderten ihn dazu auf, diese selbst zu beseitigen.[1464] Diese Maßnahmen waren teilweise dadurch motiviert gewesen, dass Mitglieder der örtlichen Schulgemeinschaft die betreffenden Inhalte kritisierten. Beide Schuldirektoren erklärten gegenüber dem Lehrer, dass dessen Materialien vom Schulbezirk nicht gebilligt würden. Außerdem forderte einer der beiden den Lehrer dazu auf, im Rahmen der Ausstellung eigener Materialien nicht zu diskriminieren sowie die Trennung von Kirche und Staat zu beachten. Ferner erklärte der andere Schuldirektor ihm gegenüber, dass die betreffenden Inhalte den Zweck des Themenmonats nicht förderten sowie spalterisch und respektlos hinsichtlich der Rechte diverser Mitglieder des Schulpersonals seien. Überdies wies der Rechtsberater des Schulbezirks den Lehrer darauf hin, die Schwarzen Bretter stellten keine „*free speech zones*" dar. Dieser hingegen war der Ansicht, dass der Schulbezirk in dessen veröffentlichter Mitteilung dazu eingeladen habe, verschiedene Standpunkte zu Themen mit Bezug zu Homosexualität zu äußern.[1465]

Das erstinstanzliche Bezirksgericht erkannte in den Schwarzen Brettern im Schulgebäude nicht-öffentliche Foren und ordnete den Sachverhalt als einen Fall betreffend „*school-sponsored speech*" ein.[1466] Es wandte dementsprechend

---

1463 Hierzu und im Folgenden Downs v. Los Angeles Unified Sch. Dist., 228 F.3d 1003, 1005–1008 (9th Cir. 2000).

1464 Hierzu und im Folgenden Downs v. Los Angeles Unified Sch. Dist., 228 F.3d 1003, 1005–1008 (9th Cir. 2000).

1465 Downs v. Los Angeles Unified Sch. Dist., 228 F.3d 1003, 1014 (9th Cir. 2000).

1466 Hierzu und im Folgenden Downs v. Los Angeles Unified Sch. Dist., 228 F.3d 1003, 1008–1009 (9th Cir. 2000).

den Hazelwood-Standard an und erklärte, dass die Förderung von Toleranz ein legitimes pädagogisches Interesse darstelle. Ferner wies es die Behauptung des Klägers zurück, dass Einschränkungen einer Rede im Schulkontext nach *Hazelwood* in meinungsneutraler Weise ergehen müssten. Unbeschadet dessen habe die Schule meinungsneutral gehandelt, indem sie keine Förderung des „*gay and lesbian lifestyle*" intendierte, sondern lediglich Toleranz lehren wollte. Das Gericht gab dem Schulbezirk Recht.

Das Appellationsgericht weist in seiner Entscheidung eingangs darauf hin, es stelle sich vorliegend die Frage, ob der 1. Zusatzartikel der US-Verfassung verlange, dass eine öffentliche Schule ihr „Podium" mit einer Lehrkraft mit gegensätzlichen Ansichten teilen müsse, und erklärt sogleich, sie sei eindeutig zu verneinen.[1467] Dies sei darin begründet, dass die Schwarzen Bretter „*government speech*" darstellten, der Lehrer mithin nicht das Recht gehabt habe, den Inhalt dieser Rede zu bestimmen oder zu beeinflussen.[1468] Das Gericht konstatiert, der Schulbezirk habe nicht verfassungswidrig gehandelt, indem er die vom Lehrer angebrachten Materialien beseitigt oder diesen dazu aufgefordert habe, sie zu entfernen. Daraufhin geht es vertiefend auf die Gründe für sein Ergebnis ein und untersucht zunächst, wem die Rede in Gestalt des Ausstellens der Materialien auf den Schwarzen Brettern im Schulgebäude zuzuordnen ist. In Rekurs auf die höchstrichterliche Judikatur konstatiert es, die Redefreiheit von Schülern und Lehrkräften in der Schule sei begrenzt, wenn die betreffende Rede impliziere, dass die Schule sie äußere.[1469] Dementsprechend differenziere der US-Supreme Court zwischen der Tolerierung von Äußerungen einerseits sowie ihrer Förderung durch die Schule als „*school-sponsored speech*" andererseits.[1470] Im Gegensatz zur Vorinstanz erklärt das Appellationsgericht, dass seine Rechtsprechung im Falle der Einschränkung von „*school-sponsored speech*" verlange, dass diese in meinungsneutraler Weise erfolge, sodass er dies vorliegend prüfen müsste, wäre der Hazelwood-Standard einschlägig.[1471]

1467 Downs v. Los Angeles Unified Sch. Dist., 228 F.3d 1003, 1005 (9th Cir. 2000).

1468 Hierzu und im Folgenden Downs v. Los Angeles Unified Sch. Dist., 228 F.3d 1003, 1009 (9th Cir. 2000).

1469 Downs v. Los Angeles Unified Sch. Dist., 228 F.3d 1003, 1009 (9th Cir. 2000) (quoting Tinker v. Des Moines Independent Community Sch. Dist., 393 U.S. 503, 506–507 (1969)).

1470 Downs v. Los Angeles Unified Sch. Dist., 228 F.3d 1003, 1009–1010 (9th Cir. 2000) (citing Hazelwood Sch. Dist. v. Kuhlmeier, 484 U.S. 260, 270–271 (1988)).

1471 Downs v. Los Angeles Unified Sch. Dist., 228 F.3d 1003, 1010–1011 (9th Cir. 2000).

Indes sei dieser im vorliegenden Fall nicht anzuwenden.[1472] Vielmehr handele es sich bei der betreffenden Rede um eine „*government speech*“ des Schulbezirks, da dieser durch das Ausstellen der Materialien zum Themenmonat selbst gesprochen habe, um seine Politik der „*Education for Diversity*“ zu kommunizieren, und sämtliche Inhalte auf den Schwarzen Brettern unmittelbar auf den Schulbezirk zurückzuführen seien, zumal er diesbezüglich kein öffentliches Forum für Meinungsäußerungen begründet habe. Zudem habe die Gestaltung der Schwarzen Bretter unter der vollumfänglichen Aufsicht der jeweiligen Schuldirektoren gestanden. Dem stehe auch nicht der Umstand entgegen, dass diese ihre Aufsicht über die Inhalte faktisch nicht permanent ausübten. Indem sie das Anbringen von Materialien seitens des Schulpersonals akzeptierten, habe sich der Schulbezirk selbst geäußert. Dementsprechend habe die Maßnahme der Schuldirektoren, die dem Lehrer versagten, seine eigenen Materialien aufzuhängen, ebenso eine Rede des Schulbezirks dargestellt. Das Appellationsgericht gelangt zu dem Ergebnis, dass sämtliche Inhalte auf den Schwarzen Brettern dem Schulbezirk eigene Äußerungen darstellten.

Darauffolgend untersucht es, inwieweit der Schulbezirk seine eigene Rede kontrollieren durfte und erklärt, dass, wenn eine öffentliche Schule sich äußere, ihre eigene Rede nicht durch die Verfassung respektive die Forum-Analyse beschränkt sei.[1473] Somit habe die Schule vorliegend entscheiden können, dass der Lehrer sich nicht als ihr Repräsentant äußern durfte. Dem stehe auch nicht dessen Behauptung entgegen, der Schulbezirk habe dazu eingeladen, verschiedene Standpunkte zu äußern, indem er in seiner veröffentlichten Mitteilung in allgemeiner Weise erklärt habe, Themen mit Bezug zu Homosexualität zu fokussieren. Denn die Mitteilung sei im Gesamten derart zu interpretieren, dass der Schulbezirk mit der Förderung von Toleranz und Vielfalt einen bestimmten Zweck verfolgt habe, den die Rede des Lehrers nach Ansicht der Schulverwaltung beeinträchtigt habe. Außerdem sei dem Lehrer vonseiten der Schulverwaltung mitgeteilt worden, die Schwarzen Bretter stellten keine „*free speech zones*“ dar. Überdies könne das Zitieren der betreffenden Bibelstelle hinsichtlich der die Trennung von Kirche und Staat postulierenden „*Establishment Clause*“ des 1. Zusatzartikels der US-Verfassung problematisch sein. Das Gericht erklärt ferner, es sei irrelevant, ob es sich mit dem Gestalten der Schwarzen Bretter um

1472 Hierzu und im Folgenden Downs v. Los Angeles Unified Sch. Dist., 228 F.3d 1003, 1011–1012 (9th Cir. 2000).

1473 Hierzu und im Folgenden Downs v. Los Angeles Unified Sch. Dist., 228 F.3d 1003, 1013–1016 (9th Cir. 2000).

lehrplanbezogene Aktivitäten handele, da Lehrkräfte kein verfassungsmäßiges Recht hätten, den Lehrplan zu beeinflussen. Diese Auffassung stünde im Einklang mit der Judikatur anderer Gerichte.

Sodann führt es aus, dass, damit eine Person die Gelegenheit bekommen könne, für den Staat zu sprechen, diese erfolgreich aus dem Wahlprozess hervorgehen müsse.[1474] Der Schulrat des Schulbezirks sei durch die Bürger gewählt worden, sodass er so lange für den Bezirk spreche, wie er im Amt sei. Der Einfluss der örtlichen Gemeinschaft zeige sich außerdem daran, dass sie in die Entscheidungsprozesse des Schulbezirks etwa durch öffentliche Versammlungen des Schulrates einbezogen sei. Dieser Umstand sei durch die vonseiten des Schulbezirks veröffentlichte Mitteilung zum Themenmonat berücksichtigt worden, indem sie ausdrücklich eine Beteiligung von Gruppen der örtlichen Gemeinschaft, namentlich an der Überprüfung der Materialien für die Schwarzen Bretter vorgesehen habe. Schließlich bestätigt das Appellationsgericht die Entscheidung der Vorinstanz im Ergebnis.

b) Äußerung zu politischer Demonstration: Mayer v. Monroe County Community School Corporation (7th Cir. 2007)

Die Entscheidung in *Mayer v. Monroe County Community School Corporation*[1475] wurde vorliegend bereits oben behandelt.[1476] Sie wird in diesem Kapitel zwecks Illustration der oben dargelegten Ergebnisse der Untersuchung von *Maxwell et al.* nochmals herangezogen.

c) Offene Unterstützung eines Präsidentschaftskandidaten: Caruso v. Massapeque Union Free School District (E.D.N.Y. 2007)

In dem der Entscheidung in *Caruso v. Massapequa Union Free School District*[1477] zugrunde liegenden Fall behauptete eine ehemalige Grundschullehrerin, dass sie ihre probeweise Anstellung an einer Grundschule während ihres zweiten Dienstjahres aufgegeben habe, da sie dazu vonseiten des Schuldirektors gedrängt worden sei.[1478] In diesem Verhalten des Schuldirektors

---

1474 Hierzu und im Folgenden Downs v. Los Angeles Unified Sch. Dist., 228 F.3d 1003, 1016–1017 (9th Cir. 2000).

1475 Mayer v. Monroe Cnty. Cmty. Sch. Corp., 474 F.3d 477 (7th Cir. 2007).

1476 Hierzu vorliegend C. II. 2. c) aa) u. dd) mit Nachweisen.

1477 Caruso v. Massapequa Union Free Sch. Dist., 478 F.Supp.2d 377 (E.D.N.Y. 2007).

1478 Hierzu und im Folgenden Caruso v. Massapequa Union Free Sch. Dist., 478 F.Supp.2d 377, 380–381 (E.D.N.Y. 2007).

erkannte das Mitglied der Republikanischen Partei eine Sanktionsmaßnahme für die Ausübung ihres Rechts auf freie Rede, namentlich dafür, dass sie den US-Präsidenten *George W. Bush* offen politisch unterstütze. So habe sie nach eigener Aussage unter anderem im Unterricht über ihre politische Unterstützung des US-Präsidenten gesprochen sowie ein offizielles Foto von diesem im Klassenzimmer aufgehangen, welches sie auf Weisung der Schulverwaltung habe abhängen müssen.

Der Schulrat hingegen behauptete, das Aufhängen des Fotos des Präsidenten sei zeitlich mit der schulischen Veranstaltung einer nachgeahmten Präsidentschaftswahl durch die Schüler aller dritten Klassen zusammengefallen.[1479] In diesem Zusammenhang habe er die Lehrerin darum gebeten, das Foto entweder abzuhängen oder zusätzlich ein Bild des konkurrierenden Präsidentschaftsbewerbers der Demokratischen Partei aufzuhängen, um das legitime pädagogische Interesse durchzusetzen, zu vermeiden, dass die Schüler den Eindruck gewönnen, sie müssten den von ihrer Lehrerin favorisierten Kandidaten wählen. Ferner habe keine Person in der Schulverwaltung Kenntnis von den politischen Aktivitäten der Lehrerin gehabt. Selbst wenn dies nicht der Fall gewesen wäre, hätte dies für die berufliche Laufbahn der Lehrerin keinen Unterschied bedeutet, da ihre dienstlichen Beurteilungen zu den schlechtesten im Schulbezirk gezählt hätten. Zudem habe der Schulrat keine Kenntnis über die Umstände gehabt, die zu der Aufgabe der Tätigkeit seitens der Lehrerin führten.

In seiner Entscheidung erklärt das Bezirksgericht zwar, es bestehe die Möglichkeit, dass *Garcetti* vorliegend heranzuziehen sei.[1480] Auch weist es darauf hin, dass, falls die kategorische Ausschlussregel vorliegend etwa aufgrund einer Ausnahme für Lehrtätigkeiten nicht einschlägig sei, der Pickering-Connick-Standard Anwendung finde. Gleichwohl weist es den Antrag auf „*summary judgement*" hinsichtlich der Frage nach einer Verletzung der Redefreiheit der ehemaligen Grundschullehrerin mit der Begründung ab, der Sachverhalt sei nicht zur Genüge geklärt.

1479 Hierzu und im Folgenden Caruso v. Massapequa Union Free Sch. Dist., 478 F.Supp.2d 377, 380–381 (E.D.N.Y. 2007).

1480 Caruso v. Massapequa Union Free Sch. Dist., 478 F.Supp.2d 377, 381–384 (E.D.N.Y. 2007).

d) *Wahlkampf-Buttons: Weingarten v. Board of Education of City School District (S.D.N.Y. 2010)*

Im Fall in *Weingarten v. Board of Education of City School District*[1481] klagten der Präsident einer Lehrer-Gewerkschaft sowie drei weitere Lehrkräfte gegen den städtischen Bildungsrat von New York, den Kanzler des Schulbezirks sowie die Stadt und behaupteten, eine Regelung, die es dem Schulpersonal untersagte, in Gebäuden des Schulbezirks politische Wahlkampf-Buttons zu tragen, verletze unter anderem ihre Rechte aus dem 1. Zusatzartikel der US-Verfassung.[1482] Ursprünglich verlangte die Regelung vom Schulpersonal völlige politische Neutralität während der Ausführung ihrer Dienste sowie bei Kontakt mit Schülern. Zudem untersagte sie es dem Personal, politische Materialien in Schulgebäuden aufzuhängen oder auszustellen. Ferner durften ihr zufolge derartige Materialien nicht in Briefkästen des Personals gelegt werden, es sei denn, sie seien integraler Bestandteil regelmäßig veröffentlichter Personal-Zeitungen oder Newsletter. Im Jahr 2018 informierte der Leiter der Rechtsabteilung des Kanzlers des Schulbezirks die Lehrer-Gewerkschaft vor dem Hintergrund der angestandenen US-Präsidentschaftswahlen darüber, dass die Regelung es Lehrkräften verbiete, Wahlkampf-Buttons zu tragen und Wahlkampf-Materialien zu verteilen.

Die Kläger griffen die Verbote zunächst im Wege eines Antrags auf einstweilige Verfügung an.[1483] Diesem gab das Bezirksgericht hinsichtlich des Anbringens politischer Materialien in für Schüler unzugänglichen Gebäuden sowie des Platzierens derartiger Materialien in Personal-Briefkästen statt. In Bezug auf das Verbot des Tragens von Wahlkampf-Buttons seitens des Lehrpersonals wies es den Antrag indes ab und erkannte, dieses habe in einem Zusammenhang mit den legitimen pädagogischen Interessen der Beklagten gestanden, namentlich, eine Verstrickung von Parteipolitik und Erfüllung des öffentlichen Bildungsauftrags zu verhindern sowie zu vermeiden, dass ein Teil der Schülerschaft fälschlicherweise annehme, die Ansichten, die die Wahlkampf-Buttons ausdrückten, würden vom Schulbezirk geteilt.

1481 Weingarten v. Bd. of Educ. of City Sch. Dist., 680 F.Supp.2d 595 (S.D.N.Y. 2010).

1482 Hierzu und im Folgenden Weingarten v. Bd. of Educ. of City Sch. Dist., 680 F.Supp.2d 595, 596–599 (S.D.N.Y. 2010).

1483 Hierzu und im Folgenden Weingarten v. Bd. of Educ. of City Sch. Dist., 591 F.Supp.2d 511, 514–522 (S.D.N.Y. 2008); hierzu und im Folgenden auch Weingarten v. Bd. of Educ. of City Sch. Dist., 680 F.Supp.2d 595, 596–599 (S.D.N.Y. 2010).

Daraufhin änderten die Beklagten die streitgegenständliche Regelung insofern, als sie nunmehr erlaubte, politische Materialien in Personal-Briefkästen zu legen sowie derartige Materialien an Schwarze Bretter der Gewerkschaften in für Schuler unzugänglichen Gebäuden des Schulbezirks anzubringen.[1484] Im gerichtlichen Verfahren stellten die Beklagten sodann einen Antrag auf „*summary judgement*" und beantragten, die Klage insoweit abzuweisen, als das Verbot des Tragens politischer Buttons die Redefreiheit der Kläger verletze. Während die Beklagten ihren Antrag darauf stützten, die Kläger könnten nicht darlegen, das Verbot stehe nicht in einem angemessenen Zusammenhang mit den oben genannten pädagogischen Interessen, beriefen sich die Kläger auf ein von ihnen in Auftrag gegebenes fachliches Gutachten eines Psychologie-Professors. In diesem konstatierte er, dass im Gegensatz zu Grund- und Middle-School-Schülern jedenfalls die Mehrheit der Highschool-Schüler verstünde, dass die durch das Tragen der Buttons geäußerten politischen Ansichten nicht dem Schulbezirk zuzuordnen seien, sondern persönliche Meinungsäußerungen von Lehrkräften darstellten.

Das Bezirksgericht erklärt in seiner Entscheidung eingangs, die leitenden Schulräte hätten gemäß *Hazelwood* die verfassungsmäßige Befugnis, die Rede von Lehrkräften im Unterricht im angemessenen Rahmen aus legitimen pädagogischen Gründen einzuschränken.[1485] Mithin sei die streitgegenständliche Regelung verfassungsmäßig, wenn die Beklagten nach Treu und Glauben in angemessener Weise davon ausgehen könnten, das Verbot des Tragens von Wahlkampf-Buttons fördere ihre legitimen pädagogischen Interessen.[1486] Das Gericht stellt fest, die Kläger gestünden nunmehr zu, dass das Verbot im Kontext der Grundschulen und „*Middle schools*" legitimen pädagogischen Interessen diene, da das klägerseits angeführte Gutachten ebendies konstatiere.[1487]

Sodann führt es aus, der Hazelwood-Judikatur zufolge sei ein Beschluss eines Schulrates, der entscheide, dass Meinungsäußerungen durch das Tragen politischer Buttons die Erfüllung dessen öffentlicher Aufgaben beeinträchtigten,

1484 Hierzu und im Folgenden Weingarten v. Bd. of Educ. of City Sch. Dist., 680 F.Supp.2d 595, 597–599 (S.D.N.Y. 2010).

1485 Weingarten v. Bd. of Educ. of City Sch. Dist., 680 F.Supp.2d 595, 599–600 (S.D.N.Y. 2010) (citing Hazelwood Sch. Dist. v. Kuhlmeier, 484 U.S. 260, 270–273 (1988)).

1486 Weingarten v. Bd. of Educ. of City Sch. Dist., 680 F.Supp.2d 595, 600 (S.D.N.Y. 2010).

1487 Weingarten v. Bd. of Educ. of City Sch. Dist., 680 F.Supp.2d 595, 600 (S.D.N.Y. 2010).

deshalb zu würdigen, da der Schulrat hinsichtlich der Beantwortung dieser Frage über eine fachliche Expertise verfüge.[1488] Dementsprechend müssten die Beklagten keine empirische Grundlage für ihre Entscheidung anführen.[1489] Das Gericht stellt zugleich fest, dass das klägerseits angeführte Gutachten keine derartige Grundlage für die klägerischen Behauptungen biete. Dieses erkenne sogar an, dass eine Minderheit der Highschool-Schüler nicht in der Lage sei, zu verstehen, es handele sich bei den Meinungsäußerungen durch das Tragen der Buttons nicht um die Ansichten der Schule, wobei es nicht darlege, dass es sich tatsächlich nur um eine Minderheit handele. Da das Gutachten mithin nicht die notwendigen Anforderungen erfülle, sei festzustellen, dass die Kläger nicht darlegen könnten, das streitgegenständliche Verbot stehe nicht in einem angemessenen Zusammenhang mit legitimen pädagogischen Belangen.[1490]

Das Bezirksgericht führt aus, die Kläger hätten die Behauptung der Beklagten nicht widerlegt, dass das Äußern parteipolitischer Bekenntnisse im Unterricht gegenüber einer „*captive audience*“ dem pädagogischen Auftrag der Schule zuwiderlaufe.[1491] Der Wunsch der Beklagten, Neutralität hinsichtlich kontroverser Themen zu wahren, sei ein legitimes pädagogisches Anliegen.[1492] Es gelangt zu dem Fazit, dass die Kläger das legitime pädagogische Interesse der Beklagten weder bestreiten noch in Zweifel ziehen könnten, falsche Annahmen eines Teils der Schüler über die Ansichten des Schulbezirks sowie, was möglicherweise noch wichtiger sei, eine Verstrickung von Parteipolitik und Erfüllung des öffentlichen Bildungsauftrags zu vermeiden.[1493] Das Gericht gibt dem Antrag der Beklagten auf Abweisung der Klage insoweit statt, als diese

1488 Weingarten v. Bd. of Educ. of City Sch. Dist., 680 F.Supp.2d 595, 600 (S.D.N.Y. 2010) (citing Hazelwood Sch. Dist. v. Kuhlmeier, 484 U.S. 260, 267 (1988)).

1489 Hierzu und im Folgenden Weingarten v. Bd. of Educ. of City Sch. Dist., 680 F.Supp.2d 595, 600–601 (S.D.N.Y. 2010).

1490 Weingarten v. Bd. of Educ. of City Sch. Dist., 680 F.Supp.2d 595, 601 (S.D.N.Y. 2010) (citing Daubert v. Merrell Dow Pharmaceuticals, 509 U.S. 579 (1993)).

1491 Weingarten v. Bd. of Educ. of City Sch. Dist., 680 F.Supp.2d 595, 601 (S.D.N.Y. 2010).

1492 Weingarten v. Bd. of Educ. of City Sch. Dist., 680 F.Supp.2d 595, 601–602 (S.D.N.Y. 2010) (citing Mayer v. Monroe Cnty. Cmty. Sch. Corp., 474 F.3d 477, 479–480 (7th Cir. 2007); Californian Teachers Association v. Governing Bd. of San Diego Unified Sch. Dist., 53 Cal.Rptr.2d 474, 478–480 (1996)).

1493 Weingarten v. Bd. of Educ. of City Sch. Dist., 680 F.Supp.2d 595, 602 (S.D.N.Y. 2010) (citing Weingarten v. Bd. of Educ. of City Sch. Dist., 591 F.Supp.2d 511, 520 (S.D.N.Y. 2008)).

eine Verletzung der Redefreiheit des Klägers aufgrund des Verbotes des Tragens politischer Buttons behaupte.[1494]

e) *Thematisierung rassistischer Begriffe: Brown v. Chicago Board of Education (7th Cir. 2016)*

In dem der Entscheidung in *Brown v. Chicago Board of Education*[1495] zugrunde liegenden Fall suspendierte ein Schulrat einen Lehrer für fünf Tage von dessen Dienst, da dieser während eines Unterrichtsgesprächs mit seinen Schülern über die Unangemessenheit der Verwendung rassistischer Begriffe das Wort „*nigger*" aussprach und damit nach Ansicht des Schulrates gegen ein schulinternes Verbot verstieß, das es Lehrkräften ausnahmslos untersagte, gegenüber oder in Anwesenheit von Schülern rassistische Begriffe zu verwenden.[1496] In der betreffenden Stunde seines Grammatikunterrichts erwischte der Lehrer seine Schüler dabei, wie sie untereinander einen Zettel weitergaben, auf dem unter anderem Songtexte aufgeschrieben waren, die das oben genannte Wort enthielten. Dies nahm er zum Anlass, ein Unterrichtsgespräch darüber zu initiieren, warum derartige Begriffe verletzend sind und nicht verwendet werden sollen. Der Schuldirektor, der den Unterricht beobachtete, bekam mit, wie der Lehrer in diesem Zusammenhang das betreffende Wort äußerte. Schließlich wurde dieser für eine Dauer von fünf Tagen von seinem Dienst suspendiert. Er klagte gegen diese Maßnahme und behauptete unter anderem eine Verletzung seiner Redefreiheit. Ferner rügte er, dass die schulinternen Regelungen, die das Verbot aufstellten, zu unbestimmt seien. Das erstinstanzliche Bezirksgericht gab dem Schulrat Recht.[1497]

Das Appellationsgericht erklärt in seiner Entscheidung eingangs, dass *Garcetti* vorliegend einschlägig sei und dementsprechend untersucht werden müsse, ob der öffentlich Beschäftigte sich als Bürger zu Angelegenheiten von öffentlichem Interesse äußere.[1498] Spreche dieser weder als Bürger noch zu öffentlichen Belangen, sei seine Rede nicht geschützt.[1499] Es führt aus, dass die

---

1494 Weingarten v. Bd. of Educ. of City Sch. Dist., 680 F.Supp.2d 595, 602 (S.D.N.Y. 2010).

1495 Brown v. Chicago Bd. of Educ., 824 F.3d 713 (7th Cir. 2016).

1496 Hierzu und im Folgenden Brown v. Chicago Bd. of Educ., 824 F.3d 713, 713–716 (7th Cir. 2016).

1497 Brown v. Bd. of Educ. of City of Chicago, 84 F.Supp.3d 784, 792 (N.D.Ill. 2015).

1498 Brown v. Chicago Bd. of Educ., 824 F.3d 713, 715 (7th Cir. 2016) (quoting Garcetti v. Ceballos, 547 U.S. 410, 418 (2006)).

1499 Brown v. Chicago Bd. of Educ., 824 F.3d 713, 715 (7th Cir. 2016).

Unterrichtstätigkeit eine Rede entsprechend den dienstlichen Pflichten einer Lehrkraft darstelle, da es deren Hauptaufgabe sei, im Unterricht über Themen zu sprechen, bezüglich derer erwartet werde, dass sie sie unterrichte.[1500]

Das Gericht konstatiert sodann, dass die Frage, ob Äußerungen im Kontext von Wissenschaft und Lehrtätigkeit von der kategorischen Ausschlussregel umfasst seien, vom US-Supreme Court nicht beantwortet worden sei, sodass sie vorerst offen bleibe.[1501] Dem stehe der Umstand nicht entgegen, dass das Appellationsgericht im Neunten Bundesgerichtskreis in *Demers v. Austin*[1502] die höchstrichterlichen Ausführungen insofern interpretiere, als derartige Äußerungen nicht von *Garcetti* erfasst seien, zumal dieses über eine Rede im Hochschulkontext und damit im Zusammenhang der Wissenschaftsfreiheit entschieden habe.[1503] Ergänzend weist das Gericht darauf hin, dass die Auffassung, die kategorische Ausschlussregel sei auf die Unterrichtstätigkeit im primären und sekundären Bildungsbereich anzuwenden, von anderen Appellationsgerichten einschließlich des Appellationsgerichts im Neunten Bundesgerichtskreis geteilt werde.[1504]

Im Hinblick auf den ihm vorliegenden Fall führt das Gericht daraufhin aus, dass der Lehrer sein Unterrichtsgespräch über rassistische Begriffe in seinen Grammatikunterricht eingebettet habe, sodass er seine Äußerungen entsprechend seinen Dienstpflichten geäußert habe.[1505] An diesem Ergebnis ändere auch der Umstand, dass er vom offiziellen Lehrplan abgewichen sei, nichts. Unabhängig davon sei es die Aufgabe der Lehrkraft, die Klassenordnung

---

1500 Brown v. Chicago Bd. of Educ., 824 F.3d 713, 715 (7th Cir. 2016) (quoting Mayer v. Monroe Cnty. Cmty. Sch. Corp., 474 F.3d 477, 479 (7th Cir. 2007) (internal quoting marks omitted) (quoting Garcetti v. Ceballos, 547 U.S. 410, 418 (2006))).

1501 Brown v. Chicago Bd. of Educ., 824 F.3d 713, 715 (7th Cir. 2016) (quoting Garcetti v. Ceballos, 547 U.S. 410, 425 (2006)).

1502 Demers v. Austin, 746 F.3d 402 (9th Cir. 2014).

1503 Brown v. Chicago Bd. of Educ., 824 F.3d 713, 716 (7th Cir. 2016) (citing Demers v. Austin, 746 F.3d 402, 411 (9th Cir. 2014)).

1504 Brown v. Chicago Bd. of Educ., 824 F.3d 713, 716 (7th Cir. 2016) (citing Johnson v. Poway Unified Sch. Dist., 658 F.3d 954, 962–963 (9th Cir. 2011); Evans-Marshall v. Bd. of Educ. of Tipp City, 624 F.3d 332 (6th Cir. 2010)); lediglich das Appellationsgericht im Vierten Bundesgerichtskreis nehme eine Ausnahme von *Garcetti* für Äußerungen im Schulunterricht an, siehe Brown v. Chicago Bd. of Educ., 824 F.3d 713, 716 (7th Cir. 2016) (citing Lee v. York Cnty. Sch. Div., 484 F.3d 687, 694 n.11 (4th Cir. 2007)).

1505 Hierzu und im Folgenden Brown v. Chicago Bd. of Educ., 824 F.3d 713, 715 (7th Cir. 2016).

aufrechtzuerhalten, sodass das Handeln des Lehrers insofern seinen dienstlichen Pflichten entsprach, als er dieses einsetzte, um ein Fehlverhalten der Schüler zu unterbinden. Das Gericht gelangt zu dem Ergebnis, dass der Lehrer in seiner Rolle als Lehrkraft und nicht als Bürger gesprochen habe, sodass seine Rede nicht vom 1. Zusatzartikel der US-Verfassung geschützt sei.[1506]

Daraufhin widmet es sich dem Vorbringen des Lehrers, die schulinternen Regelungen, die das Verbot der Äußerung rassistischer Begriffe aufstellten, seien zu unbestimmt, die Suspendierung verletze folglich seine verfassungsmäßigen Verfahrensrechte.[1507] Das Gericht lehnt die Behauptung ab, das Tatbestandsmerkmal der rassistischen Begriffe sei unklar, zumal das vonseiten des Lehrers geäußerte Wort ein typischer rassistischer Ausdruck sei und er selbst davon ausgehe, dass dieser unter den Oberbegriff falle, da er ihn im Unterricht entsprechend thematisiert habe. Zudem müsse eine Regelung nicht jedes einzelne Tatbestandsmerkmal definieren, um der verfassungsmäßig erforderlichen Bestimmtheit zu genügen. Mithin hätten die schulinternen Regelungen eine angemessene Warnung für den Lehrer dargestellt, dass das betreffende Wort verboten sei.

Schließlich führt das Appellationsgericht aus, dass die Kritik des Lehrers an dem Verbot wohl daher rühre, dass dieses nicht danach differenziere, ob ein Begriff zu pädagogisch-erzieherischen Zwecken oder in beleidigender Weise genutzt werde.[1508] Indes verbiete die Vorschrift ausdrücklich die Äußerung rassistischer Begriffe gegenüber Schülern sowie gerade auch in Anwesenheit derselben. Ferner ändere auch der Umstand, dass der Lehrer nicht darüber in Kenntnis gesetzt worden sei, dass eine in der Vergangenheit praktizierte Vorgehensweise, das Verbot im Falle von Äußerungen zu pädagogischen Zwecken nicht durchzusetzen, nicht mehr umgesetzt werde, nichts an der Verfassungsmäßigkeit der Suspendierung, da es sich bei der ungeschriebenen Vorgehensweise nicht um eine formale Regelung handele. Mithin sei der Lehrer auch nicht in seinen verfassungsmäßigen Verfahrensrechten verletzt. Das Gericht konstatiert, dass dessen Frustration zwar nachvollziehbar sei und der Schulrat durch die Suspendierung kurzsichtig gehandelt haben mochte. Gleichwohl

---

1506 Brown v. Chicago Bd. of Educ., 824 F.3d 713, 716 (7th Cir. 2016).

1507 Hierzu und im Folgenden Brown v. Chicago Bd. of Educ., 824 F.3d 713, 716–718 (7th Cir. 2016).

1508 Hierzu und im Folgenden Brown v. Chicago Bd. of Educ., 824 F.3d 713, 716–718 (7th Cir. 2016).

habe dieser die verfassungsmäßigen Rechte des Lehrers nicht verletzt.[1509] Das Appellationsgericht bestätigt die Entscheidung der Vorinstanz.[1510]

f) Auswertung

In seiner Entscheidung in *Downs* wendet das Appellationsgericht weder die Doktrin zur Redefreiheit öffentlich Beschäftigter noch den Hazelwood-Standard an, sondern zieht die „*government speech doctrine*“ heran.[1511] Dadurch, dass es sämtliche Äußerungen in Form der Gestaltung der Schwarzen Bretter im Rahmen des „*Gay and Lesbian Awareness Month*“ als dem Schulbezirk beziehungsweise dem Staat eigene Reden klassifiziert, kommt dem Lehrer folglich unter keinen Umständen ein Recht zu, diese durch eigene Beiträge mitzugestalten.[1512] Hätte es die Äußerungen hingegen als „*school-sponsored speech*“ eingeordnet, hätte es seiner eigenen Judikatur entsprechend untersuchen müssen, ob die Einschränkung der Rede des Lehrers in meinungsneutraler Weise erfolgte.[1513] In diesem Fall hätte das Gericht zu einem anderen Endergebnis gelangen können, indem es hätte argumentieren können, die Maßnahme der Schulverwaltung, es dem Lehrer zu untersagen, seine eigenen Materialien auszustellen, sei nicht meinungsneutral erfolgt, da sie in dessen gegensätzlicher, ablehnender Haltung zum Themenmonat respektive zu bestimmten Fragen mit Bezug zu Homosexualität begründet gewesen sei.

Andererseits hätte es die Argumentation der Vorinstanz übernehmen können, die in der Durchführung des Themenmonats seitens der Schulverwaltung keine meinungsdiskriminierende[1514] Positionierung hinsichtlich Themen mit Bezug zu Homosexualität, sondern lediglich eine meinungsneutrale Förderung

---

1509 Das Appellationsgericht erklärt einleitend, der vorliegende Fall sei exemplarisch für die Tatsache, dass nicht alles, was unerwünscht, ärgerlich oder schädlich sei, eine Verletzung des (Verfassungs-)Rechts darstelle. In diesem Zusammenhang zitiert es den ehemaligen Richter am US-Supreme Court *Justice Scalia*, der einmal geäußert habe, dass er sich einen Stempel für Richter mit dem Text „*stupid but constitutional*“ wünsche, siehe Brown v. Chicago Bd. of Educ., 824 F.3d 713, 714 (7th Cir. 2016) m.w.N.

1510 Brown v. Chicago Bd. of Educ., 824 F.3d 713, 718 (7th Cir. 2016).

1511 Vgl. Downs v. Los Angeles Unified Sch. Dist., 228 F.3d 1003, 1009 (9th Cir. 2000).

1512 Vgl. Downs v. Los Angeles Unified Sch. Dist., 228 F.3d 1003, 1011–1017 (9th Cir. 2000).

1513 Vgl. Downs v. Los Angeles Unified Sch. Dist., 228 F.3d 1003, 1010–1011 (9th Cir. 2000).

1514 Hierzu vorliegend C. I. 3. mit Nachweisen.

von Toleranz erkannte.[1515] Diese Auffassung steht jedoch im Widerspruch zu der tatsächlichen Entscheidungsbegründung des Appellationsgerichts, das gerade davon ausgeht, dass Lehrer und Schulbezirk unterschiedliche Standpunkte äußern.[1516]

Das Appellationsgericht nimmt weder eine eingehende inhaltliche Prüfung beziehungsweise Bewertung der Materialien des Lehrers noch derer des Schulbezirks vor.[1517] Vielmehr stellt es allein auf die Darstellung der Schulverwaltung ab, die eine Beeinträchtigung des Zwecks des Themenmonats durch die Äußerungen des Lehrers behauptet. Damit einhergehend anerkennt es eine allein dem Schulrat zuzuordnende schulverfassungsmäßige Kompetenz zur Gestaltung des schulischen Betriebs, die es mit dem Prinzip demokratischer Legitimation begründet. Ferner weist es darauf hin, dass die Rede des Lehrers auch dann nicht geschützt wäre, wenn der Themenmonat als lehrplanmäßige Aktivität einzuordnen wäre, da es die Rechtsauffassung vertritt, Lehrkräfte hätten überhaupt kein Recht, den Lehrplan zu gestalten.[1518]

Im Hinblick auf den der Entscheidung zugrunde liegenden Sachverhalt ist zu konstatieren, dass das Verhalten des Lehrers jedenfalls aus Sicht der Schulverwaltung einen offensiven und renitenten Charakter aufwies, zumal er die Autorität seiner unmittelbaren Vorgesetzten wiederholt herausforderte, wenngleich diese ihn etwa darauf hinwiesen, dass die Schwarzen Bretter keine „*free speech zones*“ darstellten und seine Äußerungen nicht gebilligt würden, zumal sie die Rechte einiger Mitglieder des Schulpersonals verletzen würden.[1519] Ferner riefen seine Äußerungen Kritik in der örtlichen Schulgemeinschaft hervor, sodass die Schulverwaltung angesichts dessen wohl nachteilige Einflüsse seines Verhaltens auf das Schulklima befürchtete. Mithin liegt es jedenfalls nicht fern, davon auszugehen, dass die Schulverwaltung die Rede des Lehrers als „*inflammatory speech*“ betrachtete und eine Störung des Schulfriedens zu vermeiden suchte.

1515 Vgl. Downs v. Los Angeles Unified Sch. Dist., 228 F.3d 1003, 1008–1009 (9th Cir. 2000).

1516 Vgl. Downs v. Los Angeles Unified Sch. Dist., 228 F.3d 1003, 1005 (9th Cir. 2000).

1517 Vgl. hierzu und im Folgenden Downs v. Los Angeles Unified Sch. Dist., 228 F.3d 1003, 1011–1017 (9th Cir. 2000).

1518 Vgl. Downs v. Los Angeles Unified Sch. Dist., 228 F.3d 1003, 1015–1016 (9th Cir. 2000).

1519 Vgl. hierzu und im Folgenden Downs v. Los Angeles Unified Sch. Dist., 228 F.3d 1003, 1005–1008 (9th Cir. 2000).

In *Mayer* begründet das Appellationsgericht sein Ergebnis damit, dass die Lehrerin durch ihre Äußerung zu den Demonstrationen hinsichtlich militärischer Operationen im Irak gegen die Vorgaben des durch den Schulrat aufgestellten Lehrplans verstieß, der eine neutrale Darstellung aktueller Geschehnisse verlangte.[1520] Dementsprechend klassifiziert es die Aussage der Lehrerin als lehrplanbezogen und damit einhergehend als Rede entsprechend ihren Dienstpflichten, sodass diese nicht durch die Verfassung geschützt ist. In diesem Zusammenhang anerkennt das Gericht ausdrücklich eine vollumfängliche Gestaltungsmacht des Schulrates über den Unterricht. Diese begründet es mit der Verfolgung des Zwecks, eine Indoktrination der Schüler als „*captive audience*" zu vermeiden. Zugleich verneint es das Bestehen eines Rechts von Lehrkräften, das Curriculum mitzugestalten.

Es ist zu konstatieren, dass die Entscheidung des Gerichts insofern eine Schülerorientierung aufweist, als es Meinungsäußerungen durch Lehrkräfte unter Bezugnahme auf die lehrplanmäßigen Vorgaben als unangebrachte Rede einordnet, die geeignet ist, Lernende einseitig politisch zu beeinflussen.[1521] Darüber hinaus ist im Hinblick auf den der Entscheidung zugrunde liegenden Sachverhalt zu konstatieren, dass, falls die Behauptung der Lehrerin zuträfe, ihr befristetes Dienstverhältnis sei aufgrund ihrer Äußerung nicht verlängert worden, es jedenfalls nicht fern läge, davon auszugehen, dass die Beschwerden aus der Elternschaft die Maßnahme des Schulrates motivierten, der diese wohl ergriffen hätte, um eine Störung des Schulfriedens durch die etwaige „*inflammatory speech*" der Lehrerin zu verhindern.[1522]

In *Caruso* behauptet die ehemalige Grundschullehrerin, sie sei aus parteipolitischen Gründen zur Aufgabe ihrer Stelle gedrängt worden, sodass sie in ihren verfassungsmäßigen Rechten verletzt sei.[1523] Nach ihrer Darstellung des Sachverhalts habe sie ihre politische Einstellung offen kommuniziert, insbesondere gegenüber den Schülern im Unterricht offenbart sowie ein Bild des ihrerseits politisch unterstützten US-Präsidenten aufgehangen. Demgegenüber behauptet die Schulverwaltung, die parteipolitische Motivation der Lehrerin

---

1520 Vgl. hierzu und im Folgenden Mayer v. Monroe Cnty. Cmty. Sch. Corp., 474 F.3d 477, 479–480 (7th Cir. 2007).

1521 Vgl. Mayer v. Monroe Cnty. Cmty. Sch. Corp., 474 F.3d 477, 479–480 (7th Cir. 2007).

1522 Vgl. Mayer v. Monroe Cnty. Cmty. Sch. Corp., 474 F.3d 477, 478–479 (7th Cir. 2007).

1523 Vgl. hierzu und im Folgenden Caruso v. Massapequa Union Free Sch. Dist., 478 F.Supp.2d 377, 380–381 (E.D.N.Y. 2007).

sei ihr nicht bekannt gewesen. Sie weist darauf hin, dass es jedenfalls im Einklang mit legitimen pädagogischen Interessen gestanden habe, zu verlangen, dass vor dem Hintergrund der nachgeahmten Präsidentschaftswahl durch die Schüler auch das Bild des konkurrierenden Kandidaten aufgehangen werde, um eine parteipolitische Beeinflussung der Lernenden zu vermeiden. Da der Sachverhalt nach Ansicht des Gerichts nicht zur Genüge geklärt war, entschied es den Fall nicht, erklärte allerdings, dass die Einschlägigkeit der Doktrin zur Redefreiheit öffentlich Beschäftigter naheliegt.[1524]

Nichtsdestotrotz kann der Fall unter Berücksichtigung der Darstellungen der Parteien rechtlich eingeordnet werden. Unter Zugrundelegung von *Garcetti* können sowohl die ausdrücklichen parteipolitischen Äußerungen als auch das Aufhängen des Bildes aufgrund des Vorliegens des Schul- bzw. Unterrichtskontextes als Rede im Zusammenhang mit der Lehrtätigkeit respektive dem Lehrplan, mithin entsprechend den Dienstpflichten wie in *Mayer* betrachtet werden, sodass sie nicht geschützt sind.[1525] Ebenso kann freilich argumentiert werden, dass die politischen Bekenntnisse lediglich bei Gelegenheit beziehungsweise abseits der Vermittlung der Lehrplaninhalte geäußert wurden, sodass sie jedenfalls nicht den „gewöhnlichen Dienstpflichten“ zuzuordnen sind.[1526]

Gelangt man auf die Prüfungsebene des Pickering-Connick-Standards, so ist es vertretbar, die parteipolitischen Äußerungen unter die weite Definition der öffentlichen Belange zu subsumieren, die Äußerungen zu politischen Themen ausdrücklich umfasst.[1527] Demgegenüber teilen einige Appellationsgerichte indes die Auffassung, „*in-class speech*“ sei in keinem Fall eine Rede zu öffentlichen Angelegenheiten, unabhängig davon, ob sie in der Vermittlung der

1524 Vgl. Caruso v. Massapequa Union Free Sch. Dist., 478 F.Supp.2d 377, 381–384 (E.D.N.Y. 2007).

1525 Vgl. Mayer v. Monroe Cnty. Cmty. Sch. Corp., 474 F.3d 477, 479–480 (7th Cir. 2007).

1526 Vgl. Dibrito v. City of St. Joseph, 675 Fed. App'x. 593, 597 (6th Cir. 2017) (quoting Boulton v. Swanson, 795 F.3d 526, 534 (6th Cir. 2015)); Boulton v. Swanson, 795 F.3d 526, 534 (6th Cir. 2015); Hagan v. City of New York, 39 F. Supp. 3d 481, 510 (S.D.N.Y. 2014); *Deloney*, Chi.-Kent L. Rev. 91 (2016), S. 709 (725 f.); *Robertson*, St. Louis U. L.J. 60 (2016), S. 293 (303 f.); *Rumel*, Hofstra Lab. & Emp. L. J. 34 (2017), S. 243 (264); *Schoen*, Hastings Const. L.Q. 2016, S. 537 (566 u. 574).

1527 Vgl. Connick v. Myers, 461 U.S. 138, 146 (1983); *Daly*, J.L. & Educ. 30 (2001), S. 1 (10).

konkreten Lehrplaninhalte bestehe oder eine Äußerung bei Gelegenheit darstelle.[1528]

Führt man schließlich die Interessenabwägung nach *Pickering* durch, könnte das vonseiten der Schulverwaltung behauptete Interesse der Vermeidung einer parteipolitischen Beeinflussung der Lernenden den Ausschlag zugunsten ihrer Belange geben, zumal davon auszugehen ist, dass das niedrige Alter der Grundschüler das Risiko einer Indoktrination erhöht.[1529] Ebenso liegt es nahe, anzunehmen, dass die Bekenntnisse der Lehrerin zu einer Störung des Schulfriedens hätten führen können, zumal jedenfalls das Risiko bestand, dass das Verhalten der Lehrerin erhebliche kritische Reaktionen vonseiten der Elternschaft, insbesondere von Eltern mit gegensätzlichen parteipolitischen Präferenzen hervorrufen konnte. Demgegenüber legt die Lehrerin nicht dar, warum ihr Interesse an der Artikulierung ihrer politischen Ansichten gerade im Unterrichts- oder Schulkontext überwiegen sollte. Selbst wenn sie überzeugend darlegen würde, der Schulrat hätte sie aufgrund ihrer politischen Äußerungen zur Kündigung gedrängt, wäre es vertretbar, zu befinden, dessen Maßnahme sei mit der Vermeidung parteipolitischer Indoktrination der Grundschüler von legitimen pädagogischen Gründen getragen.[1530] Mithin ist anzunehmen, dass eine hypothetische Entscheidung des Gerichts zugunsten des Schulrates ergehen würde.

In *Weingarten* stellt das Gericht hinsichtlich der Frage nach dem verfassungsmäßigen Schutz (partei-)politischer Äußerungen von Lehrkräften darauf ab, ob Schüler mit diesen konfrontiert werden.[1531] Ist dies zu verneinen, sind Beschränkungen dieser Meinungsäußerungen seitens des Schulbezirks nach Auffassung des Gerichts verfassungswidrig. Jedenfalls gelangt es im Rahmen der Entscheidung über den Antrag auf einstweilige Verfügung zu diesem

---

1528 So etwa Lee v. York Cnty. Sch. Div., 484 F.3d 687, 694 (4th Cir. 2007); Bradley v. Pittsburgh Bd. of Educ., 910 F.2d 1172, 1176 (3rd Cir. 1990) (citing Clark v. Holmes, 474 F.2d 928 (7th Cir. 1972) (per curiam)).

1529 Vgl. *Maxwell/McDonough/Waddington*, Teaching and Teacher Education 70 (2018), S. 196 (199 u. 200 f.); *Maxwell/McDonough/Waddington*, in: Peters (Hrsg.), Encyclopedia of Teacher Education, S. 1 (3 u. 4 f.).

1530 Vgl. beispielsweise Mayer v. Monroe Cnty. Cmty. Sch. Corp., 474 F.3d 477, 479–480 (7th Cir. 2007).

1531 Vgl. hierzu und im Folgenden Weingarten v. Bd. of Educ. of City Sch. Dist., 680 F.Supp.2d 595, 569–599, 601–602 (S.D.N.Y. 2010) (citing Mayer v. Monroe Cnty. Cmty. Sch. Corp., 474 F.3d 477, 479–480 (7th Cir. 2007); Californian Teachers Association v. Governing Bd. of San Diego Unified Sch. Dist., 53 Cal.Rptr.2d 474, 478–480 (1996)).

Ergebnis. Besteht wie im Falle des Tragens von Wahlkampf-Buttons in Schulgebäuden hingegen die Möglichkeit, dass Lernende politische Bekenntnisse seitens des Lehrpersonals wahrnehmen, kann der Schulrat diese untersagen, sofern er damit legitime pädagogische Interessen verfolgt. Das Bezirksgericht nimmt im Rahmen seiner Entscheidungsbegründung keine eingehende inhaltliche Prüfung der Darlegungen des Schulrates vor.[1532] Vielmehr gesteht es diesem eine Entscheidungsprärogative für die Bestimmung legitimer pädagogischer Belange zu. Demgegenüber stellt es an die Darlegungslast der Kläger höhere Anforderungen, indem es eine empirische Grundlage für deren Behauptungen verlangt.

Die Argumentation der Beklagten ist zum einen schülerorientiert, indem sie eine politische Beeinflussung jeglicher Schüler aller Klassenstufen im Sinne einer Indoktrination der „*captive audience*“ zu vermeiden sucht.[1533] Zum anderen zielt die Intention der Beklagten auf eine Verhinderung erheblicher Störungen des Schulfriedens ab, indem sie zu verhindern suchen, den schulischen Betrieb (partei-)politischen Einflüssen auszusetzen.[1534] Es liegt nahe, davon auszugehen, dass dies auch dem Interesse dient, das Vertrauen der Öffentlichkeit in das Bildungssystem respektive die unparteiische und damit ordnungsgemäße Erfüllung des öffentlichen Bildungsauftrags zu wahren.[1535] Es ist zu konstatieren, dass es dem Bezirksgerichts zufolge nicht im Widerspruch zur Verfassung steht, (partei-)politische Äußerungen, vorliegend in Gestalt des Tragens von Wahlkampf-Buttons, insbesondere in Wahlkampfzeiten gegenüber oder in Anwesenheit von Lernenden zu untersagen.[1536]

1532 Vgl. hierzu und im Folgenden Weingarten v. Bd. of Educ. of City Sch. Dist., 680 F.Supp.2d 595, 600–601 (S.D.N.Y. 2010).

1533 Vgl. *Maxwell/McDonough/Waddington*, Teaching and Teacher Education 70 (2018), S. 196 (199 u. 200 f.); *Maxwell/McDonough/Waddington*, in: Peters (Hrsg.), Encyclopedia of Teacher Education, S. 1 (3 u. 4 f.).

1534 Vgl. Weingarten v. Bd. of Educ. of City Sch. Dist., 680 F.Supp.2d 595, 602 (S.D.N.Y. 2010) (citing Weingarten v. Bd. of Educ. of City Sch. Dist., 591 F.Supp.2d 511, 520 (S.D.N.Y. 2008)).

1535 Vgl. Weingarten v. Bd. of Educ. of City Sch. Dist., 680 F.Supp.2d 595, 602 (S.D.N.Y. 2010) (citing Weingarten v. Bd. of Educ. of City Sch. Dist., 591 F.Supp.2d 511, 520 (S.D.N.Y. 2008)); vgl. auch *Maxwell/McDonough/Waddington*, Teaching and Teacher Education 70 (2018), S. 196 (199 f. u. 201); *Maxwell/McDonough/Waddington*, in: Peters (Hrsg.), Encyclopedia of Teacher Education, S. 1 (4 u. 5).

1536 Vgl. Weingarten v. Bd. of Educ. of City Sch. Dist., 680 F.Supp.2d 595, 601–602 (S.D.N.Y. 2010).

Dass der Lehrer im Fall in *Brown* mit der Initiierung des Unterrichtsgesprächs über rassistische Begriffe von den einschlägigen Lehrplaninhalten abwich, ist nach Ansicht des Appellationsgerichts für die Klassifizierung als eine Rede entsprechend den dienstlichen Pflichten unbeachtlich.[1537] Vielmehr stellt es diesbezüglich allein auf das Vorliegen des Unterrichtskontextes ab. Unbeschadet dessen erkennt das Gericht die Dienstpflicht des Lehrers, die Klassenordnung aufrechtzuerhalten und ordnet seine Rede dementsprechend ein. Es geht somit davon aus, dass der Lehrer zwar seinen pädagogisch-erzieherischen Pflichten nachzukommen beabsichtigte, erkennt indes zugleich einen Verstoß gegen das schulinterne Verbot der Äußerung rassistischer Begriffe. Dieses Ergebnis impliziert, dass der Lehrer dem Lehrplan gemäß dazu verpflichtet war, das Verhalten der Schüler zu thematisieren, und gleichzeitig jegliche Aussprache rassistischer Begriffe vermeiden musste. Die Argumentation des Appellationsgerichts fokussiert mithin den Lehrplan im Sinne einer formalen Tätigkeitsbeschreibung, um die Rede des Lehrers dogmatisch einzuordnen.

Bei der Interpretation der schulinternen Regelungen geht es streng formal vor, indem es allein auf deren Wortlaut abstellt, wohl auch, um nicht in den Gestaltungsbereich des Schulbezirks als Selbstverwaltungseinheit einzugreifen.[1538] Dies offenbart sich nicht zuletzt anhand des Umstands, dass es keine Billigkeitserwägungen anstellt, zumal es die pädagogisch-erzieherische Intention des Lehrers ebenso wie die ehemals praktizierte Vorgehensweise der Schulverwaltung, das Verbot im Falle pädagogischen Handelns nicht durchzusetzen, als unbeachtlich bewertet. Da der Zweck des Verbots neben der Unterbindung von Beleidigungen wohl auch in der erzieherischen Vermittlung sozialadäquaten Verhaltens sowie in der Vermeidung von Störungen des Schulfriedens durch beleidigende Verhaltensweisen besteht, ist die Maßnahme des Schulrates und damit jedenfalls mittelbar auch die Entscheidung des Gerichts schülerorientiert.

Im Gesamten ist zu konstatieren, dass die Judikate *Mayer* und *Weingarten* eine Schülerorientierung aufweisen, da die Gerichte das Interesse würdigen, eine (partei-)politische Beeinflussung der Lernenden als „*captive audience*" durch eine Konfrontation mit persönlichen Meinungen der jeweiligen

---

1537 Vgl. hierzu und im Folgenden Brown v. Chicago Bd. of Educ., 824 F.3d 713, 715–718 (7th Cir. 2016).

1538 Vgl. hierzu und im Folgenden Brown v. Chicago Bd. of Educ., 824 F.3d 713, 715–718 (7th Cir. 2016).

Lehrpersonen zu vermeiden.[1539] Dies lässt sich so auch im Hinblick auf die oben vorgenommene rechtliche Einordnung des Falls in *Caruso* feststellen.

Ferner weisen *Mayer* wie auch *Brown* eine Lehrplanbezogenheit auf. So begründet das Gericht in erstgenannter Entscheidung die Anwendung der kategorischen Ausschlussregel nach *Garcetti* damit, dass die Lehrerin entgegen der lehrplanmäßigen Vorgabe handelte, keine persönlichen Meinungsäußerungen zu tätigen.[1540] Das Appellationsgericht in *Brown* erkennt eine lehrplanmäßige Pflicht des Lehrers, die Klassenordnung durch eine pädagogisch-erzieherische Reaktion auf ein Fehlverhalten der Schüler aufrechtzuerhalten, ordnet dessen Verhalten dementsprechend als Rede entsprechend seinen Dienstpflichten ein und sieht in dem Verstoß gegen das Verbot der Äußerung rassistischer Begriffe ein Verhalten, das im Widerspruch zu den curricularen Vorgaben der Schulverwaltung steht.[1541] Demgegenüber verneint das Gericht in *Downs* hinsichtlich der Schwarzen Bretter einen Bezug zum Lehrplan, erklärt jedoch zugleich, dass dem Lehrer auch im Falle des Vorliegens einer lehrplanmäßigen Rede kein Recht zukommt, das Curriculum mitzugestalten.[1542] Nichtsdestotrotz erkennt das Gericht in dem Verhalten des Lehrers eine unrechtmäßige Missachtung der Vorgaben des Schulrates, wenngleich diese nicht lehrplanmäßig sind.[1543]

Überdies fließt das Interesse der Vermeidung erheblicher Störungen des schulischen Betriebs in die Entscheidungen in *Downs* sowie *Mayer* ein. So kam es im Fall in *Downs* zu ablehnenden Reaktionen aus der Schulgemeinschaft, die die Maßnahmen der Schuldirektoren mitursächlich beeinflussten.[1544] In *Mayer* führten die Beschwerden aus der Elternschaft dazu, dass der Schuldirektor gegenüber der Lehrerschaft absolute politische Neutralität ausdrücklich anmahnte.[1545] Vor diesem Hintergrund ist zu konstatieren, dass diese Judikate

---

1539 Vgl. *Maxwell/McDonough/Waddington*, Teaching and Teacher Education 70 (2018), S. 196 (199 u. 200 f.); *Maxwell/McDonough/Waddington*, in: Peters (Hrsg.), Encyclopedia of Teacher Education, S. 1 (3 u. 4 f.).

1540 Vgl. Mayer v. Monroe Cnty. Cmty. Sch. Corp., 474 F.3d 477, 479–480 (7th Cir. 2007).

1541 Vgl. Brown v. Chicago Bd. of Educ., 824 F.3d 713, 715–716 (7th Cir. 2016).

1542 Vgl. Downs v. Los Angeles Unified Sch. Dist., 228 F.3d 1003, 1013–1016 (9th Cir. 2000).

1543 Vgl. Downs v. Los Angeles Unified Sch. Dist., 228 F.3d 1003, 1005, 1009 (9th Cir. 2000).

1544 Vgl. Downs v. Los Angeles Unified Sch. Dist., 228 F.3d 1003, 1005–1008 (9th Cir. 2000).

1545 Mayer v. Monroe Cnty. Cmty. Sch. Corp., 474 F.3d 477, 478–479 (7th Cir. 2007).

hinsichtlich der Vermeidung von Störungen auch einen Gemeinschaftsbezug aufweisen, indem Belange von Mitgliedern der örtlichen Schulgemeinschaft respektive das Interesse der Schulverwaltung in die Aufrechterhaltung des Vertrauens der Öffentlichkeit in das Bildungssystem einen Einfluss auf die Entstehung des Rechtsstreits und damit jedenfalls mittelbar auf die gerichtlichen Entscheidungen hatten.[1546]

IV. Zusammenfassung

In den Vereinigten Staaten werden Bestehen und Umfang pädagogischer Freiheiten von Lehrkräften an öffentlichen Schulen im Wesentlichen durch die jeweiligen schulverfassungsmäßigen und curricularen Vorgaben der von den Mitgliedern der regionalen oder örtlichen Schulbezirke gewählten Schulräte bestimmt. Die Gesetzgebung in den Bundesstaaten sowie die Rechtsprechung auf Bundes- und einzelstaatlicher Ebene sind in diesem Zusammenhang von untergeordneter Bedeutung. Während die Legislative sich angesichts der Selbstverwaltung der Schulbezirke hinsichtlich der Schulgesetzgebung insgesamt zurückhält, gilt dasselbe für die Gerichte im Hinblick auf die rechtliche Überprüfung der pädagogischen Zweckmäßigkeit der Maßnahmen der Schulverwaltungseinheiten. Sie verfolgen mit der Doktrin zur Redefreiheit öffentlich Beschäftigter sowie dem Hazelwood-Standard zur Redefreiheit von Schülern verschiedene dogmatische Beurteilungsmaßstäbe, die sie teilweise abwandeln und kombinieren sowie insbesondere um Implikationen der akademischen Freiheit ergänzen. Dementsprechend existiert keine einheitliche Rechtsprechung.

Wenngleich die Gerichte divergierende Ansätze verfolgen, gelangen sie zu den gleichen Ergebnissen. Sie erkennen mehrheitlich keinen verfassungsmäßigen Schutz der Rede von Lehrpersonen im Unterricht. Einen solchen lehnen sie spätestens seit der Rezeption der höchstrichterlichen Entscheidung in *Garcetti* entweder ausdrücklich oder implizit ab, der gemäß Äußerungen öffentlich Beschäftigter, die diese entsprechend ihren Dienstpflichten tätigen, kategorisch vom Schutz der Redefreiheit ausgeschlossen sind. Mittlerweile geht lediglich eine Minderheit von ihnen davon aus, dass „*in-class speech*" vom 1. Zusatzartikel der US-Verfassung umfasst sein kann. Demgegenüber postuliert der überwiegende Teil des Schrifttums den Schutz des Unterrichtshandelns der

---

1546 Vgl. *Maxwell/McDonough/Waddington*, Teaching and Teacher Education 70 (2018), S. 196 (199 f. u. 201); *Maxwell/McDonough/Waddington*, in: Peters (Hrsg.), Encyclopedia of Teacher Education, S. 1 (4 u. 5).

Lehrkraft durch die Redefreiheit. Dementsprechend lehnen sie die Anwendung der kategorischen Ausschlussregel nach *Garcetti* auf die Rede der Lehrkraft im Unterricht ab. Ebenso wird die rechtliche Einordnung der Frage nach den Grenzen von „*in-class speech*" in den verfassungsrechtlichen Kontext mit dem Argument bemängelt, dass es sich dabei vielmehr um ein Problem des arbeitsrechtlichen Verhältnisses zwischen angestellter Lehrkraft und Schule handelt.

Im Hinblick auf die Unterrichtsgestaltung gesteht die Rechtsprechung im Gesamten den Schulräten eine vollumfängliche Entscheidungsmacht zu. Demgegenüber würdigen die Gerichte die pädagogischen Erwägungen von Lehrkräften unabhängig vom angewandten Beurteilungsmaßstab kaum. Vielmehr stellen sie hauptsächlich auf die pädagogischen Belange und Ausführungen der Schulverwaltungseinheiten ab, denen sie einen pädagogischen Primat zuerkennen. Ferner unterlassen die Gerichte es, etwaige Sanktionsmaßnahmen gegenüber Lehrpersonen, die von formalen Rügen bis hin zu Entlassungen reichen, auf ihre Angemessenheit zu überprüfen. Es ist zu konstatieren, dass die Rechtsprechung einen originären, pädagogischen Raum zur eigenverantwortlichen Unterrichtsgestaltung von Lehrkräften an öffentlichen Schulen nicht erkennt. Im Einzelfall bestehen allenfalls von der Ausübung des Selbstverwaltungsrechts durch die Schulbezirke abgeleitete, mithin von den Vorgaben der Schulverwaltungseinheiten abhängige Gestaltungsräume. Insofern können diese nicht als Freiheiten im Wortsinn bezeichnet werden. Vielmehr stellen sie derivative Kompetenzen dar. In Anbetracht all dieser Umstände besteht für Lehrkräfte keine Rechtssicherheit hinsichtlich ihrer pädagogischen Gestaltungsräume, deren rechtliche und tatsächliche Konturen unklar sind.

Die gleichen Befunde lassen sich im Hinblick auf die rechtlich gleichermaßen in den Kontext der Redefreiheit von Lehrkräften eingeordnete Problematik von Lehreräußerungen zu politischen und kontroversen Themen feststellen. In diesem Zusammenhang konstatieren *Maxwell et al.*, dass die Rechtsprechung neben der Einhaltung der lehrplanmäßigen Vorgaben die Interessen der Schüler an der Vermeidung von Indoktrination und der Gewährleistung einer lernfreundlichen schulischen Umgebung sowie das Interesse der Wahrung des Vertrauens der Öffentlichkeit in die ordnungsgemäße Erfüllung des Bildungsauftrags würdigt. In Anbetracht dessen stellen sie fest, dass das Recht von der Lehrperson verlangt, dass sie das vonseiten des Schulrates bestimmte Curriculum ohne Abweichung vermittelt, den Unterricht unparteiisch und ohne Beeinflussung der Lernenden unter Ausnutzung der ihr zukommenden Autorität gestaltet sowie ferner, dass sie eine den schulischen Betrieb störende „*inflammatory speech*" vermeidet, indem sie hinsichtlich ihrer Äußerungen die konkreten lokalen sozialen und politischen Gegebenheiten angemessen berücksichtigt, um eine potenzielle Entrüstung vonseiten der Mitglieder der Schulgemeinschaft, die in eine Gefährdung des Schulfriedens mündet, zu verhüten.

Diese Interessen stellen einen Rahmen für die Bestimmung konkreter politischer Neutralitätspflichten der Lehrkraft im Einzelfall dar, die dem Interesse der Schüler an der Vermeidung von Indoktrination sowie dem legitimen pädagogischen Interesse der Wahrung der Neutralität der Schule entspringen und durch die Regelungen des Schulrates insbesondere in Gestalt des Lehrplans konturiert werden. Die rechtliche Würdigung des Einzelfalls hängt freilich angesichts der Orientierung der Rechtsprechung an den pädagogischen Erwägungen der Schulverwaltungseinheiten im Wesentlichen von deren Bewertung ab. Letztlich besteht für Lehrpersonen auch hinsichtlich ihrer Äußerungen zu kontroversen und politischen Themen keine Rechtssicherheit.

Im Gesamten ist im Hinblick auf *Welners* Beschreibung des Streits der ideologischen Sichtweisen hinsichtlich des Spannungsverhältnisses zwischen den Rollen von Schulräten und Lehrkräften im Gesamten zu konstatieren, dass die heutige Antwort des US-amerikanischen Rechts auf die Frage nach der Lösung dieses Verhältnisses in der Realisierung der traditionellen Anschauung besteht, die die Aufgabe der öffentlichen Schulen darin erkennt, allgemein anerkannte Werte und Normen weiterzugeben, deren Vermittlung durch die Bestimmung des Curriculums seitens der demokratisch gewählten Schulräte gesichert werde. Der Lehrkraft kommt in diesem Zusammenhang keine eigenständige Aufgabe zu. Vielmehr besteht ihre Rolle im öffentlichen Schulsystem ausschließlich in der weisungsgetreuen Umsetzung der lehrplanmäßigen Vorgaben der Schulverwaltung.

D. Zusammenfassende Gegenüberstellung und Schluss

Sowohl in Deutschland als auch in den Vereinigten Staaten von Amerika herrscht jeweils eine Diskussion darüber, welche Rechte und Pflichten der Lehrkraft zwecks Erfüllung ihres pädagogischen Auftrags, insbesondere im Hinblick auf die schulische Demokratiebildung, zukommen. In beiden Gesellschaften wird in diesem Zusammenhang zunächst die allgemeine Frage gestellt, ob der einzelnen Lehrperson ein Recht auf einen Freiraum eigenverantwortlicher Unterrichtsgestaltung zukommt und welche Konturen ein entsprechender Gestaltungsraum gegebenenfalls aufweist. Überdies wird im Besonderen darum gestritten, welche Handlungsgebote und -verbote hinsichtlich der Behandlung politischer Themen und Inhalte im Rahmen der schulischen Bildungs- und Erziehungsarbeit existieren.

Diese beiden rechtlichen Problemfelder gründen auf zwei tatsächlichen Spannungsverhältnissen. Zum einen stehen sich die erzieherische Verantwortung der Eltern beziehungsweise Erziehungsberechtigten und die schulischen Kompetenzen des Staates gegenüber. Inmitten dieses Verhältnisses zwischen elterlicher und gesellschaftlicher Verantwortung für die Bildung und Erziehung der kommenden Generationen steht der einzelne Pädagoge, der auf Seiten des Staates als Bediensteter, aber auch als Individuum und Vertreter der erziehungswissenschaftlichen Profession, für die Ausgestaltung des schulischen Auftrags insbesondere gegenüber seinen Schülern unmittelbar verantwortlich ist. Wenngleich Eltern, Schulen und Lehrkräfte allesamt die Verwirklichung der Selbstentfaltungsinteressen der Lernenden intendieren, kommt es hinsichtlich der praktischen Ausgestaltung der Bildungs- und Erziehungsarbeit regelmäßig zu divergierenden Auffassungen.

Zum anderen wird dieses Spannungsverhältnis von einem weiteren überlagert, soweit die schulische Vermittlung sozialer und politischer Werte betrachtet wird. Denn in diesem Zusammenhang stehen sich außerdem die Gesamtgesellschaft und der Staat vor dem Hintergrund der Notwendigkeit eines unverfälschten, freien und demokratischen Willensbildungsprozesses gegenüber, dessen Gestaltung den Bürgern und nicht der Staatsgewalt obliegt. Dieses Verhältnis prägt die schulrechtliche Diskussion um politische Neutralitätspflichten von Lehrpersonen, in deren Zentrum wiederum die Selbstentfaltungsinteressen der Schüler, namentlich im Hinblick auf ihre Demokratiebildung stehen.

Mit diesen Problematiken sind die vorliegend fokussierten Rechtsordnungen konfrontiert, die diesbezüglich unterschiedliche Lösungen bieten.

Während in Deutschland Gesetzgeber, Gerichte und Schrifttum die nicht nur faktische, sondern auch rechtliche Existenz des der Lehrkraft zukommenden eigenen pädagogischen Gestaltungsraums als notwendige Bedingung schulischer Bildungs- und Erziehungsarbeit begreifen, setzt die Rechtsprechung in den Vereinigten Staaten von Amerika das Vorhandensein pädagogischer Freiheiten nicht als von vornherein Gegeben voraus, wenngleich bei historischer Betrachtung Ansätze für die Annahme entsprechender aus der Redefreiheit nach dem 1. Zusatzartikel der Verfassung der Vereinigten Staaten von Amerika resultierender Freiheiten insbesondere in der Judikatur des US-Supreme Court festzustellen sind. So artikulierte bereits *Justice Douglas* in seinem Minderheitenvotum in *Adler v. Board of Education of City of New York*[1547] die Auffassung, ein gewisser Schutz der Redefreiheit der Lehrkraft sei eine notwendige Bedingung schulischer Demokratiebildung.[1548] Überdies rückte der US-Supreme Court die freie Rede von Schullehrern in der im Zusammenhang mit der Diskussion um pädagogische Freiheiten von Schullehrern vielzitierten Entscheidung in *Keyishian v. Board of Regents*[1549] in den Kontext der akademischen Freiheit.

Das Vorhandensein unbedingter Freiräume eigenverantwortlichen Unterrichtens wird in den USA heute hauptsächlich vonseiten der Literatur postuliert. Demgegenüber wird in den Bundesgerichtskreisen keine der Lehrkraft zukommende originäre Handlungsfreiheit hinsichtlich der Unterrichtsgestaltung anerkannt. Vielmehr herrscht unter den Gerichten ein schulsystematisch begründeter Konsens dahingehend, dass die Handlungsmöglichkeiten der Lehrer vonseiten der Schulbezirke in Ausübung ihrer umfassenden Selbstverwaltungskompetenzen determiniert werden, sodass allenfalls derivative pädagogische Gestaltungsräume existieren. Das Appellationsgericht im Dritten Bundesgerichtsbezirk beispielsweise stellt pointiert fest, dass der 1. Zusatzartikel der US-Verfassung der Lehrkraft nicht das Recht verleihe, ihren eigenen Lehrplan oder ihre eigenen Classroom-Management-Techniken entgegen den Bestimmungen der Schule zu verwenden.[1550] Ausdrücklich erkennt auch das Appellationsgericht im Sechsten Bundesgerichtsbezirk die grundlegende

1547 Adler v. Bd. of Educ., 342 U.S. 485, 508 (1952).

1548 Hierzu vorliegend C. II. 1. c) mit Nachweisen.

1549 Keyishian v. Bd. of Regents, 385 U.S. 589 (1967).

1550 Hierzu vorliegend C. II. 2. a) aa) mit Nachweisen.

Verantwortung für die Unterrichtsgestaltung ausschließlich bei dem Schulrat des örtlichen Schulbezirks.[1551]

In den Vereinigten Staaten wird die Diskussion um die rechtliche Begründung pädagogischer Freiheiten in Anknüpfung an die äußerst weit verstandene „*freedom of speech*" nach dem 1. Zusatzartikel der US-Verfassung geführt. Da der US-Supreme Court sich bislang nicht mit der spezifischen Fragestellung nach der Redefreiheit von Lehrkräften hinsichtlich ihrer „*in-class speech*" auseinandersetzte, entwickelten die Appellationsgerichte in den Bundesgerichtskreisen divergierende verfassungsrechtliche Beurteilungsmaßstäbe. In diesem Zusammenhang werden namentlich die „*government speech doctrine*" zum staatlichen Kommunikationshandeln, die Doktrin zur Redefreiheit öffentlich Beschäftigter, der auf das Unterrichtshandeln der Lehrkraft übertragene Hazelwood-Standard zur Redefreiheit von Schülern sowie die akademische Freiheit als eigene Fallgruppe des 1. Zusatzartikels der US-Verfassung herangezogen.

Demgegenüber wird in Deutschland abseits des rein funktionalen Begründungsansatzes versucht, die pädagogische Freiheit verfassungsrechtlich zu verorten. Diesbezüglich sind mit den Verweisen auf die Meinungsfreiheit nach Art. 5 Abs. 1 S. 1, 1. Alt. GG sowie die Lehrfreiheit aus Art. 5 Abs. 3 S. 1 GG Parallelen zu den von dem Recht auf freie Rede ausgehenden US-amerikanischen Begründungsansätzen pädagogischer Freiheiten zu konstatieren, in deren Zusammenhang nicht zuletzt das umstrittene Recht auf akademische Freiheit herangezogen wird, dessen Inhalt und Konturen indes – auch in Bezug auf den Hochschulkontext – unklar und umstritten sind. Ein Recht der Schullehrer auf akademische Freiheit wird jedenfalls vonseiten der Rechtsprechung prinzipiell abgelehnt.

Der Ansatz der Fundierung pädagogischer Gestaltungsräume im Grundrecht auf Meinungsfreiheit ist in Deutschland von untergeordneter Bedeutung, zumal er mit Verweis auf den Umstand, dass die Unterrichtstätigkeit der Lehrkraft ihre Diensthandlung darstellt, die nicht nur aus Meinungsäußerungen besteht, richtigerweise abzulehnen ist. Eingehender wird indes die Verortung der pädagogischen Freiheit in der Lehrfreiheit diskutiert. Letztlich ist jedoch auch diese Auffassung aufgrund des Verhältnisses von Art. 5 Abs. 3 S. 1 GG und der umfassenden Schulaufsicht nach Art. 7 Abs. 1 GG zu verneinen, zumal die historische Auslegung dieser Normen kaum Substanz für die Annahme eines Grundrechtes der Schullehrer auf Lehrfreiheit bietet. Im Gegensatz zur deutschen Rechtslage finden sich in der US-Judikatur jedenfalls fundierte

---

1551 Hierzu vorliegend C. II. 2. c) cc) mit Nachweisen.

Anhaltspunkte für eine historisch begründete Verortung pädagogischer Gestaltungsräume von Schullehrern in der akademischen Freiheit, die vonseiten des US-Supreme Court auch im schulischen Kontext insbesondere in der Entscheidung in *Keyishian* vor dem Hintergrund des Verständnisses der Schule als Marktplatz der Ideen („*marketplace of ideas*") hervorgehoben wurde.

Eine weitere Gemeinsamkeit ist hinsichtlich der Begründung pädagogischer Gestaltungsräume mit dem Ziel der Erfüllung der Bildungsinteressen der Lernenden zu erkennen. So liegt in Deutschland insbesondere dem funktionalen Begründungsansatz, der auf die praktische Notwenigkeit pädagogischer Freiräume für die Unterrichtstätigkeit verweist, sowie den Ansätzen der Verortung der pädagogischen Freiheit in Art. 7 Abs. 1 GG und im Grundrecht der Schüler auf Selbstentfaltung nach Art. 2 Abs. 1 GG die Intention der Verwirklichung der Rechte der Lernenden zugrunde. In den Vereinigten Staaten kommt dieser Zweck in der von einem Teil der Gerichte auf das Unterrichtshandeln der Lehrkraft übertragenen Tinker-Hazelwood-Judikatur zur Redefreiheit von Schülern zum Ausdruck. So begründet der US-Supreme Court die Einschränkbarkeit der freien Rede in der Schule als „*school-sponsored speech*" mit legitimen pädagogischen Interessen wie dem Erreichen von Lernzielen oder der Berücksichtigung des Reifegrades der Lernenden, wobei er diese Rechtfertigungsgründe zum Zwecke der Beschränkung der freien Rede der Schüler heranzieht. Überdies steht die Erfüllung der Bildungsinteressen der Schüler im Fokus des Ansatzes aus dem US-amerikanischen Schrifttum, ein Recht der Schüler zu hören im Sinne einer auf Bildung gerichteten Informationsfreiheit anzunehmen.

Im Hinblick auf den Umfang der pädagogischen Freiheit ist in Deutschland im Gesamten jedenfalls ihr Kernbereich in Form der Detailgestaltung des Unterrichts und des Beziehungsaufbaus zu den Lernenden rechtlich geschützt. Dies umfasst insbesondere Auswahl und Einsatz ergänzender Unterrichtsmaterialien sowie die inhaltliche Feinstrukturierung des Unterrichts. Demgegenüber werden in den Vereinigten Staaten die Rechte und Pflichten betreffend die Ausübung der Unterrichtstätigkeit durch die Regelungen der einzelstaatlichen, regionalen oder örtlichen Schulräte im Rahmen der schulischen Autonomie umfassend bestimmt.

Die dortigen Gerichte sind mit Eingriffen in diesen – im Gegensatz zu den schulischen Selbstverwaltungskompetenzen in Deutschland – originären und umfassenden Bereich schulischer Autonomie durch ihre Rechtsprechung äußerst zurückhaltend, zumal sie den Grundsatz der Gewaltenteilung strikt zu wahren suchen. Das Appellationsgericht im Sechsten Bundesgerichtskreis bringt diesen Umstand eindringlich zum Ausdruck, indem es ein Recht der Schullehrer auf Bestimmung der Lehrinhalte mit dem Argument verneint, die

Annahme eines solchen laufe auf eine permanente Kontrolle der Handlungen der Verwaltung durch die Judikative hinaus.[1552] Ferner erklärt das Appellationsgericht im Zweiten Bundesgerichtskreis ausdrücklich, dass nicht den Gerichten, sondern den Schulräten die Kompetenz zukomme, zu entscheiden, welche Arten von „*speech*“ im Unterricht angemessen seien.[1553]

Die Reichweite des der Lehrperson eigenen Verantwortungsbereichs in Deutschland richtet sich nach der landesrechtlichen Ausgestaltung der Befugnisse der Schulaufsichtsbehörden, der Schulleitungen und der schulischen Konferenzen. Wenngleich die Befugnisse der Schulaufsichtsbehörden trotz der durch Art. 7 Abs. 1 GG konstituierten umfassenden Fachaufsicht durch das Recht einiger Bundesländer teilweise sogar (nahezu) bis auf das Niveau einer Rechtsaufsicht begrenzt werden, erfährt auch die Lehrkraft in Deutschland insofern keine gerichtliche Überprüfung ihrer pädagogischen Freiheit, als die Gerichte diesbezüglich die Klagebefugnis von Lehrpersonen verneinen. Zumindest bleibt der einzelnen Lehrkraft die Möglichkeit der Remonstration. Inwiefern und inwieweit die Lehrkraft in den Vereinigten Staaten ihre pädagogischen Handlungsspielräume gegenüber den Schulbezirken schulintern geltend machen kann, richtet sich ebenso wie ihr Umfang nach den lokalen Regelungen. Diesbezüglich nimmt eine Minderheit der Appellationsgerichte ebenso wie einige Stimmen in der Literatur eine Pflicht der Schulverwaltung in Gestalt so genannter „*notice requirements*“ an, der zufolge unerlaubte Äußerungen und Handlungsweisen im Unterricht im Wege einer Vorzensur festzulegen sind, sodass Lehrpersonen ihr Unterrichtshandeln entsprechend von vornherein anpassen können.

Ein bedeutender Unterschied zwischen den beiden Rechtslagen besteht bei der Beurteilung der Angemessenheit von Sanktionsmitteln für den Fall, dass die Lehrkraft sich rechtswidrig verhält. Während Lehrer in Deutschland als Beamte oder Angestellte im öffentlichen Dienst selbstredend einen dienst- oder arbeitsrechtlichen Schutz genießen, ist ein solcher in den Vereinigten Staaten nicht selbstverständlich. Grundsätzlich sind die Lehrer dort rechtlich gestellt wie alle anderen Arbeitnehmer. Hinzu kommt, dass die Gerichte die Angemessenheit der Sanktionsmaßnahmen regelmäßig nicht prüfen (müssen), sofern sie keinen Eingriff in die Redefreiheit der Lehrkraft erkennen. Der Schutz des Bestehens des jeweiligen Dienstverhältnisses ist von den individualvertraglichen Vereinbarungen mit den Schulbezirken sowie gegebenenfalls von

1552 Hierzu vorliegend C. II. 2. c) cc) mit Nachweisen.
1553 Hierzu vorliegend C. II. 2. b) bb) mit Nachweisen.

(einzelstaatlichen) „*tenure*"-Regelungen abhängig, die einen gewissen Kündigungsschutz statuieren.

Im Hinblick auf die spezifische Problematik der rechtlichen Möglichkeiten und Grenzen von Demokratiebildung im Unterricht wird in Deutschland auf das Gebot politischer Neutralität sowie auf die normierten Bildungs- und Erziehungsziele als Ausdruck der Wertentscheidungen des Grundgesetzes rekurriert. Letztere stellen das Leitbild für die schulische Bildungs- und Erziehungsarbeit, insbesondere für die erzieherische Tätigkeit im Wege des wertgebundenen Schulunterrichts dar. Zu den betreffenden Wertentscheidungen zählt zuvörderst die freiheitliche demokratische Grundordnung als Verfassungskern, unter der in jedem Fall die Menschenwürdegarantie in Art. 1 Abs. 1 GG sowie die Einzelausprägungen des Demokratie- und des Rechtsstaatsprinzip zu verstehen sind.

Die vonseiten der Länder festgesetzten Bildungs- und Erziehungsziele spiegeln die Werte des Grundgesetzes wider, indem sie unter anderem die Menschenrechte, die Gleichberechtigung der Geschlechter, die Demokratiebildung, den Umgang mit Meinungspluralität, die Toleranz gegenüber Menschen mit unterschiedlichen Herkünften, Religionen und Weltanschauungen sowie den Umweltschutz als Gegenstand und Zweck staatlichen Schulehaltens bestimmen. In den Vereinigten Staaten wird demgegenüber grundsätzlich nicht von Gesetzes wegen allgemeingültig vorausgesetzt, dass bestimmte einheitliche gesamtgesellschaftliche (politische) Wertentscheidungen die schulische Arbeit leiten, wenngleich die Einzelstaaten entsprechende Regelungen treffen dürfen. Vielmehr werden die Ziele der schulischen Tätigkeit zuvörderst durch die demokratisch gewählten lokalen Schulräte festgesetzt, sodass von den jeweiligen örtlichen sozialen und politischen Gegebenheiten abhängige Werte und Normen Gegenstand schulischer Bildung und Erziehung sind. Die Demokratiebildung ist auch in den Vereinigten Staaten als bedeutsames Bildungsziel jedenfalls allgemein anerkannt, wobei ihre konkrete Ausgestaltung von den Vorgaben der Schulräte abhängt.

Während in Deutschland etwa mit dem Recht der Parteien auf Chancengleichheit im politischen Wettbewerb oder dem beamtenrechtlichen Mäßigungs- und Zurückhaltungsgebot auf Einzelausprägungen des Gebotes politischer Neutralität zurückgegriffen wird, um die Fragestellung nach den rechtlichen Anforderungen an den politischen Unterricht zu beantworten, wird in den USA weniger von einem solchen Oberbegriff gesprochen. Vielmehr wird – wie auch im Rahmen der Diskussion über die Existenz eines Rechts auf einen Gestaltungsraum eigenverantwortlichen Unterrichtens – auf die Rechtsprechung zur Redefreiheit von Lehrern nach dem 1. Zusatzartikel der

US-Verfassung und die in diesem Kontext entwickelten Beurteilungsmaßstäbe rekurriert. In den USA wird in diesem Zusammenhang zuvörderst die Frage untersucht, ob und inwieweit das Recht auf freie Rede die Behandlung kontroverser Themen im Unterricht schützt.

In den Vereinigten Staaten wird vonseiten des Schrifttums festgestellt, dass, wenngleich bei historischer Betrachtung in der Mitte des letzten Jahrhunderts in der Rechtsprechung insbesondere des US-Supreme Court eine Entwicklung zu mehr Meinungsfreiheit von öffentlichen Beschäftigten bestand, spätestens seit der höchstrichterlichen Entscheidung in *Garcetti v. Ceballos*[1554] ein entgegengesetzter Trend zu verzeichnen ist. In dieser Entscheidung erklärte der US-Supreme Court, dass die Rede respektive das Äußerungsverhalten öffentlich Beschäftigter „entsprechend ihren dienstlichen Pflichten" kategorisch vom Schutz des 1. Zusatzartikels der US-Verfassung ausgeschlossen ist. Diesbezüglich kritisiert die Mehrheit der Stimmen aus dem Schrifttum, dass aufgrund des restriktiven Verständnisses des Tatbestandsmerkmals einer Rede „entsprechend ihren dienstlichen Pflichten" die Einschlägigkeit der Redefreiheit vonseiten der meisten Gerichte stets verneint wird, soweit ein dienstlicher Kontext vorliegt. In Anbetracht der Garcetti-Rechtsprechung ist eine Diskrepanz festzustellen zwischen der in den Vereinigten Staaten äußerst weit verstandenen Redefreiheit einerseits und der eingeschränkten Redefreiheit öffentlich Beschäftigter andererseits.

Demgegenüber wird die Geltung der Grundrechte von Beamten in Deutschland seit Überwindung der Lehre vom besonderen Gewaltverhältnis auch im dienstlichen Sonderrechtsverhältnis bejaht. Nichtsdestotrotz ist es den öffentlich Beschäftigten und damit einhergehend den Lehrkräften auch in Deutschland grundsätzlich untersagt, bei der Dienstausübung beziehungsweise Vornahme von Diensthandlungen ihre politische Meinung kundzutun. Diese Einschränkung des Grundrechts auf Meinungsfreiheit auf Grundlage des Beamtenrechts wird zuvörderst mit der Sicherung eines funktionierenden Beamtentums begründet. Da die Lehrkraft im Rahmen der Vornahme ihrer Diensthandlungen nicht in Ausübung ihrer Freiheitsrechte, sondern für den Staat handelt respektive kommuniziert, hat auch sie sich mit politischen Meinungsäußerungen möglichst zurückzuhalten. Insofern hat eine Rollenunterschreidung stattzufinden, deren Prämisse auch der Anknüpfung an die Dienstpflichten nach *Garcetti* immanent ist, ebenso wie der Interessenabwägung nach *Pickering v. Board of Education*[1555], der zufolge zwischen den

1554 Garcetti v. Ceballos, 547 U.S. 410 (2006).
1555 Pickering v. Bd. of Educ., 391 U.S. 563 (1968).

Belangen der Dienstherren insbesondere hinsichtlich der Gewährleistung der staatlichen Aufgabenerfüllung und den Interessen der öffentlich Beschäftigten als Bürger in Ausübung ihres Rechts auf freie Rede abzuwägen ist, um zu beurteilen, ob das zu untersuchende Verhalten verfassungsmäßigen Schutz genießt.

Im Hinblick auf die Beurteilung der Einschlägigkeit politischer Neutralitätspflichten wird sowohl nach deutschem als auch nach US-amerikanischem Recht eine Rollenbetrachtung vorgenommen. Handelt der betreffende Lehrer als Bürger in Ausübung seiner Freiheitsrechte, sind die betreffenden Handlungsgebote und -verbote nicht einschlägig, wohingegen sie im Falle seines Handelns als Bediensteter Geltung entfalten. Die Notwendigkeit der Unterscheidung der Rollen wird in beiden Ländern gleichermaßen begründet, im Besonderen mit der Verhinderung von den Dienstbetrieb störenden Auswirkungen sowie mit Verweis auf den Umstand, dass das Verhalten des Bediensteten stets Rückschlüsse auf den Staat zulässt. Letzterer Aspekt kommt im Hinblick auf den Schulkontext insbesondere in Anwendung des Hazelwood-Standards zum Ausdruck, indem den Schulen die Kompetenz zugesprochen wird *„school-sponsored speech“* umfassend zu kontrollieren. Ein gleichartiges Interesse liegt auch der *„government speech doctrine“* zugrunde, welche die umfassende Hoheit des Staates über sein Kommunikationshandeln intendiert. Der Grundgedanke der Notwendigkeit einer Kontrolle über politische Äußerungen, mit denen die Schule in Verbindung gebracht werden könnte, ist auch im deutschen Recht festzustellen, indem einige (schulgesetzliche) Normen wie beispielsweise § 2 Abs. 8 S. 3 SchulG NRW das Interesse der Wahrung der (politischen) Neutralität der Schule oder des Landes als besonders schützenswert würdigen, indem sie Verhaltensweisen von Schulbeteiligten untersagen, die diesem Zweck zuwiderlaufen.

Wenngleich in Deutschland die Meinungsfreiheit der Lehrkraft ihrer Geltung im dienstlichen Rahmen nicht verlustig wird, handelt es sich bei der Äußerungsbefugnis betreffend die Behandlung politischer Inhalte und die Wertevermittlung nicht um einen Ausfluss ihrer politischen Freiheitsrechte, sondern um eine dienstliche Befugnis, die auf den staatlichen Bildungs- und Erziehungskompetenzen gründet. Die Lehrperson darf insofern politisch kommunizieren, als sie damit zwecks Erfüllung der normierten Bildungs- und Erziehungsziele oder zur Wahrung der freiheitlichen und demokratischen Grundordnung der Verfassung handelt. Abseits dessen ist ein politisches Äußerungsverhalten grundsätzlich unzulässig. In den Vereinigten Staaten richten sich die Äußerungsbefugnisse von Lehrkräften auch im Hinblick auf die Behandlung politischer Inhalte nach den jeweiligen Regelungen und Vorgaben der Schulbezirke.

Zum Zwecke der rechtlichen Beurteilung von Handlungen der Lehrkraft im politischen Unterricht werden in Deutschland und den Vereinigten Staaten vergleichbare Kriterien angewandt. So stellen in beiden Ländern die Vorgaben des Lehrplans, der Schulfrieden respektive der Frieden in der örtlichen Schulgemeinschaft sowie die Orientierung an den Bildungsinteressen und der altersabhängigen wie intellektuellen Reife der Lernenden zentrale Gesichtspunkte für die Beurteilung der Grenzen der Behandlung politischer Inhalte dar. Insbesondere wird das Erfordernis politischer Neutralität in beiden Ländern mit Verweis auf den Umstand begründet, dass die Schüler sich aufgrund der Schulpflicht der geistigen Einflussnahme der Lehrer insgesamt nicht entziehen können. Ferner ist der Grundsatz der unbedingten Unparteilichkeit sowohl in Deutschland als auch in den USA ein gewichtiger Aspekt. Parteipolitische Agitation ist gänzlich verboten.

Im Gesamten ist im Hinblick auf die Frage nach den pädagogischen Freiheiten von Lehrern zu konstatieren, dass den Lehrkräften in Deutschland ein originärer, ihnen eigener pädagogischer Verantwortungsbereich zugestanden wird, über dessen Umfang weitgehende Einigkeit besteht. Hauptkritikpunkt in der Literatur hierzulande ist, dass Lehrkräfte mangels gerichtlicher Kontrolle nur einen eingeschränkten Rechtsschutz ihrer pädagogischen Eigenverantwortung genießen. In den Vereinigten Staaten werden die Handlungsmöglichkeiten von Schullehrern durch die Regelungen der Schulbezirke beziehungsweise Schulräte determiniert, sodass die pädagogischen Gestaltungsräume der Lehrpersonen derivativ sind. In Anbetracht einer als uneinheitlich und zurückhaltend kritisierten Rechtsprechung wird vonseiten des Schrifttums Rechtsunsicherheit bezüglich des Bestehens, des Umfangs und der Reichweite pädagogischer Gestaltungsräume attestiert.

Betreffend die Rahmenbedingungen für Demokratiebildung in den USA ist festzustellen, dass auch sie von der Ausgestaltung der schulischen Selbstverwaltung in den Schulbezirken und damit einhergehend von den örtlichen gesellschaftlichen Gegebenheiten abhängen. Während damit einerseits ein hoher Grad an Demokratisierung des Schulwesens einhergeht, kritisieren andererseits zahlreiche Stimmen aus der Literatur, dass die Schulen aufgrund der Gestaltungsmacht der Schulräte und mangels pädagogischer Freiheiten der Lehrkräfte nicht im Sinne des Idealbildes eines Marktplatzes der Ideen („*marketplace of ideas*“) gestaltet würden. Vielmehr könnten sie lediglich die Aufgabe erfüllen, tradierte Normen der örtlichen Gemeinschaft zu vermitteln, was zulasten der Bildungsinteressen der Schüler gehe, soweit sie aufgrund dessen nicht mit einer Vielzahl von Meinungen und Ideen konfrontiert würden. Demgegenüber weist das Schulwesen in Deutschland, welches seitens der Bundesländer in Ausübung der staatlichen Schulhoheit geregelt wird, einen geringen Grad an Schulautonomie auf. Die Schulverwaltung ist mittelbar demokratisch legitimiert. Indes kommt dem schulischen Bildungs- und Erziehungsauftrag in Deutschland mit den Wertentscheidungen der freiheitlichen, demokratischen und sozialen Ordnung des Grundgesetzes ein einheitliches, gesamtgesellschaftliches Leitbild zu, welches die Vermittlung des Umgangs mit der Meinungsvielfalt in der pluralistischen Gesellschaft impliziert.

Vor dem Hintergrund des Prinzips demokratischer Kontrolle kommt in den Vereinigten Staaten den in die Schulräte gewählten Vertretern der Bürger des Schulbezirks eine umfassende Gestaltungsmacht über die Ausführung der örtlichen schulischen Bildungs- und Erziehungsarbeit zu. In diesem Zusammenhang wird die demokratische Selbstverwaltung der Schulen durch die örtliche Gemeinschaft intendiert, um die Einflussmöglichkeiten der Gubernative auf das Schulwesen möglichst einzuschränken. Demgegenüber liegt der deutschen schulsystematischen Konzeption ein durch den Staat gestaltetes Schulwesen zugrunde, dessen Schulverwaltung an der erziehungswissenschaftlichen Profession ausgerichtet ist. In diesem Rahmen kommt in erster Linie den Pädagogen in Schule und Verwaltung die Aufgabe zu, den Schulbetrieb praktisch auszugestalten.

In Anbetracht der Ergebnisse der vorliegenden Untersuchung ist an die Entscheidungsträger in Politik, Verwaltung und Rechtsprechung sowohl in Deutschland als auch in den Vereinigten Staaten von Amerika zu appellieren, um die Erfüllung der Selbstentfaltungsinteressen der Schüler willen stets die essenzielle Bedeutung pädagogischer Freiräume für die Durchführung der Unterrichtstätigkeit und damit einhergehend für die Ausführung des Auftrags der öffentlichen Schulen zu würdigen. Den Verantwortlichen in den USA ist zu empfehlen, im Rahmen ihrer umfassenden Schulautonomie den pädagogischen Interessen der Lehrkräfte einen angemessenen Stellenwert zu verleihen, indem den Pädagogen der faktisch notwendige Raum eigenverantwortlicher Unterrichtsgestaltung gewährt und diesbezüglich (mehr) Rechtssicherheit geschaffen wird. Insbesondere wird angeregt, soweit dies noch nicht der Fall ist, den Lehrkräften jedenfalls einen minimalen Kündigungsschutz zu gewähren, damit diese nicht aufgrund von rechtlichen Ungewissheiten und befürchteten Sanktionsmaßnahmen davon abgehalten werden, ihrer eigenen und unmittelbaren Verantwortung für die Gestaltung von Bildung und Erziehung nachzukommen.

Da ein Mehr an Schulautonomie nicht automatisch mit einer Verbesserung der Rahmenbedingungen des Lehrerberufs einhergeht, sind bei der Weiterentwicklung von Ansätzen schulischer Selbstverwaltung in Deutschland die

Interessen der Pädagogen und insbesondere ihre pädagogische Freiheit zu berücksichtigen. Die Entwicklung hin zu mehr einzelschulischen Gestaltungsräumen darf nicht dazu führen, den für die Lehrperson aufgrund der unvertretbaren Natur der Unterrichtstätigkeit notwendigen Freiraum gegenüber der Schulverwaltung zu relativieren. In diesem Zusammenhang besteht Anlass für weitere Forschungen zur Entwicklung und Ausgestaltung schulischer Selbstverwaltung vor dem Hintergrund ihrer Implikationen für den Lehrerberuf.

Schließlich ist den Entscheidungsträgern in beiden demokratischen Gesellschaften im Hinblick auf die Gestaltung schulischer politischer Bildung zu raten, ihre Notwendigkeit für die Entwicklung der Lernenden zu mündigen Demokraten zu würdigen, indem dafür Sorge getragen wird, dass der hohe Stellenwert der Demokratiebildung sich im praktischen Schulalltag widerspiegelt. Hierzu ist bereits in der Lehrerausbildung anzusetzen, indem grundlegende Kenntnisse des (Verfassungs-)Rechts gelehrt und die zukünftigen Lehrkräfte, auch abseits der gesellschaftswissenschaftlichen Fächer, auf eine pädagogisch fachgerechte sowie im Einklang mit dem Recht stehende Demokratiebildung vorbereitet werden. Während hierzu in den USA jedenfalls auf die diesbezügliche Judikatur rekurriert werden kann, ist hinsichtlich der Lehrerausbildung in Deutschland die Empfehlung auszusprechen, den werdenden Pädagogen ein fundiertes Verständnis des Grundgesetzes und seiner Wertentscheidungen als Grundlage einer wehrhaften Demokratie zu vermitteln. Denn mit der politischen Bildung in den Schulen nimmt die gelebte Demokratie ihren Anfang, deren Erhalt sowohl in Deutschland als auch in den Vereinigten Staaten von Amerika von vitaler Bedeutung ist.

Literaturverzeichnis

AfD-Fraktion in der Hamburgischen Bürgerschaft, Informationsportal Neutrale Schulen Hamburg, abrufbar unter: *https://afd-fraktion-hamburg.de/aktion-neutrale-schulen-hamburg/* (zuletzt abgerufen am 08.02.2024) [zitiert als: *AfD-Fraktion in der Hamburgischen Bürgerschaft*, Informationsportal Neutrale Schulen Hamburg].

Allred, Stephen, From Connick to Confusion: The Struggle to Define Speech on Matters of Public Concern, Ind. L.J. 64 (1988), S. 43–82.

American Association of University Professors, 1940 Statement of Principles on Academic Freedom and Tenure with 1970 Interpretive Comments, abrufbar unter: *https://www.aaup.org/file/1940%20Statement.pdf* (zuletzt abgerufen am 08.02.2024) [zitiert als: *American Association of University Professors*, 1940 Statement of Principles on Academic Freedom and Tenure with 1970 Interpretive Comments].

Annest, Janna J., Only the News That's Fit to Print: The Effect of Hazelwood on the First Amendment Viewpoint-Neutrality Requirement in Public School-Sponsored Forums, Wash. L. Rev. 77 (2002), S. 1227–1260.

Avenarius, Hermann/Hanschmann, Felix, Schulrecht, Ein Handbuch für Praxis, Rechtsprechung und Wissenschaft, 9. Aufl., Köln 2019.

Barczak, Tristan, Die parteipolitische Äußerungsbefugnis von Amtsträgern, NVwZ 2015, S. 1014–1020.

Battis, Ulrich (Hrsg.), Bundesbeamtengesetz, Kommentar, 6. Aufl., München 2022 [zitiert als: *Bearbeiter*, in: Battis (Hrsg.), BBG].

Bauries, Scott R., Individual Academic Freedom: An Ordinary Concern of the First Amendment, Miss. L.J. 83 (2014), S. 677–744.

ders., A Benign Prior Restraint Rule for Public School Classroom Speech, Educ. L. & Pol'y Rev. 2 (2015), S. 88–129.

Bauries, Scott R./Schach, Patrick, Coloring Outside the Lines: Garcetti v. Ceballos in the Federal Appellate Courts, West's Educ. L. Rep. 262 (2011), S. 357–406.

Beaucamp, Guy, Zur rechtlichen Relevanz pädagogischer Freiheit, RdJB 2015, S. 145–159.

Beck, Ekkehard, Die Lehrfreiheit – ein neu gewonnenes Grundrecht?, BayVBl. 2013, S. 321–328.

Bezanson, Randall P., The Manner of Government Speech, Denv. U. L. Rev. 87 (2010), S. 809–818.

Bijok, Marko, Ihre Meinung ist uns wichtig…?, Grenzen der Meinungsfreiheit von Lehrern, Schulrecht heute, Heft 12, 2019, entnommen aus und zitiert nach Wolters Kluwer (wolterskluwer.com), abrufbar unter: *https://info.worterskluwer.com/schule-im-fokus-meinungsfreiheit* (zuletzt abgerufen am 08.02.2024) [zitiert als: *Bijok*, Schulrecht heute 2019].

Blocher, Joseph, Viewpoint Neutrality and Government Speech, B.C. L. Rev. 52 (2011), S. 695–768.

Bowman, Kristi L., The Government Speech Doctrine and Speech in Schools, Wake Forest L. Rev. 48 (2013), S. 211–286.

Brinktrine, Ralf/Schollendorf, Kai (Hrsg.), Beamtenrecht Bund, BBG, BeamtStG, BRRG, Kommentar, 2. Aufl., München 2024 [zitiert als: *Bearbeiter*, in: Brinktrine/Schollendorf (Hrsg.), Beamtenrecht Bund].

Brosius-Gersdorf, Frauke (Hrsg.), Dreier Grundgesetz, Kommentar, Band I, Präambel, Artikel 1–19 GG, 4. Aufl., Tübingen 2023 [zitiert als: *Bearbeiter*, in: Brosius-Gersdorf (Hrsg.), Dreier GG, Bd. I].

Brownstein, Alan, The Nonforum as a First Amendment Category: Bringing Order Out of the Chaos of Free Speech Cases Involving School-Sponsored Activities, U.C. Davis L. Rev. 42 (2009), S. 717–824.

Burmeister, Thomas, Die „pädagogische Freiheit“ – ein klagloses Recht?, RdJB 1989, S. 415–429.

Byrne, J. Peter, Academic Freedom: A “Special Concern of the First Amendment”, Yale L.J. 99 (1989), S. 251–340.

Chemerinsky, Erwin, Education, the First Amendment, and the Constitution, U. Cin. L. Rev. 92 (2023), S. 12–19.

Chohan, Raj, Tenth Circuit Interpretations of Garcetti: Limits on First Amendment Protections for Whistle-Blowers, Denv. U. L. Rev. 85 (2008), S. 573–596.

Connolly, John P./Wasserman, Lewis M., Free Speech in Public Employment: Has the Supreme Court Clarified Matters? An Empirical Analysis of the Impact of Lane v Franks, Rev. L. & Econ. 16 (2019), S. 1–24.

Cooley, Amanda Harmon, Controlling Students and Teachers: The Increasing Constriction of Constitutional Rights in Public Education, Baylor L. Rev. 66 (2014), S. 235–294.

dies., Inculcating Suppression, Geo. L.J. 107 (2019), S. 365–412.

Cremer, Hendrik, Das Neutralitätsgebot in der Bildung, Neutral gegenüber rassistischen und rechtsextremen Positionen von Parteien?, Analyse, Deutsches Institut für Menschenrechte (Hrsg.), Berlin 2019, abrufbar unter: *https://www.institut-fuer-menschenrechte.de/fileadmin/Redaktion/Publikationen/Analyse_Studie/Analyse_Das_Neutralitaetsgebot_in_der_Bildung.pdf* (zuletzt abgerufen am 08.02.2024) [zitiert als: *H. Cremer*, Das Neutralitätsgebot in der Bildung].

Cremer, Wolfram, Freiheitsgrundrechte, Funktionen und Strukturen, Tübingen 2003.

ders., Verbeamtung von Lehrern als Verfassungsgebot, in: Institut für Bildungsforschung und Bildungsrecht e.V./Deutsches Institut für Internationale Pädagogische Forschung (Hrsg.), Zur Rechtsstellung der Lehrkräfte – heute, Tagungsband zum 1. Deutschen Schulrechtstag, Baden-Baden 2013, S. 11–38.

Crenshaw, Zach, Arizona lawmaker proposes bill to outlaw political activity in the classroom, ABC15 Arizona, 19.12.2018, abrufbar unter: *https://www.abc15.com/arizona-lawmaker-proposes-bill-to-outlaw-political-activity-in-the-classroom* (zuletzt abgerufen am 08.02.2024) [zitiert als: *Crenshaw*, ABC15 Arizona, 19.12.2018].

Dale, Elizabeth, Employee Speech & Management Rights: A Counterintuitive Reading of Garcetti v. Ceballos, Berkeley J. Emp. & Lab. L. 29 (2008), S. 175–220.

Daly, Karen C., Balancing Act: Teachers' Classroom Speech and the First Amendment, J.L. & Educ. 30 (2001), S. 1–62.

Daugherty, Denise, Free Speech in Public Schools: Has the Supreme Court Created a Haven for Viewpoint Discrimination in School-Sponsored Speech?, Ga. St. U. L. Rev. 20 (2004), S. 1061–1085.

Degenhart, Christoph, Entscheidung unter Unsicherheit – die Pandemiebeschlüsse des BVerfG, NJW 2022, S. 123–127.

Deloney, Joseph, Protecting Public Employee Trial Testimony, Chi.-Kent L. Rev. 91 (2016), S. 709–736.

DeMitchell, Todd A./Connelly, Vincent J., Academic Freedom and the Public School Teacher: An Exploratory Study of Perceptions, Policy, and the Law, BYU Educ. & L.J. 2007, S. 83–118.

DeMitchell, Todd A./Onosko, Joseph J., Vergara v. State of California: The End of Teacher Tenure or a Flawed Ruling, S. Cal. Interdisc. L.J. 25 (2016), S. 589–624.

Dewey, John, Democracy and Education, An Introduction to the Philosophy of Education, New York City, New York 1916.

Dişçi, Duygu, Der Grundsatz politischer Neutralität, Grenzen der Äußerungsbefugnis politischer Amtsträger, Berlin 2019.

Donehower, R. Weston, Boring Lessons: Defining the Limits of a Teacher's First Amendment Right to Speak through the Curriculum, Mich. L. Rev. 102 (2003), S. 517–541.

Dürig, Günter/Herzog, Roman/Scholz, Rupert (Hrsg.), Grundgesetz, Kommentar, Band I, Art. 1–5 GG, 102. Aufl., München 2024 [zitiert als: *Bearbeiter*, in: Dürig/Herzog/Scholz (Hrsg.), GG].

Eder, Christian, „Rote Karte“ gegen „Spinner“?, Berlin 2017.

Eiselt, Gerhard, Schulaufsicht im Rechtsstaat, DÖV 1981, S. 821–830.

Erb, Volker/Schäfer, Jürgen (Hrsg.), Münchener Kommentar zum Strafgesetzbuch, Band 3, §§ 80–184k StGB, 4. Aufl., München 2021 [zitiert als: *Bearbeiter*, in: MüKo-StGB, Bd. 3].

Finkin, Matthew W., On “Institutional” Academic Freedom, Tex. L. Rev. 61 (1983), S. 817–857.

Flynn, Caroline A., Policeman, Citizen, or Both, A Civilian Analogue Exception to Garcetti v. Ceballos, Mich. L. Rev. 111 (2013), S. 759–788.

Forster, Doris, Zur Methode des Rechtsvergleichs in der Rechtswissenschaft / On the Methods for Comparative Law Research in Legal Studies, Ancilla Iuris 2018, S. 98–109.

Forster, Paul, Teaching in a Democracy: Why the Garcetti Rule Should Apply to Teaching in Public Schools, Gonz. L. Rev. 46 (2010), S. 687–716.

Füssel, Hans-Peter, Pädagogische Freiheit, in: Klaus-Peter Horn/Heidemarie Kemnitz/Winfried Marotzki/Uwe Sandfuchs/Karl-Heinz Arnold (Hrsg.), Klinkhardt-Lexikon Erziehungswissenschaft, Bad Heilbrunn 2011, S. 477.

Galea, Benjamin C., Getting to Sometimes: Expanding Teachers’ First Amendment Rights through Garcetti’s Caveat, Case W. Res. L. Rev. 62 (2012), S. 1205–1236.

Gärditz, Klaus Ferdinand, Unbedingte Neutralität? Zur Zulässigkeit amtlicher Aufrufe zu Gegendemonstrationen durch kommunale Wahlbeamte, NWVBl. 2015, S. 165–171.

Garner, Bryan A., Black’s Law Dictionary, 11. Aufl., Saint Paul, Minnesota 2019.

Gee, Kimberly, Establishing a Constitutional Standard that Protects Public School Teacher Classroom Expression, J.L. & Educ. 38 (2009), S. 409–454.

Geier, Brett A., The Roberts Court and Public Schools, Cham 2023.

Gewerkschaft Erziehung und Wissenschaft (GEW), Fragen und Antworten zu den Denunziationsplattformen der AfD, abrufbar unter: *https://www.gew.de/schule/fragen-und-antworten-zu-den-denunziationsplattformen-der-afd/* (zuletzt abgerufen am 08.02.2024) [zitiert als: *GEW*, Fragen und Antworten zu den Denunziationsplattformen der AfD].

Graham, Parker, Whistleblowers in the Workplace: The Government Employee’s Official Duty to Tell the Truth, S.M.U. L. Rev. 65 (2012), S. 685–712.

Gramm, Christof, Aufklärung durch staatliche Publikumsinformationen, Staatshandeln als Aufklärung?, Der Staat 30 (1991), S. 51–80.

Griffin, Oren R., Academic Freedom and Professorial Speech in the Post-Garcetti World, Seattle U. L. Rev. 37 (2013), S. 1–54.

Große, Stefanie, Qualität des öffentlichen Schulwesens als Verfassungsgebot?, Zugleich zum Institut der schulischen Eigenverantwortung, Baden-Baden 2019.

Growe, Tobias, Das Regierungsmitglied im parteipolitischen Diskurs, Baden-Baden 2020.

Gusy, Christoph, Neutralität staatlicher Öffentlichkeitsarbeit – Voraussetzungen und Grenzen, NVwZ 2015, S. 700–704.

ders., Parlamentarische oder „neutrale" Regierung? Eine Anfrage, KritV 2018, S. 210–235.

Hammett, Katie, School Shootings, Ceramic Tiles, and Hazelwood: The Continuing Lessons of the Columbine Tragedy, Ala. L. Rev. 55 (2004), S. 393–408.

Hassenpflug, Ann, Drama in the Classroom: No Judicial Applause for Teachers' Freedom of Speech, West's Educ. L. Rep. 132 (1999), S. 21–32.

Hay, Peter, US-Amerikanisches Recht, Ein Studienbuch, 7. Aufl., München 2020.

Heckel, Hans, Pädagogische Freiheit und Gehorsamspflicht des Lehrers, ZBR 1957, S. 217.

Hennecke, Frank, Versuche einer juristischen Begründung von pädagogischer Freiheit, RdJB 1986, S. 233–247.

Hiers, Richard H., Institutional Academic Freedom – A Constitutional Misconception: Did Grutter v. Bollinger Perpetuate the Confusion?, J.C. & U.L. 30 (2004), S. 531–582.

ders., Institutional Academic Freedom or Autonomy Grounded upon the First Amendment: A Jurisprudential Mirage, Hamline L. Rev. 30 (2007), S. 1–58.

Hodges, Ann C./Pugh, Justin, Crossing the Thin Blue Line: Protecting Law Enforcement Officers Who Blow the Whistle, U.C. Davis L. Rev. 52 (2018), S. 1–41.

Höfling, Wolfram, Öffentliches Schulwesen und pädagogische Autonomie, Eine Skizze der schulrechtlichen Diskussion und schulgesetzlichen Entwicklung, DÖV 1988, S. 416–422.

Hufen, Friedhelm, Politische Jugendbildung und Neutralitätsgebot, RdJB 2018, S. 216–221.

Huster, Stefan, Grundfragen staatlicher Erziehungsambitionen, in: Eva Schumann (Hrsg.), Das erziehende Gesetz, 16. Symposion der Kommission „Die

Funktion des Gesetzes in Geschichte und Gegenwart“, Berlin 2013, S. 193–226.

ders., Endlich: Abschichtung statt Abwägung, Neues zum Verhältnis von schulischem Erziehungsauftrag und elterlichem Erziehungsrecht, DÖV 2014, S. 860–866.

ders., Die ethische Neutralität des Staates, 2. Aufl., Tübingen 2017.

Hutchens, Neal H., Silence at the Schoolhouse Gate: The Diminishing First Amendment Rights of Public School Employees, Ky. L.J. 97 (2008), S. 37–78.

ders., A Confused Concern of the First Amendment: The Uncertain Status of Constitutional Protection for Individual Academic Freedom, J.C. & U.L. 36 (2009), S. 145–190.

Jarass, Hans D./Pieroth, Bodo (Hrsg.), Grundgesetz für die Bundesrepublik Deutschland, Kommentar, 17. Aufl., München 2022 [zitiert als: *Bearbeiter*, in: Jarass/Pieroth, GG].

Jestaedt, Matthias, Anmerkung zu BVerwG, 3.5.1988 – 7 C 89/86 (OVG Münster), JZ 1989, S. 137–143.

ders., Schule und außerschulische Erziehung, in: Josef Isensee/Paul Kirchhof (Hrsg.), Handbuch des Staatsrechts der Bundesrepublik Deutschland, Band VII, Freiheitsrechte. 3. Aufl., Heidelberg 2009, S. 521–595.

Joughin, Louis, Academic Freedom and Tenure: A Handbook of the American Association of University Professors, Madison, Wisconsin 1967.

Kaufhold, Ann-Katrin, Die Lehrfreiheit – ein verlorenes Grundrecht?, Zu Eigenständigkeit und Gehalt der Gewährleistung freier Lehre in Art. 5 Abs. 3 GG, Berlin 2006.

Kayal, Zachary A., He/She/They “Say Gay”: A First Amendment Framework for Regulating Classroom Speech on Gender and Sexuality, Colum. J.L. & Soc. Probs. 57 (2023), S. 57–112.

Keenan, Thomas, Circuit Court Interpretations of Garcetti v. Ceballos and the Development of Public Employee Speech, Notre Dame L. Rev. 87 (2011), S. 841–878.

Kischel, Uwe, Rechtsvergleichung, München 2015.

Kißlinger, Andreas, Das Recht auf politische Chancengleichheit, Baden-Baden 1998.

Kitrosser, Heidi, The Special Value of Public Employee Speech, Sup. Ct. Rev. 2015 (2015), S. 301–344.

dies., Public Employee Speech and Magarian’s Dynamic Diversity, Wash. L. Rev. 95 (2018), S. 1405–1422.

dies., On Public Employees and Judicial Buck-Passing: The Respective Roles of Statutory and Constitutional Protections for Government Whistleblowers, Notre Dame L. Rev. 94 (2019), S. 1699–1724.

Klein, Susanne, KMK verurteilt „organisierte Denunziation" durch AfD, Süddeutsche Zeitung, 13.10.2018, abrufbar unter: *https://www.sueddeutsche.de/bildung/schule-kmk-verurteilt-organisierte-denunziation-durch-afd-1.4168151* (zuletzt abgerufen am 08.02.2024) [zitiert als: *Klein*, Süddeutsche Zeitung, 13.10.2018].

Kleinbrodt, Julian W., Pro-Whistleblower Reform in the Post-Garcetti Era, Mich. L. Rev. 112 (2013), S. 111–138.

Kollatz, Udo, Freiheit des Lehrers vom Grundgesetz?, DÖV 1970, S. 594–595.

Kopp, Ferdinand, Die pädagogische Freiheit des Lehrers, Grundlagen und Grenzen, DÖV 1979, S. 890–894.

Kozel, Randy J., Reconceptualizing Public Employee Speech, Nw. U. L. Rev. 99 (2005), S. 1007–1052.

Kozlowski, Dan V., Unchecked Deference: Hazelwood's Too Broad and Too Loose Application in the Circuit Courts, U. Balt. J. Media L. & Ethics 3 (2012), S. 1–62.

Krebs, Mary Lindsay, Can't Really Teach: CRT Bans Impose Upon Teachers' First Amendment Pedagogical Rights, Vand. L. Rev. 75 (2022), S. 1925–1955.

Krotoszynski, Ronald J., Jr., Whistleblowing Speech and the First Amendment, Ind. L.J. 93 (2018), S. 267–302.

Krüper, Julian, Anmerkung zu BVerfG, Urteil vom 16.12.2014 – 2 BvE 2/14, JZ 2015, S. 408–417.

Kultusministerkonferenz, Demokratie als Ziel, Gegenstand und Praxis historisch-politischer Bildung und Erziehung in der Schule, Beschluss der Kultusministerkonferenz vom 06.03.2009 i. d. F. vom 11.10.2018, 11.10.2018, abrufbar unter: *https://www.kmk.org/fileadmin/Dateien/pdf/PresseUndAktuelles/2018/Beschluss_Demokratieerziehung.pdf* (zuletzt abgerufen am 08.02.2024) [zitiert als: *Kultusministerkonferenz*, Demokratie als Ziel, Gegenstand und Praxis historisch-politischer Bildung und Erziehung in der Schule].

La Coa, Seana-Jahan, School Curriculum: The Sigmatic Harm to Students and the Responsibility of Congress to Act Again, Fla. A&M U. L. Rev. 17 (2023), S. 227–248.

Lehrerbildungszentrum RWTH Aachen, Außerunterrichtliche Aktivitäten, abrufbar unter: *https://www.lbz.rwth-aachen.de/cms/LBZ/Schule/Schulinformationen/Glossar/~riif/Ausserunterrichtliche-Aktivitaeten/* (zuletzt abgerufen am 08.02.2024) [zitiert als: *Lehrerbildungszentrum RWTH Aachen*, Außerunterrichtliche Aktivitäten].

Lester, James Conrad, Inculcation into Indoctrination Predicting Justice Sotomayor's Impact on Teachers' Speech in the Public School Classroom, Ala. L. Rev. 62 (2011), S. 663–686.

Lidsky, Lyrissa, Public Forum 2.0, B.U. L. Rev. 91 (2011), S. 1975–2028.

Lindner, Josef Franz, Parteipolitische Tätigkeit als Dienstaufgabe des Beamten?, ZBR 2010, S. 325–332.

ders., Unabhängigkeit als Paradigma des Berufsbeamtentums, ZBR 2013, S. 145–155.

ders., Die politische Neutralitätspflicht des Beamten, ZBR 2020, S. 1–7.

Lindner, Josef Franz/Bast, Alexander, Die Unzulässigkeit staatlicher Einflussnahme auf Versammlungen, NVwZ 2018, S. 708–711.

LoMonte, Frank D., Putting the 'Public' Back into Public Employment: A Roadmap for Challenging Prior Restraints That Prohibit Government Employees from Speaking to the News Media, U. Kan. L. Rev. 68 (2019), S. 1–68.

Mandelartz, Herbert, Öffentlichkeitsarbeit der Regierung, Begriff, Instrumente und Begrenzungen in der Vorwahlzeit, DÖV 2009, S. 509–517.

ders., Informations- und Öffentlichkeitsarbeit der Bundesregierung, DÖV 2015, S. 326–329.

Mandelartz, Herbert/Grotelüschen, Henning, Das Internet und die Rechtsprechung des BVerfG zur Öffentlichkeitsarbeit der Regierung, NVwZ 2004, S. 647–650.

Mannion, Kelly E., Steubenville and beyond: The Constitutional Case for Comprehensive Sex Education, Cardozo J.L. & Gender 20 (2014), S. 307–336.

Masuch, Thorsten, Vom Maß der Freiheit – Der Beamte zwischen Meinungsfreiheit und Mäßigungsgebot, NVwZ 2021, S. 520–525.

Maunz, Theodor/Dürig, Günter (Hrsg.), Grundgesetz, Kommentar, München 1958 [zitiert als: *Bearbeiter*, in: Maunz/Dürig (Hrsg.), GG].

Maxwell, Bruce/McDonough, Kevin/Waddington, David I., Broaching the Subject: Developing Law-Based Principles for Teacher Free Speech in the Classroom, Teaching and Teacher Education 70 (2018), S. 196–203.

dies., Teachers' Freedom of Speech in the Classroom, in: Michael A. Peters (Hrsg.), Encyclopedia of Teacher Education, Singapur 2019, S. 1–5.

McCarthy, Martha M., Garcetti v. Ceballos: Another Hurdle for Public Employees, West's Educ. L. Rep. 210 (2006), S. 867–884.

McCarthy, Martha M./Eckes, Suzanne E., Silence in the Hallways: The Impact of Garcetti v. Ceballos on Public School Educators, B.U. Pub. Int. L.J. 17 (2008), S. 209–236.

Metzger, Walter P., Profession and Constitution: Two Definitions of Academic Freedom in America, Tex. L. Rev. 66 (1988), S. 1265–1322.

Möller, Thomas, Der grundrechtliche Schutzbereich der Meinungsfreiheit in Deutschland, England und den USA, Baden-Baden 2016.

Morlok, Martin/Voss, Volker P., Grenzen der staatlichen Informationstätigkeit bei Volksentscheiden, BayVBl. 1995, S. 513–519.

Müller, Judith, Abschaffung der Fachaufsicht im Schulbereich als Gebot der Zeit?, DVBl. 2006, S. 878–886.

Münch, Ingo von/Kunig, Philip (Hrsg.), Grundgesetz, Kommentar, Band 1: Präambel bis Art. 69 GG, 7. Aufl., München 2021 [zitiert als: *Bearbeiter*, in: von Münch/Kunig, GG].

Nahmod, Sheldon H., Academic Freedom and the Post-Garcetti Blues, First Amend. L. Rev. 7 (2008), S. 54–74.

ders., Public Employee Speech, Categorical Balancing and Section 1983: A Critique of Garcetti v. Ceballos, U. Rich. L. Rev. 42 (2008), S. 561–596.

Newman, JoNel, Will Teachers Shed Their First Amendment Rights at the Schoolhouse Gate?, The Eleventh Circuit's Post-Garcetti Jurisprudence, U. Miami L. Rev. 63 (2009), S. 761–792.

Niendorf, Mareike/Reitz, Sandra, Schweigen ist nicht neutral, Menschenrechtliche Anforderungen an Neutralität und Kontroversität in der Schule, Information Nr. 25, Deutsches Institut für Menschenrechte (Hrsg.), Berlin 2019, abrufbar unter: *https://www.institut-fuer-menschenrechte.de/fileadmin/Redaktion/Publikationen/Information_25_Schweigen_ist-nicht-neutral.pdf* (zuletzt abgerufen am 08.02.2024) [zitiert als: *Niendorf/Reitz*, Schweigen ist nicht neutral].

Norcross, Diane, Separating the Employee from the Citizen: The Social Science Implications of Garcetti v. Ceballos, U. Balt. L. Rev. 40 (2011), S. 543–574.

Norton, Helen L., Government Workers and Government Speech, First Amend. L. Rev. 7 (2008), S. 75–91.

dies., Constraining Public Employee Speech: Government's Control of its Workers' Speech to Protect its own Expression, Duke L.J. 59 (2009), S. 1–68.

dies., Imaginary Threats to Government's Expressive Interests, Case W. Res. L. Rev. 61 (2011), S. 1265–1284.

dies., The Government's Speech and the Constitution, Cambridge 2019.

Oebbecke, Janbernd, Die rechtlichen Grenzen amtlicher Einflußnahme auf Bürgerbegehren und Bürgerentscheid, BayVBl. 1998, S. 641–645.

ders., Amtliche Äußerungen im Bürgermeisterwahlkampf, NVwZ 2007, S. 30–33.

Ossenbühl, Fritz, Die pädagogische Freiheit und die Schulaufsicht, DVBl. 1982, S. 1157–1165.

Papandrea, Mary-Rose, Social Media, Public School, Teachers, and the First Amendment, N.C. L. Rev. 90 (2012), S. 1597–1642.

Payandeh, Mehrdad, Die Neutralitätspflicht staatlicher Amtsträger im öffentlichen Meinungskampf, Dogmatische Systembildung auf verfassungsrechtlich zweifelhafter Grundlage, Der Staat 55 (2016), S. 519–550.

Perschel, Wolfgang, Die Lehrfreiheit des Lehrers, DÖV 1970, S. 34–40.

Pieroth, Bodo, Erziehungsauftrag und Erziehungsmaßstab der Schule im freiheitlichen Verfassungsstaat, DVBl. 1994, S. 949–961.

Post, Robert C., Why Bother with Academic Freedom?, FIU L. Rev. 9 (2013), S. 9–20.

Putzer, Max, Verfassungsrechtliche Grenzen der Äußerungsbefugnisse staatlicher Organe und Amtsträger, DÖV 2015, S. 417–426.

Rhodes, Charles W., Public Employee Speech Rights Fall Prey to an Emerging Doctrinal Formalism, Wm. & Mary Bill Rts. J. 15 (2007), S. 1173–1204.

Rich, Jennifer, Opinion: Arizona risks failing its students in trying to limit teachers' speech, More talking in class, please, The Hechinger Report, 14.01.2019, abrufbar unter: *https://hechingerreport.org/opinion-arizona-risks-failing-its-students-in-trying-to-limit-teachers-speech/* (zuletzt abgerufen am 08.02.2024) [zitiert als: *Rich*, The Hechinger Report, 14.01.2019].

Richter, Ingo, Die gesetzliche Regelung des Lehrerstatus, RdJB 1979, S. 250–265.

Roberts, Robert North, Public Service, Public Corruption and the First Amendment: The Implications of Lane v. Franks for Public Employee Public Corruption Watchdogs, Rev. Public Pers. Adm. 35 (2015), S. 386–405.

Robertson, Sara J., Lane v. Franks: The Supreme Court Frankly Fails to Go Far Enough, St. Louis U. L.J. 60 (2016), S. 293–316.

Roosevelt, Kermit, III, Not as Bad as You Think: Why Garcetti v. Ceballos Makes Sense, U. Pa. J. Const. L. 14 (2012), S. 631–660.

Rosenthal, Lawrence, The Emerging First Amendment Law of Managerial Prerogative, Fordham L. Rev. 77 (2008), S. 33–112.

Rothenbücher, Karl, Das Recht der freien Meinungsäußerung, VVDStRL 4 (1928), S. 6–43.

Rumel, John E., Public Employee Speech: Answering the Unanswered and Related Questions in Lane v. Franks, Hofstra Lab. & Emp. L. J. 34 (2017), S. 243–300.

Rux, Johannes, Die pädagogische Freiheit des Lehrers, Eine Untersuchung zur Reichweite und zu den Grenzen der Fachaufsicht im demokratischen Rechtsstaat, Berlin 2002.

ders., Schulrecht, 6. Aufl., München 2018.

Sachs, Michael (Hrsg.), Grundgesetz, Kommentar, 9. Aufl., München 2021 [zitiert als: *Bearbeiter*, in: Sachs (Hrsg.), GG].

Sanchez, John, The Law of Retaliation after Burlington Northern and Garcetti, Am. J. Trial Advoc. 30 (2007), S. 539–568.

Schauer, Frederick, Is There a Right to Academic Freedom?, U. Colo. L. Rev. 77 (2006), S. 907–928.

Schmidt, Walter, „Schulprogramm" und pädagogische Eigenverantwortung in der Schule, Schulrechtliche Entwicklungen am Beispiel der hessischen Schulgesetznovelle vom Dezember 1996, NVwZ 1997, S. 456–460.

Schoch, Friedrich, Der Gleichheitssatz, DVBl. 1988, S. 863–882.

Schoen, Edward J., Completing Government Speech's Unfinished Business: Clipping Garcetti's Wings and Addressing Scholarship and Teaching, Hastings Const. L.Q. 2016, S. 537–586.

Schwartz, Martin, Section 1983 Civil Rights Litigation in the October 2005 Term, Touro L. Rev. 22 (2007), S. 1033–1046.

Secunda, Paul M., The (Neglected) Importance of Being Lawrence: The Constitutionalization of Public Employee Rights to Decisional Non-Interference in Private Affairs, U.C. Davis L. Rev. 40 (2006), S. 85–136.

ders., The Solomon Amendment, Expressive Associations, and Public Employment, UCLA L. Rev. 54 (2007), S. 1767–1814.

ders., Garcetti's Impact on the First Amendment Speech Rights of Federal Employees, First Amend. L. Rev. 7 (2008), S. 117–144.

ders., Whither the Pickering Rights of Federal Employees, U. Colo. L. Rev. 79 (2008), S. 1101–1150.

ders., Neoformalism and the Reemergence of the Right-Privilege Distinction in Public Employment Law, San Diego L. Rev. 48 (2011), S. 907–950.

ders., Constitutional Employment Law: Zimmer's Intuition on the Future of Employee Free Speech Law, Emp. Rts. & Emp. Pol'y J. 20 (2016), S. 393–416.

Smend, Rudolf, Das Recht der freien Meinungsäußerung, VVDStRL 4 (1928), S. 44–74.

Staff, Ilse, Schulaufsicht und pädagogische Freiheit des Lehrers, DÖV 1969, S. 627–630.

Starck, Christian, Staatliche Schulhoheit, pädagogische Freiheit und Elternrecht, DÖV 1979, S. 269–275.

Steenken, Beau/Brooks, Tina M., Sources of American Law, An Introduction to Legal Research, 6. Aufl., Chicago, Illinois 2022.

Stein, Ekkehart, Das Recht des Kindes auf Selbstentfaltung in der Schule, Verfassungsrechtliche Überlegungen zur freiheitlichen Ordnung des Schulwesens, Neuwied 1967.

Stender-Vorwachs, Jutta, Erziehung und Bildung an öffentlichen Schulen – Rechtliche Grundlagen, Gestaltungen und Grenzen, VR 2006, S. 15–22.

Still, Steven, Protecting Whistleblowers under the First Amendment, Fordham L. Rev. 88 (2020), S. 1543–1574.

Stock, Martin, Die pädagogische Freiheit des Lehrers im Lichte des schulischen Bildungsauftrags, RdJB 1986, S. 212–232.

ders., Auf dem Weg zur „teilautonomen" Schule?, Bemerkungen zur Reformdiskussion in Nordrhein-Westfalen, RdJB 1997, S. 372–391.

ders., „Funktionsfreiheit" des Lehrers als Verfassungsgebot, Besprechung von Hinnerk Wißmann: Pädagogische Freiheit als Rechtsbegriff. Personales Handeln in der öffentlichen Verwaltung. Nomos Verlagsgesellschaft, Baden-Baden 2002, RdJB 2003, S. 502–509.

Strasser, Mark P., Government Speech and Circumvention of the First Amendment, Hastings Const. L.Q. 44 (2016), S. 37–60.

ders., Pickering, Garcetti, & Academic Freedom, Brook. L. Rev. 83 (2018), S. 579–612.

Strauss, Valerie, Teachers are expected to remain politically neutral. These Teachers of the Year say they can't, The Washington Post, 14.10.2016, abrufbar unter: *https://www.washingtonpost.com/news/answer-sheet/wp/2016/10/14/teachers-are-expected-to-remain-politically-neutral-these-teachers-of-the-year-say-they-cant/* (zuletzt abgerufen am 08.02.2024) [zitiert als: *Strauss*, The Washington Post, 14.10.2016].

dies., Teachers are told not to get 'political' in the classroom. What does that actually mean?, The Washington Post, 17.01.2019, abrufbar unter: *https://www.washingtonpost.com/education/2019/01/17/teachers-are-told-not-get-political-classroom-what-does-that-actually-mean/* (zuletzt abgerufen am 08.02.2024) [zitiert als: *Strauss*, The Washington Post, 17.01.2019].

Studenroth, Stefan, Wahlbeeinflussung durch staatliche Funktionsträger, Zur Abgrenzung zwischen staatlicher Öffentlichkeitsarbeit und privater Wahlwerbung in Äußerungen von Amtsträgern, AöR 125 (2000), S. 257–279.

Tygesson, Nicholas K., Cracking Open the Classroom Door: Developing a First Amendment Standard for Curricular Speech, Nw. U. L. Rev. 107 (2013), S. 1917–1952.

Uerling, Donald F., Academic Freedom in K-12 Education, Neb. L. Rev. 79 (2000), S. 956–975.

Ullrich, Norbert, Rechtliche Grenzen staatlicher Einflussnahme durch Sprache und auf die Sprache, DVBl. 2022, S. 69–76.

Van Alstyne, William W., The Demise of the Right-Privilege Distinction in Constitutional Law, Harv. L. Rev. 81 (1968), S. 1439–1464.

von Mangoldt, Hermann/Klein, Friedrich/Starck, Christian (Hrsg.), Grundgesetz, Kommentar, Band 1, Präambel, Art. 1–19 GG, 7. Aufl., München 2018 [zitiert als: *Bearbeiter*, in: von Mangoldt/Klein/Starck, GG].

Wahnschaffe, Thies, Zur Neutralitätspflicht staatlicher Hoheitsträger gegenüber Organisationen ohne Parteienstatus, NVwZ 2016, S. 1767–1771.

Waldman, Emily Gold, Returning to Hazelwood's Core: A New Approach to Restrictions on School-Sponsored Speech, Fla. L. Rev. 60 (2008), S. 63–124.

Wehling, Hans Georg, Konsens à la Beutelsbach?, Nachlese zu einem Expertengespräch, in: Siegfried Schiele/Herbert Schneider (Hrsg.), Das Konsensproblem in der politischen Bildung, Stuttgart 1977, S. 173–184.

Weishart, Joshua E., Democratizing Education Rights, Wm. & Mary Bill Rts. J. 29 (2020), S. 1–66.

Welner, Kevin G., Locking up the Marketplace of Ideas and Locking out School Reform: Courts' Imprudent Treatment of Controversial Teaching in America's Public Schools, UCLA L. Rev. 50 (2003), S. 959–1030.

Wenkart, Ronald D., Public School Curriculum and the Free Speech Rights of Teachers, West's Educ. L. Rep. 214 (2006), S. 1–17.

Wieland, Joachim, Was man sagen darf: Mythos Neutralität in Schule und Unterricht, Hintergrundpapier zu „Politische Bildung in der Schule", April 2019, Friedrich-Ebert-Stiftung (Hrsg.), Berlin 2019, abrufbar unter: *https://library.fes.de/pdf-files/studienfoerderung/15341.pdf* (zuletzt abgerufen am 08.02.2024) [zitiert als: *Wieland*, Was man sagen darf: Mythos Neutralität in Schule und Unterricht].

Wiese, Tyler, Seeing Through the Smoke: "Official Duties" in the Wake of Garcetti v. Ceballos, ABA J. Lab. & Emp. L. 25 (2010), S. 509–529.

Wißmann, Hinnerk, Pädagogische Freiheit als Rechtsbegriff, Personales Handeln in der öffentlichen Verwaltung, Baden-Baden 2002.

Wohl, Alexander, Oiling the Schoolhouse Gate: After Forty Years of Tinkering with Teachers' First Amendment Rights, Time for a New Beginning, Am. U. L. Rev. 58 (2009), S. 1285–1322.

Wrase, Michael, Wie politisch dürfen Lehrkräfte sein?, Rechtliche Rahmenbedingungen und Perspektiven, APuZ 2020, S. 10–15.

Wright, R. George, School-Sponsored Speech and the Surprising Case for Viewpoint-Based Regulations, S. Ill. U. L.J. 31 (2007), S. 175–216.

ders., The Emergence of First Amendment Academic Freedom, Neb. L. Rev. 85 (2007), S. 793–829.

Wynee, Susan L./Vahughn, Michael S., Silencing Matters of Public Concern: An Analysis of State Legislative Protection of Whistleblowers in Light of the Supreme Court's Ruling in Garcetti v. Ceballos, Ala. C.R. & C.L. L. Rev. 8 (2017), S. 239–278.

Zeit Online, Kultusminister: Länder wollen Lehrer-Meldeplattform der AfD überprüfen, 12.10.2018, abrufbar unter: *https://www.zeit.de/gesellschaft/schule/2018-10/kultusminister-afd-meldeplattform-lehrer-neutralitaetsgebot-helmut-holter* (zuletzt abgerufen am 08.02.2024) [zitiert als: *Zeit Online*, 12.10.2018].

Zenor, Jason, This Is Just Not Working for Us: Why after Ten Years on the Job – It Is Time to Fire Garcetti, Rich. J. L. & Pub. Int. 19 (2016), S. 101–123.

Zweigert, Konrad/Kötz, Hein, Einführung in die Rechtsvergleichung auf dem Gebiete des Privatrechts, 3. Aufl., Tübingen 1996.

www.ingramcontent.com/pod-product-compliance
Ingram Content Group UK Ltd.
Pitfield, Milton Keynes, MK11 3LW, UK
UKHW021929290926
8980IPUK00016B/1538

9 783631 92823